边界游走

——石鸥教育学研究论文集

石鸥 著

人民出版社

责任编辑:宫　共
封面设计:源　源
责任校对:吕　飞

图书在版编目(CIP)数据

边界游走:石鸥教育学研究论文集/石鸥 著. —北京:人民出版社,2018.12(2022.1 重印)
ISBN 978-7-01-020161-0

Ⅰ.①边…　Ⅱ.①石…　Ⅲ.①教学研究-文集　Ⅳ.①G420-53

中国版本图书馆 CIP 数据核字(2018)第 276357 号

边界游走

BIANJIE YOUZOU

——石鸥教育学研究论文集

石　鸥　著

人民出版社 出版发行
(100706　北京市东城区隆福寺街 99 号)

北京兴星伟业印刷有限公司印刷　新华书店经销

2018 年 12 月第 1 版　2022 年 1 月第 2 次印刷
开本:710 毫米×1000 毫米 1/16　印张:30　字数:417 千字

ISBN 978-7-01-020161-0　定价:81.00 元

邮购地址 100706　北京市东城区隆福寺街 99 号
人民东方图书销售中心　电话 (010)65250042　65289539

自　　序

文字码出来的东西之所以存在，就是为了有朝一日可以拿出来供批评，或者干脆把它们击碎。当然，能够被批评本身就是一种价值，这种文字即便碎了，也仍然是片片思想。文字即思想。

这本小书，就是堆积了我不同时期的一些文字，如果说得好听一点的话，也有片片思想。必须承认，我很少苛刻我过去文字的缺陷，它们也很少会让我感到沮丧和气馁。反过来，或许偶尔与学生们提到这些文字或思想时，会滑过一丝慰藉一丝骄傲，很轻微，就像微风抚过小草一样。风过后，小草心满意足。

有人可能会问，把这些关于教育的文字再次堆积起来，目的是什么？能为教育做些什么？非常尖锐的问题。但我不知道全部答案。如果我知道，我还再次辑收它们干吗？其实，没有答案也很好。它让人轻松，轻松是因为不必背负给答案（给教育开处方）的包袱。当然，没有答案也让人沮丧，沮丧也出于同一原因，不得不眼睁睁地看着教育问题蔓延。“目的是什么？”“能为教育做些什么？”也许，答案之一是某些人认为，这些文字多少还可以引起思考。我可以这样来安慰自己：如果不能解除教育疾病，那么也许可以退而求其次，试图理解这些疾病为什么会发生，以利于让别人来再思考、来解决和防止这些疾病。

按布莱希特（Brecht）的观点，千万不要从美好的旧事物开始，宁可从糟糕的新事物出发。高度认同。成熟的研究领域有太多的牛人，已经构建起太过完美的体系，即便还有大量的需要研究的问题，但总还是在帮助牛人细化体系、彩绘或美化体系了。不喜欢持续长期去凑热闹。有些领域，也许毫无章法或基础，但毕竟是新的，甚至是全新的，进去闯荡一下有何不可？做自己喜欢的事。野性、生机勃勃地、创新意味浓地去做去研究。这类研究往往是规范不足的，一定是有点野路子的，但那又有什么不可以呢？我有过多次学术意义的选择，更有过多次放弃，都是基于这一考虑。这一特点在本书中是显而易见的。印象中有位德国教授说过：学术研究的最高智慧，就是在别人熟视无睹的地方发现问题。我显然与学术研究的最高智慧没有一毛钱联系，但无知者也可以在别人熟视无睹的地方熟视无睹地做自己的事与梦。

不断选择并不断放弃或者说转变，对很多人来说，是执着的反面，是毅力的反面，是不能容忍的，但我认为从根本上说绝不是坏事。受到阻碍，面对新的领域新的问题，是进行创新的强大的激励因素，是动力，即便有时候这类研究无法很快纳入规范体系，相反，它往往，至少在初期，容易被边缘化。每一次跨入新领域，都会引起思维聚焦点的变化，要求思维方式的改变。从一般意义的教育学研究、教学论研究，到教学病理学研究，聚焦点变了，思维方式需要转变，从理论性的教学病理学研究，到实物考据性的教科书研究，聚焦点又变了，思维方式更需要转变。这些思维聚焦点不断跳跃，开辟新主题，缺少明确的方向与界限。这里收辑的文章有高等教育的，有教育基本原理的，更有教学论的，教学病理学的，教科书研究的，涉猎广，或曰杂。看得出这些文字的作者，注重思考本身，享受思考的运动、思考的乐趣，而不注重思考的体系或细化的知识。是的，有一个多年的圈内好友曾经意味深长地说：石鸥你多次转身，每一次转身都是华丽的转身……也许他是褒奖我，也许还有些微的不认同。那有什么？该转身时就转身，能否华丽不问，华丽与否不管。这也是我的一贯追求，我多次和自己年轻的学友说过，学术上要勇于自噬，你不吃掉自己，就有可能被别人吃掉。说得有点残酷，换一种高调的说法，没有兴趣了，兴趣耗得差不多了，就走人，去寻找自己喜欢的天地。

大家今天会看到，这些文章，尤其是多年前的一些观点，已经落后、陈旧了，有些甚至很明显。不过我认为没有什么关系。想一想，如果我多年前的观点还不陈旧，那说明什么？那只能说明我们的教育没有进步。谢天谢地，好在我的一些观点陈旧了。

这些文字告诉大家我过去喜爱思考什么，这也许构成我的思考轨迹之一，也是我的学术生涯轨迹之一。这一轨迹将把我引向何处？是的，引向何处？看着我的藏书，我特别指的是那些老课本。我就知道，纯粹地、执着地、充满敬畏也充满兴趣地做一件事，自己去构造一个小小的自己喜爱的学术天地，也是一种有情有趣的人生。我觉得，自己正进入这种人生。当我凝望着那些老课本，那些孩童书，那些我精神上的伴侣和知己，我就有一种宁静感，似乎进入到一种纯洁的心境。何处并不重要，沉浸在真正属于自己的人生境界，甚至是纯粹的童年心境，何其有幸！

我庆幸，竟然能够与这么多孩童书为伴，被充满着欢言笑语的孩童书包围；我庆幸，竟然亲历过并还在亲历中国这么壮丽曲折的教育之河流的波澜涟漪（我庆幸自己早早的回国）；当然，我也庆幸，自己多年前的文字竟然因为学校的某种善举而再次呈现出来。

谢谢首都师范大学。

我把这本小册子献给亲爱的外婆李品玉和心爱的母亲陈沪华女士。上世纪 30 年代，外婆随外公御守上海，分别生母亲姐弟仨于沪上龙华、江湾和某军营，不几年，日寇进犯上海，外公浴血沙场，为国捐躯。外婆带着母亲姐弟仨辗转流离回到老家湖南。身为国民党军人家属的外婆和母亲，一生坎坷可想而知（每忆及此，潸然……），但她们仍然笃信知识改变命运。……愿她们天堂安息，笑望人间。

石　鸥

2018 年 3 月 17 日初稿，

2018 年 4 月 25 日凌晨改定

目　录

艰难的发展

——被边界困住了的教育学

一、教育学学科边界的意义

目前我国教育学的经典分界是教育原理、教学论、德育论、三个子学科相对独立，相互之间阻隔着森严的学科边界，可称教育学三分科。

1. 学科边界是自由与约束的统一

学科边界就是学科间的研究范畴的区别，就是一学科和他学科间的区分界线。在边界内就是在学科内。这样，边界首先意味着一种自由，边界内的任何研究都是自由的、合规范的。同时，边界也意味着一种制约，边界的规范就是边界的束缚，边界内的自由也就意味着边界外的不自由。教育学的边界既是教育学研究的自由，也是教育学研究的限制。“在边界内”，就意味着自由在，当然也限定在一定范围内。

2. 学科边界的确立是一种进步

社会科学和自然科学边界的确立是进步，社会科学中哲学、经济学、教育学等学科边界的确立也是进步。而教育学中确立“教育原理”

“教学论”“德育论”等各自学科的地域与边界，有利于教育学的自我完善，比较传统教育研究的混沌状态和一切不分家，使得专家们分道扬镳的学科边界，有着不言而喻的合理性进步性。

二、教育学边界确立的基础

1. 学科边界的确立是学科制度化的产物

美国著名社会学家华勒斯坦等人的研究认为，“学科的制度化进程的一个基本方面就是，每一个学科都试图把它与其他学科之间的差异进行界定，尤其是要说明它与那些在社会现实研究方面内容最相近的学科之间究竟有何分别”。[①] 学科制度化的最具体表现就是学科不但出现在出版物中，尤其出现在大学讲坛，出现在课程与教学中，甚至形成专业、学科。17 世纪以降，教育学为了证实自己对教育问题发言的权威性而在种种场合要将自身与相近的其他学科如心理学、社会学、伦理学等区分开来，这方面的杰出贡献者当推夸美纽斯、康德、赫尔巴特等人。而在教育学内部，三学科总要设法突出它们之间的差异或区别，以赢得自己的领域或发言范畴，这方面最大功臣非凯洛夫莫属。

2. 学科边界的确立是学科组织化的产物

当三分科教育学出现在大学讲台与课堂之上时，预示着其制度化的完成。当三分科的学科边界体现在专业委员会、专业核心层的实际形成、专业学位点的设置上时，当学科边界体现在各种出版物的分离上时，学科边界的确立便完全组织化了。所以，教育学上的三分科与其说是学科的分离、学科边界的确立，不如说是学科组织的分离或确立。而

① 华勒斯坦：《开发社会科学》，生活·读书·新知三联书店 1997 年版，第 32 页。

学科边界确立的组织化，又是与经济资源、政治资源的有限相关。资源的有限使得许多学者与专业人士在争夺有限资源的过程中反复宣传和强调各自学科的有效性和正当性，不希望太多的人来争夺那本该较多地属于自己的更为有限的资源。

3. 学科边界的确立是学科专业化的产物

A. 教育学的专业化依赖于形成稳定的研究指向。宏观上关于教育与社会各方面（政治、经济、文化等）关系的研究构成了教育原理，它历经半个世纪的精致化，已发育成以研究教育与社会关系为特征的自律体系。中观上关于教育中的人（师、生等）在学校在课堂的关系的研究构成了教学论。微观上关于教育中的人的局部或特定方面（德、智、体等）发展的研究构成了德育论、智育论等。也即对教育与社会/非社会的关系的研究构成了教育原理与其他分支学科的分界；对教育与人的整体/局部的关系的研究构成了教学论与其他分支学科（如德育论、体育论）的分界；对教育与人的德行/智力/体力等关系的研究构成了德育论与智育论、体育论及其他分支学科的分界（显然德育论的逻辑并列伙伴当为智育论、体育论等，而不是教学论、教育原理）。

正基于稳定的重点研究指向的不同，我们确立起了教育学的分界标准，并在此基础上构造了教育学的学科体系。

B. 教育学的专业化依赖于学术研究传统的形成和主流观念的确立。中国教育学现状之所以出现三分科的严格分离，与主导性的学术研究传统和意识形态性的学术主流观念相关联，与苏联教育学对我们的影响相关。在以前的欧式教育学（如夸美纽斯、康德）中，我们看不出有三分科的迹象，在今天的欧美教育学（如赫尔巴特、杜威）中，也还未形成明晰的三分科的学术系统。而在凯洛夫那里，1948 年版本的《教育学》便明确地按三编来组织学科体系：“第一编，教育学总论”，“第二编，教学理论（教学论）”，“第三编，教育理论”。将我国教育学的通用版本对照凯氏教育学三编所辖的具体章节，以及后来的1956年版本的具体章节①，几乎完全是遗传关系。以后苏联教育学的发展，整体上保留并强化了三分科的传统。正是苏式教育学的意识形态地位，铸就了我国教育学的制度化组织化，逐步形成了三分学科的边界模式。

于是，苏式教育学的边界就具有了普遍性，这种普遍化牢固地延续到今天，而由于这一先在的假定，使得今天的研究范式和学科边界也具有了普遍性。

C. 教育学的专业化依赖于研究人员对专业的信赖。教育实践变化万千，教育学阵营则步履蹒跚变革速度缓慢。当知识人“偶然卷入”到教育这块是非之旷野、成为教育学阵营之一员时，这种对旷野的无能感便使得一些以教育学为生的知识人开始对教育学的前途也是自己的前途表示隐隐担忧。这样，他们的下意识的行为就是厉行森严的学科阻隔，以确保学术圈的正常秩序和精神安全。他们加紧强化教育学的自治能力和专业特征，日益缩紧自己的“牧场”边界，“圈好自己的地”来捕捉、创造并限定教育世界。为了边界内的永久安全，他们殚精竭虑地在边界内劳作，精心营造三分科的教育学堡垒，以填充心理空间。明白地说，对专业越不信任，就越希望有牢固的专业边界，对专业越有信心，对专业边界就越无所谓。

可见，边界明晰的学科是我们在思维的历程中尤其是在探索的困境中自己所创造的。弗洛姆说过：封闭社会是我们逃避自由的企图。我们认为，学科边界是我们逃避教育实践纠缠的策略性产物。

---

① 在凯洛夫主编的《教育学》1956年版本中，共有16章内容，按顺序分别为：“教育学的对象，共产主义教育的目的和任务，学生的年龄特征，苏联的国民教育制度，苏维埃学校的教师，体育，苏维埃学校普通教育和综合技术教育的内容，教学过程，教学方法，学校教学工作的组织形式，德育，美育，学校里的学生集体，学生的课外和校外活动，学校和家庭关于教育儿童的协同工作，学校管理和领导”。除了“体育”一章顺序有异外，其余部分几乎完全成了中国教育学的母体或范型，三分科在此基础上逐渐确立。

三、教育学学科边界的陷阱

较之模糊混沌的学术知识时期，学科的分离或学科边界的确立无疑是一大进步，然至今日，这一进步已升达巅峰。因为在现代教育科学中，最具普遍意义也最具误导性的思想就是教育学三分科。作为一种制度化的社会科学，教育学三分科是在知识的层面对教育研究的有效控制，成了影响教育研究变革的“意识形态领域”和智力屏障。教育学三分科的观念将三分教育学的疆界视为教育的疆界，把三分教育学视作一个假想的无须证明的学术框架。到了这一步，教育学分科的进步确实已达巅峰状态。巅峰的达到预示着衰落的开始。学科边界日益森严，既造成了学科与学科之间的分离，也造成了理论与实践的分离。这种分离限制了对客观知识的探求，限制了学术的穿透力。对此，我们应及时引起关注，不至于太严重地陷于学术上的陷阱和研究中的困惑。

1. 森严的学科边界成了现代教育学术研究的羁绊

在当代，要想为教育学三分科维护森严的边界已越来越困难。研究对象日益扩大，纵贯人的一生，横跨学校、社会、家庭各领域，教育学三学科变得越来越不纯粹。而新领域新方法的出现，理论上对学科综合性或渗透性研究的需求越来越突出，这实质上导致了学科边界日益模糊。原有学科的统一性和学术边界的合法性受到了不容忽视的内在挑战。至少，教育学学科三分、边界森严的独立存在的权利和身份必须再辩护，而这种辩护因现代研究领域的拓展显然已失去根基。

退一步讲，依照教育学三分科所划定的边界来组织教育研究和构建教育知识的做法是否真的合科学，恐怕还值得怀疑。我们尚无把握说：唯德育论构成有关道德教育知识的边界。我们更无把握说：德育学术团体里的德育论专家对道德教育的分析与解释就一定比其他教育研究者甚至于其他社会科学家知道得更多更科学更准确。太多的专家太习惯于学科内的研究了，他们为了达到自身研究的纯化、专门化，不得不排除很大一部分边界外的教育生活。这样做的结果，只能使我们的研究者在浩瀚的实践面前削足适履，势必使得学科的常规形态无法满足现代研究的需求。现行教育学在为我们圈定了种种研究界限的同时，也圈住了我们研究的灵性。

在这一意义上，我们在教育学研究中看到的是三分学科的高贵与自尊，而不是对现实教育与鲜活的人的敬畏和尊重。而正是现实教育和活生生的人，构成教育学学术生命的本源，它要求我们弱化学科边界。

2. 森严的学科边界成了现代教育实践的陷阱

逐渐在大学中得以制度化的教育学边界，不仅人为地分割了学科间的联系，而且也人为地分割了有关社会现实与教育实践的知识，并经由这些对知识的人为限制而从根本上限制了、分割了教育与社会、与人的全方位的联系。更严重的是，这些限制还因学科专家持续强调本学科与其他学科的差异而得到强化。一旦我们将越来越复杂的教育实践分门别类地人为组织并强行纳入到特定学科的边界内时，我们能指望教育学对教育的实际过程有真实而完整地理解吗？换一种问法，我们能对那些有待于我们去发现去解决的问题的范围进行限定吗？三分科的教育学追问的乃是什么是教育、什么是教学、什么是德育这样的问题，但是真实的教育生活中并不存在抽象的独立的教育、教学与德育，存在的只是将它们包纳其中的教育生活这一实体。所以，真正要追问的是：教育、教学、德育等存在于何时何地何实体中？或者说它们发生于其间的实体存在于何时何地？

教育学不同于其他社会科学的最大特点是很强的实践性。它直接产生于现实教育，并直接接受现实教育的挑战。传统的三分科教育学发展到今天的最大缺陷就在于不能完整地理解、解释与指导教育生活。当今的变革从社会深部召唤出生气勃勃的教育活力，这是以往计划经济下所不能实现的，教育现实在某些方面脱离了预期的三分科的意图，正日益按自身的规律发展，在很多方面与理论大相径庭，它使我们许多教育工作者（理论与实践者）在不同程度上陷入了说不清道不明的现实之中，其中有许多现象与问题几乎全无雏形，几乎处断裂状态，几乎无先例可循，如独生子女的教育、高价学校（贵族学校）、终身教育、计划经济向市场经济转轨时期的教育等，它们似乎都在我们的控制与把握之外，都是我们的三分科教育理论所没有深入探索过的。这些领域需要将多方面的学术工作集合起来，需要教育学的综合运作，实质上就是需要学科边界的弱化或模糊化。我们没有任何令人信服的理由可以将诸如独生子女教育、“贵族学校”教育的研究与实践纳入三分科教育学的任何一个疆域。

学科不能解释实践之时，正是对学科提出挑战、进行全面反思之日。正是鲜活的教育实践要求并起了弱化或模糊教育学学科边界的作用，而这种学科间边界的弱化和模糊具有重要的学术价值，它至少表明了这样一个事实：对教育原理、教学论、德育论知识系统所作的界限明确的制度化区分具有很大的人为性、片面性，因为教育实践并非如此分离分界，因为教育实践永恒地将产生出以前未曾发现的问题，而我们无法对那些有待于我们去解答的问题的性质与范围进行限定。

我们认为，21 世纪教育的大发展需要淡化了三分科的教育学的指导。

3. 森严的学科边界成了学术成就引入的屏障

学科边界的确立是一个进步，但这一进步今天已留下越来越多的遗憾。对于其他学科的发展和贡献，本学科往往只能隔岸观火，即便有了相当深刻的认识，也不敢越雷池而步入别人界域，免得被人说成“不专业”“不入流”“野路子”。实际上那些对三分学科边界稍有拒斥的研究，就已被看成是一种脱离范式的“野路子”，就不利于学术的发展和精神的安全，就意味着不入圈子缺乏专业训练。不论从制度的意识形态性还是从学术的霸主地位来看，对学科边界的任何怀疑都是一种冒犯。然而，我们知道，学科的进步以及进步的意义，有时并不只是在于学科内的肯定和理解，倒是在于超出学科自身的领域，既引入其他学科的成就，又启迪其他学科的思路。学术“新范型”的提供，往往就是超越学科边界的思维结果。环视一下学术的进程，不难发现，倒是在教育学三分科边界外的研究者，不时吹来一股学术的新风，不时发出一些新的“声音”，这些产生“新声音”的研究者的出现，往往“野性”了一点，不太甘愿被学科边界给限住，他们的研究往往超出了常规的所谓合法或合边界要求的教育学研究规范。但他们带来了学科外的成就，开拓了学科研究的新领域。像康德、赫尔巴特、杜威、皮亚杰、斯普朗格、库姆斯等，都是不愿被边界限住而引入了大量其他学科成就的思想家。

4. 森严的学科边界限制了学术人员的开放性

有关严格边界的教育学三学科，既训练了未来的学科研究者，更为严重的是它们还规范控制了学科研究者们在结束训练以后的职业样式与思维样式，因为它们使得学术人员的培养和补充不得不采取一种封闭的方式：各学科只吸收来自本学科制度化组织化的边界内所产生的学术后备人员（比如教育原理主要只从原理学位点上吸收研究人员）。有着牢固边界的学科把自身及其学者周密地封闭起来，以求得自身永久地存在下去。在学科边界里，人们的思想受到了限制，学科的对象受到了限制，研究的领域受到了限制。这种学科模式比以往任何时候都更有效地塑造着学者的思维范式，塑造着学科后继者的生产模型，也塑造着学科自身的前途。这对学科的发展、有效知识的获得、学科的野性生命冲动产生了诸多不利的限制影响，或者说使今日教育学研究日益缺少活力和“野性”（尽管不时有个别出格，但总体上的缺乏“野性”是有目共睹的）。各学科机构在给它们的成员罩上一层专业性保护网的同时，也罩上了一层专业性束缚网。

换言之，森严的学科边界的传统，既培养了勤勤恳恳、任劳任怨、循规蹈矩的教育学研究人才及研究范式，也同时抹去了学术人挺进新疆界征服新领域的冒险精神和勃勃雄心。

四、教育学发展的学术之路

问题的解决总伴有问题的提出，问题的缓和总跟不上问题的加剧。教育学的发展造成了进一步发展的矛盾：它既希望分界更明确，以提高研究者的专业化程度，又希望分界更模糊，以提高研究者的研究质量。学科边界的确立带来了进步，但边界的确立也带来了束缚。到今天，教育学三分科的边界，已日益背离教育实际、日益背离教育知识的完整性，再这样偏狭地越来越闭锁地走下去，它将毁坏教育学。为求得教育学的大发展，学术上恐怕不得不考虑：

1. 开放研究思路

在尊重科学规范的基础上，要开放研究思路，允许甚至提倡“野性”思维。实际上，大师级学者往往都是“野性”的，他们不拘琐碎，漠视边界，纵横于各学科之间，置种种学术约束于脑后，所及之处一片学术狼藉，所及之处又皆人类所关注的中心命题，而边界内学者常常只能在边界内仰望，收拾、整理大师们“野性”地闯过的痕迹——那一片令人振奋也让人迷惑的领域。海德格尔的弟子、著名哲学家阿伦特说过：海氏思绪活跃，热衷开辟新“道”，缺少明确的方向和界限。[①] 而

① 赵一凡：《欧美新学赏析》，中央编译出版社 1996 年版，第 45 页。

海德格尔的研究所指都成为世界学坛的热点。有边界框住他吗？边界能框住他吗？教育学家和教育学工作者的本质区别就在这里。看看赫尔巴特、杜威们，他们带来的震荡，教育原理恐怕承受不了，纯粹教学论、德育论恐怕也承担不了这份震荡。布鲁纳、皮亚杰、赞科夫们，都显示了学科边界捆不住的“野性”（事实上，在西方本来就不存在教育学严格的三分科）。如果所有的人都安分守己地在边界内研究，那么教育学发展将远远没有走到今天。

2. 扩大研究范畴

对外，教育学应加强与外部其他社会科学的某些方面的整合，将别的学科的某些方面构建为自己重要的分支领域（如教育哲学、教育社会学等）。对内，教育学应加强内部分支学科的分出（如高等教育学、职业教育学等）。这样做表面上呈现出学科日益分化分离的迹象，似乎学科边界更清晰了，更缩小了边界范围。然而在本质上，教育学分支学科的分出打破了传统的三分科边界，导致某些边界的模糊或重合，不是缩小而是扩大了教育学的研究范畴。教育学发展史已经证明，突破性发展不在同一学科、同一学派的完善，而在不同学科不同学派的交锋与冲突，从赫尔巴特到杜威，从凯洛夫到赞科夫，不是同构而是异构。今天教育学的悲哀恰在于学者们热衷于、习惯于同构性研究、习惯于学科界域内的精致化工作，所以今天的三分科教育学越来越精细、越来越小气，也越来越缺乏突破性的生机。

3. 跨越学科边界

教育学的进步以学科分界为前提，但教育学进步的结果则是学科的综合化。我们应开辟超越现存学科边界的对话和交流渠道，鼓励教育研究者们交叉地侵入相邻学科领域，突破传统边界。在自己的深入研究中几乎可以完全搁置每一学科为使专业成为独特领域而提出的或找出的种种所谓的合法化依据，或者说将现有的学科边界搁置一边，按教育的现实和自己的思想去扩大、创新自己的研究，去弱化本世纪中叶以来出现的教育原理、教学论、德育论这三个假想的自律领域之间的人为分离。不时跨过那一道道神圣的学科篱笆，进入他人的领域涉猎一番，也许是一条教育学发展的有效途径，尽管这有可能被人看不起，认为是一种退让、是“野路子”，但学科的汇合、学科边界的淡化确实有利于克服现存学科之过于突出的封闭性研究缺陷，使教育学研究呈现的不再是局部的知识，而是完整的教育世界。

华勒斯坦尖锐地指出，“我们不相信有什么智慧能够被垄断，也不相信有什么知识领域是专门保留给拥有特定学位的研究者的”①，我们还要加一句话，不相信有什么知识领域是专门保留给加入特定学术团体的研究者的。任何人都不具备、也不可能具备对学科领域进行判断的资格，即便有人具备了这种资格，这与其说是好事，不如说是悲剧的开始。

最后，尽管我们对过于森严的三分科学科边界提出了一些质疑，但本文并未试图去毁掉学科边界本身。淡化边界，开阔思路，既可能作为学科发展的出路而受欢迎，也可能出于对学科的维护而令人害怕。从长远看，面对浩荡的专业化趋势，要想彻底抛开学科边界从事纯跨学科研究确实不容易，但是只有不断超越三分科边界，教育学才可能大发展。但愿有更多一点的野性思想者们能不时冲出三分科的森严门缝，不时到广阔的教育领域去奔跑撒欢一阵子。

（原载于《高等师范教育研究》1999 年第 2 期）

---

① 华勒斯坦：《开发社会科学》，生活 · 读书 · 新知三联书店 1997 年版，第 106 页。

面临考验的教育学边界

——关于教育学三分科的理论思考

一、问题的提出

这一问题的前提是，目前我国的经典教育学是教育原理、教学论、德育论三个子学科构成的（虽然还有管理一块，但重要性显然不如前三者）。三个子学科相对独立，分别围绕自身的轴心，以不同的节律交错运作，相互之间阻隔着森严的学科边界。我称这一现象为教育学三分科。① 这一问题的实质是，是否存在用以划分经典教育学三分科的明确牢靠的标准？是否真的有教育原理、教学论、德育论的明确边界？如果有，这一边界如何确立？而边界的确立在昨天和今天又有什么意义？我们应取什么态度？等等。这一切貌似纯学术问题，其实直接关涉教育理论的发展，关涉教育理论能否有效地服务于教育实践乃至服务于国家的现代化过程。

① 石鸥：《艰难的发展》，《高等师范教育研究》1999 年第 2 期。

二、三分科学科边界及其确立的基础

教育学三分科学科边界就是教育学三个子学科之间的研究范畴和研究领域的区别，就是三个子学科间的区分界限。在边界内就是在学科内。学术分科是精神从必然走向自由的第一步，也是对“前分科状态”的原始自由的第一次否定。这样，边界首先是一种自由，边界内的任何研究都是自由的、合模式的。同时，处于分科状态的研究者们必须在一定程度上服从分科，从而在一定程度上取消自身的精神自由。就是说，边界也是一种制约，边界的规范就是边界的束缚，边界内的自由也就意味着边界外的不自由、意味着限制。教育原理的边界既是教育原理研究的自由，也是教育原理研究的限制。同理，教学论、德育论的边界是它们的自由，同时也是它们的制约。“在边界内”，就意味着自由，当然也限定在一定范围内。

学科边界的产生有特定基础，更具有重要的进步意义。

首先，学术研究的主流观念的产生使学科边界的确立变为事实。

我国教育学现状之所以出现三分科的严格分离，这与主导性学术观念相关联。我国教育学的三分科是苏联教育学影响的结果。在以前的欧式教育学中，我们看不出有三分科的迹象，[①] 在今天的欧美主流教育学中，也还未形成明晰的三分科的学术系统。而在凯洛夫那里，1948 年版本的《教育学》便明确地按三编来组织学科体系：“教育学总论”（即所谓的教育学原理），“教学理论”（教学论），“教育理论”（即所谓的德育论）。苏派教育学基本上都是这样分科。如 1951 年正风出版社出版的由高晶斋翻译、奥戈罗德尼科夫等人著的《教育学》，就分为

① 夸美纽斯的《大教学论》共 32 章，没有三分科的痕迹；赫尔巴特的《普通教育学》除绪论外，分三篇 14 章，第一篇“教育的一般目的”，2 章，第二篇“兴趣多方面性”，6 章，第三篇“性格的道德力量”，6 章，也与三分科无明显关系。

“教育学的一般原理”“教学理论”“教养理论”和“学校行政”四部分。将我国教育学的通用版本对照凯氏教育学 1948 年、1956 年版本的具体章节及其他苏联教育学内容，几乎达到同出一辙的地步。正是苏式教育学的意识形态地位，铸就了我国教育学三分学科的模式。这种学科观念之所以被看成是意识形态性的渊源，是因为别的有违这种学科观念的学术行为均被视为歧途，唯自身才是真理的反映和体现；唯自身能规范各种学术范式（比如教育学的三分科、教学论的过程、规律、原则、内容、方法、组织形式等传统体系）。

于是，对这种学科观点的拒斥，就是对真理的拒斥，就是脱离范式的“野路子”，就不利于学术的发展和精神的安全，就意味着不入流不入圈子，缺乏训练与素质。所以长期以来，对三分科学边界的任何怀疑都是一种冒犯。

其次，不同研究重心的形成为学科边界的确立提供了基础。

不同学科边界的形成与确立，与人们对自然、社会和人类自身的不同现象的研究重心有关。教育学边界主要围绕不同重点的研究建立起来。宏观上关于教育与社会各方面（政治、经济等）关系的研究构成了教育原理；中观上关于教育与人在教学中的发展的关系的研究构成了教学论；微观上关于教育与人局部或特定方面（德、智等）发展的关系的研究构成了德育论、智育论等。换言之，教育原理的轴心是教育与社会的关系，其运作活动几乎不涉及具体的个人，这是一个日趋非人化的体系。也即对教育与社会/非社会的关系的研究构成了教育原理与其他分支学科的分界；对教育与人的德行/智力等关系的研究构成了德育论与智育论的分界（在这一意义上，显然德育论的逻辑并列伙伴当为智育论、体育论等，而不是教学论、教育原理①）。

正基于对这些关系或重点研究的不同，我们确立起了教育学的分界

---

① 石鸥：《面对德育论的教学论》，《湖南师范大学学报》1999 年第 6 期。

标准，同时也构造了教育学的学科体系和一套被人们视为理所当然的概念假设。

再次，学科制度化为学科边界的确立创造了条件。

“学科的制度化进程的一个基本方面就是，每一个学科都试图把它与其他学科之间的差异进行界定，尤其是要说明它与那些在社会现实研究方面内容最相近的学科之间究竟有何分别”，[①] 这一点完全适合对教育学的分析。17 世纪以降，教育学为了证实自己对教育问题发言的权威性而在种种场合将自身与相近的其他学科如伦理学、哲学、社会学、心理学等区分开来，这方面的杰出贡献者当推夸美纽斯、赫尔巴特等人。而在教育学内部，教育原理、教学论、德育论总要设法突出它们之间的差异或区别，以赢得自己的领域或发言范畴，这方面最大功臣非以凯洛夫为首的苏联教育学派莫属。

最后，学科的组织化使学科边界的确立有了可能。

当教育学三分科出现在大学讲台与课堂之上时，预示着其制度化的完成。当三分科的学科边界体现专业委员会、专业领导班子、专业人员的分工上时，学科边界的确立便完全组织化了。而学科边界确立的组织化，又是与经济资源、政治资源的有限相关。资源的有限使得许多学者与专业人士在争夺有限资源的过程中反复宣传和强调各自学科的有效性和正当性，甚至“树立不必要的界限，以谋求巩固学科的专业地位”[②]，避免太多的人来争夺那有限的资源。

三、三分科学科边界的时代局限性

著名思想家杜尔海姆、韦伯、帕累托等都强烈感受到社会进入现代

① 华勒斯坦：《开放社会科学》，生活·读书·新知三联书店 1999 年版，第 106 页。

② 华勒斯坦：《学科·知识·权力》，生活·读书·新知三联书店 1999 年版，第 2 页。

时的那种“基础瓦解”的失落心态。是什么造成社会基础的瓦解？他们思考的结论是：知识的分裂。每个人（由于分工和专业化）占有与其他人不同的知识，这种情况日益严重，逐渐造成人们价值观的分野，进而瓦解了社会的道德共识。这就是所谓的知识分工的现代性危机：学术分工越细，学科内人的知识越丰富，但对学科外了解得就越少，这样，人们共享的知识就日益减少，这将使人们的共同知识领域缩小，社会就会日益缺少共同的道德传统或道德共识，于是将进一步加剧割裂、加剧人们的不理解。可见，较之模糊混沌的学术知识时期，学科边界的确立虽然是一大进步，但这一进步已达巅峰，已开始走向自己的反面。这在教育学三分科现象中最为明显。作为具有特殊意义的、制度化的社会科学思想，教育学三分科是在知识的层面对教育研究的系统规范，它成了有效控制教育研究的“屏障”，它将三分教育学的疆界视为教育实践的疆界。到了这一步，确实可以说教育学科的进步已达巅峰状态。巅峰的达到预示着生命冲动的消退乃至衰落的开始，预示着知识的异化学术的异化已带来精神和社会的痛苦，必须来一场与本文前面提到的第一次否定（对前分科状态的原始自由的否定）相递进的第二次否定——对分科的否定，从而达到思想和精神的更大的自由。

首先，森严的学科边界无法适应教育实践的需要。

韦伯曾把人类近代思想的发展轨道概括地总结为“世界的脱魅”(disenchantment of the world)，即对不受意识形态限制的客观知识的大胆探求，教育科学的发展也经历了同样的过程。但时至今日，学科边界日益森严，教育知识的探求受到了限制。通过三分科教育学的有色眼镜来审视变动不居的教育世界，这样的教育认识论模式是无法适应教育实践的需要的。

我们看到，逐渐在大学中得以制度化的教育学边界，不仅人为地分割了学科间的联系，而且也人为地割裂了整体的教育实践，并经由这些人为限制从而从根本上限制和分割了教育与社会、与人的全方位的联系。试想，一旦我们将越来越复杂的教育现实分门别类地强行纳入到特定的三分科学科的边界内时，我们能指望教育学对教育的实际过程有真实而完整的理解吗？我们能对那些有待于我们去发现去解决的问题的范围进行限定吗？三分科的教育学追问的乃是什么是教学论、德育论要研究的对象这样的问题，但在真实的教育生活中并不存在抽象的独立的教学论、德育论要研究的所谓教学问题、德育问题，存在的只是将它们包纳其中的教育生活这一实体，所以，真正要追问的是：教学、德育等存在于何时何地何实体中？

教育学不同于其他社会科学的最大特点是它具有很强的实践性。它直接产生于现实教育，并直接接受现实教育的挑战。令人不可理解的是，产生于教育生活的教育学却一定要将教育生活分离。传统的三分科教育学发展到今天的最大缺陷就在于不能完整地理解、解释与指导教育生活。教育是如何促使人进步的？教育如何处理既为特定社会培养合格公民又促进人的个性发展这一关系？这类问题是任何边界学科所垄断不了的。当今的变革正从社会深部召唤出生气勃勃的教育活力（这是以往计划经济下所不能实现的），教育实践在越来越多的方面脱离了教育学三分科的意图，正日益按自身规律发展。这样，我们的教育学开始无所依据了。因为三分科教育学不是以现实的、整体的教育生活为分析起点，而是以一些孤立的、分离的概念为起点。

当代教育实践中有许多现象与问题似乎都在我们以往经验的控制与把握之外，都是我们的理论所没有深入探索过的。社会的变革和发展以前所未有的方式，把我们抛离了所有传统的经验与可知的操作及清晰的认识之轨道，它们带给教育的各种问题有些几乎全无雏形，几乎处于断裂状态，几乎无先例可循，与以前的教育传统大不相同。这些都不是严格的三分科教育学能指导得了的。许多教育现实问题的解决以及改革的深化，需要将多方面的学术工作集合起来，需要教育学的综合运作，实质上就是需要学科边界的弱化或模糊化。我们没有任何令人信服的理由可以将素质教育的研究与实践纳入三分科教育学的任何一个领域。我们应当使学科边界为实践服务，而不是使实践为学科边界服务。

学科不能解释实践之时，正是对学科提出挑战、进行全面反思之日。正是整体的教育实践要求模糊教育学学科边界的作用，而这种学科间边界的模糊具有重要的学术价值，它至少表明了这样一个事实：对教育原理、教学论、德育论知识系统所作的界限明确的制度化区分具有很大的人为性、片面性，因为教育实践并非如此分离分界，因为教育实践永恒地将产生出以前未曾发现的问题，而我们无法对那些有待于我们去解答的问题的性质与范围进行限定。其次，森严的学科边界制约了教育学的学术水平。

教育学的学术水平不高，相对于其他社会科学总显得落后，这恐怕已是不争的事实。对此，森严的学科边界要承担一定责任。

森严的学科边界限制了教育科学的发展。一方面，森严的三分科学科边界将造成教育学知识分裂（division of knowledge），将框限着知识朝“日益互相分割的方向发展”，分裂的知识又将倾向于瓦解教育共识。这是我们不愿看到的。另一方面，随着人们认识水平的日益提高，人们对自然、社会及人类自身的研究日益显出全面性并发掘出了许多前人所未关注的新研究领域。这样，无论是依据研究对象还是研究方法，要想为原有学科维护森严的分界线已越来越困难；而且由于研究对象的范围日益扩大，原有学科也变得越来越不纯粹。这就导致了对原有学科的统一性和学术边界的合法性的不容忽视的内在质疑。新领域的出现，理论上对学科综合性或渗透性研究的需求将越来越强烈，并将导致学科边界日益模糊。如此，教育学学科三分、边界森严的独立存在的权利和合法性就得再辩护，而这种辩护因现代教育科学领域的拓展显然已失去根基。

森严的学科边界缺乏起码的实践基础。教育学的三分科本质上把丰富的教育世界分解得很小、很单调，为一系列被理想化了的、简单化了的问题寻找不同的解答方案（从三分科教育学那里）。边界内专家们倾向于把真实的教育问题限定在边界内，限定在我们习惯的、受我们已理解的规则支配的范围里。教育学这样做时，实际上背离了真实的教育生活，真实的教育生活要求我们用整体的眼光去看问题。这样的教育学三分科传统，在强行把教育生活分割成互不相干的碎片的同时，也把教育智慧即教育学自身割裂成互不相干的碎片。相互孤立的三分科教育学已顽固得损害自己了——视野所及，到处是教育生活对教育学的渴望，到处是良机，但太多的学者似乎对此漠然无视。这种圈内的研究，限制了教育学整体水平的提高。

森严的学科边界缺乏必要的科学依据。退一步讲，即便承认三分科教育学的合理性，但是依照教育原理、教学论、德育论所划定的学科边界来组织教育知识的做法是否真的有效率，真的合科学，真的能较好解决教育实践问题等，至少我们还不得而知。唯德育论构成有关道德教育知识的边界，这种认识到了值得怀疑的时候了。我们尚无把握说：教育原理学术团体里的教育原理专家对教育基本问题的分析与解释，就一定比其他教育研究者甚至于其他社会科学家更科学更准确。我们的专家习惯于学科内的研究，他们无愧于“学科边界内专家”的称号，但他们往往忽视了边界外的现实。他们为了达到自身研究的纯化、专门化，不得不排除很大一部分教育生活。这样做的结果，一方面，研究被限制在各学科的范围里，我们对越来越小的东西知道的越来越多；另一方面，只能使我们的研究者在浩瀚的实践面前削足适履，成为其传统研究规范的俘虏。现行教育学在为我们圈定了种种研究界限的同时，也圈定了我们研究的灵活性。我们在教育学研究中看到的是三分学科的高贵与自尊，而不是对现实教育与鲜活的人的敬畏和尊重。森严的学科边界，只能导致教育学知识的分裂，进而导致教育学的落后。有人说，21 世纪是教育的世纪，但从目前森严的学科边界看，肯定不会是教育学的世纪。

再次，森严的学科边界限制了学术人员的开放性培养与提高。

笛卡儿说过，智慧是自我同一的，是由全部的知识而不是由局部的知识培养出来的。在大学制度化组织化了的严格的学科边界，既训练了未来的学科研究者，更为严重的是它们还规范控制了学科研究者们在结束训练以后的职业样式与思维样式，因为它们是在用局部的知识培养学术人员：各学科只吸收来自本学科边界内所产生的学术后备人员（如教育原理主要从原理学位点上、德育论主要从德育学位点上吸收人才），它们使得学者们只习惯于在本学科领域内从事研究，只能身在此山研究此山。森严的学科边界的传统，既培养了勤勤恳恳、任劳任怨、循规蹈矩的教育学研究人才及研究范式，也同时抹去了学术人挺进新疆界征服新领域的冒险精神和勃勃雄心。正因为学科人员来源和培养基地的单一与狭窄，有着牢固边界的学科把自身及其学者周密地封闭起来，以求得自身永久地存在下去。在学科边界里，人们的思想受到了限制，学科的对象受到了限制，研究的领域受到了限制。各学科边界在给它们的成员罩了一层专业性保护网的同时，也罩了一层专业性束缚网。这种学科模式比以往任何时候都更有效地塑造着学者的思维范式，塑造着学科后继者的生产模型，也塑造着学科自身的前途。这对学科的发展产生了诸多不利的限制影响，使今日教育学研究日益缺少活力和“野性”。边界扼住了思维流（thought stream）。

四、跨越边界，促进教育学繁荣

如前述，教育学中确立“教育原理”“教学论”“德育论”各自学科的地域与边界，有利于教育学的自我完善，比较传统教育研究的混沌状态和一切不分家，使得专家们分道扬镳的学科边界，有着不言而喻的进步性。但边界的确立也带来了束缚。到今天，教育学三分科的边界，已日益背离教育实际、日益背离教育知识的完整性，再这样偏狭地越来越闭锁地走下去，它将毁坏教育学。

为适应现代化教育研究与教育实践对教育学的需求，为更好地遵循教育学术的内在逻辑，将教育学推向繁荣，现今我们需要做的主要不是去断然否定并重构学科的边界，而是对这些学科边界各自的独有性和学术前提的合法性提出系统质疑，而是在一定情况下将现有的学科边界搁置一边，按教育的现实和自己的思想去扩大、创新自己的研究，去弱化本世纪中叶以来出现的教育原理、教学论、德育论这三个假想的自律领域之间的人为分离。学科边界的弱化不是破坏，而是正在走向教育科学的本质立场和生命根基——一定程度上整体的、综合的研究并用以指导教育实践。扩大学科研究范畴应成为教育学学术生命的本源。正是在这一立场上，教育原理、教学论、德育论的边界确实已处削弱之中，它们在研究主题和方法论方面确实是在日益地趋于融合，使得三分科边界已不像它一度所显示的那样不证自明了。换言之，弱化学科边界将成为教育学学科现代化的突出标志。

为促进教育学的繁荣，我们应开辟超越现存学科边界的对话和交流渠道。我们要鼓励教育研究者们交叉地进入相邻学科领域，突破传统边界，在自己的深入研究中几乎可以完全搁置每一学科为使本专业成为独特领域而提出的种种所谓的合法化依据。也许，21 世纪教育学发展的学术动力正是始于对教育学三分科的质疑。随着教育科学的发展，教育学应不断同自身决裂，这是一种研究范型的决裂，是一种边界的突破。确实，教育学发展史已经证明，突破性发展不在同一流派、同一学派（或曰没有流派没有学派）的完善，而在不同流派不同学派的交锋与冲突，从赫尔巴特到杜威，从凯洛夫到赞科夫，不是同构而是异构。今天教育学的悲哀恰在于学者们热衷于、习惯于同构性研究，习惯于学科界域内的精致化工作，所以今天的三分科教育学越来越精细、越来越小气，也越来越缺乏突破性的生机。为促进教育学的发展，应当破除许多来自教育学自身的知识体系和研究模式上的束缚。

为促进教育学的繁荣，我们要开放学科边界，要敢于越过三分科的雷池而步入其他界域，不要怕被人说成“不专业”“不入流”“野路子”。如果说开放是教育学得以突破性发展的基础，那么这个基础是建立在共享教育知识上面的，是跨越学科边界的。因为一方面，知识的重要特点是全部知识的“互补性”。正是由于知识的互补性，当一个学者在单一方向上探索了很远的路程后，就会感到有必要在其他相关（互补）的方向上也往前推进。这就是 Polanyi 所认为的原创性思维所需要的“沉默的知识”（tacit knowledge）。所以对边界的打破恰是原创性思维的需求和结果。另一方面，我们认为学科的进步以及进步的意义，有时并不只是在于学科内的肯定和理解，倒是在于超出学科自身的领域，既引入其他学科的成就，又启迪其他学科的思路。学术“新范型”的提供，往往就是超越学科边界的思维结果。环视一下学术的进程，不难发现，倒是在教育学三分科边界外的研究者，不时吹来一股学术的新风，不时发出一些新的“声音”，其所提出的问题及所分析的方法，往往超出了所谓合边界要求的教育学研究主题或对象，超出了那些所谓学科内的权威观点。这些产生“新声音”的研究者的出现，往往“野性”了一点，不太甘愿被学科边界给限住，但他们带来了学科的转机，开拓了学科研究的新领域。不是吗？那些大师级学者往往就是“野性”的，他们不拘琐碎，漠视边界，纵横于各学科之间，置种种学术约束于脑后，所顾之处一片学术狼藉，所顾之处又皆人类所关注的中心命题，而边界内学者常常只能仰望、收拾、整理大师们“野性”地闯过的痕迹——那一片令人振奋也让人迷惑的领域。海德格尔的弟子、著名哲学家阿伦特说过：海氏思绪活跃，热衷开辟新“道”，缺少明确的方向和界限。[①] 海德格尔的研究多数已成为世界学坛的研究热点。有边界框住

① 赵一凡：《欧美新学赏析》，中央编译出版社 1996 年版，第 45 页。

他吗？边界能框住他吗？又如著名思想家福柯，“他的研究冲破学科分界，所涉领域广泛而深入”，且多变化。[1] 有边界框住他吗？边界能框住他吗？教育学家和教育学工作者的本质区别就在这里。看看赫尔巴特、杜威们，他们带来的震荡，教育原理恐怕承受不了，纯粹教学论、德育论恐怕也承担不了这份震荡。布鲁纳、皮亚杰、赞科夫们，都显示了学科边界捆不住的“野性”。如果所有的人都安分守己地在学科内研究，那么教育学发展将没有今天。华勒斯坦尖锐地指出，“我们不相信有什么智慧能够被垄断，也不相信有什么知识领域是专门保留给拥有特定学位的研究者的”[2]，我们还要加一句话，不相信有什么知识领域是专门保留给加入特定学术团体的研究者的。对教学的关注绝非那些教学论学术团体中的人们的专利，对教育、对德育都同此理。

（原载于《教育研究》2000 年第 2 期）

---

① 迪迪埃・埃里蓬：《权力与反抗》，北京大学出版社 1997 年版，“代译序”。

② 华勒斯坦：《开放社会科学》，生活・读书・新知三联书店 1999 年版，第 106 页。

市场经济和“象牙塔”：培养两种人还是一种人

一、概　论

面对经济向市场转轨的挑战，教育的根本应战措施是培养人。但在当今讲求功利与实用的大氛围中。我们的教育在力求大幅度改革以培养大批实用性人才时，还要不要培养少数高尖学术人才？也就是说，我们的教育在抓住“市场”时，还要不要丢掉“象牙塔”？中国的未来是成为经济的巨人和学术思想的矮子，还是既成为经济强国，又成为学术强国？笔者试图通过德中两国教育模式的比较，对寻求此问题的答案提供部分参考。

为了给读者一个较深印象，本文先将主要论点提前。

德国教育具有双重性：高深的学术性和切实的实用性并重，培养学术型和实用型两种人才并重。中国教育基本上是单一的：追求理论与实际结合，培养一种学术与实用结合型人才。这两种教育各有其历史渊源。两种培养模式各有独特之处，都能较好地促进经济发展。美国、德国采取培养两种人的模式，既成为经济强国，也是理论学术大国。日本及“亚洲四小龙”采取培养一种人的模式，基本上是“经济的巨人，学术的矮子”。

纵观社会发展历史与趋势，中国教育模式应适当调整，公开追求并落实两种人才的培养：既培养学术巨子，又造就实用人才。换言之，我们既要面向市场经济，又要保住象牙之塔。只有这样，中国才能既成为经济强国，也成为学术思想的强国，才能使占世界人口1/5的中华民族无愧于21世纪的人类。

二、教育的双重性或单一性——培养两种人或一种人的模式

德国，这个地域不足中国1/27、人口不足中国1/14的国度不断创造着奇迹。两次规模浩大、毁灭浩大的世界战争由德国发起，也以损失浩大的德国战败告结束。但每次战败后不到20年，德国又恢复并发展到它的极盛时期：从1918年到1938年后的经济最高水平，从1945年到1960年后世界第三位强国地位。至今年（1993），德国的经济竞争实力已排位世界第二。

德国在经济上一再崛起，在学术上也成就显赫，即便不将马克思这样的超时代伟人计算在内，那么康德、黑格尔、尼采、歌德、爱因斯坦、弗希特、赫尔巴特、叔本华、狄尔泰、韦伯、卡西尔、伽达默尔、胡塞尔、海德格尔等等一批德国人也是值得一提的世界级学术大师了。除了康德、黑格尔等人的学说成为世界思想丰碑外，像唯意志主义、生命哲学、现象学、现象学解释学、符号学、接受美学等著名近当代世界学术思潮几乎没有哪一种能离得开德国人；像拓扑心理学、格式塔心理学、构造心理学、传统教育学等更都是出自德国人之手；有些德国人堪称世界近代科学之父，比如相对论之父爱因斯坦，量子论之父马克斯·普朗克，细菌学之父罗伯特·科赫，有机化学之父冯·李比西，等等，

数不胜数。

我认为，揭开德国奇迹的线索在其“秘密武器”——教育。在其有着鲜明特色的学术性与实用性并重的双重性差别教育模式，德国奇迹的持续“是一种紧张的教育活动的表现”（[英]博伊德·金）。

德国教育发展着两个相互渗透又相互独立的“自我”，一个是学术性，一个是实用性，有力量一直试图合而为一，但更有力量一直保持着两两独立。

德国教育的学术倾向性以古典大学为特色。以被誉为德国的“公学”的文科学校（Gymnasium）为主体，重视国际性学术气氛的营造，重视教育超前功能的发挥，造就了一批又一批杰出的世界级学术人才和思想大师。他们一定程度上脱离世俗或实用的绊羁，埋首于象牙塔之中。关注探讨的是绝大部分人所漠视的问题。德国一些古典大学至今日仍潜留着精神文化的研究优于自然科学研究的哲学意识，仍潜留着高等学术教育的非功利主义和非经验主义的思想。德国的文科学校是九年制中学（其他中学只五年或六年制），学生不参加入学考试便几乎能完全升入大学（仅需毕业考），而其他中学则基本不负责输送大学新生。这种学术气息熏陶出来的部分学术人才构成了“这样一个阶层”，这是英、法等国都没有的相当中立且有特权的学术阶层，这个阶层没有明显的利益，“唯独它能够客观地研究现实；唯独它能够洞察真理，洞察整个社会现实。”（Kar Mnnheim）

德国教育的实用倾向性以工业大学与专科学校为导向，以多样化的中等教育为中坚，以享誉世界的职业教育为后盾，重视教育与社会实际的联系，重视教育实用功效的发挥，踏踏实实地成功地为经济腾飞输送成千上万的熟练劳动者、高效而尽守职责的职员和科技人员，以及合格公民等实用人才。德国的职业教育系统全面合理，触角伸向义务教育阶段，多样化的中等学校中有两大类基本只培养实用人才，不输送大学新生。这些实用人才被教以兢兢业业的实干精神与实用能力。他们将国家、民族、传统的敬业精神以及科学技术知识融进自己的心理之中，成为他们未意识到的意识；他们的最大特征就是克勤克俭，高效而出色地完成交给他们的任务。

教育双重性的波及，对德国经济发展产生了重要而前后一贯的促进影响，它是养育现代德国人的摇篮。学术性与实用性人才仿佛是德国的大脑和躯体，使德国得以成长为“世界巨人”，比较理想地将德国经济与学术升举到全球一流水平。

而中国的教育体系乃至整个文化体系，却明显显示出单一人才的培养模式。

中国教育的单一倾向性突出反映在以培养造就一种理想人才为终极目的——既知书达理，又经世致用的全才，用当今通俗话来讲，是既有理论文化水平，又有解决实际问题能力的人才。

这种培养一种人的单一教育模式对普通劳动者学习理论知识、接受文化教育，知识分子走出书斋与现实生活结合起着有力的推动作用。

这种单一教育模式在当代确实造就了大批既有理论又懂实践的社会主义的建设者，为中国发展到今日水平作出了不可替代的贡献。

中国教育的单一性既明确反对培养那些在象牙塔中终其一生，不求实用，一味埋头学问的“学究”，也反对培养只懂劳作、不通诗书的工匠。

由是，能各领风骚于世的学术思潮辈出的现象在中国难以成为传统，在中国历史上主要有一种学术理论，即儒学。因为较之追求精神自由、遗世独立的老庄之学，唯它能“博施于民而能济众”，能修身齐家治国平天下，能实用。

由是，能蔚成科技大潮的工艺技艺无论如何登峰造极，在中国也终未酿成自然科学技术的洪流，“四大发明”遗憾地成为逝去的辉煌。因为社会过于追求走上知书识理、深造自得，从而以天伦之理统摄实用一体之路。

在教育单一倾向性的氛围中，我们有太多太多地一般理论工作者和学术工作者，但只有太少太少的叱咤世界学坛的理论家和学术家。中国的知识分子不太实际但又力求适应实际。他们比任何国度的知识分子更关心民主和自由，尤其是更关心市场和物价。

在教育单一倾向性的氛围中，我们奇缺的是合格的普通公民和称职的劳动者，而不是自以为有理论、会实践，但大事做不来、小事不愿做的人。

换言之，单一教育模式造就的现实劳动者却不太现实，他们过多地被给予空洞的理论灌输和寄予过重的解放他人的厚望，就是缺乏在本职工作上全面高效革新以解放自己的能力。农民的儿子若考不上大学，连做个合格农民也不愿也不行。单一教育模式培养的未来思想家思想却很不深远，他们不敢走进象牙之塔。不去重视那在近期看来、从表面看来、在多数人看来都不合实际需要的深奥学说研究。

我们的理论家们偏于实际，我们的实际人才偏于理论，二者均取中庸。理论家难登学术天堂，该超脱的总不能超脱。实践家难踏生活厚地，该沉下去的总想浮上来。

三、两种教育模式的历史与现实根源

1. 德国的学术偏向与实用偏向双重性教育模式之产生，有着深刻的历史渊源和现实基础

首先，雅典人希腊人给德意志留下了一份取之不竭的完善个性、追求自由、实现人格的智慧遗产，孕育了教育的学术倾向之胚胎。从德国杰出学者身上，我们不时看到古代智者的影子，他们以智者的榜样来力图说服世界，力图成为人类的教师。在他们看来，学问与知识的目的在于本身，眼前功利对他们来讲并不重要。重要的在于将智慧与学问看成

终生的追求。伊拉斯谟（D. Erasmus）、梅兰希顿（P. Melanchthon）是这样，康德、黑格尔是这样，弗希特、席勒、歌德、尼采也是这样。

其次，自7世纪始的千年岁月，德意志教育虽笼罩在宗教的浓雾中，但古希腊的思想潜流并未冻结，运用智慧去理解宗教、独立探索的精神渐成风气，产生了我国常给以否定评价而事实上具有时代精神和历史意义的经院哲学体系以及思辨性学术研究传统，许多著名学府就是当时以宣传与研究宗教学术为目的建立的。德国教育的学术倾向性传统由此逐步确立起来。

再次，新时代冉冉升起。人们借文艺复兴和新人文主义之势力图摆脱教会的桎梏而追求精神生活的新内容。当时云集各大学的日耳曼学者继承了经院哲学运用理智探求真理的精神实质。从那里得到了思想的力量。他们要创办学术性教育，要培养杰出学者和新型领导人。至今日仍以学术性著称于世的古典文科学校（Ggmnasium）大出风头。学术倾向教育在德国教育中逐渐取得优势的地位。

最后，19世纪初洪堡发起的教育改革，以学术自由倾倒世界各国。它既将传统的学术倾向更加强化，更在新的时代将学术倾向提到学术自由的至上高度。

德国教育的实用倾向性也源远流长。

斯巴达人罗马人以他们在法律和国家管理方面以及服务于国家需要的技能培养上的成功，为德意志贡献出另一份遗产，萌发了教育的实用倾向之芽。法律观念的完备与严谨、对国家民族社团的忠诚、对工作的责任逐渐成了德国普通公民的大众性格与心理特征。

“基督精神”将拯救平民视为己任，它在以极大影响力控制了整个社会生活的同时，把穷苦人家与普通劳动者的教化与开导沉沉地压在了德意志教育天平之另一端，从而确立起德国教育的实用倾向性传统。

当文艺复兴和人文主义稳步影响整个德意志教育时，宗教改革爆发了。它将人们的视线从人文美学转向教会的具体问题的争论上，贵族式的旧大学学术教育受到了冲击，提倡学术的伊拉斯谟不得不让位于马丁·路德。如果说文艺复兴是从意大利输入德国的一种贵族性的思想与学术运动，使得由此而勃发的新教育理想具有明显的贵族的高雅色彩以及明显的脱离群众的倾向，那么宗教改革是一次具有德国民族性和群众性的伦理和宗教运动，它增强了德国教育的平民特色与实用倾向（Friedrich Paulsen）。

自17世纪始，德国教育迅速本国化、德意志民族化，大力突出了实用性与大众性。由主要为学术和宗教服务，转向同时也为政治经济军事服务，旨在为晚起的德意志发展提供实在的基础。德国由此跃入世界强国行列，经济上成就斐然，学术人才辈出。18、19世纪，英国中心退出了，法国中心退出了，拱手让位于德国中心的形成，并一直保持到20世纪30年代，到今日，德国至少仍是欧洲的中心。

2. 中国教育渐入单一模式境地，也有着深厚的原因，择其要者简列如下

其一，中国素以伦理中心著称，培养的知识分子应以个人高尚的道德情操感染民众并治理社会，人格完整、道德激情成为其行事的准则。参与社会生活的一切人，从君主到农、工、商等各行各业人员，都依循自己当服从的道德戒条，“各安其分，各服其命”，使社会秩序得以维持下去。

其二，由于中国五千年文明史那厚实的经世致用传统的制约，修身齐家治国平天下的诱惑几乎成了所有知识分子的信条。

其三，中国文化思想认为，“道德大原出于天”，天人合一是价值的源头，学术探究有其前提。所谓“六合之外，圣人存而不论”，思想的触角止于此源头。此故，在追根究底的学术精神方面远逊于西方文化，造就了中国文化价值崇尚实际的取向，但务实精神却不彻底，它在方法上受到专注于内省的束缚，强调个人修养和人伦秩序。

其四，中华民族读书做官那根深蒂固的人文影响。几乎每个中国人的血管都流淌着望子成龙、书中有一切的因子，也即流淌着读书与仕途、学问与实用融于一体的因子。致使中国经济实体未走上良性发展的高速道路——普通民众那令世人惊叹的劳作技艺从未升华为强大的科学技术，因为读书做官的传统容不下这类“雕虫小技”，也因为这些技艺往往被鄙视为利己救己的芸芸众生之举，不合诗书礼仪之要求。

其五，颇具中国特色的科举鼓舞了人们求学的热情，也限定了人们成长的范围，更限定了中国学术的高度。当教育限定在八股文的评价框架中时，中国学术要再达到世界的高度已相当艰难了。

其六，教育之主导思想因近代特定的历史与社会背景，而逐渐明确为培养有文化而能实用，懂理论而救民众的人才。反对摆脱尘世只搞理论的学术尖子，注重有文化知识的实用者的输送，大而言之，整个教育是启蒙性质的、政治性质的。这一特征对中国教育产生了长远的突出影响。

其七，今日政治上的官本位，教育上的升学本位，使得教育一味关注服务于升学的理论教学，职业教育虽有进展，但相当程度名实不符，尤其缺乏社会体制的配套支持，至今日仍未构成社会建设的重要支柱。也即不但学术教育不具优势，实用性教育也未成有力体系。

理论与实践的结合，学者与工农群众的结合，使国民政治与经济达到一个相当的高度。但理论过于注重现实而不是理论自身，学者过于考虑大众而不是学术价值。劳动者过于追求知识化而忽视了本职工作的潜力挖掘。这样，中国教育没有培养出多少思想史上的巨人。这种模式下，一端，很难见叱咤世界学坛风云的顶尖中国人物，另一端，也未有忠于职守、克勤克俭、追求高效的中华职员之美誉。这种模式成了中国发展所遇到的最大障碍。若要求更高更快更好的经济与学术的共同发展，这种单一教育模式显然已力不从心，必须寻求新的模式或注入新的血液。

四、结论：变人才培养单一模式为双重模式

纵观世界主要发达国家，培养与造就人才的教育模式主要有两大类。

一是培养学术尖子与实用人才并重的双重模式。以德国、美国为典型，但这种模式又有所区别。美国式双重模式虽也是学术尖子与实用人才并重，但就其大势而言天平更倾向实用人才的培养，其根在经验，可称实用理性。德国式双重模式大而言之更倾向学术人才的培养，其根在先验，可称价值理性。

二是培养一种人才的单一模式，以中国、日本和“亚洲四小龙”等经济高速发展的国家和地区为典型，各有差异。中国式铸塑人才的单一模式，重心落在知识与实用的完美交融，更倾向于知识学问气息。日本式单一模式，重头显然是实用型经济建设人才，学术天才如果说有，也是为实用而存在。“亚洲四小龙”与日本类似，学术理论地位与其经济地位严重不匹配。苏联与中国接近，强调的也是理论与实用的结合。

培养两种人才的德、美模式在服务于经济上是成功的，培养一种人才的日本、“亚洲四小龙”模式在服务于经济上也是成功的。

此故，美、日、德包揽世界经济实力前三位。

但是，在学术成就上，在理论与思想贡献上，较之日本等国，德、美更是无愧于人类，并与其经济实力相适宜。以德国为例，当代重大学术思潮几乎没有几种不与德国学者相联系。

当然，两种模式也各有其内在的不足。培养两种人的模式在二者结合上距离遥远，理论精英不问世事，一般公民只管自身，虽促进了法律的健全，但因制约力量不够而使国家或集团误入歧途成为可能。培养一种人的模式在培养高尖人才与普通民众上均不甚扎实，人们虽争做好

人、榜样、英雄，一定程度可调和人际关系，但因太依赖人治、依赖人的自觉性，故而法制不易健全。

如果仅从发展为单一经济强国的角度看，那么中国既可学习日本与“亚洲四小龙”的长处，也可吸取德、美的经验。从长远看，经济强国梦一定能实现。

然而占世界人口1/5的中华民族，有五千年文明的泱泱大国，难道仅满足于做经济的强者、学术上的弱者吗？中国还应该是学术思想的强国，中国还应该涌现出更多的世界级的学术巨子与理论思潮！

如果认同这一点，那么我们可以德、美为榜样取其长处为我所用，注重培养两种人。

考虑中国深厚的传统文化影响，美国式的自由而偏实用体系不如德国的尽职守责而偏学术体系更适合中国人的传统和中国的发展。

就是说，中国不但需要经济的市场，同样需要学术的宝塔，不但需要务实高效而恪尽职守的工人、农民、一般知识分子等构成国家社会群体的绝大部分个体，也需要不务实的、超凡脱俗的、遨游在学术天空的极少数但能量极大的思想超人或学术巨子（当然，本文所指的一切“超脱”都是相对意义的，绝对的超脱既不可能也不应该）。

在单一计划经济下表现得最充分的单一教育模式到了该转轨的时候了，因为，计划经济正在成为过去！

（原载于《教育研究》1994年第2期）

从学校批评看学校不能承受之重

——兼论教育的责任分担

近年来社会各界纷纷关注教育工作，不约而同地对学校教育的某些缺失进行了批评，涉及教育的各主要领域，包括课程内容、教学方法、教学评价、道德教育、教师素质以及高考制度等等。

这种来自学校外的猛烈批评让那些长期掩盖起来的教育问题浮出水面。首先，教育决不是我们所宣扬的那样，产生的都是理想的、正面的功能，教育还存在不少问题，也产生我们所不期望的负面效应。学校在培养人的同时也压抑人，传统教育确实是在“运用着传送带的原则，用大批生产的方法，把一年级的学生造就成中学毕业生”①。其次，它掀起了一轮社会关注教育的高潮，使社会开始意识到以往只注重教育结果不注重教育过程是要付出巨大代价的。再次，它将对教育的批评从泛批评的意义上开始引向具体的教学过程和教学内容层面，使批评更具建设性，更有针对性。但是，社会对学校的批评忽视了它本不该忽视的重要内容，因而这场批评所反映的国民心态值得充分关注。本文拟就此谈几点看法。

① 斯卡特金：《现代教学论问题》，教育科学出版社1982年版，第50页。

一、批评背后的国民心态

今日对学校教育的尖锐批评除了教育本身的严重弊病以外，主要根源应该说来之于人们赋予学校本身不能承受之重而造成的结果。这种心态值得我们特别关注，它有可能造成人们对学校不切实际的期望，然后又是失望，有可能忽视人们对社会和家庭的教育责任的关注，从而成为妨碍教育健康发展的不良心态。

首先，这种心态是一种学校依赖的心态。所谓学校依赖，就是社会、家庭将学生发展、培养的重任完全交付给学校，认为学校足可以挑起这一重任。人们将自己最宝贵的东西——孩子交给了学校，自然对学校产生了高度的甚至有点过度的“依赖”与“关注”。人们以为学校能培养“身心既善且美”的全面发展的完人；人们相信“教育的普及，无论对社会还是对个人都将自动地带来进步和幸福”；[①] 人们也深信：多数横在痛苦与机会、贫困与希望之间的深渊，可由教育之桥架通。一旦这一认识成为主流，他们对学校就产生了心理依赖，这种心理遮住了人们客观探寻问题本源的视线，不愿超越学校再作别的考虑，本来简单明了的道理就被历史地放弃了。人们太依赖学校了，学校在人们心目中是“一方净土”，以为仅仅通过它就能实现我们的期望，达到理想的境界。

正因为人们对学校过于依赖，人们就自然将各种学校教育能够或不能够承担的重任都压在学校身上。学校的任何失误都使这些人感到严重失望，继而特别容易走向另一极端：对学校教育彻底失望，完全不相信。人们批评德育实效差，是因为他们以为学生道德的养成是且只能是

① ［日］友田腾正编：《日本教育社会学》，春秋出版社 1989 年版，第 11 页。

学校的责任。人们批评学校使学生负担过重，是因为他们以为学生的负担是且仅仅是学校造成的结果。人们批评学校导致学生的片面发展，是因为他们认为人的全面发展是且仅仅是教育的事。他们如此猛烈地批评学校，是因为他们太依赖学校，根本没有将子女的教育与社会与家庭密切联系起来。

的确，学校是应该值得信赖的，学校也正因其应该值得信赖而不断突显出自身的价值，并且随着时代的发展其价值得以不断提升。然而，信赖不是依赖，特别是目前我们大多数学校还没有足够的能力来抵御内外各种不利因素的侵袭，学校还没有充足的条件来承载外界给予的重负。学校的作用虽然很大，但并非无限，学校并非在任何时空内、任何条件下都能发挥积极影响。对学校的绝对依赖，只会使我们离教育目的更远。此时，恰如《美国 2000 年教育战略》所意识到的："学校决不会比学校所在的社区所承担的教育义务好得多"。[①] 不是说学校不可靠，而是说这教育太复杂。当今社会，孤立的学校是不可能独自承担起学生全面发展这一重任的。学校没有办法完成社会没有给它条件完成的任务。所以，我们追求的不应是完美无缺的学校，那是我们永远无法达到的。我们追求的是那个带给我们更小或更可谅解的缺陷的教育。

其次，这种心态是一种教师依赖的心态。过于批评教师，其实就是过于依赖教师的体现：当人们把孩子交给教师，就意味着把孩子的发展与进步的责任完全交给了教师。从品德发展到能力培养，从学习到生活，即使学生在学校争吵不慎摔了一跤，即便学生一怒之下离家出走，一切都是教师的责任。教师是圣贤之人，他们为此不但要承担道义上的压力，还得承担经济上、法律上的责任。殊不知，教师不是先知，对于那些终极价值、终极发展，教师和学校都不是可以完全依赖的"万能钥匙"。尤其是在中国现阶段，教师作为一个整体，无论是学历水平，

① 吕达、周满生主编：《当代外国教育改革著名文献》，人民教育出版社 2004 年版，第 210 页。

还是敬业精神，或是其他素养，以及教师作用赖以发挥的基本条件，都远远达不到教育现实的需要，更达不到未来的要求。这样一支教师队伍，如果要从根本上去依赖它，是要冒极大风险的。

二、关于批评的反思

我们已经指出，20 世纪 90 年代以来社会各界对教育的批评尽管在整体上是很有价值的，但这种批评的背后恰好表现出国民将年青一代的成长完全交付于学校的依赖心理，因而这种批评是单向度的。我们说批评是单向度的，主要还因为这轮批评忽视了它本该不应忽视的学校、社会、家庭三位一体才能真正完成培养人的艰巨任务这一基本事实和普通道理。

首先，批评者只注意学校责任，他们忽略了社会、家庭的责任。一方面，我国社会教育尚不能大范围有序展开。文化教育设施与场所相当陈旧紧缺，无法满足学生的需求。如果学生放学后忙于看电视、玩电子游戏，如果允许学生满街闲逛，那么，学校和教师可能起多大作用呢？另一方面，目前在中国，家庭既无条件也无能力承担起协助、监督学校教育的重担。对于相当一部分儿童来说，应该成为其保护者和道德支柱的家庭本身就处于缺少正确的教育观念或教不得法的状态之中。

真实的教育世界要求我们用整体的眼光去看问题：社会、家庭、学校，任何一方面的任何事情都可能影响到其他方面、影响到学生的发展。“这是一个每个人的世界，正在发生的问题似乎没有发生在任何人身上，似乎任何人都没有责任；但正在发生的问题又发生在每个人身上，损害着每个人，每个人都有责任”。[①] 我们忽视了各自的责任。在

---

① 石鸥：《教学病理学》，湖南教育出版社 1999 年版，第 289 页。

我国的现实条件下，家庭、社会、学校三者的责任分担是失衡的，学校处于孤立状态，学校不得不将社会、家庭应该承担而又没有承担的责任承担下来。就是说，学校一定程度上承担了它不该也无法承担的重任。

其次，我们的批评者只注意学校问题，他们没有认识到学校问题的背后极有可能同时也是社会体制问题，而且往往正是这类问题阻滞了教育的发展与改进。教育思想来源于更广泛的社会与政治思想，或者说本身就是这些思想的组成部分。随着这些思想在特定社会中地位的沉浮，教学过程和培养人的典型模式也不得不发生变化。就是说，对人的培养问题，体制本身也有责任。当某区域或某方面的教育长久地落后于其他区域或其他方面时，教育问题就不仅仅是教育问题，同时也是社会体制问题。一个教师工资都发不出的地区，却有许多灯红酒绿的夜总会之类的场所，而且在这里，常年不散的闲客中竟有不少是地方官员甚至是教育官员时，教育问题难道只是自身的问题吗？从整体上要改变学生负担偏重的状况，孩子们的幸福之路是用考试分数铺垫的状况，必须要综合治理，实施社会的系统工程。任何重大的教育改革方案和人才培养方案首先必须是体制的、社会的方案。

三、全社会行动起来，建设一个值得信赖的学校体系

种种理由使得我们不得不认为，威胁着教育健康发展的几乎严重到令人无法抗拒的那个思想源泉在于人们无根基地太依赖学校了。这种依赖使得学校承受着它无法承受之重，这种依赖使得全社会忽视了自身的责任。教师和学校工作确实需要改进，但许多原因却在校外。

应该请社会反思一下：教育成就在很大程度上依赖于社会的道德共识，但我们今天看到社会上种种不良风气对学校教育成效的抵消十分严

重，这对教育是严重的釜底抽薪。如果没有形成青少年成长的良好的社会氛围，教育之树能够结出这无花之果吗？

应该请学术界反思一下：是谁不把培养人的科学看作一门真正的科学？长时间以来，培养教师算不算学问，师范专业有没有学术性，一直是个悬而未决的问题。[①] 正因为这样，教育科学一直不受重视，在某些专家眼中，教育学算不上真正的科学。

应该请决策部门反思一下：我们的教育投入为何总是上不去？不是早有权威研究："把时间、精力和资金用于基础教育，可能是对人民对国家的未来所能做的最有意义的投资"？[②]

应该请出版商反思一下：难道他们不是一只手忙着编写汗牛充栋的良莠不齐有些甚至错误百出的中小学辅导资料，一只手忙着数码洋？还有电视制作商，难道他们不是一只眼盯着收视率一只眼盯着广告？他们编造出来的东西有些简直就是在传播摧残孩子的社会伦理（通过色情、血腥、犯罪等）。

不是哪一种因素，又是每一种因素，是种种因素，造就了今天的教育现状。对于这一切，应承担责任的除了学校、教师外，我们批评者自己也有不可推卸的责任。作为扮演社会代言人和家长代表的所有成人们，我们是否为孩子创造出健康成长、各种不良诱惑被控制在最小范围的环境与氛围？如果没有，学校能够完全依赖吗？如果没有，我们能指望学生像我们所预期的那样全面发展吗？

可见，社会要做的不仅仅是始则给学校不能承受之重，继则发现问题又全盘否定学校。只是倡导教师改变他们正在从事的工作，却忽略他们前进中的障碍，这种倡导就毫无意义。为保证学校取得成功，我们要超越课堂，把学生的发展置于比课堂、比学校生活更广大的社会背景中，把学生的学习场所，从学校拓展到家庭、社区乃至整个社会。要为

---

① 叶澜：《一个真实的假问题》，《高等师范教育研究》1999 年第 2 期。

② 赵中建编：《教育的使命》，教育科学出版社 1996 年版，第 41 页。

学校创造良好的运作条件和健康发展的环境。

但是，学校毕竟是培养人的专门场所，它直接关系到国家的前途，关系到孩子的未来，故接受良好的学校教育的权利实质上就是一个人生存和发展的权利，所以我们决不能以社会和环境为借口而原谅学校某些违背教育规律、摧残儿童心身发展的做法，而降低对学校的要求。

也就是说，虽然学校不能承受它无法承受之重，虽然我们不能过于依赖学校，但学校作为一个体系却仍然值得信赖，也应该值得信赖，尤其是它必须值得信赖，不值得信赖的学校必将终结——任何人都不会愿意将自己最心爱的东西交给自己不信赖的人和机构。

一个值得信赖的学校体系需要一个与之相适应的文化基础、道德共识以及与它们相一致的政治法律秩序、社会环境。一个值得信赖的学校体系需要会社会都负起责任来。

确实，我们的社会、家庭和学校都应负起责任来，一起来改变我们的教育状况，一起来重整教育和教育的大环境，来建设一个真正值得人们信赖的学校体系。

（原载于《教育研究》2002 年第 1 期）

我们从素质教育那里期望什么

——素质教育研究之一

一、探究素质教育的新途径

查一下近年来有关教育的新闻媒体与学术刊物，“素质教育”成了使用频率极高的术语。然而饶有兴趣的是，到目前为止人们并未就什么是素质教育获得一致的认识，更基础一点的是，人们还未对“素质”下出能被多数人认同的定义。杨银付在他的研究中综合介绍了多种素质的概念，并对素质教育作了统计，认为教育理论界至少已出现9类关于素质教育的定义①。这仅仅是截至1995年下半年的粗略统计。至今恐怕已大大超出这个数了。素质教育的定义虽然远未统一，素质的概念更是众说纷纭，但并不妨碍一些人的乐观。这些人似乎从素质教育那里找到了突围出当前教育困境的绝妙途径，似乎从素质教育那里找到了解决当前困扰人的各种教育问题的金钥匙。人们的这种乐观精神给了我们一种启示，尽管从近期看，在理论上不会对素质和素质教育的定义有明显的突破或进展，尤其是如果继续按目前这种研究理路。就是说，尽管繁

① 杨银付：《素质教育若干理论问题的探讨》，《教育研究》1995年第12期。

复的学究气十足的解释，简洁的经验性太强的描述，都不足以给出令人信服的素质教育的定义，但这决不妨碍我们在较大范畴讨论素质教育问题。犹如物理学上一开始没有得出什么是“热”的定义，但并未拖住对热理论的研究一样。我们没有时间来期待理论家们给素质与素质教育下出最后定义再来推进我们的研究。问题并不在于是否应该立即得出什么是素质、什么是素质教育的定义，真正的问题在于是不是拿那远非科学的定义去硬套教育的现实。我们不知道精确的素质和素质教育是什么，但第一，我们知道“素质”大而言之可视为一种“精神状态”，没有任何一项单独的性质或特征能完全限定“人的素质”，素质应该而且也能够在很多不同的形式与内容中表现出来，素质是很多性质的综合体，说一个人素质高，恐怕既指他的品格、精神，也指他的知识、能力、学识，还指他的言谈、行为举止等等。第二，我们还知道，要使我们的学生成为一个在今日竞争激烈的社会中能保持和完善高尚人格、会学习会生活会自爱会爱人的现代人，就应该从教育中获得某些重要的基础性的东西，也许这些就是我们尚未揭示的“素质”之类的什么，也许能实现我们的期望，使学生获得这些东西的教育就是我们所谓的素质教育。这里，重要的是我们期望获得什么。就是说，对于什么是素质什么是素质教育，我们是否可以换一种思路换一种问法。具体看，我们可否这么追问一句：

我们究竟从素质教育那里期望什么？

是呀，期望什么？

期望它能现实地造就出全面发展的新人？

期望它能“面向全体学生，全面提高学生的思想品德、文化科学、劳动技能和身体素质”。[①]

期望它迅即能消除学生负担过重，片面追求升学率的顽症？

---

① 《中国教育改革和发展纲要》。

期望它能在这整体大环境的重重围困下使学生思想品德一枝独秀？并由学校的一枝独秀引来社会的满园春色？

或是期望学生更多地学一些文学艺术、科学技术、计算机知识，以在素质教育的百科知识竞赛中获胜或以组组数据来标志素质教育的成就？

这一切都是我们对素质教育的期望，然而什么是既最具指导性又最贴近现实的期望呢？

如果我们能清晰地认识到我们最本质上应该期望什么，那么我们就有可能构筑能够实现我们的期望的某种教育或曰素质教育，我们也才可能知道什么是素质教育或素质教育是什么，进而我们才可能测定素质教育中所谓的素质究竟指什么，才不至于总在广义、中义、狭义上纠缠，才不至于总在不同辞典字典里找根据。由从素质教育那里期望什么倒溯，也许是探讨素质教育、认识素质的一条可行途径。

那么，我们究竟期望素质教育什么呢？1974 年秋，联合国教科文组织和儿童基金会联合会议上指出：基础教育的目的是使每个人能够发挥自己的潜力、创造性和批判精神，以实现自己的抱负和幸福，并成为一个有益的公民和生产者，对所属的社会发展贡献力量。① 这种理想的基础教育可指称我们基础阶段的素质教育，我们至少期望它在两方面有所贡献。一是宏观的、社会的，培养“有益公民与生产者”，使之对“社会发展贡献力量”。二是微观的、个体的，发展有创造性有批判精神，能“实现自己的抱负和幸福”的个体。

二、宏观上，我们从素质教育那里期望——

我们期望素质教育在调整人才培养结构、转变社会教育观念上作出

① 转引自查尔斯·赫梅尔：《今日的教育为了明日的世界》，中国对外翻译出版公司 1983 年版，第 130、28 页。

贡献，实现培养对社会发展贡献力量的合格公民、生产者与科学家、学者的预期目标。有人将素质教育与应试教育完全对立起来看，不管是否恰当，但至少有一点是相关联的。即单纯的应试教育不仅摧残学生心智，而且也倾斜了人才的合理配置——大量学生拥向普通教育之一端，而使职业教育一端失去了应有的重量，可以说，应试教育升学教育是培养领导者、学者的教育，而不是培养普通劳动者的教育，它是训练大脑的教育，而不是帮助学生谋得工作的教育。大量学生一旦考不上大学，连做一个合格的劳动者的条件都具备不多。这个问题多年来没有得到恰当解决，教育主管部门以及政府有关部门对这一问题的严重性表现出了较大的焦虑。正是在这一背景上，人们自然而然地将目光转向素质教育，或抱着极大希望，或抱着一丝希望，期望素质教育产生奇迹，能起到较好地调整教育结构、使普通教育与职业教育合理配置、解决千军万马过独木桥的问题，减轻学生在应试教育下的重负的奇特作用。汨罗市教育改革（所谓素质教育）的经验被迅速提升到极高地位并推广开来，某种意义上就是这种希冀这种期望的必然产物，就像在较沉闷的现实中突然发现了一丝光明一缕清新的空气一样。最好的证明是有领导同志说：“这个经验，我们等了 10 年才等出来”①，而湖南电视台连续推出的介绍汨罗教育经验的节目名称是“从独木桥到阳关道”。在这个意义上，与其说是汨罗素质教育自身的成就显赫了自己，不如说是社会大气候教育大环境造就了汨罗经验。

我们期望素质教育能带来结构变化，除了某些像汨罗市那样的坚决的措施外，恐怕更需要人们在教育观念上发生根本转变。就是说，我们期望素质教育带来人们教育观念的转变和完善。无疑，我们的学生应有一部分走向职高、职业中专，但这是拥有完整人格的主动走向，而不应是满腹无奈的被迫走向，我们的家长应支持这种走向。但走向职高的前

---

① 何东昌同志的讲话，转引自湖南教育报刊社编《大面积推行素质教育的探索——汨罗市中小学教育改革 12 年写真》。

提是走向观念的变革。一项重要的社会改革，一场重大的教育进步，如果不伴随观念上的精神上的相应变革的话，这项改革这场进步就是不牢靠的。只有观念变了，思想变了，只有当人们认识到进普通中学受普通教育能成才有出息，进职业中学受职业教育也能成才有出息时，教育结构的调整才能落到实处，才不至于有反弹的可能，才有可能真正提高职业教育的质量和吸引力。如果中学的分流没有带来观念的多元和思想的提升，某种混乱和失常就必不可免。试想，如果学生进职业中学是不得已，是被迫的，连家长也这么认为，那么我们能有真正的教育教学质量的提高吗？我们能真正减轻升普通中学的压力进而减轻高考的压力吗？我们能真正全面培养与提高全体学生的素质吗？

结构的调整、观念的转变，这是宏观教育的成就。那么素质教育就应有宏观部分，宏观的素质教育能保证结构合理，观念适应新时代要求，从大的方面保证了整体人才素质的实现。换个角度看，国家和政府从这种素质教育下看到了全民族素质提高的现实基础。学生分流进了两类教育机构，国家获得了劳动者的保证。

从社会看，宏观上的素质教育能实现我们的期望，因为这是一种有着健全的超前意识和强烈责任感的教育体系，它不但能促进经济与社会的繁荣进步，而且能以自身的责任去校正公众的一时偏向与盲动。然而，教育结构的大调整和教育观念的大转变，不能保证每一个体的充分和谐发展。就是说，素质教育在宏观上满足了社会发展要求，但在微观上不一定能满足个体发展要求，也许结构确实得到了大调整（像汨罗市那样，职高与普高比例为6∶4），但传统教育教学基本模式并没有得到相应的转变，或者说它的转变仅仅是结构变化的“副产品”，是被动的。一定程度上，我们正以微观上的非素质教育或反素质教育实施着宏观上的素质教育。如果说我们国家大规模普及义务教育、提高全民族素质的教育可以称为整体上的素质教育，那么构成这个整体素质教育的大厦中有许多是非素质教育有的甚至是反素质教育的砖石。这里，将再次体现社会本位与人本位这一长久的矛盾。我们期望素质教育能够消除至少缓解社会本位与人本位的矛盾。在这一意义上，仅带来宏观结构调整的教育，尽管在总体上适应了社会对人才结构的需求，恐怕还是不宜称为广大理论和实践工作者对之寄予厚望的“素质教育”，至少不是素质教育的全部。很显然，我们从素质教育那里绝不仅仅期望教育结构的变化或者说社会发展的获得，我们还期望教学模式的变化或者说求得个体素质的全面提高。社会发展最终所要求的是个体在素质方面的全面提高，这种提高是获得社会更大发展的先决条件与基础，同时也应看成是社会发展自身的重要目标。

如果说期望教育结构的调整其基点是放在社会本位上的话，那么期望学生个体的全面和谐发展其基点是放在人本位上的。既从社会发展着想，更从学生个体发展着想，这才是我们所追求的素质教育。

三、微观上，我们从素质教育那里期望——

首先，我们从素质教育那里特别期望使学生获得一种精神一种追求。换言之，素质教育的重心应转向人的教育，而不应像传统教育那样重心在书本的教育上。

我们已从素质教育那里看到大学校园里的音乐、美术、文学等讲座，看到大学生为参加素质教育的知识竞赛而跃跃欲试，看到中学、小学都有了一些措施一些行动。但决不能到此为止。素质教育的真正贡献不是让学生获得一种知识，而是让学生拥有一种精神一种立场一种态度一种不懈的追求，一种现代高等教育奠基人洪堡特所谓的内驱力，他说道：“大学的真正成就应该在于使学生有可能，或者说，它迫使学生至少在他一生当中有一段时间完全献身于不含任何目的的科学，从而，也就是献身于他个人道德与精神上的完善。”知识的教育是不难实现的，在各种级别的知识竞赛上，中国学生都显示出很高的水准，从一个侧面反映了我国知识教学的成功。而对人类终极关怀的精神，对真、善、美的执着追求，自己获取知识的能力，则并不是我们应试教育的强项。因为这种精神、这种追求、这种能力并不是知识教育过程结束后的必然副产品。它既需要我们去着意养成，也是我们的教育在本质上赖以实现培养全面发展的人的预期目标的先决条件。因此，如果仅仅停留在知识获得上，我们就没必要大力提倡素质教育。举例来说，素质教育的关键不是期望学生懂得“什么是爱国主义”这样经典的定义，而是期望学生内化出一种爱国主义的精神，一种爱国主义的追求。知识是成批生产成批淘汰的，精神则是永恒的，追求是无价的。精神性的东西天然地具有不安现状的、进取的和个性舒展的可能倾向。这是受教育者最主要的收获。计算机教学要从娃娃抓起，那么精神呢？追求呢？我们寄希望于素质教育。

也许有点过激，但我们仍然可以说，素质教育的逻辑起点是人而不是书。学习的第一任务是学习做一个人，而不是学习读一本书。做人必须有一种不朽的精神，读书则只需符合技术的规范。素质教育应成为舒展个性人性的天堂，而不应压抑个性。通过素质教育，学生学会的最主要的是如何做人，如何做一个高尚、理想、典范的人，献身于对真理的探求和追求，能感知一切美好的事物，充满公平正义的精神，崇尚简朴、有优雅的情操。

对人类终极关怀的精神与对真善美的执着追求，特别表现在人的自爱自尊自信上，或者说必然开始于自爱自尊自信。只有人们爱自己尊重自己相信自己时，他才能爱、尊重和相信自己的邻人、自己的家乡、自己的祖国、自己所属的人类，把对人类的关怀看成是最终极的关怀。我们的学生喜欢高呼自我实现，这本身无可指责，事实上只有通过爱、尊重和相信别人才能达到人的自我实现，才能完成人们自己的人性。我们的教育喜欢要求学生关心别人、热爱祖国，这本身并无错，但本质上只有让学生学会自爱自尊自信，才能学会关心别人学会热爱祖国。

终极关怀的精神追求的价值与具体知识的习得不可同日而语，但决不能排除知识的探索，决不能将知识的探索与获取过程看成是必须抛弃的应试教育。精神展现了人的自由思想世界，但它的实现或趋近必须考虑知识问题，也即客体现实条件与实践能力问题，否则一个精神的世界只是一个可能性世界，永远只是可能性。只有精神与知识相互补充相互渗透才能形成有价值的人的生活世界。也即，我们应基于知识来充盈精神凝聚精神，在客体性上建立精神追求，当然更应基于精神来探求知识，在主体精神的要求下获取知识逼近精神的目的。在素质教育中，具有决定性的不是知识的获得，而是知识的追求及追求的目的以及追求知识的过程本身。

其次，我们从素质教育那里期望的主要是现代人的基本品质，而主要不是一些具体实用的技能。换一种形象说法，在素质教育看来，“抽象的思维训练和良好的语文基础远比学会钉书架重要”①。我们教育学生的目的绝不是把他们以后需要的一切都教给、交给他们，教育的目的应该在于给学生提供他们以后所需要的观念、能力、精神、品德、习惯等品质，也就是培养学生能毕生教育自己的品质，这是现代人所应具备的品质的综合。

那么何谓现代人的品质？美国科学院院长、著名学者英克尔斯提出了十二个特征：准备和乐于接受未经历过的新的生活经验、新的思想观念、新的行为方式；准备接受社会的改革和变化；思路开阔、头脑开放、尊重并愿意考虑各方面的不同意见与看法；注重现在与未来，守时惜时；强烈的个人效能感，对人和社会的能力充满信心，办事讲求效率；强调计划的意义；突出知识的重要性；可依赖性和信任感；重视专门技术；对教育内容和传统智慧敢于挑战；相互了解；尊重和自尊；了

① 佘云楚文，《香港社会科学学报》1993 年创刊号，第 249 页。

解生产及过程。[①] 我们在英克尔斯的基础上，结合国人研究成果，认为现代人必须具备如下素质：超前竞争意识，改革创新与批判精神，坚韧不拔与刻苦上进的品格，高度负责的思想，教育与自我教育的能力，关心他人关心社会关心环境的爱心。

我们期望从素质教育那里获得以上述特征为基础的现代人的品质，也就是期望教育必须由重实用转向重品性，由重“现有的东西”转向重“正在变成的东西”，由重知识本身转向重获得知识的过程。重实用、重“现有的东西”、重知识本身，是应试教育的不足，这样做只获得了某种数据定理而失去了普遍的价值意义。素质教育的逻辑起点是人，它的理论与现实单位是人的品性。素质教育的主要作用是为了进一步学习而教育，是为了变得更完善而教育。如果我们只是为了某种可操作的实用的技能，那么顽强教下去学下去只有成功或失败，无论是成功还是失败其价值都是有限的。难怪阿那托尔·法朗士说出这种话：“我认为，只有一种学校才能培养人的心智，那就是不上任何学校”[②]。显然，他指的决不是我们所追求的实施素质教育的学校。显然，决不是任何教育都对现代性有重要贡献，绝非凡教育皆有益。应试教育在这方面的作用便是有限的，正如有的教师可能会缺乏使人趋向现代性的人格力量一样，有的学校、有的教育也可能对培养人的现代性品质作用甚微。在应试教育下，学生从早到晚，从周一到周日都忙于应付习题应付考试应付升学，他们没有疑问的机会，没有独立思考的时间，没有自由支配的时候，整日在分数的重压下被动生活。这种教育培养出来的学生，是达不到我们所期望的现代性品质高度的，说得过分一点，在这种教育下受教育越多，心理的创伤就越重，就可能越缺乏现代性的品质。

当然，指出应试教育的缺陷，并不能就此得出结论说，教育在促进

① 殷陆君编译：《人的现代化》，四川人民出版社 1985 年版，第 22—36、97 页。

② 转引自查尔斯·赫梅尔：《今日的教育为了明日的世界》，中国对外翻译出版公司 1983 年版，第 130、28 页。

人的现代性品质方面没有任何积极影响与作用。

相反，一般来讲，教育是决定一个人现代品质达到何种程度的重要因素。也即受教育程度一般是和现代品质程度呈正相关的，“教育水平与现代性有直接的关系”，英格尔斯的研究表明，在受教育较少的人中，具有现代性品质的人的平均比例是 13%，而在受教育较多的人中则占 49%。[①] 这就十分有力地说明了教育对个人现代性有直接的独立的贡献。从本质上看，教育对学生的影响总是实质性的，哪怕是应试、升学教育。学生毕竟学会了读写算，学到了价值观与行为方式、被社会化了。我们不能全盘否定过去的教育并一概贬之为应试教育，并将它与错误的教育等同起来。我们的现行的教育不一定就是应试教育，应试教育也不一定就是落后的必须被完全取代的教育。较多的正式学校教育，正常情况下总是更有利于个人的现代性而不是相反，总是更有利于社会的现代化而不是相反，在更多的不经意的情况下，人们素质的提高是因为人们受了教育，而不是因为教他们去提高素质。尤其在我们这种发展中国家，在我们许多地区还相当落后的情境下。

正是在上述意义上，我们从素质教育那里期望现代人的品质，我们强调把重心由书转向人，绝不意味着只求精神的、理想的人格的内容，它还要求把现代人品质具体化于实在的收获，现代性品质只有附着在具体素质上才能发挥实际效果。

比如计算机已从工具发展为文化。不懂计算机已不仅仅是影响科研影响工作，实质上它也影响生活影响发展影响思维影响社会影响国家。素质教育不应该在这一问题上令社会失望。比如外语已从一种工具变为一种思想一种知识库。没有掌握外语犹如缺乏一种思想断了一个重要的知识源流一样。我们期望素质教育能在培养学生的外语使用能力上作出突出贡献。

---

① 殷陆君编译：《人的现代化》，四川人民出版社 1985 年版，第 22—36、97 页。

比如杰出科学家的培养要注重哪些实在素养？在我们传统教育中，杰出科学家都是凭借个人的天资与勤奋（1 分天才+99 分勤奋）独自在实验室在书房通宵达旦地工作，终于因其伟大发现而名垂千古的人。即便承认这基本符合事实，但时代的变迁，21 世纪的临近，作一名杰出科学家的条件也相应地在改变，其一，由于科学的飞速发展，知识领域和知识量都在激增，以往那种百科全书式的、仅凭刻苦取胜的科学家已不再可能了。其二，自学成才的机会也愈来愈少，系统的训练成为必需，于是读书或者说学历便成为科学家的第一台阶。其三，在现代、在明天的 21 世纪，科学家还得学会管理、学会经营、具备较强的组织能力。因为他必须不断地并且尽可能多地寻求科研经费。在近代科学诞生之初，即便伽利略、牛顿那样的大科学家，也不一定非有助手不可，凭借自己的经济实力或朋友的资助，便足以维持日常的科研开支。但时至今日，科学已发展到所谓“大科学”阶段，在一般情况下，单枪匹马的研究已不可能，靠个人的经济实力更无法满足昂贵的科研开支，因而必须筹措资金、获得资助并组织队伍协助自己研究。就是说，未来科学家应具备经济头脑①。大科学家将日益成为科学的经营者。但科学又不是纯经济的活动。我们期望素质教育培养出来的后备科学家，应有可能是杰出的成功的科学家，要成为这样的人，除了对聪慧的天资与勤奋的考虑之外，恐怕还有更多而且可能更难、更苛刻的其他要求。尽管很艰巨，但我们的素质教育不得不面对这一变化这一挑战，素质教育在对娃娃普及计算机和外语教学后，还要做什么呢？

再次，我们从素质教育那里期望学生学会生活，一种健全的丰富的自主的生活。

素质教育的意义在于人本身。不可能出现高于人而又令人满意的教育，因为不可能通过教育超越人。超越人的教育必然是压抑人性的教

① 何一道：《科学家还要做什么》，《东方》1995 年第 2 期。

育，这是传统教育始终未能摆脱的纠缠。素质教育不去劝告人们怎样充实地生活，人们能充实地生活是因为受了素质教育，换言之，素质教育的职责决不在于教学生去过现成的有文化与情趣、健康而有价值的有世界观高度的生活，而是在于引导学生以文化与情趣、健康而有价值的、世界观高度的视角去审视生活，去创造生活。一旦这么看，我们的素质教育的意义就出来了。不必忌讳，我们期望真正的素质教育能使人去充实地生活、愉快地生活，充满激情地领略生活的乐趣。也许这么说并不过分：影响人的生活质量，导致人的生活质量下降的教育是一种病理性教育，素质教育必须有助于人的生活质量的提高。教育的目标不能排除人的生活质量的全面发展。重视生活并不意味着利己，更不意味着损人，以为损己才能利人是不道德的，这种教育不是素质教育。这种教育让人用剥夺自己生之乐趣来换取成绩换取分数。教育必须转过来，转向生活，使学生在教育中生活、生活着受教育。也即使学生过学生的生活而不是成人的生活，使学生过经过教育的生活而不是自发的生活。

我们期望素质教育使学生学会生活、学会充实地幸福地生活，实质是期望素质教育一改过去传统的以升学、以应试为主的主流教育。在这种传统的主流的教育下，生活本身被忽视了，变相的为生活做准备的观点与行为充斥着教师、家长乃至学生自己的头脑，也充斥着学校、课堂。人们总以美好未来生活为诱饵，强制学生们苦学苦练，学生们丝毫也感觉不到生活的乐趣，甚至认为这不是生活，受教育不是生活仅仅是为生活做准备。于是乎，这种教育受得越久，学生受压抑的时间就越长，出问题比例就越高。据调查，心理和行为问题的小学生约占13%，初中生约占15%，高中生约为19%，大学生约为25%。[①] 教育本应使学生生活得更美好更充实，但随着学生受教育程度的增加，他们的生活状态并没有越来越好反而呈下降趋势。这难道不值得我们深深反省吗？当

① 《学生心理健康文库·总序》，山东教育出版社。

然，导致这现象的原因不是单一的，但传统教育肯定推卸不掉自身的责任。

弗洛姆指出：假如一个人“无法享受真正的欢乐——那么，这个人就存在着严重的缺陷”。[①] 假如我们的素质教育也不能使学生生活得更充实，那我们为什么要期望要呼唤素质教育呢？

这里我们简单地从宏观的社会角度和微观的个人角度提出了对素质教育的期望。我们决无将二者对立起来的意图。个人的发展应与社会的进步联系起来，没有社会进步，个体身心发展将是不可能的，没有个体身心发展，社会进步也就失去了意义。教育的目标不仅仅在于个人成就，更在于人类进步。素质教育之所以是我们所追求所期望的，既因为它减轻了片面追求升学率现象，打开了通向心灵开放与精神发展的大门，更因为它提供了适应社会需求的人才结构的雏形。要注意的是，素质教育决不是有人所谓的个体本位的教育，尽管应试教育更多地体现社会本位。[②]

当然，我们对素质教育还有多得无法一一数清的期望——有德育方面的，智育方面的，体育、美育、劳动技术方面的期望，有心理方面的身体方面的期望，有知识上的能力上的技能上的期望，我们期望素质教育面向全体学生，使全体学生得到全面的、生动活泼的发展，我们期望素质教育能克服一切旧教育的弊端，我们把一切期望都寄托在素质教育上……

我们对素质教育期望了这么多，素质教育能实现我们的期望吗？能实现我们期望的素质教育是什么样的素质教育？这是我们下一步要研究的。但我们认为：

面对当前社会大转型时期的混乱、道德上的冲突、信仰与现实间的分裂，学生负担的加重，青少年问题的加剧，人们产生了一种强烈愿

---

① E. 弗洛姆：《健全的社会》，贵州人民出版社 1994 年版，第 12 页。

② 参谢维和整理《素质、发展与教育》，《教育研究》1995 年第 22 期。

望——通过某种教育比如素质教育来担负补救所有这些缺陷的任务，素质教育因而被一些人设想为具有魔力、能立刻产生伟大力量和变革的操作。也许这是一种危险的认识，素质教育应该克服传统教育的一些不足，为社会作出更大的贡献，但素质教育首先需要一定的社会环境，或者说素质教育需要素质社会，素质教育只能运转在素质社会中，素质教育也只能在改造传统教育的进程中改造自己，在提高学生素质的进程中提高素质教育自身的素质。无序的社会环境下不可能对素质教育期望太高。

但愿这结语不是泼冷水。

（原载于《湖南师范大学社会科学学报》1996 年第 6 期）

我们期望什么样的素质教育

——素质教育研究之二

我们从素质教育那里期望它能提供和保证社会发展所需要的不同的合格的人才；期望素质教育能养成青少年儿童一种精神、一种看不见但又感觉得到的无形的支配性力量、一种一生中受益无穷的执着的对真善美的追求；还期望素质教育培养我们的学生具备面向21世纪的现代人的现代品质；期望素质教育教育我们的学生热爱生活，建设生活；等等。①

然而，这些期望能否成为现实？如果能，或者说如果要使这些期望得到最大程度的实现，需要我们构建出什么样的素质教育？换一种问法，我们期望什么样的素质教育才能最大程度实现我们对素质教育的期望？

人的教育是人类社会最复杂的一项实践，它永远只有过程，没有结束。所以对人的教育的期望永远只能是阶段性的局部理想的，没有一种教育能够完全实现人的期望、人对教育的期望、人对人的期望。在这个特定意义上，我们不能指望素质教育能完全满足我们的期望。也在这个特定意义上，我们应努力提出并构造的是能在最大程度上实现而不是完

---

① 石鸥：《我们对素质教育期望什么——素质教育研究之一》，《湖南师范大学社会科学学报》1996年第5期，人大复印资料《教育学》1996年第12期。

全实现我们期望的素质教育。

初步查一下基本文献，发现对素质教育的界说在1995年就有数十种之多①，到今天就更多了。它们各有侧重面各有其理由和特色，但最大的特色可概括为：素质教育是一种理想的完善的无缺陷的教育的代名词，它既包纳了传统教育之精华，又取走了现代各种教育之长处、强处，而把一切缺陷都留给了非素质教育或曰应试教育。

作为一种理想的追求、理想的构建，来界说素质教育并非不可，但问题的关键是既不要仅仅停留在如何界定什么叫素质教育上，也不要把素质教育仅仅看作一种结局一种终结，而要客观地认识到，素质教育是一种过程、一个进程，它本身就是一种不断完善的教育（而不是已经十分完善的教育）。应该承认，素质教育在满足我们的部分期望的同时，也可能在这一进程中留下一些遗憾，但这些遗憾的留下却铺垫了更灿烂的教育前景。正因为这样，我们有必要深入到素质教育的核心中去，看看素质教育究竟已从哪些方面显示出自己的生命力、显示出自己优越于其他非素质教育的因素，以及应从哪些方面来进一步改造自己，完善自己。本系列研究的前期研究就是换了一种思路，从我们期望素质教育给我们带来什么入手②，逐步往期望什么样的素质教育推进，最终达到期望素质教育培养什么样的人的目标。

一、从结构上看，我们期望素质教育是一种全时空的立体教育

当前人们对素质教育的视线多集中在学校教育活动上，似乎素质教

① 杨银付：《素质教育若干理论问题的探讨》，《教育研究》1995年第12期。

② 石鸥：《我们对素质教育期望什么——素质教育研究之一》，《湖南师大社会科学学报》1996年第5期，人大复印资料《教育学》1996年第12期。

育就是一种学校活动、一种对所谓以应试升学为中心的教学活动的纠偏。这没有错，但却失之片面。我们既然期望素质教育能带来人才结构的大调整、能为社会发展输送不同层次与类型的全面发展的人才、能全面提高全民族的素质，那么素质教育自身就必然超越课堂，也超越学校，结构上成为一种大教育，一种包含不同类型不同层次的立体教育。在这个意义上，真正普及9年义务教育、重视学前教育、加强中等教育分流、突出职业教育、改革与发展高等教育，也即提高全民族素质的一切教育活动，本身都是素质教育的体现，或者说，素质教育之大厦必然由这一系列教育砖石所构成。很难想象一个地方有大量文盲和失学儿童的存在，却说素质教育办得如何如何好。也正是在这一意义上，我国教育体制许多方面本身就是一种素质教育，用那么少的钱办那么大的教育，本身就是很值得骄傲的。因此，我们可以这么说：

素质教育首先是政府行为，然后才是学校行为，首先是国家教育，然后才是学校教育。正因为我们政府普及义务教育的行为的坚决，所以我们的教育从制度上看应该是全面提高全民族素质的教育，也即一种宏观的素质教育。换言之，我们可以将普及义务教育得不得力看成是推行素质教育得不得力的重要指标。

在时间上，素质教育至少应有两个层面。大而言之，它应贯串在从幼儿园到小学到中学到大学所有教育阶段，不留教育空当。小而言之，学生从早上踏进学校大门，到晚上离开学校回家，都应在素质教育的影响范围里，甚至早上还未踏入校门但只要学生踏上了上学之路，就应有一种素质教育的影响伴随他，他就应有一种受教育的使命感约束着自我行为。相应的，甚至学生离校到了家，他的复习预习及其他活动，都受着素质教育的影响。

在空间上，第一，素质教育不但实施于普通学校，而且实施于职业学校，或者更准确一点说，在较大范围里，只有普遍教育与职业教育协调发展，才谈得上真正实施素质教育。第二，素质教育尽管主要实施在教室在课堂，但教室外的其他场所，学校的运动场、图书馆、食堂、走廊甚至于厕所等一切空间场所，都应有素质教育的因素，让空间说话，让墙壁说话。第三，素质教育实施在学校，但其影响不能只限于学校，而应超越学校，应该让学生带着或深或浅的素质教育的烙印走向家庭，走向社会，同时也让社会、让家庭、让其他相关场所都渗透素质教育思想。

时间上的连续和空间上的广延，就是我们所期望的素质教育的重要特征，它是使学生蕴涵其中的教育，是学生无法脱离、无从逃逸的教育，换言之，使学生的整个时空都充盈着素质教育——这就是跨世纪的教育的追求。

较之我们所期望的素质教育，现实的应试教育不论在时间上还是在空间上，都不是能包容学生的教育。空间上只强调学校、只强调课堂，对家庭和社会的影响注意不够。时间上只注重校内活动，任意将上学以外时间让给社会让给家长，连一些基本的作业，也是由家长查评的。这与我们所追求的全时空的立体的素质教育显然不合。

二、从过程看，我们期望素质教育是一种多途径的整体教育

所谓多途径的整体教育，这里主要指一切显性的和隐性的教育、学科的和非学科的教育、课内的和课外的教育。

素质教育的显性方面指一切正式的有计划有目的的教育教学活动，包括上课、劳动、课外活动、班会活动等。只要体现素质教育特色，那么一切列入教育教学计划、有目的有意识来展开的活动，都应看作显性的素质教育。显性的素质教育自然具有最重要最普遍最有保证作用的意义，因而受到人们普遍关注，素质教育设计的重点就在显性方面。

显性的素质教育固然重要，但若没有恰当的隐性成分配合，或者隐性教育还在干扰与对抗显性素质教育，那么，要想取得预期成功是很不容易的。

所谓隐性教育，近似隐性课程，也可视为掩藏的教育，与显性教育显性课程相对，主要指正式教育计划之外的各种活动、各种规章制度、各种人际关系等带来的对学生的教育与影响，这些教育与影响是没有列入计划的、没有预期到的，所以将它称为隐性教育——隐藏在正式教育之后的非公开的教育。隐性教育可以与显性教育的方向一致，促进与有利于显性教育。也有些隐性教育与显性教育相对抗相冲突。要充分利用隐性教育，最关键的是改进显性教育，因为许多隐性教育是显性教育的某种变形或影子，也即有什么样的显性教育，就会出现特定的隐性教育，显性教育的本质将折射出隐性教育来。

隐性教育对显性教育的冲突对抗，首先来自显性教育自身的片面性虚伪性。比如平时的正式教育中，我们总是自觉地将英雄模范革命领袖描写成为君子圣人式的人物，从小就有大志、就关心人、就很聪慧，长大后更是叱咤风云、一贯正确、从不犯错误，从来没有人皆有的某些人性上的缺陷。也许通过这种教育我们达到了一时的目的，但这种教育后面实质上隐含着另一种教育的阴影：一则将这类人物不自觉地看成为“超人”，可望而不可即，学生们失去了努力赶学的动力；二则一旦学生从其他媒介如家长或社会上的其他人那里了解到，这类英雄和领袖也犯过错误，也有许多缺陷，学生们就会感到失望，心中的偶像就会倒塌，而一时又整合不过来，造成不良的结局：或觉得自己受骗而失去了对教育的信任，或认为原来的一切都是假的，失去心中的精神支柱与人生准则。这种隐性教育其实已附着在显性教育身上，是显性教育互动下的产品，必须对显性教育进行重新设计，否则甩不掉不良隐性教育的阴影。

隐性教育对显性教育的冲突也来之于一些非活动性的事物。比如学校建筑，这是沉默的教育。不同的建筑风格凝固着不同的教育理念。中国学校那绵延数里的围墙，不是从反面制约着教育的开放性吗？或者说围墙本身告示人们：我国学校的封闭性传统和远离社会尘世求一方净土的文化意蕴。我们那千篇一律的秧田式排列的教室，不正是教师中心主义的物化吗？这种教室排列，意味着有前后有上下，教师在前在上，学生在后在下，教师在台上滔滔地讲，学生在台下静静地听，教师是中心，学生指向这一中心，在这种教师中心主义的固定模式中，欲打破这一中心，又谈何容易！因为一边是有意打破这一中心的变革，一边是静悄悄地灌输保存这一中心的无形教育，这种无形教育对有意变革产生着一定的制约力。当我们漫步街头，千家万户那铁门铁窗铁栏的装修已经将所谓社会治安形势如何好的大众宣传击得粉碎。隐性教育就是这样，悄无声息地摆弄着显性教育，它的力量那么大又那么柔，那么久远又那么自然，人们受了教育而又毫无察觉。素质教育不但要兼顾显性教育与隐性教育，还得兼顾学科教育与非学科性的活动中的教育，兼顾课堂内的教育与课外教育，构建一个多途径多形式的整体教育模式。这方面汨罗素质教育作了非常有益的尝试。特别是学科课程教育与活动课程教育的结合上，他们的成绩是有目共睹的。

三、从性质上看，我们期望素质教育是一种以学生为中心以社会为基础的主体教育

创立一个美好的社会是重要的，塑造完美的人自身是同等重要的。是人本位还是社会本位或者知识本位，一直是教育界未能解决的难题，尤其是人本位与社会本位，更是不易整合。这有其漫长的渊源。

早在希腊奴隶社会，古雅典以培养和谐发展的人为重点的教育和斯巴达以强大的国家安全为重点的教育，形成鲜明对比。两种典范的教育

发展变化，逐渐形成不同重心的教育模式：一种以培养人格和谐发展的人为主，人的发展个体的完善是最重要的，人是第一的，人为中心；一种以培养服从国家需要的人为主，国家与社会的发展是最重要的，个人为国家与社会的发展可以牺牲自己的发展，国家是第一的，国家为中心。前者在当今英美资本主义国家较典型，后者在当今中国及苏联这种社会主义国家和一些发展中国家较突出。前者的极端可能导致个人本位、个人至上，后者的极端则可能导致民族中心主义。

今天看来，无论是个人本位还是社会本位，都不是人类的真正福音。我们中国虽然走了一段社会本位，相对压抑了个性发展的弯路，但作为千秋功业的教育，尤其是被人们寄予厚望的素质教育，决不能也决不应像有人所主张的是一种个人本位个体本位的教育①。确实，素质教育要突出学生的个性舒展，但个性的舒展也得注意现实可能性，否定个性发展的现实可能性，最终将不是达到完善和谐的个性发展境界，而是有可能毁掉这种和谐发展的基础。所以，我们的教育必须兼顾二者，既要最佳适应社会对人才的需求，教育学生以国家以社会为重，又要充分尊重与发展学生个性，培养身心和谐发展的新人，教育全社会关心爱护培养学生。在社会发展的基础上突出人的发展这一中心，使个人本位与社会本位有机结合。使以人为重心的教育与以社会为基础的教育有机结合，这应是素质教育的又一重要特征。

与此同时，我们还要注意以知识为中心的知识本位与个人本位教育模式的对立与整合。在某种意义上我们可以说传统的应试教育是以知识为本位的，重在教书教知识，要把书本规定的知识教出去、教完，在此基础上达到教人的目标，教人的重点落在教人掌握书本知识上。书本与知识在实质上成为教学的中心，一切都服从它，包括学生的发展都得以它为基础，或者说，学生的发展程度是与知识掌握程度相一致的，知识

---

① 参见谢维和整理：《素质、发展与教育》，《教育研究》1995 年第 12 期。

获得是最高标准——尽管人们口头上并不承认这一点。在这种教育下，学生学得辛苦沉重，有过重的学业负担，因为知识成了轴心。在这种教育下，学生懂得了书、背得出书，但书以外的世界往往被遮挡住了，阻隔在教室之外、书本之外。正是鉴于这一现实，有人走了另一个极端，呼吁素质教育成为一种个人本位的教育。这一呼吁可以理解，但不能让它成为另一现实。我们提倡的素质教育应是以人为中心以社会为基础的教育，重在把人教好。在此前提下达到掌握书本掌握知识的目标，这里的书本与知识都服从于人的发展，为了人的发展，人为本，书本与知识是次要的。所以在这种教育下，学生学得轻松活泼不会出现严重的学业负担过重现象，因为学生成了轴心。然而一旦学生成了轴心，一旦以人的兴趣为借口来冲击系统知识教学，教育教学将又走上了与社会发展有所冲突的轨道。

不难理解，对人的重视，本身既是应试教育即知识本位教育步入危机与困境的产物，同时也是教育者们想走出危机与困境，探寻一条新出路的努力。知识本位对于科学知识的获得，对于学生基本功的养成，对于学生未来参与竞争的实力培养，提供了较为行之有效的教育模式，这一点不能放弃。当前问题的关键不是知识多了，而是知识背后那种精神、那种追求、那种人格和谐的内在力量少了。所以有必要突出人的教育。个人本位对于学生个性和谐发展，对于学生主动性、能动性、创造性的养成，对于学生参与未来竞争的心理素质的提高，提供了行之有效的教育模式。前者重在技术性经验性工具的掌握，一旦掌握就可实用；后者重在终极性先验性价值的获得，一旦获得也受益无穷，且受益人类也充实个人。可见，将知识本位与个人本位、也与社会本位融为一体，相互渗透、交叉，就可能构成我们所期望的素质教育——一种新型的主体教育模式。

所谓主体教育，不仅仅是知识获取的教育，而且也是学生所有心理因素都被充分激活、都参与其中的总体生命活动。主体教育不仅仅是知识的阶梯，也是灵魂唤醒和人格陶冶的中介。这种主体教育不仅仅是理性认识和知识积累的过程，它也是使学生在获得知识的同时获得全面实现自身潜能的能力并在这一主体性活动中实现自己本质力量的过程。这种主体教育将成为学生“精神拓展和潜能开发的真正空间”①，培养学生在不断的自我超越中由自然人达到自由人，由片面的人转化为全面的人。这种主体教育也将成为社会发展的重要动力源，它通过人的自身完善的历史实践去不断改变现实时空，开创崭新的未来。这种主体教育是一种以人为中心以社会为基础的多本位的素质教育，而不是任何单一本位的教育。然而应该指出的是，这种主体教育有宏微观之不同侧重，以人为中心体现出主体教育的微观方面，以社会为基础则反映了主体教育的宏观方面。素质教育必须从这两方面来认识。如果以为人本位的教育将成为时代的体现者，那么这种教育也将成为时代的牺牲者，恰如社会本位和知识本位的历史命运一样。

四、从目标上看，我们期望素质教育是一种培养多种人才的复合性教育

传统的应试教育以升学为主要目标，重心在少数升学有望的学生身上，这显然不对。我们必须将教育重心落在全体学生身上，旨在促进全体学生的全面发展。

然而，我们决不能以面向全体学生的全面发展为名，以素质教育为名，轻视尖子学生的培养。我们既要强调素质的现实功能与工具理性，为社会政治经济发展出力量，又要强调它的理想功能与价值理性，为人类的未来做贡献。我们既要沉下去，为社会提供广大有较高素质的普通

① 邹进：《现代德国文化教育学》，山西教育出版社1992年版，第239页。

劳动者、普通公民，又要升起来，敢于理直气壮地为社会为人类造就各行各业的拔尖人才、诺贝尔奖金获得者和学术思想巨人[①]。中国有能力有希望成为物质上的强国，但中华民族还有能力有志气成为思想上的学术上的伟大民族吗？中国能创造举世震惊的经济增长速度也能向全人类输送受益无穷的思想伟人吗？在向人类贡献了孔子以后，我们今天和明天还能向人类贡献谁呢？在向人类奉出博大精深的儒家文化以外，我们今天和明天还能向人类奉献什么呢？我们希望，在素质教育的过程，将不再出现陈省身的遗憾。他在《什么是几何学》一文中比较了中国的《九章算术》和西方的《几何原本》，得出结论：勾股定理的发现，中国人也有份，但在中国人的几何中，我无法找到类似三角形三内角和等于180°的推论，讲得过分一点，甚至可以说中国数学没有纯粹数学，都是应用数学。因而时至今日，《几何原本》是下启百代的经典，而《九章算术》则是只供人参考"古已有之"的文献了，前者虽然无直接用途，但最终发展成大范围的微分几何[②]。

义务教育、大众教育、普及教育，以实用为目的的教育，无论花多大气力来办，都不称过，但与此同时，杰出科学家、伟大思想家的造就、纯学术理论的教育，恐怕也是须臾不得放松的。中国决不能成为经济上的巨人和学术上的矮子！我们的素质教育要有两种方向：一是向下突破，培养返归世俗在农田里打滚的高素质的人，一是向上突破，培养在学术天空自由翱翔的理想主义价值取向的人。我们的素质教育任重而道远。普及义务教育，向社会输送成批合格劳动者与提高教育质量，培养杰出人才本质上决不矛盾。这仅仅是当今人才队伍之洪流中的主体与浪头罢了，没必要截然割裂。

那种将素质教育仅仅理解为大众教育、普及教育、普通教育的认识有失偏颇。更有甚者，少数人以为素质教育就是难度较低的、进行某些

① 石鸥：《市场经济与象牙塔》，《教育研究》1994年第2期。

② 《陈省身文选》，科学出版社1989年版。

音体美常识普及的教育，这更荒唐可笑了。素质教育要面向全体学生的所有方面，不等于让全体学生等同进步齐一发展没有优差，在素质教育中，同样有优等生，有中等生，有差等生，只不过在素质教育中所有的学生都将获得自身基础上的最大发展。

五、从组织上看，我们期望素质教育是一种人人参与的全员教育

本质上素质教育仍然是一种育人的活动。但这种育人的活动应该调动教育界学校中乃至全社会的每一个人的积极性。从局长到司机，从校长到勤杂工，从教授到工人，全员行动，全员育人，将素质教育变成人人参与的教育活动。

关于这一点，一些学校已逐渐认识其重要性，它们提出了一些令人鼓舞的口号，在教书育人的同时，提倡服务育人、管理育人。但也有不少学校并未清晰意识到这一点，服务、管理工作没有与教育教学工作相匹配，教师在课堂上大谈热心工作，诚心待人，礼貌用语，文明卫生等，学生则在食堂、在图书馆、在卫生所、在商店看到截然不同的另一番景象，受到另一种教育。这是又一种与显性教育相冲突相对抗的隐性教育。

要使隐性教育与显性教育在这一层面上相一致，要想真正实施素质教育，必须教育界人人参与人人投入，将素质教育变成全员教育。当然，从更广意义上讲，作为全员教育的素质教育，还应将学生家长、将社会有关部门发动起来，共同投入提高学生素质、提高全民族素质的神圣事业中去。

可见，素质教育从结构上看，是一种全时空的立体教育；从过程上看，是一种多途径的整体教育；从性质上看，是一种以人为中心以社会

为基础的主体教育；从目标上看，是培养多种人才的复合教育；从组织上看，它是人人参与的全员教育。概言之，我们所期望的素质教育是以义务教育为基础、以提高全民族素质、促进每一位受教育者获得全身心全面发展进而促进社会进步为目标的教育。宏观上，素质教育实质就是一个国家、一个地区的整体教育，以义务教育为其基础，以提高全民族所有人的素质、促进社会发展为其目标。微观上，素质教育实质是相对传统教育教学活动而言的一种旨在全面促进全体学生获得全面发展的教育，以反对应试教育、升学教育为其特色。当前，人们所热衷的正是微观上的素质教育，在许多人心目中，素质教育也仅仅是这种学校行为而不是政府行为。对此，本文持忧虑态度。如果素质教育果真只是学校行为教师行为，那么，大规模素质教育宣传，其直接效果除了带动一些教改活动外，便是产生一种教育上的乐观情绪，而对于应试教育、升学教育及教育结构调整等沉重的话题，这种素质教育恐怕只能保持缄默！

最后，应该指出三点：第一，素质教育仅仅是一种教育——既包含教育体制又包含教育活动，如果我们把素质教育作为一种意识形态的形式来支配一切，那么我们整个教育就出现了整体的危险，这种危险不在于素质教育能否达到预期目标，而在于这种思维与行动方式本身就是毕其功于一役的严重的偏颇。进而第二点是，不要对素质教育抱太高的期望，素质教育既然是教育，就必然有教育的正功能，也有教育的负功能，教育的不足，不要指望素质教育成为万能的教育。第三，要求素质教育有那种弥补一切旧教育之缺陷的神奇力量，固然是过分的，但素质教育必然也有其强大的新生命力之源泉，如果素质教育无以表现出对所谓应试教育的优越性的话，那么，我们为何要期望素质教育呢？

（原载于《湖南师范大学社会科学学报》1997 年第 4 期）

我们期望素质教育培养什么样的学生

——素质教育研究之三

我们究竟从素质教育那里期望什么？我们期望什么样的素质教育？——本系列研究的前两部分已尝试作了粗略回答。① 问题的逻辑发展必然走到了这第三个阶段，我们期望培养学生什么样的素质？再作一个转换，就是培养什么样的人才？这是一个终结性问题，从对素质教育有什么期望，到期望什么样的素质教育，都归结到培养人才上。无论如何界定以及如何阐述构建素质教育，都以人才培养为出发点和最终归属。本系列研究倒溯而上，终于到了问题的源头。

一、素质教育同时以人的发展和社会的发展为归宿

不论是素质要素的三层次论还是五层次论，或者二维结构主张，②不论是从身体素质、品德素质、心理素质出发，还是将素质分为生理素

① 石鸥：《我们从素质教育那里期望什么》，《湖南师范大学社科学报》1996 年第 5 期，人大复印资料《教育学》1996 年第 12 期；石鸥：《我们期望什么样的素质教育》，《湖南师范大学社科学报》1997 年第 4 期，人大复印资料《教育学》1997 年第 8 期。

② 李仲谋：《基础教育与国民素质》，《安徽教育学院学报》1994 年第 4 期。

质、文化素质、心理素质和道德素质，都不能很好将素质成分或要素融入并生长于具体教育教学实践之中，不能很好融入并生长于培养学生的实践之中，更不能像有些人那样得出素质教育是一种人本位的教育结论。因为它基本上是孤立地来谈人的素质，是脱离特定社会来谈素质的。就是说，即使我们承认人的素质由生理素质、文化素质、心理素质和道德素质构成，我们也无法承认可以分别来养成学生这四种素质（生理素质有一定例外），更无法承认可以脱离社会来养成学生的素质。要求大家培养学生素质并不蕴涵一定能够培养，它需要基础，需要可能。

因此，我们认为，素质教育的实践过程，应该是在特定社会条件下综合养成学生素质的过程，是养成学生综合素质的过程。首先，素质教育的首要的和根本的任务就是把人塑造成人，就是发展和实现他的人性，虽然教育肯定要在不同的时代和地点持续地进行下去，但它的任务却始终离不开塑造人，而不管这个人是生活在20世纪还是21世纪。正因为他是人或应成为人，素质教育就得全力实现或提高他之所以成为人的潜在素质。个人素质的全面实现或提高将促进全民族素质的提高，最终将全面促进社会的进步与发展。

其次，个人素质的养成或提高必然受社会进步程度的制约，离开社会侈谈人的主体性或教育的本体功能（个体功能），决不会带来教育实践的突破。素质教育也许确能弥补“应试教育”的一些缺陷，然而如果这个社会本身仍在“生产”应试教育的基因，那么我们如何真正从应试教育转向素质教育呢？素质教育也确实想突出个体性，置工具性的社会功能为第二位，一切为了学生,[①] 为了学生的人性的价值，为了学生崇高的精神生活，可是，如果这个社会本身不再“生产”这些价值这种生活，素质教育能提供社会不能提供的东西吗？

---

① 杨银付：《素质教育若干理论问题的探讨》，《教育研究》1995年第12期。

我们之所以这么说，是因为我们注意到，目前萌现出了一种以个人为第一为本位的素质教育的苗头，浏览一下有关素质教育的文献，大部分自觉不自觉地以个体培养为第一，或曰将其根本任务定位在个人本位上，以人自身要素来作考虑的出发点。然而这样一种素质教育只是纯理想的教育，它为实现自己的目标，也即为全面提高全体学生的素质水平提供或指明了一条难以行得通的解决途径。首先，脱离社会的素质发展是难以实现的，欲以个人本位达到社会发展的意图也是难以实现的。更为关键的是，这是一种超越现实的思维方式。素质教育要讲究个性发展与舒展，但也要注重现实可能性和发展的社会性，否定这一点，其结果将不是达到个性的完善境界，而是有可能毁掉这种境界这种完善这种个性的舒展。换言之，素质教育促进全体学生的全面发展的理想，只能建立在坚实的现实土壤上，即只有在现实的社会政治经济文化与现代教育之中，在不断告别传统迈入更新的发展过程中，在创造新的文化新的教育的历史过程中，在扬弃了普遍异化形式而付出的代价中，我们才能为自己创造全面发展的现实条件，素质教育的理想的实现也才真正成为可能。素质教育欲在本质上成为“一种个性教育”，并以个体的自身发展及其要求作为教育的基础和出发点，① 它就只能建立在坚实的现实土壤上，素质教育不应成为人本主义的教育，② 它不但要以人以受教育者为出发点，而且要以劳动者为出发点。在国家现代化过程中，这一点尤为重要。

教育从其原始意义上看，一直是将个人发展与社会需求联在一起的，“教，上所施下所效也，育，养子使作善也”（《说文解字》），上所施的，应作的善，这都是以一定社会需求为标准来判断的。教育起源于劳动，为的是经验的传递、为的是宗教礼仪的实行、为的是本部落本群体的生存与强盛，也为的是个体才能的唤醒与挖掘。如果我们现在仅

① 参见谢维和整理：《素质、发展与教育》，《教育研究》1995 年第 12 期。

② 参见谢维和整理：《素质、发展与教育》，《教育研究》1995 年第 12 期。

将目光停留在个体上，将对社会的促进与发展看成是个体发展的自然延伸与附属结果，那么，这种观念下构成的素质教育，就不是我们所呼唤所期盼的素质教育。当然，更为严重的是另一极端，以社会发展为本位为借口压抑个人发展，而这一点在我国教育传统上恰恰是相当明显的事实。也正因为在这一点上，目前的素质教育理论多来了一个反动——强调个人本位，这一反动可以理解，但不可以认同更不应成为现实。

强调素质教育的社会性（而不一味是个体性）还有一层含义。目前人们对素质教育的研究与论述或实践几乎完全集中在学校教育与教学上，也即完全集中在与“应试教育”相对应的主要由教师与校长们所体现的课堂与学校活动中，其实这是一个很大的认识盲区。如果说什么是素质教育的话，那么最大的素质教育是我们的政府行为，即由九年制义务教育、高中阶段及高中后大学阶段教育所构成的宏大的国民教育整体，唯有我们的国民教育体系，才是真正提高全民族素质的最有效的手段，哪怕在这个体系中仍然存在不少不尽如人意的或者说“应试”的东西。也可反过来设想，如果没有这种大规模的国民教育，在那些无法满足所有儿童需要的学校中对部分学生即便实施的都是非“应试教育”，或曰素质教育，它们于国于民的作用究竟有多大呢？它们能真正有效地提高全民族的素质吗？说得更白一点，不包含全部儿童的教育，怎么能称为素质教育？问题一清楚，答案就显而易见。答案是：我们需要建立“全包含性教育”(inclusive education）和“全包含性学校”（inclusive school)，这是能满足所有儿童需要和接受所有儿童入学的教育体系。

所以我们说，素质教育必须对人与社会给予同样的关注。所以，我们觉得，必须将人本位与社会本位融为一体，或者准确地说，彻底填平不自觉的人本位与社会本位的鸿沟，自觉地以一种全新的个人发展与社会发展为一体的视角来认识社会对人才的需求、素质教育对人的培养。

二、素质教育应大胆培养“两种人”

所谓“两种人”，简略地讲，是普通劳动者与学术尖子,① 是两种不同层次人才的简称，这两种不同层次其实涵盖许多连续层次，本文只是将它极端化了。

这看似具体任务的确立，实则是一个根本性教育与文化观念的变更。

中国传统儒家文化是一种追求和谐、均衡、中庸的文化。在政治经济上，这种文化的典型表现为不患寡而患不均，“均田地”“均贫富”一直是广大人民的心声，其负面也成了改革开放的现代化过程中的一种文化阻力，生活水平大幅度提高的人们，表现的竟是相当严重的不满与怨世，人们能够容忍穷，但不能容忍不均。在思维方式上，这种文化的典型表现是折中、是中庸之道，少走极端，多求和谐，此故辩证思想易被接受，“一方面这样，另方面那样”“既不这样，也不那样”“两分法”“三七开”式的思维渗透一切领域。

中国传统文化表现在教育上，其典型是以一种“和谐”与“结合”型人才为培养目标，也即意在培养与造就一种既知书达理又经世致用的、理论与实际较好结合起来的和谐的“人才”。这就是中国教育的理想，一种扎根很深的理想。这种理想支配下的教育，对于普通劳动者学习文化知识关心天下大事、对于知识分子走出书斋去济救人间致用社会，也即对于劳动者知识分子化，知识分子劳动者化，起着有力的推动作用。在古代，它培养了不少能修齐治平、建国君民的中坚力量。在现代，渗透着这种理想的教育也确实造就了大批社会建设者，为我们中国

① 石鸥:《市场经济与象牙塔——培养两种人还是一种人》,《教育研究》1994 年第 2 期。

发展到今天水平形成鲜明的社会主义特色作出了不可磨灭的贡献。

然而，这种理想支配下的教育也贯穿着突出的单一性倾向，体现了单一人才的培养模式。这实际上是在培养欲从学术天堂下行到政治层面的学者，是在培养欲从实践大地上浮到政治层面的实践者，这是一个造就中庸之才的教育母机，随着这一母机的日渐完善，当我们向人类贡献了孔子后，还能贡献谁呢？我们向人类贡献了“博施于民而能济众”的儒家思想外，还能贡献什么呢？能各领风骚于世的学术思潮辈出的现象在中国为什么这样艰难？即便是追求精神自由、遗世独立的老庄之学亦难成显学，即便有可能蔚成科技大潮的工艺技艺无论如何登峰造极，在中国也终未积成自然科学技术的洪流，就是四大发明也遗憾地成为逝去的辉煌，恰如著名数学家陈省身在比较了《九章算术》与《几何原本》以后所指出的：“所以它（勾股定理）的发现，中国人也应该有份，但是在中国的几何中，我无法找到类似三角形三内角之和等于180度的推理……讲得过分一点，甚至可以说中国数学没有纯粹数学，都是应用数学。”① 或许，这就是文化与教育理想过于追求知书达理、深造自得、试图以天伦之理摄实用于一体以培养理想的实用的中庸人才的结局。

于是，我们培养了太多太多的理论工作者，但只有太少太少能叱咤世界学坛的理论大家；我们造就出许多关心人类疾苦的君子或学者，但几乎没有造就出思想史上的巨人。我们很少有知识分子具备冷坐象牙塔、极力上探学术云天的勇气和为学术而学术的精神，他们太看重自己的道德使命而轻视了学术使命——他们对脱离现实的学术研究抱有清晰的自我谴责心态，而这种不敢“闭门读书”的心态正是走向学术大师的最大障碍。于是，我们培养了太多太多的要救国救民、要做模范做英雄做榜样不甘（也不会）做普通人的“主人”，但奇缺的是合格的高素

① 陈省身：《什么是几何学》，见《陈省身文选》，科学出版社1989年版。

质的普通公民、熟练的默默无闻于岗位的埋头实际而又无怨言的普通劳动者。

本应上达学术云天的学者力求实现修齐治平的现实关怀而甘愿下沉到社会之大地，本应下入实践大地的实践者却又试图站在政治的层面去“兼济天下”将拯救人类的大事看成自己的职责而总想升腾到云天，二者均取中庸，相互回归，意在结合成一种高度统一的人，结果却两两损伤。

我们认为，在人类社会发展的现阶段，尤其在市场经济条件下，那种单一的人才培养模式是不甚恰当的，那种培养高度统一的人的追求是不合时宜的。我们的素质教育应理直气壮地培养大批合格公民或普通劳动者并以此为最重要的任务，但我们也不必忌讳对少数尖子人才的培养。我们的素质教育要有两种理路，一是向下突破，培养返归世俗的在农田里打滚的新型劳动者，一是向上突破，观念大转变，培养理想主义价值取向的学术精英。我们需要汨罗模式的教育，但伊顿公学模式的教育就真的没有值得我们借鉴的地方吗?

三、素质教育如何培养“两种人”

要实现两种人培养的任务，素质教育必须从三方面着手。

第一，将重点放在基础教育上，放在培养所有人的基础素质上，同时注重专门而特殊的素质的确立与培养。研究表明，“把时间、精力和资金用于基础教育，可能是对人民对国家的未来所能做的最有意义的投资”①。而基础教育的重点是培养所有人的基础素质。所谓基础素质，是指不论作为普通劳动者还是作为科学尖子，不论是工人是农民还是国

① 赵中建:《教育的使命》，教育科学出版社 1996 年版，第 41 页。

家领导人或著名学者，都应具备的素质，这些素质是人们为能生存下去、充分发展自己的能力、有尊严地生活和工作、充分参与发展、改善自己的生活质量、作出有见识的决策并能继续学习所迫切需要的。这类素质尽管必然包含思想品德方面的、劳动技能方面的、基础文化科学知识方面的以及身体的、心理的要素，但它是一个不宜分割的整体，它本质上是一种精神状态（及其外在表现），它应该而且也能够在包括谈吐、购物、独处、交友、工作等一切举手投足的各种不同的活动中表现出来，只有达到这种状况或水平，我们才能说人们具备了做一个现代合格公民的必要素质。说一个人具备了现代合格公民的必要素质，是因为他有能力并有责任去尊重和依赖他们共同的文化的、语言的和精神的遗产，他有能力并有责任去促进他人的教育，推动社会主义事业，保护环境，宽容与自己不同的社会、政治和宗教制度，从而确保坚持为人们所普遍接受的人道主义价值观念，并为这个互相依存的世界建立国际和平与团结而努力。基础素质一般不是教育人们去获得的，而是人们因为受了教育而具备的，也即不能有效地去教人们如何依基础素质而行而言，而是说人们能依基础素质而行而言是因为他受了教育。这里，教育是至关重要的，尤其是基础教育阶段。健全的基础教育对提高教育水平，增进科学技术知识与能力是至关重要的，它本身不仅仅是目的，它也是终身学习和人类发展的基础。① 这至少有两层含义值得澄清。首先，在素质教育的基础阶段（一般指义务教育阶段），它要追求的不仅仅是实现某种技巧上的目标、不仅仅是获得了某种实用的知识，而是要实现联合国于 1989 年 12 月通过的《儿童权利公约》中所规定的教育儿童的目的（如：最充分地发展儿童的个性、才智和身心能力；培养对儿童的父母、儿童自身的文化认同、语言和价值观的尊重等；培养儿童本着各民族间理解、和平、宽容、男女平等和友好的精神；在自由社会里过有责

① 《世界全民教育宣言：满足基本学习需要》，转引自赵中建：《教育的使命》，教育科学出版社 1996 年版，第 15、16 页。

任感的生活；培养对自然环境的尊重），而是能使受教育者处于一个能够不断地、进一步地自我进行或接受素质教育以使素质自我提高的过程之中，这个素质自我提高的过程，究其实既包含理性认识和知识积累的过程，更包含在获得知识的同时获得全面实现自身潜能的能力并实现自身本质的过程。要做到这一点，就必须进行教育改革，构筑真正科学的现代的素质教育，即确实能高效地培养、提高素质的教育，使它不再只是知识的阶梯，而且也是灵魂唤醒和人格陶冶的中介形式。其次，也只有在实现基础素质的基础上，我们才有可能认真去培养与发展不同职业不同专业对人们所需求的专业素质、高级素质或特殊素质，这些素质因人因专业因职业而异，是人们从事特定职业与专业所必备的，如果将思想家与农民相同相似的素质称为基础素质的话，那么他们之间的不同便构成了专业或特殊素质。不同的专业素质的培养与提高是教育特别是高等教育、职业教育的又一个重点。当然，问题恐怕远比这复杂和神秘，特殊而专门或曰高级的素质，有一部分是可以通过受教育而培养而涵养而获得的，但也有相当部分是无法从后天获得的，具有突出的天赋性质，我们觉得这一点没必要忌讳，事实上正视它正是为了更好地研究它利用它并控制它、更好地为人才培养服务。

第二，宏观上应作更得力的教育发展与结构调整，既加大职业教育的力度，又保证普通教育的质量，既大批量培养熟练劳动者，又小范围造就学术尖子。

这方面德国教育体系的经验值得我们借鉴。德国素以职业教育著称，它的工人、士兵、职员的素质是世界顶尖级的，但它那有历史传统的学术教育也是高水平的。早在 18 世纪，德国就逐渐形成了人才辈出、思想巨人层出不穷的传统，约略地审视一下，从路德到歌德、从康德到黑格尔、从席勒到尼采、从叔本华到海涅、从拉萨尔到马克思，思想巨人灿若明星，前无古人后无来者，至于贝多芬、舒伯特、莫扎特、巴赫、海顿等音乐大师，更是人类的福音，个个似夜幕深沉的天穹中光芒四射的星座，在这里我们还来不及顾及爱因斯坦、普朗克等自然科学的顶尖巨人，也来不及顾及韦伯、弗洛伊德、海德格尔、伽德默尔、胡塞尔等现当代的巨人们（当然，德国也出了希特勒），这一切必然地与他们的教育传统有关。今天在德国，除了小学是统一普通教育外，进入中学就有了明显侧重，他们主要有三类不同的中学，一是主要学校，学制五年，一是实科中学，学制六年，一是完全中学，学制九年。前二类中学直接与职业教育相联系，学生毕业多进入各级职业学校，后一类直接与大学联结，学生毕业可直接升大学，这一类学校学生约占总数的1/3。这样，既保证了大批熟练劳动者和普通职员的培养需要，使之专心于、安心于本职工作，又不至于影响少数学术尖子的造就。

首先，我们应扩大并保证高质量的基础教育，使所有的学龄少年儿童都能获得达到和维持必要的学问水平的机会，获得受基础教育的机会，尤为紧要的是要确保所有女童的入学机会，改善其教育质量，并消除阻碍她们积极参与教育与社会的一切障碍。在这一意义上，使所有的人都受到教育是至关重要的，因此，全面而彻底实施九年制义务教育就是推行素质教育的最重要的部分。

其次，大力发展职业教育。我国前些年几乎是清一色的普通中学，近来虽职教在量上有所发展，但实质上真正的职教还相当少，其结果是，众多学生都朝升大学唯一途径挤，农民的儿子考不上大学，他所受的教育使得他既不想当农民，也不会当农民了。而人数的众多，致使普通学术性教育也缺乏学术质量的保证。因而那一方面奇缺熟练而安心本职的劳动者普通职员，但教育提供不出来，这一方面学术精英的教育无法使多数人出类拔萃。可见，加大职业教育的力度，提高学术教育水平，从哪个方面看都具有重要现实与理论意义。就是说，所谓素质教育，宏观上必须体现在教育结构调整上，素质教育首先是政府行为，其次才是学校行为。

第三，微观上应改进教育教学活动，实现对不同人才的不同素质的培养与提高。若说得通俗点，一般而言，要加强对所有人的普通素质的培养，具体而言，对于广大普通劳动者、合格公民，我们的教育重点应放在获得特定的技能以适应特定的社会秩序上，而对于少数极优人才，侧重点应放在使他们能够运用全人类的普遍准则就人类普遍面临的问题进行思考和反思。如果说在宏观上，素质教育的结构调整是一个政府行为，那么在微观上，素质教育的实施就更是一个学术课题了。正因为这样，宏观上国家大规模的义务教育、职业教育和高等教育，已靠近或已属提高全民族素质的素质教育范畴了，但在具体的实践中，这个素质教育范畴里还包含一些非素质的乃至反素质的教育成分。课堂上的非素质或反素质教育成分的存在不能否定体系上的素质教育的性质。如欲因微观上的非素质或反素质教育成分而将宏观上的国民素质教育性质否定掉，那么，我们所追求的素质教育自身就会步入失去基础的局面。同理，我们也决不能因体系上的素质教育性质而忽视对课堂上的非素质或反素质教育的纠偏，教学上由非素质或反素质教育向素质教育转化恐怕是一个长远的进程，当前我们提倡素质教育恐怕主要是从这个意义上来讲的。

尽管当前课堂教学中的非素质或反素质教育的成分不少，但有一点特别值得警惕，这就是以素质教育之名行非素质乃至反素质教育之实。这种现象危害性更大，因为它是借素质教育之名出现的，更易摧毁素质教育的基础。比如，目前有些学校在实施素质教育的活动中，补充了不少音、体、美、劳技和科技等培养特长，拓宽知识面、开阔眼界的内容，这在占压倒优势的课堂学科教学的氛围里，无疑伸展了空间，活跃了学生，注入了活力，最初深得学生拥护，然而总有一些人担心素质教育的推行没有保证，遂对音、体、美、劳等一一推出考试制度。于是，这些内容、这些活动慢慢变成了学生的异己力量。本来学科考试已沉重频繁得难以应付，再额外增加这么多的素质教育的考试（且往往是笔试、闭卷），无疑对学生是雪上加霜。这就大大违背了素质教育的初衷。难怪一些中学生愤慨地喊出：“早知如此，我们宁愿要以前的应试教育而不要现在的素质教育!”这是教育的悲哀!教育欲起飞，翅膀确实太沉重了。这也是教育的怪圈：现实中的有些“素质教育”的行为往往就是我们所倡导的素质教育的批判对象；应试教育用素质教育的旗号来应付素质教育的倡导，而素质教育则用应试教育的行为反对应试教育。我们最为忧虑的是：每一次改革、每一种尝试，最终都在一定程度上加重了学生的负担。若果如现在有些学校所做的那样，我们的学生在所谓素质教育中，仍然失去了他作为人的中心地位，仍然成了达到经济目标、升学目标、光宗耀祖目标、找工作等目标的工具，人与人、人与自然仍然日益疏离，那么我们为何还要呼唤素质教育?!在这一意义上，妨碍素质教育推广的因素不仅外在于我们，而且也内隐于我们自身。

（原载于《湖南师范大学社会科学学报》1998 年第 5 期）

素质教育研究取向的思考

近年来，尽管种种素质教育或冠以“素质教育”之名的教育在实践界如火如荼地尝试或推行着，人们对素质教育却一直表现出较大的认识分歧。总起来有三类认识：一是为素质教育鼓与呼，努力构建素质教育的概念框架或体系，以求对素质教育实践给予合理的阐释和科学的指导；二是反对“素质教育”这一提法，认为它的提出是多余的、片面的甚至是错误的，对此应该不屑一顾，不予响应；三是对素质教育既不轻易否定也不完全赞同，而是有保留地鼓励与认同素质教育的精神和提法，谨慎地加入到素质教育的研究行列。

认识的分歧本来是好事，但是，我们从这些不同认识的背后，日益突出地感到了一种思维贫乏，这样下去，我们的理论是难以承担其对教育实践有效指导的重任的，而且极有可能造成片面导向。因此，极有必要澄清。当然，这种澄清不可能是哪一个人哪一天能完成得了的。

一、素质教育：我们需要的主要不是定义

常常有人讲，也常常读到各种文章，在评说了种种素质教育的定义后总结道，“素质教育至今尚无公认的定义”，“还不能给素质教育下出

权威的定义”。一部分人据此认为素质教育的提法和实践是盲目的、不合理不科学的，因而理直气壮地给以反驳。主张素质教育的人则因此花很大精力，大量引经据典，想寻找出一个素质教育的标准概念或定义，以达到名正言顺、行之有据。

诚然，在素质教育的研究与实践中，素质教育定义的草率和含混确实是一个刺眼的缺陷，但对权威定义的期待，实际上是大一统传统下缺乏个性、缺乏思维甚至不愿思维的表现。“定义依赖”（对权威定义的依赖）的背后就是自我的失落。概念成熟有一个过程，有它自己成熟的规律。在素质教育概念还达不到成熟的、大家认同的阶段时，没必要花大精力去揠苗助长，否则，这种概念的“早产”只会导致理论的幼稚和对实践指导的无力。这是其一。

素质教育定义的不精确并不影响对素质教育的研究与尝试。在对“应试教育”极端不满的背景下，不论素质教育的概念是否拥有足够的学术后援，教育工作者们的激情已不允许也不会等待更多的文字斟酌，概念推广之前的理论鉴定在现时代将不像通常那么慎重，人们没时间期待理论家下出最后定义再来推进我们的研究，推进我们的实践。① 这是其二。

素质教育的定义达不到公认的严格的程度，也正好为广大教育实践工作者的创新、为他们探索推进富有自己特色的素质教育留下了较大的自由度。定义一旦严格精确，人们的创新性就会受到束缚，人们看到的素质教育就是一个模式出来的。素质教育没有经典定义（只有基本含义），与其说是素质教育的遗憾，不如说是素质教育的福音；与其说是它发展的瓶颈，不如说是它发展的机遇。在多元社会，追求教育活动及其概念的一元，得到的将只会是越来越严重的失望。这是其三。

最后，也许是最重要的一点是，素质教育的概念所积存的社会与文

---

① 石鸥：《我们从素质教育那里期望什么》，《湖南师范大学学报》1996 年第 5 期。

化乃至政治内涵也许大大超出了它的教育理论内涵，理论上的仓促并不能成为阻止教育实践适应社会变革的急迫需求的理由。适应社会急迫需求的举动是出于一种特定的焦虑心情，为教育现实而焦虑，为人才培养而焦虑，这种焦虑是教育危机和社会需求的共同产物。对焦虑的最佳反应只能是迅速行动起来，面向21世纪，鞭挞教育弊端，进行教育改革，哪怕理论准备还不充分。事实上，素质教育概念的周围已出现了一个巨大的话语场，一批相关话题逐步显现与聚合（这实为教育理论突破性发展的良机），世纪末教育的大讨论、大批评、大创新似乎离不开这一话题，教育研究和实践似乎也进入了一个难得的空间和时间。

就是说，素质教育首先是一个功能性概念，尽管这一概念的含义仍有某种程度的游移，但并不妨碍它具有组织一系列重要话题的功能。这一概念所能展开的思想和话语甚至比它的确切定义还重要。从这一角度来看，我们的理论工作者不应对素质教育的概念过于挑剔。我们曾经指出，在教育的某些方面（比如教育实验），道义的支持不能取代科学的评价。[①] 我们更要指出，在现阶段的素质教育上，决不宜用冷峻的定义来诋毁炽热的支持。当我们指出教育现状的弊端，当我们坚决要求进行教育的大范围改革，当我们意识到并正在使教育的重点回归到每个人身心的全面、充分和自由的发展上时，这已经为教育的改革与发展提供了最重要的前提与方向，这就是贡献，这就是素质教育应有之义。

二、素质教育：我们需要的主要不是模式

在教育活动中，我们不时听到这样一类的对素质教育的疑问、质问：难道这就是素质教育？这真的是素质教育吗？这是真的素质教育

① 石鸥：《关于教育实验的反思》，《中国教育学刊》1996年第3期。

吗？等等。

笔者认为，这一发出问题的思维是肤浅而单向度的（这种肤浅和单向度是教育科学发展的重要障碍）。从教育发展与改革来看，素质教育与其说是一种固定的、成型的有形物，不如说是一个活动的、进行性的过程，是一种乐观的向未来敞开的生成过程，是发展中的尝试与革新，是一种注重学生全面充分发展、注重全体学生发展的实践。

目前，许多人大谈素质教育的特征，努力设计素质教育的标准模式（其实它们更多的是个人心中理想的素质教育图景）。然而仔细分析就会发现，这些特征和模式与其说是事实的归纳，不如说是理想的表述；与其说“有”这些特征、“是”这种模式，不如说“应该有”这些特征、“应该是”这种模式。并非任何素质教育实践都能具备那些理想特征、符合那些理想模式，关键在人们具备何种程度的素质教育的实践精神、在何种程度上去实现素质教育的目的。素质教育的目的在于使受教育者日臻完善；使他的人格丰富多彩，表达方式复杂多样；使他作为一个人，作为一个家庭和社会成员，作为一个公民和生产者、技术发明者和创造性理论家，来成功地承担各种不同的责任。因此，凡追求这种或这一类教育实践的人都可以自豪地说：我实践的就是素质教育。只有在这一意义上，素质教育的推进才具备宽广的现实基础，素质教育才不至于成为完全脱离传统教育的特立独行的怪物。

素质教育有理想和现实之分。理论上，我们应建构和追求理想的素质教育，而在现实条件下，我们需要探索的是，我们可能实现什么样的素质教育？能在何种程度上实现素质教育？换言之，即便我们的实践离理想的素质教育的要求还很远，也不能否定我们进行的一定程度的素质教育实践。我们坚持认为：素质教育不是供临摹用的凝固的实物，不是标准的行为模式，它是一种实践精神、一种指导思想。面向全体学生，充分尊重和发展学生的多样化个性，是素质教育的根本原则。这一原则导致素质教育是多元的，而非标准化和模式化的。

三、素质教育是教育本体功能的回归

我们曾经以为，素质教育仅仅是一个相对于“应试教育”的概念，是“应试教育”的对立物。现在看来，这一认识已远远落后。素质教育出于克服“应试教育”的需要，它更是社会需要的产物。

任何教育（包括“应试教育”和素质教育）都是“附属于社会的一个体系”①，是它的时代的一面镜子，它展现社会的根本理想、流行观点和主流信仰。例如我国十年浩劫时，教育一片苍凉；“文化大革命”后，教育新生，高考启动，尊知识重人才，书卷性、应试性日强，拜书主义、拜分主义达到空前地步，人们贬之为“应试教育”。这种教育使得人的主体地位屡遭挫折，作业、考试、分数无法幻变成学生全面充分自由的发展，而且课堂上充满了达到这种发展的各种障碍。这种教育的负面影响不仅给我们带来了日渐强烈的思想震撼，也迫使我们重新思考教育的立场和出发点。在这个时候，素质教育的概念出台了。

既然素质教育是从“应试教育”这个对立物中催生出来的，它与“应试教育”之间的必然关联就不可免。

素质教育在本质上是教育本体功能的回归，也是新世纪教育精髓的体现。教育的本体功能是对人的关注，而新世纪的教育则“应当促进每个人的全面发展”，应该使每个人“能够形成一种独立自主的、富有批判精神的思想意识，以及培养自己的判断能力”。新世纪的“教育的基本作用，似乎比任何时候都更在于保证人人享有他们为充分发挥自己的才能和尽可能牢牢掌握自己的命运而需要的思想、判断、感情和想象方面的自由”②。

---

① 联合国教科文组织：《学会生存》，教育科学出版社 1996 年版，第 88 页。

② 联合国教科文组织：《教育——财富蕴藏其中》，教育科学出版社 1996 年版，第 85 页。

既然素质教育是一个持续的不断创新的过程，它就不可能太完善（事实上这种完善的教育又在什么时候出现过呢?），所以我们也不要寄希望于它的完善。现阶段，素质教育的“完善”绝不是好事。环顾周围，“应试教育”的缺陷恰是它的完善——在应试上太完善了（故称之为“应试教育”），在追求自己目标上太成功了，以致整个教育在本体功能和时代精神上（以及在应试之外的各方面）趋于失败。所以，在现阶段，我们宁愿要这不足那不足的真实的（一定程度的）素质教育，而不要非常完美的理想素质教育（尽管我们追求它），否则，我们将会迎来太多的失望。

我们确实不知道素质教育的终点在哪里（严格说素质教育没有终点），可我们在实践、在创新、在追求、在尝试并逐步构建着素质教育，这至少是真实的、具体的、实际的素质教育。而且，我们确实知道素质教育是在以一系列强化这种教育需要为标志的复杂教育环境与变革中日趋形成的一种现实。

教育在改革社会、改造人的同时，也在历史的进程中改造着自己。于是，素质教育的成分将会越来越凸现，素质教育的精神将会越来越强化，即便有一天“素质教育”的名称也许会淡化甚至会淡忘。

四、理论工作者要直面素质教育

当前，关于素质教育，赞同的有，质疑乃至反对的也有，这都是允许的，只要他们都建立在研究之上。但有一种说法，即“我们不关注素质教育”，“我们不参与素质教育”，“我们不讨论素质教育”。这些人对素质教育的轻蔑乃至否定，不是建立在研究基础之上，而是出于某种主观的、本能的倾向性。且不说理论工作者应如何对待实践中的热点问题，就是这种无根基的轻蔑态度，也是不可取的。我们呼吁研究而不是轻蔑，我们的结论只能来之于研究、来之于实践。我们只能在研究的基础上肯定或批评素质教育，这是理论工作者的良知所要求的。不研究而轻蔑而否定，这是不负责任的理论行为，尤其是自己不研究还看不起或不主张别人去研究素质教育。

当社会主义市场经济从社会深层召唤出生气勃勃的改革活力时，它也呼唤一个新型的教育。可是我们传统的教育显然已无法适应社会主义市场经济的需求，于是我们呼唤新的教育、尝试新的教育、保护和推进新的教育。于是素质教育应运而生，并逐步成为人们的共识。在这一意义上，与其说是上级主管部门要我们实施素质教育，不如说是我们教育自身在发展中需要并产生了带有创新意义的素质教育。换言之，素质教育不仅是选择的，而且还是内生的。不论是赞许还是疑虑，对于素质教育，我们都有责任提出恰当的思想和实践的指引，这才是教育理论工作者参与和维护新型社会新型教育的具体行动。

教育科学是一个开放的、具有强烈参与性的人文事业，它可以职业化、规范化、经院化，甚至可以以深刻的玄谈取代平白质朴的表达，也可以精心于建构抽象的“元理论”，但它不能局限在醉心于注经式的典籍研讨，不能摒弃从现实教育世界中寻找原生性的问题，更不能鄙薄对现实教育的第一手探询。不管素质教育有多大的不足，既然它已成为千千万万教育实际工作者、家长、学生和新闻媒体的一个重要话题，我们的理论工作者为何不去研究或不屑研究呢?！为何不去关注实际工作者们当前的极大关注呢?！在这一意义上，阻碍素质教育的因素并不完全外在于我们，也往往存在于我们自身，如那种以追求理论深度为名而嫌弃第一手探询的倾向，那种学术规范至上的排他性研究时尚。

当然，在素质教育问题上我们一定要有科学的态度，素质教育并不具备单一的与排他的标准，它并不必然符合独尊的取向，素质教育的独尊可能伤害思想的丰富和实践的多元。把现实的素质教育理想化、神圣化、绝对化，只能作茧自缚，我们要警惕因素质教育的口号所可能形成的对人们的压迫。然而，这决不是对素质教育给予轻蔑的理由。新世纪的新使命驱使我们对教育包括素质教育进行一些更为基本的追问，这是开放性追问，它决不应也决不会封住素质教育的创造性展开，相反，对素质教育的任何研究（只要是真正的研究），都将是素质教育发展的动力。

（原载于《中国教育学刊》1999 年第 3 期）

教育实验推广中效果递减现象之研究

我们在教育的实验研究中发现这么一种现象：那些曾经轰动一时的教育实验，不论最初是如何的成功与显赫，随着时空的转移，它们大多在推广与再推广应用中势微力衰乃至于近乎销声匿迹。

当初实用主义教育的做中学、以学生为中心的实验纲领和行动准则风靡全球，然而它本身以及以它为精神内核的设计教学、道尔顿制等著名实验也在一再推广中渐趋平息。

以斯金纳新行为主义理论为基础的程序教学更以实验上的严谨和操作上的精确而著称，当时号称教育上的一场革命，可在进一步推广应用中，它和它的后继实验也很快势单力薄了。

二战后，由对传统教育的不满而推出了布鲁纳教育新理想，以结构主义为基础的课程理论问世了，发现法成了现代教学方法的代名词，从大洋彼岸一直传到华夏大地，现今它虽在文献中还占一席之地，可它的大规模推广，就预兆着它黄昏的到来。

与此同时，苏联赞科夫教学实验，它那使每个人得到最佳发展的理想与高难度、高速度的实验原则令人耳目一新。可是，赞氏的实验随同他的去世而日微。

再如西德的范例教学，苏联的纲要信号图表教学和最优化教学，保加利亚的暗示教学等实验性或准实验性的教学，都曾名噪一时，但也都在推广运用中名声大减。

我国的“八字”教学法、自学辅导法、情景教学法以及名目繁多的所谓整体实验、综合实验、一体化实验等“常规实验”，推广中也面临失去或将要失去它昔日明显的效果和显赫的声誉。

这就是教育实验在推广中其效果逐步衰减的现象或效应。它将实验者的心血化为些微的反响，将实验本身的价值置于可有可无的境地，大大挫伤了实验推广者的热情。这就促使我们的教育理论研究对此进行深刻的反思。

本文着重分析教育实验在推广中效果递减现象出现的原因。本文所指的教育实验包含了所谓前教育实验（pre-experiment）、真教育实验（true-experiment）和准教育实验（quasi-experiment）①，它们在教育教学领域应用都很广泛。而所谓实验的推广，实为一种特殊的检验或预期的重复，即将实验在更大范围、更大规模上再实施，本质上是期望将实验效果应用于其他情境。

国外一些专家对此问题有部分涉及，但几乎全部从实验方法本身的局限性或误差这一角度出发，即便是实验推广中的问题也不例外，专门指向实验推广的研究不多见②。我国有关这方面的研究就更少了。笔者认为，教育实验推广应用中效果递减现象主要与下述因素相关联。

1. 教育传统的强大传统力量

传统是历史与现实的结合，人们无法超越传统去抽象地追求新的无传统的东西，一时超越得越远，最终越回复到传统本身。当然，这种向传统的回复必然伴有变异，无变异就无发展，教育就是在这种回复变异中逐步发展变化的。只是无论变异或回复，传统大体上总是按自身内在

---

① John W. Best etc., *Research in Education*, Prentice-Hall, 1986.

② Robort M. W. Travers, *An Intraduction to Educational Research*, Macmillan Pubilghing, 1978: 295.

的规律发展。历史上越要摆脱和抛弃传统的教育实验，在一定程度越被传统拉平。例如进步教育与赞科夫实验体系，它们想脱离自身所处的、所参与所生产的传统去彻底否定传统，到头来却被传统吞没。整个教育实验史告诉我们，教育传统犹如一条平静而神秘的河流，加入实验之外力恰如投入石块使水面涟波顿起，令人眩晕一阵，然而河流终将慢慢地、无声无息地将石块的影响抹去，回复到原来静静流淌的平静，向着它内在潜流（规律性或本质因素）所指的方向。这可称为教育传统强大的自我修复能力。当外界力量对教育传统加以冲击时，这种冲击作用会因自我修复能力而减轻，时间越长，冲击影响越小。在这个意义上我们说，对教育传统是不可能全否定、全替代的，想要完全否定和替代教育传统，最终是自身在一定程度上被否定、被替代。这就是教育实验尤其是那些以极端反传统著称的实验在最初影响宏大，但其影响力在推广与应用中日益衰减的重要现实与历史原因。

2. 与教育实验的理论创新与理论应用有关

纵观教育实验史，大凡有轰动效果的实验，与其说是其结论或程序的轰动，毋宁说首先是其指导理论的轰动，像斯金纳新行为主义理论指导下的程序教学实验、布鲁纳结构理论指导下的发现法实验、赞科夫一般发展学说下的小学教学新实验等等，都是由理论的创新或突破而带来实验的创新，尽管这些理论或理论萌芽在实验中不断得到修正。因为这些理论本身的引人注目而使得它们指导的实验同样引人注目。反过来，一个教育实验体系的危机，往往首先是理论的原因而不是操作上、工具上的原因。是杜威理论的衰落而不是手段工具的衰落造成了做中学、道尔顿制、设计教学的衰落。在这一层面上，实验的影响力随指导理论的影响度和创新度而不同。在涌现出一个新的理论或理论萌芽之前，是绝不会产生创造性、突破性实验的。我国大量教育实验之所以收效不大、影响甚微，重要原因便是理论贫乏。理论缺乏深度、缺乏创新，严重降低了我国教育实验的价值与意义。我国教育实验体系基本上由两部分实验构成：一部分实验可称模仿性实验，只能以运用、模仿别人的实验为主，从新中国成立前的设计教学、道尔顿制，到今天的发现法、暗示教学莫不如此。另一部分实验可称常规实验，虽为我们所独创，但没有系统理论和创新思想，价值低，意义模糊，难得甚至不可能产生新思想和新学说。这类实验在各地学校比比皆是。今日众人呼吁教育研究要重实验，认为打破教育学的沉闷局面的唯一出路应该是大量进行实验，由实验创新理论，由实验造就新的教育学。这有其合理的一面，但远远不够。首先应看到，当前最重要的是理论而不是实验，是真正用以指导实验、调控实验和给实验以价值的创新理论。理论研究绝不是够了，多了，而是太少太贫乏太低水平，我们与其呼吁实验不如呼吁理论，呼吁新理论的诞生。在这里我们应该淡化归纳主义的意识，那些想要淘汰不尽如人意的教育理论而在等待或寻找一个决定性的、伟大实验的人们也许会永远等待和寻找下去，实验在这里力不从心。纵观教育科学发展史，那些带来转折性变革的，打破原来沉闷局面的事物都不是实验而是理论学说。是夸美纽斯的学说、是赫尔巴特的学说、是杜威的学说、是凯洛夫的学说……是学说而不是实验导致了突破！其次，绝不是任何实验都能产生新思想，有些实验（在我国俯拾皆是）根本不可能产生新思想。它们本身的力度就不够，一旦推广开来，效果更是明显递减。这类实验也许可以增加教育科学知识，能够为教育科学大厦添砖加瓦，但它们绝不能构成教育科学大厦的骨架和基面。因其本身是处于用现成理论即可说明的境地。与它相对的“突破性实验”则一般能提供或促使提供理论上的创新。

问题在于即使模仿那些著名实验（自然在逻辑上将要照抄那作为指导的创新理论），也即推广这类实验，效果为何仍然逐步衰减。这既有理论的原因，也有实践的因素。一则昔日轰动的理论至今日一般趋于平常甚至势微，比如前述所有理论。这样，社会的热情大大降低，影响到实验中去，自然是对实验关注降低，导致实验效果与影响力的降低，降至与普通常规实验无异。二则实验推广本身正在改变而且已经改变甚至将继续改变原来用作指导的理论思想，这有双重含义：一是推广者有意修正原理论以适应新的实验环境；二是推广者无意中扭曲了原理论思想，他们自身的因素、生活于其中的背景的因素等等使他们对原初实验的指导理论的理解与接受走形，渗入了个体的成分，从而最后导致受这种走形了的理论指导的推广性实验的效果走形。多数情况下推广者难以全面把握原初理论，修正常为误释，创新多是随心所欲，因而效果的走形几乎总是效果的衰减。

3. 实验主持人自身因素

第一，许多情况下，实验的影响力与实验主持人的地位身份直接关联。赞科夫的实验轰动一时，原因之一便是赞氏在苏联教育界的知名度，而他的辞世便预示着他的实验的推广将后继乏力。布鲁纳的发现法独傲群法，一定程度乃布鲁纳的身份地位影响所致。原初实验的核心人物往往居某一领导要职或处某一影响之巅，实验影响便借其势而远扬。而实验推广者的条件则往往不可同日而语，实验效力自然有所减小。第二，实验者的动机、意图、热情、操作技能等直接影响效果。一般而言，实验创始者与实验推广者的素质相差较大，提出与设计实验常常比推广或重复实验需要更多的哲学智慧，更富于创造性的想象力和更大的勇气。实验创始者在设计与实施实验时有明确的意图和强烈的动机与热情，有一套内化了的操作技能与程式，因而其效果多令人鼓舞。但实验的推广则不一样，一方面，推广者很难保持创始者那样的创新意识、那样的热情与动机、那么明确的意图和内化了的操作程式，由他们推广普及的实验效果难免要差一些。退一步讲，即使实验推广者同样有很高的热情很强的动机，有明确的意图并精确掌握实验的操作程式，但这些心理因素和行为动作必然带有自己的烙印，而有异于实验创始人。他们心中的实验与实验创始者心目中的实验不可能完全相同，创始者有关实验推广的设想和希望并不一定必然支配实验推广的结果。换言之，在教育领域，推广应用的不可能完全是原初实验的原初意图，而是推广应用者的现场意图。

4. 实验的环境因素

教育实验过程是复杂而变化多端的，每一过程只能看作是一个特定的不可重复的过程。教育实验总是在复杂的社会情境和影响下进行的，要科学而大规模变动或控制这些情境和影响，在实践上极度困难。即使在一定组织或实验团体强有力的干预下变动或控制了某些因素，以最大限度保证原初实验的进行，但在实验的推广中问题就复杂了。首先，控制实验推广的外部因素较之原初实验更难，这是因为本文所述的种种原因使得推广的动力及其他条件往往不如原初动力；其次，我们退一步而承认也许对这些因素能有一定程度的控制，但可以肯定其控制的量与质较之原初实验变量控制有区别，效果之异便是可理解的了。另一方面，实验之初与实验推广的学校条件往往有别：进行实验的学校成员往往有较高的信念和较少的不安全感，有较强的试用教学新举措的愿望和较大的改进教学成就的期待①。这方面，实验推广学校往往不可企及，20 世纪 60 年代英国有名的“启蒙字母教学法实验”似乎取得了很大成功，评价相当高，但其应用的效果并不佳，应用的范围也不大。有研究指明，这种方法之所以成功，实验学校教师高人一等感是一个重要因素，而这一点一般学校做不到②。国际著名教育实验专家德朗舍尔更明确指出：“实验成功的推广需教师支持，而改变教师的行为和态度，是一项

① John W. Best etc., *Research in Education*, Prentice-Hall 1986: 123.

② ［英］J. 唐宁：《启蒙字母教学法专题讨论会：英国启蒙字母教学法实验研究报告》，伦敦，1967 年，可参见［英］J. D. 尼斯比特等：《教育研究法》，张谓城等译，教育科学出版社 1981 版，第 173—174 页。

长期的工作，而我们常常缺乏这种工作所必需的时间和物力财力。”① 如果实验推广学校教师的心理依旧，观念未变，无论原初实验多么成功、设计多么完善、指导语多么具体，他们还是会有意无意将实验成果破坏掉——改头换面使新思想同化于自己的旧观念。

还有一点很重要，原初实验在设计与展开时，一般都有相当强烈的指向性，例如实用主义教育实验指向当时以教师为中心的传统教育，赞科夫的新体系实验是指向传统凯洛夫影响，因而或有强烈的时代要求或明显的反潮流趋向，容易激起人们的关注与兴趣，容易被接受、认同，因此效果出色。而这类实验被推广时，情势也许或者说必然有所变化，在相当程度已不那么贴切时代的趋势，已无强烈的时代感了，因而很难再吸引人们的关注，很难再引起人们的认同，实验效果自然会下降，有时甚至失去实验推广的必要。换言之，原初实验的指向性，本质是一种时代性，是一种站在时代潮头反对旧传统旧形式的时代精神的反映。兰卡斯特制在 19 世纪也许是有社会基础的，但到 20 世纪末的今日它已失去存在的价值，更谈不上去推广它了。进步主义实验教育也是一个明显例证。与实验的指向性密切相关的是另一维度：实验本身的局限性。过于明确的指向性本身就意味着相当的局限性，在彼时彼地特定群体不太严重的局限性到了此时此地其他特定群体时，很可能相当严重了，推广起来效果会大打折扣甚至无法推广。

5. 实验对象

原初实验的对象是实验推广时永远不可能同一的。首先，从空间讲，来自某一特定被试群体的实验成果在推广到另一被试群体时，效果肯定有所异变。其理论根据是，要想将实验成果推广到一个特定群体中去，那么原初实验设计就必须以这一群体中的对象为样本。但在教育中

① ［比］G. 德朗舍尔：《教育实验研究》，光明日报出版社 1989 年版，第 91 页。

屡见违于此理的现象，实验于一定群体的实验成果却往往推广到另一群体去了，效果自然不佳。比如，一种阅读方式在某所学校实验时效果好，但推广到另一些学校时效果就不那么好了。其次，从时间讲，A 时段在一特定群体中所获得的实验成果，推广到 B 时段同一特定群体或另一群体中时，肯定有所差别，因为时间上的差异必然会在实验群体中得到一定反映或表现，造成群体的某种变化。

另外，不同出身的实验对象影响效果。一种新方法用在知识密集地区学校的学生身上也许有良效，而用在贫困地区学校学生身上也许无效，这种误差被 Robort Trarers 称为 R 型误差，即重复实验或实验推广误差（Replications），[①] 有时候采用某种所谓实验证明了的教学方法所得出的结果，并非由于这一方法本身，而是由于这一方法与学生特点相互作用的结果，这种相互作用常因教育对象的表面重复性所掩盖，所以人们大谈教育的重复实验（推广），大谈教案的重复使用。殊不知，教育对象的个别性或非重复性才是其本质特征，它使得相互作用复杂化，很难达到自然科学实验那种抽象和概括。

6. 实验的结果与对其理解上的歧义

即便在少有的场合下，实验的推广达到了或比较接近原初实验所达到的结果或目的，但是一方面对该结果的解释因人而异。说明确一点，是实验推广者或其他别的什么人将结果理解为接近或同一，并非结果的确接近或同一。任何结果的同一或接近都是解释的同一或接近。因而结果的推广价值和指导意义便受到损害，从这一意义讲实验的推广和原初实验并未达到或接近同一目的，很难同一地指导人们解决同样的问题。另一方面，实验的结果本身在不同场合、不同时期也许有不同含义，体现不同价值。传统班级制教学的实验与实验推广，即便有类似的效果，

① Robort M. W. Travers, *An Introduction to Educational Research*, Macmillan Pubilghing, 1978：295.

但它们对发达国家的效应与对连复式教学条件都不具备的发展中地区的效应显然有别。没有一种实验结果在不同条件下始终保持同一，始终具有结论意义，它们本身需要通过进一步实验来证实。我们认为，实验与实验推广的结果不仅始终需要解释和证实，而且始终需要再解释和再证实。这将是一个无终止的循环。

7. 教育实验自身

教育实验效果的衰减，应该说主要是推广中的原因，但也有实验本身的原因。如前述就我国教育实验现状看，大量实验本身是很难推广甚至是不可推广的。因为它们背离了实验的根本规则，在理论本质上也无进展，给出的种种操作定义相当混乱，比如有些实验多在条件好的学校实施，无论从师资条件、学生来源、教学设备、基建设施等等方面说，这些学校都是其他学校难以匹敌的，因而即便实验效果极好，对于绝大部分普通中下等学校而言，它又有什么意义？我们能说这类实验有推广价值吗？这类实验能带来理论的突破吗？又如美国于20世纪60年代末开展的The Follow Through Planced Variation Study，是有关补偿教育的一项典型的准实验研究，它规模浩大，持续多年，耗资数亿，最终的实验结果则难遂人意，引来众多批评，几乎无法大面积应用①。如果不分合理与否凭主观推动使这一类本质上不宜推广的教育实验走上应用或推广之路，效果必然不理想。

8. 与决策主管部门对实验成果的应用不很重视

在有关教育问题上，人们可以发现，最重要的决策几乎无一例外地来自价值判断，而不是取决于客观分析或严密数量化的研究。这一严峻的现实致使教育实验永远不会（当然也不必要）有自然科学建立在客

① John W. Best etc., *Research in Education*, Prentice-Hall, 1986: 129-132.

观分析与定量研究基础之上的实验的价值，不仅如此，还致使教育的推广更缺乏直接动力和必要的支持。这即使不是致命的，其约束性也是长远的。

可见，在教育领域，实验永远无法重复。A 实验一离开原来那班人马、那个环境、那些对象、那一时段，它就已不再是原初的 A 实验，而有可能是 A′，实验、A″实验了，它一旦被推广，就意味着某些方面的被取代、被替换。也即，实验的推广在一定意义上永远是一种新的再实验（re-experiment），是一次重新结构的过程（reconstruction）。教育研究者们在企图做他们打算做的事情的过程中，实际所做的，往往是他们最初并不打算做的事情。正因此，原初实验的效果在实验的推广中将会逐级异变，由于前述理由，逐级异变往往是逐级衰减。也正因此，我们认同赫钦斯的观点："实验和实验的资料对我们的用处是有限的。"[①] 研究结果不能完全传播给教育实践者，不能对各种教学形式产生足够的影响，这已是一个世界性的尖锐问题[②]。如果不从根本上去研究并解决这个实验效果递减现象，而企图纯粹以增加用于实验推广的经费比重来缓阻实验效果的推广性衰减，将无法达到预期目的。

（原载于《中国教育学刊》1995 年第 2 期）

---

① 引自《现代西方资产阶级教育思想流派论著选》，人民教育出版社 1980 年版，第 29 页。

② ［比］G. 德朗舍尔：《教育实验研究》，光明日报出版社 1989 年版，第 4、91、117 页。

当前教育实验的反思

自20世纪80年代以来，教育实验在我国迅速崛起。据统计，仅中学语文教学方法实验全国就有百种以上①。作为教育理论工作者，支持、参与教育实验应是自己重要的职责之一。为了使教育实验更加科学化，必须客观冷静地对教育实验进行反思。

一、对实验意义的反思

实验引导实践，带动实践的变革，解决实践中出现的问题，实验的积极意义是毋庸置疑的。

我以为，当前教育实验的意义被某些人夸大了。在他们看来，实验既是改变目前沉闷的教育理论现状的唯一出路，也是打破令人不满的教育实践状况的希望所在。所谓“教育科学的生命在于实验”就是前者的反映；而一项复式教学实验，竟说成“直接关系到基础教育质量的提高和普及九年义务教育的历史进程”②，则是后者的体现。对实验意

① 见《湖南教育》1990年第4期。

② 申克端：《复式教学改革实验的实践与研究》，《中国教育学刊》1995年第2期。

义的夸大，主要由三方面原因造成。

第一，因困惑而尝试。我们的教育工作者一方面对片面追求升学率的病理性教育已有普遍认识，但多年来又被这种教育实践所困惑而苦于找不到新出路，于是逐渐将目光转向实验。一批实际工作者率先进行实验尝试，力图找到突破口。在初始阶段，实验确给传统教育实践注入了新的活力，引起了良好的回应，给人以乐观的感受，因而其积极意义被充分挖掘，充分肯定，同时也逐渐被夸大。

第二，因不满而创新。传统教育理论面对新形势和新要求，越来越显得力不从心。人们对教育理论表现出强烈的不满情绪。于是，一批理论工作者自觉地将触角伸向教育实验，欲求从实验中获得理论的创新，把打破教育学落后局面的全部希望寄托在实验上。

第三，因借鉴而强化。近年来一定程度上的唯科学主义、实用主义影响的扩大，整个社会对基础理论的相对忽视，从而使实用实证的量化的、实验性的研究迅速取得较高地位，也强化了教育实验的意义。

正是上述因素。使今日教育实验一方面日益受到人们重视，成为一种可喜的现象；另一方面似乎有将实验视为灵丹妙药的迹象，这是值得警觉的。

平心而论，教育实验的被重视，既是理论与实践陷于困境的产物，也是力图走出困境的一种努力。但这种努力能否化为现实则大可怀疑。在对实验寄予极大希望的人们心目中，教育困境的根源在于旧的理论与旧的实践模式，只要推翻这种旧模式，困境就会消失。但我们认为，困境的根源既有教育的也有社会的，推翻旧的模式并不能保证有更好的模式取而代之，并不能保证教育能真正走出困境。

首先，教育实验具有明显的实证性，这就导致其工具性。工具性的教育实验发达也许能解决教育的近期的、实践的、低层次的问题，但它的结论意义永远有限。

其次实验绝非某些人所说的是理论的唯一生命源泉。教育实验顶多只给教育科学大厦添砖加瓦，决不会成为大厦的奠基石。[①] 查一下世界教育学经典，真正来自实验的东西并不多。当教育科学尚不成熟时，对实验盲目崇拜，理论就会枯萎；当教育科学比较成熟时，对理论盲目打压，实验就会混乱。当前已出现这样的苗头，一方面实验轻视和取代理论的欲望与日俱增；另一方面一些理论工作者又不断刺激着这种欲望的增长。所谓教育巨人应该出自"教育实验家"[②] 就是典型口号。这从两方面推抑着理论的势微，在本质上也限制了实验的发展。

再次，我国多数实验并不是严格意义上的实验，而是我们即将分析的所谓准实验、前实验，它们价值低、意义模糊、难以推广，有些几乎既不可能产生新思想，也不可能带来新的实践成效。正因为这样，这类实验似乎具有潜在的双重功能：既能改变教育理论的结论，也能动摇教育理论的基础；既能导致教育实践的变革，也能阻遏教育实践的发展，二者在逻辑上没有不可逾越的鸿沟。我国 1958 年的那场"教育大实验"，1966 年那场更大的"实验"，几乎同时实现了两者。观察今日之实验，推翻理论或置理论于不顾的欲望太强烈了，这不是好现象，有可能削弱实验自身的基础。

第四，实验在一段时期里，曾给人以很大的希望，但目前希望正在缩减，失望却在上升。因为即便那些真正的实验，那些所谓非常规的、突破性实验，其理论价值和实践意义也是有限度的，不能对其抱太高的期望；其一，由于教育实验是人的实验，是要变动或控制社会环境的实验，正如美国教育家奥康纳所说，在关于人的教育，在控制的实验的条件下进行科学观察的可能性是相当有限的[③]。其二，教育实验不易中立客观，实验多服务于、服从于理论之争。一理论欲推翻或取代另一理论的主要手段就是实验；而另一理论也不时借实验之手来进行反驳。服务

---

① 石鸥：《在理论脱离实践的背后》，《高等师范教育研究》1995 年第 2 期。

② 雷实：《教育思潮与当代中国教育实验》，《教育研究》1995 年第 2 期。

③ 《现代西方资产阶级教育思想流派论著选》，人民教育出版社 1980 年版，第 434 页。

于不同理论的实验总被不同理论所裁决。其三，实验者很难做到随机地从众多学校与师生中选择样本或被试，从样本推及全体，由实验学校推及所有学校，本身是有风险的。而来之于热情很高的学校的实验成果与来之于不乐意参与实验的学校的实验成果显然意义不一样，其推广更值得考究①。这样，对实验抱太高期望的人感到失望，也就不难理解了。

二、对实验构成的反思

就当今我国教育实验体系来说，从过程或程序的严谨性上看，大致可以分为三种类型。

第一，教育实验。它是研究人员根据研究目的，运用一定的人为手段，主动干预或控制研究对象的发生、发展过程，并通过把有干预情况下所获得的事实与没有干预情况下同类对象变化的事实进行比较，从而确认事物间的因果关系的方法②。

第二，准实验（Quasi-experiment）。它是指一种接近实验法而又不合格的实验方法，虽然其目的也是为了揭示事物之间的因果关系，但它并不要求对研究过程作严格的控制③。

第三，前实验（Pre-experiment）。这类实验缺乏控制组，或者说没有提供与控制组等值的对象，得出的结论很难有代表性，很难有普遍意义④，其效度低。

当前第一类真正的教育实验显然发展缓慢且后劲不足，而第二类、

---

① ［比］G. 德朗舍尔：《教育实验研究》，光明日报出版社 1989 年版，第 32 页。

② 叶澜：《教育研究及其方法》，中国科学出版社 1990 年版，第 153、165 页。

③ 叶澜：《教育研究及其方法》，中国科学出版社 1990 年版，第 153、165 页。

④ John W. Best, *Research in Education*, Prentice-Hall, 1986: 124-132.

第三类即准实验、前实验则势头很大。它们在本质上不能视为教育实验的本体，只能算是一种对传统实践略有变更的新实践，或新的实践尝试。其中一部分连新实践都谈不上。它们的增加，主要好处在于增加教育实验的声势，以及产生更多的“霍桑效应”。

若从实验的性质看，我国的教育实验体系又可分为常规实验和非常规实验两类。

常规实验主要指根据已有传统理论成就来进行的实验。尽管它们也许能够为教育科学添砖加瓦，但它们在本质上不能或几乎不能促使带来教育理论的新突破和教育实践的大变革。

非常规实验一般能带来或促使带来理论上的突破和实践上的变，能证伪或证实一种理论或新理论而不是理论之一小部分，它不能用传统理论来加以完全说明，其指导思想属新的理论或新的理论萌芽范畴，所以也可视为突破性实验。

目前我们的实验构成中多有常规实验而罕有非常规实验。原因之一是后者必然要破坏传统教学的基本成规，将对实验者、教育者提出较高要求。常规实验又可分为几种，如模仿性实验和独创性实验，前者是或基本上是照搬过来的；后者是自己独创设计进行的。

若从对新教育现象的揭示和新教育程序的提出看，可分为发现式教育实验和发明式教育实验。发现式教育实验旨在对既定的、内在的而且是必然发生在教育过程中的某些效应或现象的揭示。如罗森塔尔发现教师期望对学生成绩的影响，以及教室座位排列对学生成绩的影响的实验即属此类。根据某些实际问题、现实现象或理论而提出新方法，展开新程序，采取新举措的实验可称为发明式实验。发明式实验，旨在打破传统框架，实行新的一套。比如程序教学、暗示教学等实验。发现式实验一旦有所发现，就较为有效，可能重复，容易推广，教师往往只需根据实验结果稍稍改进其工作即可，即使他不改进，也无明显压力。而发明式实验则要抛开原有传统，采用新的一套，变动大，对教师与学生要求高，教师压力较大，而且较难科学把握，所以重复性差。

我们的教育实验中缺少真正的实验，更不易找到非常规的突破性实验和既带来新结果、新发现又容易推广和重复的发现式实验。这样，我们不得不遗憾地承认：在这种实验构成中，实验意义的有限性、实验效果在推广中的衰减现象就必然客观存在。这类低质的实验通过高度的非实验的人为因素，营造出了一种使人觉得此乃希望之所在的局面，但同时它也为希望的破灭埋下了种子。因此，我们谨慎地建议：不要对当前某些教育实验抱太高的期望。

我们认为，应该将教育实验与教育改革区分开来。实验是一种方法，改革是一种创新，尽管有人也将改革看成实验①，但更多的人反对这种将改革看成实验从而大幅度扩大实验影响大幅度夸大实验意义的做法②。如若将教育实验与教育改革适当区分，那么，我们应将关注的焦点从教育实验分一部分到教育改革。在关于人的教育领域，源于实验法的教育实验的影响显然有限，用美国定量专家坎贝尔（D. T. Campbell）的话来讲，当学生们为了自己的娱乐而故意破坏测验成绩时，为什么要认真地采用测验成绩并达到用计算机来处理的程度呢?③而源于创新性实践的教育改革可能真正有较大价值。前者在我国有以艾伟、廖世承等专家为代表的教育实验家，他们重测量、重规范设计；后者在我国有以黄炎培、陶行知为代表的教育改革家，他们用教育来改造社会，改良人生。我们虽不能丝毫低估前者的作用，但我们必须承认更偏要后者的精神。

---

① 参见钟鲁斋：《教育之科学研究法》，商务印书馆 1935 年版，第 115 页；李秉德：《教育科学研究方法》，人民教育出版社 1987 年版，第 60—61 页。

② 参见孙邦正：《教育研究法》，台湾商务印书馆 1983 年版，第 242 页；王汉澜：《教育实验学》，河南大学出版社 1992 年版，第 7、11 页；［比］G. 德朗舍尔：《教育实验研究》，光明日报出版社 1989 年版，第 1 页。

③ ［比］G. 德朗舍尔：《教育实验研究》，光明日报出版社 1989 年版，第 30 页。

三、对实验行为的反思

目前，由于我们许多教育实验的运作行为欠科学、欠规范，从而进一步削弱了实验的意义与价值。它表现为以下几方面：

问题模糊。只有确立于真正有价值的问题的实验，方有可能创立新学说，达成新思想，实验本身也才能获得科学意义。我们不少实验尽管由解决问题的意识展开，但究竟要解决的问题的本质是什么并不清楚。实验进行中也提供不了发现问题本质的过程。个别所谓整体改革实验就是典型，且不说它们是否称得上“实验”，仅从性质看，它们的目的虽宏大，但问题很模糊、很感性，动辄就是什么“全面提高教育教学质量”“促进学生全面发展”的设想。用开设一些综合课，搞一些课外活动作为整体改革实验的内容，深层次问题在表现上呈多元状态，未能提纯出本质内涵。对这类模糊的、经验性的问题是不易下手找到正确答案的。因此，这类实验很难创立新思想、新学说，自己也生发不出传之久远的科学意义。因此，我国的教育实验至少在目前尚不具备进行大型、超大型实验的条件。美国在20世纪60年代开展的一项持续多年、耗资惊人的大型实验（The Follow Through Planced Variation Study）最终结果难遂人意①，应引起我们的注意与警觉。我们为什么要那么匆匆忙忙去找答案，而不愿潜心研究一下这究竟是不是问题，是什么问题，这问题究竟指的是什么？

假说含混。科学进步的过程实际是提出假说，证实或证伪假说的过程。而按波普尔的研究，假说的提出不是任意的，只有发现重大问题，围绕这个问题才可能提出有重要意义的假说，只有那些有重要意义的假

① John W. Best, *Research in Education*, Prentice-Hall, 1986：124-132.

说才被理性拿出来检验。教育科学亦同此理。罗森塔尔假说的被证实，带来了教师期望学说的进展；维果茨基的假说成了赞可夫理论和实验发展的基础。以一定科学思想为依据而推想出的假说，是理论突破的预兆，是突破性或非常规性实验的导引。遗憾的是，我们不少实验因为找不到问题，也就提不出真正的假说，或提出的是含混的、非理性的假说，有些假说是孤立的，无体系、无根据的。当我们提不出假说，尤其提不出更多的假说与某一特定假说竞争而在激烈的竞争中淘汰可信度低的假说时，当我们迷信地维护一个特权的假说时，教育科学的生命力就是脆弱的，自然，教育实验自身的生命力将更为脆弱。

理论匮乏。理论虽不是一个代替实验来解决问题的体系，但却是一个关于实验如何去解决问题的体系。那些有名的实验，往往以新理论或理论萌芽为导引，遂得以产生重要影响。而我国大量实验在本质上是试误法。无理论明确导行的实验，除了产生一定的混乱或重复别人已做过的工作外，不可能带来实践的大突破。当然，一方面理论的危机可以通过实验来评判，但真正取代理论的仍然是理论；另一方面，某些理论欲被广为接受，需要有坚实的实验证实和支持。实验只有被理论导行，才可能达到预期的彼岸。第一，如果让实验渗透理论，那么实验就一定会成为理论的基础之一；第二，如果摒弃理论的指导，实验将自生自灭。换言之，一个实验体系的危机或自生自灭，主要是理论的原因而不是操作的、程序的原因。更可以断言，患理论饥饿症的实验中永远不会生长出伟大的“实验家”（那些著名实验家首先就是理论家，至少是理论造诣颇深的人），更永远不会生长出教育“巨人”。诚然，理论自身无法保证实验不失败，但它至少可以为我们找出失败的原因，寻找新的出路。理论也不能保证我们不再遇到困境，但可以使我们不断增长知识，从而为我们克服困境提供有效的基础。所以强化理论意识，在本质上是弥补实验的不足，而不是要否定实验。

操作困难。我们的实验更应该有可操作性，这是重复和推广实验的基础。当前有些实验给出的种种操作定义相当混乱，某“超常教育实验”缺乏“超常”的定义；有些实验包含的实验因素太多太复杂，比如一些“综合实验”“整体实验”等。诸如此类的原因，使得许多实验很难操作，很难重复。重复就是推广，难操作就难重复、难推广，实验因此而失去了继续存在的条件。这样，实验的意义和价值也就进一步受到了限制。

结论不可靠。实验目的在于得出可靠结论，找出规律性东西。但目前一些实验连对比组也没有，有些实验的前后检测几乎全是主观倾向很重的判断。如某地的“小学数学读讲精练教学法实验”的对比结论是这样的：“实验前，绝大多数学生上课都没有主动发言的习惯，被动发言时，也总是答非所问，语言的概括能力和表达能力都很低。经过一年的实验，该班学生的口头表达能力增强了，回答问题时能切中要害，语言也比较简洁”①。有的实验对无关变量控制不力。如有影响的集中识字与分散识字教学问题，其教法是实验因素，而其他均为非实验因素，需要加以控制。据了解，两种实验结果都说效果好，但到底是由于两种教法的作用相似，还是其他因素影响？由于实验中没有对其他因素加以严格控制，因而“集中”“分散”究竟孰优孰劣，尚无定论②。实验在一种类型学校和师生中进行，在另一种类型学校和师生中推广的现象很普遍。而研究表明，要想将实验结果应用于某一特定学校与学生，那么实验对象就必须来自这一特定的学校与学生群体③。

最后有必要指出这一事实（尽管还仅仅是苗头）：有少量所谓实验，若说有什么价值，那么也许最大的价值是为实验者带来了可观的经济效益。实验才起步，教材便先行，学生人手一册，动辄数以万计，个别实验者之所以热心发动大型实验，原因之一便是编写并推销实验教

---

① 见《湖南教育》1989年第6期。

② 王汉澜：《教育实验学》，河南大学出版社1992年版，第163页。

③ Robert M. W. Traverts, *An Introduction to Educational Research*, Macmillan, 1978: 295.

材。有些人考虑的仅仅是搞什么实验（好搞配套教材），而不问如何搞实验，更不问为何搞实验。经济因素的渗入，会腐蚀实验的根基。这是一种极不正常的现象，应引起我们的高度警觉。

（原载于《中国教育学刊》1996 年第 3 期）

教学过程：飘忽的声音和流动的本质

——兼论教学语言

“××，请你谈谈刚才我这段话的主要意思。”教授对他的一位得意门生提问道。

“对不起，教授，我不知道。”学生沮丧地回答。他不好意思说，他在教授正讲那段话时恰好心飞窗外，因而压根就不知道教授究竟讲了些什么。

学生的表现令教授失望。这是相当普遍的现象。这不完全是学生优秀与否认真与否刻苦与否的问题，如果是课本，他们能顺利地再次阅读它并抓住文中的内容从而圆满地回答教授的问题。但这不是课本，这是言语，这不是静止地阅读，而是飘忽的声音及由这飘忽的声音铸就的流动的教学，这关涉的不是凝固的文字，而是稍纵即逝的声波。我们的多数专家忽视了这一点，忽视了这方面的研究。

无论有多少改变，除了介绍性成果外，迄今为止我国的教学研究基本上仍是循着凯洛夫划定的内部教学框架探索过来的，基本特征是把教学当作一个超脱于社会的封闭系统而进行内部结构的静态分析和描述，诸如教学过程、教学规律、教学原则、教学内容、教学方法、教学组织形式与技术手段等，很难有跳出这一框架或静态思路的，这是我国教学论研究的主流。

我们认为，一切教学都是非静态的，是流动的，这因为一切教学都是语言的话语的教学，这种语言性的教学其意义远远超出语言本身。语言的获得过程是对贮存于语言系统中的思想、内涵概念、理性、态度与判断的分析、斟酌过程，语言是一个巨大的知识库。语言之外无教学①。教学具有语言性，语言具有多义性，教学中的言语具有一过性。教学的语言性和语言的多义性以及教学中言语的一过性导致教学的本质特征的属性不是静态的，而是动态的，动的教学才是真正意义的教学，教学中的动才是教学本质特征的真正属性。

一、教学的流动性本质：根植于教学语言

教学（本文指课堂教学及其各种变式）赖以进行的基本联结方式是语言。美国学者史蒂文森（Stevens）曾用多年时间研究课堂教学，发现教学谈话平均占用64%的课堂时间②，福兰德（Flander）的研究获得同样的结果：在传统课堂教学中，上课时间的2/3用于谈话③，若考虑课堂上读和写这两种书面语言活动时间，那么可以说教学就是、至少几乎是语言性的，教学充斥着语言。

教学的语言活动可分为两类：其一，书面语言的教学，以文字的阅读和写作为特色，其二，口头言语的教学，包括演讲、解释、讨论、提问、答问、复述等形式，以讲解聆听为特色。如前所述口头言语的教学尤为常见，占主要地位。本文着重研究后一类语言活动构成的教学。

教学的口头言语内在地成为师生课堂学习的主要方式和课堂中人际

---

① 石鸥：《教学中充斥着什么？——试论教学语言》，《现代教育研究》1996年第4期。

② Roland Meighan, *A Sociology of Educating*, Holt Rinehart and Winston, 1987: 131. 转引自台湾《教育研究资讯》1995年第3期。

③ 转引自台湾《教育研究资讯》1995年第3期。

交流的主要手段，这一点已被许多专家认识到，但更为重要的是，教学的口头言语性特征本质上导致理解的顷刻生成性和意义的多歧性，因而它内在地规定了教学的流动性本质，这一点却很少被人注意。

所谓教学的流动性，指的是一堂课教学中所包含的各种基本信息和意义伴随教学语言有秩序、递进地变化，最终引向或指向教师的目标这样一种教学特征。其重点落在教学信息与意义随言语的变化而变化上，变化是有秩序的，一般具有某种递进过程，也即后一种变化往往建立在前一种变化的基础上，教学的变化绝不是漫无边际的，递进过程必将（至少主观上将）学生引向正确或教师认为正确的轨道，在教学流动过程的末端应该是教师的目标。在这种教学中，学生随着教师的思想言语流向教师所预期的目标。当然这是一种理想的规范的流动性特征。实际中不排除个别、偶然情况下出现不规范的出乎意料的、跳跃性的意义或信息的流动进程。尤其当教学以口头言语形式展开时更为突出。口头言语使意义与信息更丰富但更有了随意性，更活泼但更缺了反复把握的可能性。因而教学的流动性有可能常常逻辑地导致意义信息的不确定性和学生理解的困难性。由此可见，教学的流动性概念不等同教学速度，它比速度更复杂，后者只是教学快慢的问题，而流动性则是一种有内在规律的完整结构模式的进程性特征。有的教学模式一时成绩巨大，一时又一落千丈被人冷落，有的教学模式长期冷落后又突然产生很大的吸引力，这都是教学在流动中与特定情境相互作用后的结果。

如前所述，教学的流动性乃根植于教学的语言性尤其是口头言语性特征。事实上言语是一过性的，除非被物质化（如录音），否则言语将一飘而逝，言语一经发出，它们便永远地在世界上消失了。也就是说，教学一旦走下书本成为具体的言语活动，就失去了永恒的绝对的东西，每次教学都是特定的、相对的，教学的真理或意义，如果说有，也只能存在于特定的此时此地的流动的教学活动之中。由言语性导致的教学的流动性具有深刻而丰富的内涵。若细细品味不同的教学，就可能发现教学是如何随声音而流动的，就可能发现那声音流动背后的时间的流动、思维的流动、瞬间心理和即兴情绪的流动。教学的流动性既带来了很多的可能性，也带来了很多的创造性，使得教学主体一方面可能超越言语，从流动的内容中发掘出超内容的内容，也即，同样的言语同样的声音，不同的学生将获得不同的内容。如此看来，有时候意义并不存在于言语之中，而是存在于言语外围。也就是说，当学生们在听课时，实际使用的主要不是耳朵而是大脑，从同样的声音中，不同学生听出了不同的意义。另一方面，教学主体甚至可能仅仅从言语的物质化外表，诸如声波、声调、口形、表情、手势、言语的句法特点和篇章结构等，超越言语内容本身获得某种崭新意义。在这个意义上，不但言语是一种教育，嗓子（包括与之相随的表情）也成了一种教育，而不仅仅是天赋的生理器官。极端而言，心理学和精神病学的研究已经表明，那些不能理解的所谓“言语不能”的人，仅凭声音和口形及句子结构等语言内容外围的东西，仍然能较好地评判出言语者是在讲真话或在撒谎①，更不用说正常学生了，这是一个极为复杂的有待研究的新课题。乔姆斯基甚至认为，言语的把握也许有某种遗传的超后天的力量在起作用。

二、教学的意义理解：根植于教学的流动性本质

内在地看，教学的流动性表明教学是一次性完成的特殊活动。这种特殊活动致使师生达成的相互理解以及对教学内容（意义）的把握都将是变动不定的。因为教师的讲解和传授因教学的流动性本质而成为一过性的，不会等待很久让学生去慢慢接受，这决定了教学中的意义随言

① 感兴趣者可参阅 Oliver Sacks，*The Man Who Mistake His Wife for a Hat*，Harper and Row，1985：80-84。

语的飘出而成为瞬时的流动的，不可能让学生像对待书本那样牢牢把握反复咀嚼，以细细品出其中含义。教学意义将随着教学语言的消失而隐去。当然，这种隐去有两个方向，第一，学生根本没有听或没有认真听教师的讲解，因而其意义只能随飘落的话语而自然消亡，这种单一的声音什么也没有生成，什么也没有结束，什么也解决不了。恰如本文开始时所举的例子。再一个隐去的方向是，意义虽随教师话语的消失而隐去，但已再生于学生的头脑，已隐入学生的心理结构或智能结构。这时已出现潜在的两个声音：教师的与学生的，只有两个声音才是意义的最低条件，因为任何理解都有理解者和被理解者双方，任何理解都是理解者在理解对方时渗入了自己主观的东西的结果。前一种单一声音的隐去是教学的失败，后一种两个声音的隐去又不见得是教学的成功，尽管有可能是教学的成功。因为在后一种隐去中，虽然教学意义转化为学生自在的内容，但有可能这内容已不同于那内容（意义），教师的教意图达成 X，但学生在被教中则获得了非 X。只有学生实际获得了或接近于教师意图的 X，我们才可能在传统教学论的立场上说教学是成功的。但站在教学语言学的立场上，有可能学生虽然没有获得或接近 X，但仍然是成功的，这一点当另文研究。

然而在流动的教学中，教师的意图并不是衡量教学意义的唯一尺度，言语一旦说出，教学就近乎一种自在事件而在某种程度上脱离了教师意图。也就是说，理解一句话和理解说这话的人的心理意图是不同的。教学的真正意义并不是教师的原意，真正意义处于同接受者理解者复杂组合而不断生成的言语运动过程，这个过程可视为教学的意义生成过程，是教师的心理行为与学生的心理行为（通过语言交流）碰撞后的即时闪现，是作为理解者的学生和作为理解对象的教学内容相互作用、相互融合的统一物。在这种关系和统一体中，同时存在着理想中的客观意义和现实中的理解意义。这是否可以说，任何教学意义都是生成意义的教学与参与教学的师生的结合，任何教学内容是内容本身与师生对内容的理解共同生成的。意义不在课本，不在教案，不在教师的内心，而在教师的表达行为和学生对表达的理解行为共构的流动性教学过程之中。在这个过程中，意义既顷刻生成，又能顷刻隐去。教师上课时所讲的话，天然地具有脱逸心理意图的倾向。因此，我们认为教学流就是意义流，在流动中意义永远无法穷尽，永远无法达到满足教师要求、教材要求、社会要求的所谓客观标准。这里我们受海德格尔影响，在海氏看来，作品的意义是不断生成，不断流动的过程①。而教学意义较作品意义流动性瞬时性更强，因为前者稍纵即逝，后者可细细咀嚼。

教学的流动性和意义的瞬时性既为学生的理解带来广阔无垠的心理空间，也为我们的教学带来了种瓜得豆的困惑。不同的学生以及同一学生在教学的不同时间段将捕捉住教学流中的不同片段，产生出不同的意义或意义的不同重点，于是乎，同一节课教学，不同学生将获得不同意义。一方面，不同学生将因其自身的经验个性等心理特点获得不同的教学意义。教师问：雪化了是什么？A 答：是水。B 答：是春。这一例子笔者虽曾多次引用，但在它面前，我们确实不需要补充什么了。另一方面，同一个学生也可能完全随机地偶然地获得不同侧重的意义，也许这一随机而偶然获得将对他后续的进一步理解造成相当不同的结局：有可能促进理解顺利进行，有可能给理解带来困难。犹如一节课中，一贯学习认真的 A 生在某一时间片段偶然（多种因素）心飞窗外，没有捕捉住这一瞬间扑面而来的意义流 X（尽管他较好地捕捉住了这堂课教学的其他大部分意义），而平时学习不认真的 B 生却在这一时间段偶然地（多种原因造成）专心听教师讲解，较好地捕捉住了片段的意义流 X（尽管整个意义流的其他部分 B 生并未捕捉住），而不久后的评价恰好突出了 X 的重要分量，这样，B 生有可能偶发性地获得较好成绩，A 生则同理有可能偶发性地失利。本文开头所举现象是存在的。当然，长远

① ［德］伽达默尔：《真理与方法》，辽宁人民出版社 1987 年版，第 28 页。

地看，A 生对完整的意义流掌握较准确，就必然在整体上会优越于 B 生。但我们也不能不正视教学标准的无法完整性以及教学中因其意义的瞬时性而影响学生对意义的把握与内化，从而受到片面评价的问题。

教学的流动性和意义的顷刻生成性也为理解的差异性创造了条件。在流动的教学中，一成不变的原意是不存在的，教者也好，学者也好，都是当下的、此刻的教学者，都会有当下的此刻的理解。这种差异性理解是正常的、必然的，不要一味去克服差异，而要正视它，肯定差异的绝对性与合理性，一定程度上，有差异才能有创新。差异为学生的创造性理解提供了可能，学生超越教师，高出教师的理解的基础就是这样形成的。当然，这也对学生提出了较高要求，教学中听一节课的分心显然较之读一本书时的分心危害性要大得多，前者是一闪而过的，无法弥补追回，后者则可以静下心来再读一遍乃至数遍。

三、教学的流动性对教师的挑战

首先，这种挑战表现在对学生的准确认识上。教师如欲使学生达到预期的 X，在教学前就得对学生的理解背景进行预设，备课就是受潜在的学生的影响，努力使自己的思维方式、语言方式与学生保持大体一致，预设学生的回答，以自己特有的对策去与学生的原有妨碍理解的图式抗衡，并力图改变学生的原有图式。除了备课中的预设外，还得充分认识到，教学中的学生与图书馆读书的学生完全不一样，即便完全是同一批学生，也即完全预设或充分备课是不可能的。书是由个人慢慢读完的，教学却是由集中在一起的一群学生和一个教师来完成的。任何教学于学生面前，未知的和心理上无法预料的可变量实在太多。同样的内容，印在书上可能令学生打呵欠，课上讲解则可能令学生捧腹，印在书上毫无理解困难，在课上讲出则可能产生疑虑。文字的和言语的，当教师的须有考究。教学的流动性限定了教学自身的成功因素：这些因素有充分备课、有高超的讲课水平、语言清晰等等，但最活跃而又最无法预测的因素是面对不同语言形式的学生。

其次，这种挑战表现在教师对教学意义（内容）的恰当把握上。教学的流动性与教学内容密切关联，内容组织处理得好，流动的教学就易引起学生注意，教学的意义就易被学生瞬间生成。相反，若内容处理不好，流动的教学就更显得捉摸不定，教学的意义将飘浮教室空间迅即隐去。但教学只有在学生接受或理解中才真正存在，才谈得上是“教学”。

再次，这种挑战表现在教师话语表达意义的恰当性上。如果教师对意义把握不恰当，意义的瞬间生成就更易对学生误导，如果教师掌握了意义但其话语表现得不恰当，同样会把学生引上意义的歧途。有个笑话：某大学班主任正在讲话，突然发现一男一女两个学生在打瞌睡，他脱口而出：“你俩昨晚没睡觉吗?”顿时一片哄堂大笑。是笑话，但寓意深，意义的把握与话语的表达是两件不同的事。教师说出的话的意义是自足的，自己运动的，它一旦被说出就不再受讲话者所控制，意义就自然生成了，即使这意义不是教师的原意。据观察，由话语造成的误导远大于对意义把握不当的误解。在这个层面，教师的重要任务是把握内容并表达思想上所把握的内容。

教学的流动性和意义的瞬时性为教师自我实现和教学实现提供了极大的即兴可能，或者说使教师的教带来了强烈的即兴特征。这种可能或特征是把双刃剑，一方面它也许会使教师的教随心所欲，质量缺乏保证，另一方面那些高水平教师的教能恰当地达到有机天性结合的即兴创作的佳境，这是任何固定的范本教学所望尘莫及的水准。即兴教学、教学的瞬时性是典型的当场意图对原来意图的突破①，是一种既具破坏性

① 石鸥：《试论教师传授教学内容时的失真现象》，《上海教育科研》1995年第7期，人大复印资料《教育学》1995年第10期。

又具建设性的突破。为减少破坏性，即兴教学不能远离课本，应将课本看作坐标系中以零为标志的横轴，看作心电图的显示仪，教师的即兴发挥则是个体心脏的搏动，总围绕这个横轴上下浮动，画出或上或下的标记。

教学的流动性除了给听方造成意义的差异性、理解的不一致性外，说方本人也容易出现意义差和理解偏离，从而进一步加剧对方理解的偏差。教学中的“说”多是准备和超准备状态下展开的，是既有所准备又无所准备状态下展开的。所谓“准备”，指教师教学前曾多方考虑、利用过学生的理解基础，所谓“超准备”，指教学过程毕竟是流动性的个性化过程，受个人影响太大，个人的好恶、当时的心境都会超越原来的准备而发挥作用，这时的超准备已经使教学无所准备了。教学就是这样在准备、超准备、无准备的特定背景下交叉展开。任何教或讲都建立在充分备课的准备基础之上，但课堂上教师用哪一句话来表达已准备好的内容或意义则具有很大的偶然性——与教师当时的心情、学生的诱发、教室周围的状况、天气情况等等因素相联系。就是说，言语的系统性连贯性和可准备性远不如备课时的书写，它不易精心设计，语境变化大。用临场即兴发挥的或多或少脱口而出的言语表达充分准备的有备而来的意义，有时甚至会使教师自己在一过性言语飘逝后，在课后学生的进一步追问中对自己表述的意义发生认同偏差，这就是为什么有时会出现教师自己不承认自己在课堂上作了如此这般的理解与讲述，而学生或听课的其他人则坚持认为该教师确实作了如此这般的理解与讲述的现象。

一过性的教学将这种自我意义的背离推到极致，于是，可以说，教学意义的独立存在本身是不独立不存在的，教学中存在的只是流动的意义流动的关系。教学的客观内容永远不能真正客观，表面上教师是在讲教材编者的话、讲科学的话，讲课本的话，其实质这里面夹杂有教师自己的声音，而且这声音还时时相互冲突，形成不和谐音。

四、教学的流动性对教学论研究的启示

教学的流动性特征启示我们：我们只有在教学意义生成的流动过程中而非其稳定的静止状态中，才能把握教学的内在本质。传统教学论是截留了教学的一刹那横断面来进行研究的，在这静止的稳定的横断面探讨教学的本质特征。教学的稳定状态在本质上是虚幻的，实在的教学只能是流动的，教学一稳定一静止就不是教学了，那只是静止的师生相处的画面。一旦成为教学，教学就是流动的动态的，甚至可以说，教学一旦形成，即为过去的东西。任何一次教学，都只能是此刻的教学，教学是唯一的①。意图用静态的规范来约束流动的教学，是值得怀疑的。

教学的流动性特征启示我们：对教学内容的传授与接受永远不可能客观化。教学的流动性在很大程度上使教学成为即兴发挥的结果，使意义有异、理解有偏，尽管教学语言的言辞属于社会，教学负载的内容属于社会，但教学语言后面隐现的“潜在意义”则在很大程度上属于教师个体。就是说教学再现的不仅仅是他人（教材）的内容，而是在一定范围作为教师个性经验起伏的即时呈现物。教师隐藏在他人后面传授自己的东西。即时性导出意义的瞬间生成，前一段教学导出后一段教学、个性的差异性和理解的个人性替代了传统教学论所认定的对内容的准确传授与接受。教学的流动性本身是一种创造性，能修正和充实教学内容，它留下了充分的意义空间余地，供学生去创造性构建或填充。已经很明显了，难道我们不应把主要精力从对教学内容的准确传授与接受的结果研究上，转移到对传授与接受的过程本身的研究上？在教学论上，成为问题的主要不是我们所教的内容和应教的内容，而是超出教师

---

① 石鸥：《教学话语与师生理解》，《湖南师范大学社会科学学报》1995年第6期，人大复印资料《教育学》1996年第2期。

意愿和教的行为的，在教学的流动过程中实际生成的那些意义，它们不是已经生成已被规定而是不断生成不断规定的意义。

教学的流动性特征启示我们：教学永远不可能重复，实际上也就是永远不可能自然科学化。前人的东西，后人不可能教学得像原作一样，他人的东西，自己不可能接受得像他人一样，自己昨日的东西，今日不可能重复得像昨日一样。犹如没有两片相同的树叶，也没有两节相同的课。因为教师（还有学生）不可能在此刻存在的思想状态和环境背景中又同时超越这一存在进入另一个已逝去的状态和背景之中。昨日的东西显现给今日的师生收到的将是结合后的新意义。在教学的流动过程中，学他人思想的终究是当下的我，不可能以静代动，本人化他。著名指挥家托斯卡尼尼在80岁时第500次指挥《英雄交响曲》，他依旧像刚开始指挥生涯一样，埋头细读总谱，琢磨如何更好地表现贝多芬，每一次指挥他都能找到新的色调。难道我们的教学艺术不应这样不是这样吗？

可见，教学是一个流动的过程。实际上教学的每一片刻都是一个小小的世界，这个世界一旦形成，就被它后面的世界所替代，甚至立即消失。因此，我们要求教师力求做到使每一堂课都成为一次精彩的即兴、一次出色的创新，哪怕是教同一内容的课。既然如此，那么我们教学论理论工作者如何在这转瞬即逝的世界中抓住教学的实质，抓住教学内容、教学思想乃至于教师和学生存在之本质呢？教学中人们既然逃不出流动意义的笼罩，那么我们的教学论该将如何认识这一切，探究这一切？也许，教学的流动性特质逻辑地意味着：教学科学永远不能成为有些人所企盼的完全量化、公式化、操作化的自然科学。

一言以蔽之，所谓教学，可以说是学生借助言语从心理上重新体会并创造性构造教师精神状态的活动。在教学中，教师要借用言语表达、寄托他的所思所知所接受，学生则通过把握教师的言语追溯出教师的所思所知所接受，这颇似江河奔腾而下之势，将教的过程喻为发源于教师意图的江河，借言语一泻而出，学生的接受则将思维分为两路，一路溯江而上，逆言语奔泻的轨道，索出教师意图之源头。一路则沿江而下，站在言语奔泻的潮头，从中窥探教师意图的彼岸，这种上溯下随的过程，一方面由语言规则导引着，一方面又循着它所载负的意义及教学流动的轨迹，更重要的是循着学生自身的思绪。教师由内容（的接受）到言语（的表达），学生由言语（的接受）到内容（的内化），教学过程中教与学的流动方向既相同又相反，而语言这一舟楫却始终同一。

（原载于《湖南师范大学社会科学学报》1997 年第 3 期）

试论教师传授教学内容时的失真现象

“我们的教师究竟在教什么?”“他们传授了什么给学生?”

教师当然在教教材上的东西，在教科学的东西，在教社会要求他们教的那些东西，他们传授给学生的也正是这些东西。许多人也许会想当然这么认为。

但是我们发现，且不说学校许多课程根本就没有教师所适用的教材这一事实，即便退一步承认每个教师每门课都有确定的教材，教师确实以教材为施教内容，问题仍相当严重：教师实际所教内容并不完全是教材要求他们去教的内容，甚至不完全是他们自己想教的那些内容，几经转手后，他们实际传授给学生的东西已大异于理论上要求学生去掌握的东西，即他们传授的东西已严重失真。本文将从教材的形成分析入手，试图对这一失真现象作较客观的探讨，旨在为教学论研究开拓新的领域。

一、教材形成过程中的内容失真

教材是教师教的主要依据，是教学内容的载体。从其构成看，教材是科学精华与社会要求的缩影，一般由课程专家或教材编者浓缩构成。

但编者是按自己的认识特点、经验等主观系统来把握或接受科学精华与社会要求从而缩成教材的。换言之，他们是根据自己带有某种偏见爱好的印记来对教材进行编码的。这样，一方面编者要尽可能准确而全面地体现特定学科内容，另一方面因为不同的编者有不同的主观系统，把握接受的必然是同一学科的不同侧面，最终形成的是不同的反映物或浓缩物——不同的教材，尽管它们来自同一学科。这即有人所谓的一百个物理学家有一百门物理学。在人文科学领域这一现象尤为突出。①

就是说，在教学过程的第一阶段，在教材编者编成教材的过程中，他们便有意无意地使反映学科知识体系的教学内容发生了相当突出的异变，出现了严重失真，这包含接受内容与形成教材时的两度异变：一是编者们在接受领会学科知识体系或者说教学内容的过程中渗入了自己的主观因素。某种意义上将它内化为“自己的学科”，而不一定是“客观的学科”（如果存在有这种学科的话）。二是编者们将内化了的“自己的学科”再物化为教材，或外化为师生必须接受的内容载体，而内心的把握与外在的体现是不可等同的，换言之，储存于脑中的知识系统取出编码成教材后，以教材形式体现的这一知识系统极有可能有异于储存于编者脑中的原知识系统，诉诸文字的东西所实际表达的意义并不完全等同于诉诸者欲要表达的意义，教材编者的思想并不等于教材编者的表达。这时便再度使内容发生异变或失真。

假定存在有客观的科学知识体系 A（它有待师生去接受去掌握），那么当编者接受内化了这一 A 后，A 就可能已经被编者有意无意“篡改”成或创造成 A1 或非 A 了。而当编者将已异变为 A1 的 A 再物化外化为教本时。这个 A1 就可能再度异变为 A2。换言之，师生面前所摆的课本或所要接受的内容已经“掉包”，已不是那客观的知识体系 A。最显性的例子莫过于《荷塘月色》，这是历来中学语文课本的保留篇目，

① 参阅石鸥：《论多重接受建构的教学论》，《长沙水电师院学报》1990 年第 1 期，人大复印资料《教育学》1990 年第 4 期。

我们的师生面前呈现的被当然认为是正宗原文，谁知文中荷花“又如刚出浴的美人”这一喻象已被编者删去。这样紧接而来的是师生不可能接受朱自清的真正的《荷塘月色》而是异变了的《荷塘月色》。更常见的现象是对同一物的不同把握，比如假定教学中存在某种原则体系，但不同的人显然把握有不同的原则体系，至于这体系是否真正反映了那体系就不得而知了。设想教学内容是一幅画，但传到师生案头的已不是原画，而只是该画的赝品。即便是赝品，它能否被师生所真正接受，还得看下一步。

二、教材接受过程中的内容失真

教学内容经过第一阶段异变而物化为课本教参等书本形式供教师（也供学生）使用，教师只有先接受了教学内容，才有可能传授给学生。而教师对教材的接受过程再次出现对内容的异变或内容的失真。

当教师接受物化为书本形式的教学内容时，他的认识与经验等主观系统必然促使他按自己的逻辑来接受。其实质就是将教学内容转化为自己的内容、带有自己的烙印的内容，说穿了就是不同于原内容的内容。众所周知，马芯兰接受的小学数学内容体系显然区别于编者或别的教师心中的数学体系，而斯霞眼中的语文则不同于其他人眼中的语文。至于高校不同教师教同一课程却有显著不同的内容，更是普遍现象。

首先，不同的人对于一种事物的接受始终是不同的接受，接受永远是开放和有所期待的，永远因人而异，因为一种结构或事物的真正意义是不会静止的，对它们的接受也永远不会结束，它是一个无限发展的过程。当世人嘲讽堂吉诃德时，爱因斯坦则把他看成是世界文学中最纯洁的灵魂而衷心倾慕。其次，教师是按照某种预设的期望去看待教学内容的。面对一个捧着书本打瞌睡的孩子，甲教师说："这孩子真用功，睡觉还捧着书。"乙教师说："这孩子真没用，一捧起书就睡觉。"教师总是看重他喜欢或不喜欢的东西，或接受他出于别的原因想接受的东西。那些被教师反复发挥阐释和强调的内容，往往是对于他有某种特殊意义的内容。而带有不同期望框架的人之间便不易进行交流沟通，不同期望者的讨论在本质上有差异，比如上例教师甲和教师乙的认识。再次，因接受主体的经验有别，接受的筛选性无法消除。教师从特定知识体系中接受（意在传授）的东西也许对该体系本身而言并不是最重要的，也许该体系急迫"贡献"给教育的是另外一些东西，然而这不取决于或不主要取决于学科与教材本身，筛选的权利属于教师，不同的教师对同一课程内容将作出有所不同的选择，突出了不同内容，形成了不同的教学特色。对于同一史实，有教师选择苏东坡"遥想公瑾当年，小乔初嫁了，雄姿英发，羽扇纶巾，谈笑间，樯橹灰飞烟灭"这样一种体验和精神的教育主线，也有教师选择司马光的"瑜等率轻锐继其后，雷鼓大震，北军大坏"这样一种文献与史料的教育主线，我们一时还很难说学生追随哪种教师收益更大，这不是能轻易指点评判谁优谁劣的简单问题，而是一个复杂的主体接受差异问题。

这样，当教师信以为真地接受了经编者多度异变或失真的内容 A 后，这异变了的 A 被教师"火上加油"再次有意无意地异变。教师接受了的已不完全是要求他去接受的那些东西了。我们曾说，摆在教师面前的已不是原画而只是画的赝品。尤为要紧的是，教师接受的偏偏不是物的画，哪怕是赝品——若如此，误差到此就斩断了，他接受的偏偏是画的意义，意义的接受将是无限开放的。面对赝品乃至赝品的意义，教师怎么会生发出真品的意义（假如这真品确有唯一意义的话）？这意义经他的大脑加工后不知又有怎样的异变？如此，我们能指望他传授真品（真画与画的真意义）给我们的学生吗？

三、教材传授过程中的内容失真

真正的狭义教学第一步不在于教师如何接受，而在于他的传授。教学内容的教师传授在整个教学过程中都是至关重要的。而教师在实际传授内容前，有一个准传授过程值得我们重视。

所谓内容的准传授，其实是指内容被物化为教案，处于传授的前夕。

教师以自己的主观系统将教学内容转化为内化为自己的内容，但这只是过程，直接目的之一，是为了将内容附着在教案这一载体中。由自己意会的内容变成文传的教案，必然又是二者不能同一的。我们已经而且将要继续分析到，文字无论如何不能完全准确传达主观意图，实际表达的与欲要表达的并非同一回事，那被物化为教案的内容很可能并非物化者的本意，或者说已有所背离物化者的初衷。

教材的准传授为传授提供了必备的准备条件、教案由静态的文字到用动态的言语表述出来即为教案的实施，教案的实施就是狭义教学的实施，此乃教学内容的活化。教材编者只将内容物化，教师则还将它们赋予生命，使其活化，这是教学过程中二者最大的不同。

教师在实施自己的教案时，一般是既根据它又超出它，完全摆脱教案的教学不存在，完全照搬教案的教学也不存在。过于以文字的教案为根据为范本实施教学虽不敢随心所欲或失真（仅仅是相对教案而言，若相对编者与教材的要求，教案本身就是一种一定程度上的“随心所欲”或失真），但一则易流于照本宣科，二则这种教学也难免使教案欲表达的意义发生异变，因为即使按文字本身施教（照教案宣读），文字也会造成意义差。更何况宣读式教学是不存在的，严格讲，所有教学都是超出教案、加以自己的理解的阐释性教学，这更会使意义有变使内容失真。首先，彼时段成就的教案在此时段被再理解被实施（即使是本人）时，意义会变会失真，教师不能在此刻存在的思想状态中又同时超越这一存在进入另一个已逝去的思想状态。其次，教学是一次性完成的活动，教学的稳定状态在本质上是虚假的，实在的教学只能是流动的，教学一稳定就不是教学了，那只能是静止的师生相处的画面或死的供解剖研究的事物，一旦成为教学，教学就是动态的。教师的教或传授是动态的，学生的接受更是瞬时的流动的，不可能像对书本那样的反复咀嚼，意义差异极易迅即形成。任何一堂课都是再创造再活动，即便是重复课都不是永恒的，不可能完全相同，教师的每次教或传授都是特定的、相对的，教之意义存在于特定的此时此地的流动性活动中。再次，教学具有即兴特征。高水平的教学能恰当地达到有机天性的下意识的即兴创造的境界，这是任何范本教学所望尘莫及的水准。其实任何教学都有即兴发挥，都有此时意义对原来意义的异变。任何教学都是一种独特的存在。即兴教学既为范本教学注入了新的活力，又为随心所欲预设了道路，教师课堂教学的高水平艺术往往体现于此，而课堂教学的任意背离其意图也源于此。

这一切都导致教师实际施教内容与教师原来所意识的内容的差异，导致原内容在实施时的失真。在本质上只有教师意图表述而不一定是实际表述的东西才可能是真正的意义所在，才是教学较真实的内容（尽管这内容与所谓客观的内容 A 已大相径庭）。

导致教师实际所教与意图要教内容之差异还同他施教所采用的方式密切相关。实施教学一般为两大形式，一是书面文字、一是口头言语。总的讲是语言使用。教学的语言使用这一特征使得在本质上教师不可能完全真正表达出他意图表达的东西。

第一，教师无法保证他所使用的语言的充分性。教师要说要写的意义在实际说出写出之前也许就已存在，内容在我之先，在我的思辨之先，在我的传授之先，运用言语文字只是试图传授这种意义，但教学中

"辞不达意"极为常见，这"意"显然不是言语自身的意义，而是教师必欲见诸言语的意图。比如《生的伟大，死的光荣》一课课文中有这样两句话：敌人问："村里还有谁是共产党员？"刘胡兰答："就我一个！"这话的文字意义是清楚的，但显然刘胡兰或编者的意图不是文字本身所表现的意义，换言之他要从这话中体现更深刻的含义。首先，"就我一个"应该是一个假信息；这种假又导致第二层意义，为了保护村里其他共产党员，这显示出大无畏的自我牺牲精神。对于小学生来讲，理解文字意义不难，而完全理解这两层含义则不易。一方面说话写作行为实际说出写出的往往并非完全是语言表面上的意义，另一方面，说话写作行为实际说出写出的有可能并非完全是行为者试图要说要写的。一旦教师感到他的言语与他的意图之间有了距离而又无法让言语与自己的意图完全吻合，就有"言不尽意"之叹。而本质上正是要说要写的不是已说已写的意义，才是学生应接受的内容。有这样一道小学数学统考题："说出完整的口诀：（　）四十二"。教师的意图答案，是"（三）"，但实际上有学生答"三"，也有学生答"六七"。已写与欲写的意义上有别，已写的意义未能准确而完整地表现欲写的意义。换言之，已写的意义使欲写的意义部分失真。在本质上，关于教学内容的语言并不等于内容本身，关于内容的语言对内容的含义而言总是不充分的。这即为何教师都有体验：我总不能完全说出我想说的东西。

第二，即使假定教师以为自己言语表达的与其意图完全吻合，言语自身的歧义性会使言语表达的意义范围溢出教师意图的界限。所谓歧义性，也称多义性，一字一词一段言谈等，往往有一个以上的含义，即使同一言词的同一含义在不同背景也可出现多义，所谓"所有的语言指示本质上都是模糊的"。① 苏格拉底说过：言语可以定义一切事物，但又可以这样那样地改变事物。(《克拉蒂勒篇》) 比如一堂英语课，教师

① 语文学家 Max Muller 语，转引自卡西尔：《语言与神话》，生活·读书·新知三联书店 1988 年版，第 31 页。

在某学生做完练习后当场指出：一个地方错了。一句话六个字，字面意义非常清楚，却有可能表示出三种以上含义：一为中性的，仅表明一个事实：错了一个地方。二为肯定的，等于：（只有）一个地方错了（还算相当不错）。三为否定的，等于：（还有）一个地方错了（真没用）。我们真不知道此时教师说这六个字时是意图表达哪一种或哪几种含义，是为了传给学生什么样的信息表达一种什么样的情感，这里尤为有重要意义的是，也许教师本人也不知道自己究竟意图表达什么和实际表达的又是什么。看来，许多教育理论的争论，除了不同的人对同一思想的理解不同造成的认识差异外，还由于同一作者在不同场合甚至同一场合阐述了自己的不同思想（他当然认为是同一思想）从而引起人们的争论的缘故。这种现象甚至在任何领域都可发现。例如著名经济学家詹姆斯·托宾就认为，新古典综合派与弗里德曼之货币学派间的论争焦点是："弗里德曼总是认为他没有说过我所说的他曾说过的那些话，而我说的的确是人人都相信那是弗里德曼说过的话"。这究竟是别人理解有误，还是本人理解有误，很难分清，可能二者兼有。但这至少给学生的理解留下了很大伸缩空间。说明确些，学生可以不断越过教师的言语文字去发掘或构造有异于言语文字所体现的内容的内容。从这个角度，学生有可能比教师更好地理解传授的内容，或有可能接受了教师最初并未打算传授的内容。当教师提问"雪化了是什么"时，答"雪化了是水"也许确是教师的意图，但答"雪化了是春""是温暖"又如何？这难道不超出不高于教师欲传达的意义吗？难怪康德敢说：他比柏拉图本人更理解柏拉图。

现在，问题已趋明朗，我们的教师究竟传授了些什么——他实际传授的绝对不同于教材编者要求他传授的东西，也不同于他本人最初打算传授的东西。教师实际传授给学生的有些已严重失真，有些是目前我们仍知之甚少的X。如果社会要求学生接受"雷锋"，那么经编者、教师的努力工作，我们学生心中的雷锋也许已大异于社会所要求的那个

“雷锋”了。在教学领域，种瓜不一定得瓜。仍以画的传授来说，本来学生应接受一幅原画，但教材编者传授给师生的已是原画的赝品，而教师则更是将赝品的赝品或更准确地说，是将赝品的赝品的意义传授给我们的学生。那么我们的学生所实际接受的与要求他们接受的东西有多大差异便可想而知了。偏偏从编者到教师到学生，从社会到专家到家长，都那么一致地以为教师在传授原画，学生在接受原画，并为之而满足而沾沾自喜。这现象向我们提出了一个亟待研究的问题：教学论课程论中成为问题的主要并不是应教哪些“客观”的内容，而是超出它们的、实际所教的是哪些内容，而是实教内容在多大程度上失真于应教内容，换句话说，是由内容与主体人所“共同造成”的东西以及“共同造成”这些“东西”的过程本质。

（原载于《上海教育科研》1995 年第 7 期）

教材建构中的内容失真与教学论基础的动摇

教学理论工作者是在如此逻辑基础之上建立起传统教学论大厦的：教材是至少基本是学科内容的正确体现，是知识体系的客观反映，是社会生产力要求的真实表达。

这样，教育者的任务归结起来就只剩下三项了：一是如何编出客观地反映学科知识体系的教材，二是教师如何确切地将这些教材内容传递给学生，三是学生如何准确地接受这些教材内容（由此衍生出所说的教学内容、教学规律、教学原则、教学方法与手段、教学组织形式、教学成绩的评定等等教学论主体系）。后两项任务的完成，实质就是教学最大目标的实现。

但我们的研究表明：教师不可能将教材内容客观地传递给学生，学生也不可能准确地接受教材内容①。这样第二第三两项任务永不能真正彻底完成，之所以不能真正完成，还在于作为其前提或基础的第一项任务本身能否真正完成还是一个疑问，能否编出真正体现科学内容、真正反映客观知识体系和社会要求的教材本身是一个并没有得到证实的问题。若果如此，传统教学论的基础就是不牢靠的。

① 石鸥：《试论教师传授教学内容时的失真现象》，《上海教育科研》1995 年第 7 期；石鸥：《教学内容的失真和教学论思想的动摇》，《现代教育研究》1995 年第 3 期。

本文将集中探讨教材编写过程中是否存在内容异变问题，如果存在，又是怎么引起的，有何特征，等等，以求能站在传统教学论（我称之为理想主义教学论，因为它以教师能准确传授、学生能准确接受教学内容为当然基础）研究的基础上有新的尝试或走新的路子。本文将试图回答教材编写中不可回避的三个关键问题。

一、教材能否完全表述出它所承载的学科意义？

也即教材能否完全表述出学科想表述、应该表述的意义？

欲解答这一问题，先从教材编者分析入手。我们知道，广义教学过程的始发性动因是教材编者，他作为社会的重要代表，负责为教师与学生编写提供教材即教学内容，它是教学得以展开的必要成分。教材编者为了生产教学内容，就得先行接受特定教材所反映的学科知识结构，比如数学或历史学教材的编者，先得系统接受相关的数学或历史学学科的结构与体系，然后再从这结构与体系中抽取出他所认为代表数学或历史学学科的东西构成教材内容。这一点已被专家们所充分认识，美国教材论专家兰本达指出："在不断更新而又范畴极为广阔的科学资料之中，我们仅能选取其中一小部分。当然，许多未选的事实如同被选取的事实一样具有重要地位。但我们能做到的，只是从自然科学的主要范畴选取那些最基本的材料"①。然而问题恰恰在于：谁能肯定自己选取的内容才是最基本最重要最科学的内容？

选取的前提是掌握，是接受，只有自己掌握了的、接受了的并已内化了的东西，才可能被自己选取出来。

---

① 见《课程、教材、教法》1991 年第 2 期。

在这一掌握、接受并内化的过程中，编者的心智水平与心理特征，他的经验基础与生活准备等，构成了他接受的基础性框架或思想基点，这即海德格尔所谓的“理解的前结构”，没有这个基点这个框架这个“前结构”，就不可能有真正的人的接受、掌握或理解。与此同时，编者所处的文化环境和社会背景等因素，又成了他接受与理解的基点或框架或“前结构”的辅助因素，甚至于共同构成“基点”构成“前结构”本身。这样，任何人的理解都建立在前理解的基点之上并受前理解的影响。这实质上提醒我们，“绝对的开始在发展过程中是永远看不到的”①，皮亚杰的观点对认识有效，对理解也有效。

不同的编者有自己不同的认识基点，正是这不同的认识基点导引他接受掌握不同的内容，或者说他所接受掌握的内容在不同理解框架中重塑成相应的内容，于是，即便是同一学科同一知识体系，不同编者的接受也将分别铸上不同个人框架的印记。这实际就是说，历史学教材的不同编者，头脑中接受的是不同的历史学结构与体系，或者说他们把同样的学科内容放在特定的基点上从而构建出他自己的不同于别人的内容模式。

是否可以说，显然已偏离已异变于该学科客观的知识结构与体系，相对于“客观”而言，他所接受的内容已失真于“客观”而不客观了。面对同一学科同一事实，站在不同理解基点的不同编者心中构筑的将是不同的内容、编码成不同的程序。这样，当他将储存的有关特定学科的内容体系选取出来编写成教材时，这教材已不是“那教材”，某种意义上它只能是编者自己的教材。教材一经记载和叙述，便有所筛选、删略、剪辑和补充，编者的个性特征、经历背景、主观认识必不可免地渗入其中，想象、推论与揣测也乘虚而入，编者在内容选择时总有意无意患“选择性遗忘症”——将不合自己认识基点或“理解的前结构”的

① ［瑞士］皮亚杰：《发生认识论原理》，商务印书馆 1985 年版，第 38 页。

内容略去或减弱。如若我们将每一学科看成是有高度思维的事物，那么，它特别想、特别愿意“贡献”给人类的那些它认为最重要最基本的东西，恐怕多数情况下并不是我们编者通过教材来反映出的那些内容。

教材不能完全体现它所负载的学科意义至少受制于三方面：

第一，人们的认识能力的局限

尽管人们在真诚地持续地进行着认识客观真理的活动，但毕竟还达不到准确的认识，这时形成的教材可以说至多是对真理不同方面的“逼近”而不是到达。比如若确有客观的真理性的隐在普遍教学实践之后的“教学原则”体系，那么目前我们的“教育学”“教学论”对该体系的认识恐怕差距还很大，因为从不同的教材上可看到的原则少则四五条，多则十几条不等，形形色色，体系众多。既表明人们正力图逼近真正的“教学原则”体系，也表明这个“逼近”离目标相距还远，不同的专家头脑中有着不同的有异于“真体系”的原则体系（当然他们认为自己提出的就是真正的唯一正确的原则体系）。我们真不知道，当不同的师生采用不同的教材教学不同的原则体系时，他们究竟掌握的是谁的原则体系？

第二，意识形态的影响

如果说前一类教材是无意扭曲原内容，那么这里至少有部分是故意歪曲了。人们对客观事实或真理的认识有偏差，且这种偏差往往出于某种考虑，是故意背离。最蓄谋的歪曲当推目前日本一些“历史学家”通过历史教材对历史本来面目的篡改。也有些删增造成善意的异变，如谁都没有想到历来作为中学保留课目的朱自清的《荷塘月色》，文中荷花“又如刚出浴的美人”这一喻象已被编者删去（也许出于好意），这至少影响了对客观的“荷塘月色”的真正接受。人们对一定意识形态的偏见认可越深，就越不愿意承认和接受对之有挑战性的主题和内容。杜威本人是否想到过，他的《Democratic and Education》可以随意地或被人认作《民主义与教育》，我们真的要问这《民本主义与教育》究竟是谁的？

第三，认识风格的规范所限

它受限于认识特点与风格、语言文化、生活背景及经验等因素这种情况更为多见。用波普尔的话来讲，“我们是按照一种预设的理论去看待一切事物的”。比如“结核病”这一内容，可以从医学、生物学、社会学、历史学、心理学和文学等不同立场将它构成教材内容，从而使学生学到极不相同的知识，达到不相同的教学目的。如从医学的角度出发，表述结核病发生发展原因，医疗这种病的措施等；若从社会学立场出发，则教材应表述这种病产生与传播的社会根源，社会对防治它应有的责任等。这样，造成对同一事物同一现象及发展规律的不同反映和表述。换种说法：同一对象照出形形色色的不同“照片”。且看《圣经》，据粗略统计，至少已被译成近2000种语言，其中1/4是非洲语言，能说这些译本都忠实于无异于原本吗？

上述无论是认识水平，还是意识形态或是认识风格的因素的局限，三种情况下形成的教材都在一定程度上不能完全表述出它所负载的学科欲表达的意义，都或多或少异变于它所反映所体现的对象，或曰这些教材是有所失真的。这就不难理解，为何同一门教育科学，经不同的主观把握，竟然生产出上百种反映这同一教育科学的“教育学”教材，而我们的师生们还天真地以为自己正在学习的那一本表述的是客观真实的教育科学知识体系呢！我们的理论研究者是否问过：面对这上百种的“教育学”，我们的教师和学生究竟学习哪一本才算真正正确接受了教育科学？

不同的人对同一事物的认识永远是不可能绝对同一的。假定有客观的知识体系 A（教学内容），它一旦被不同的编者所接受所掌握所再生产成教材，这个 A 就成为异变了的 A，就成为具有非 A 性质的 B 了。主体的眼所能看见的，永远只能是它所想要看到的东西——个体对客观知识的接受不自觉地向着自身的思想基点或“前结构”偏转、异变，客观就不客观了，就失去了部分的真实性。

在这个意义上，教材永远不能完全客观地表述出它所承载的特定学科的完整意义。教材实际表述的只是编者自认为学科体系应该表述的意义，而不是学科体系确实想要表述的客观意义，如果确有学科体系的客观意义的话。说得更明白一点，教材实际表述的永远只是它承载的、应该表述的学科意义的一部分，另一部分显然是编者自身的、主观性的。

二、教材能否完全表述出编者意欲表述的学科意义？

也即教材编者认为应该表述的学科意义，实际上能否被他完整地准确地表述出来？

这个问题的答案同样是否定的。教材不能完全表述出编者意欲表述的学科意义，因为编者用以表述用以负载意义的教材是由语言文字构成的，而教材的语言文字性带来的特点是一旦脱离编者与作者便有了自己的独立性，就可能发出连作者本人都始所未料的意义以及连作者本人都控制不了的意义。语言文字及相关因素本质上具有开放性，具有不确定性、不充分性，具有与意义的不对等性，这将妨碍编者的意义表述，造成实际表述的意义有异于表述者意欲表述的意义的结局。

先看语言

对意义的影响，维特根斯坦认为，语言是一座遍布歧路的迷宫。语言可以定义事物，也可以或这或那地改变事物。一个人不可能随时随地随心所欲地说明一切、表述一切欲说明欲表述的意义。人类社会和科学技术中，有许多难以言传、至少难以准确言传即文不达意的事物和现象，比如“善”“人生”“幸福”等，它们绝不等同于“金”“铁”等具有确切意义的事物和现象，前者一旦被教材反映出来，教材语词实际表现的意义必将与编者意欲表述的意义有所差异有所偏离。有这么一道数学题：“求-4 与-2/3 的倒数的和”。编者的意图是求-4 和-2/3 两者的倒数的和。然而这道题实际发出的意义显然偏离了编者意欲发出的意义，即还可理解为只-2/3 的倒数与-4 相加。这既可理解为仅-2/3 才是“倒数”的定语，也可理解为：-4 和-2/3 都是“倒数”的定语。当然，更严格一点讲，数学中这种意义的异变是可以消除到极小程度的，但人文学科中这种语词的实际意义溢出于编者意欲表述的意义现象便极为普遍断难消除了。且看音乐教材，常有“自由速度”的要求，但何为自由速度？只能因人去把握了，表示力度的“强、弱”更意义有异，一个“P”是“弱”，“PP”是“更弱”，但三个、四个乃至五个六个“P”（柴可夫斯基的“悲怆”中有一处是六个“P”），如何去作区别？

我们的语文教材中特别要求学生把握课文的中心思想，那么谁认真研究过：那特定的一篇文词实际能也仅能生产出作（编）者意欲生产的那个中心思想而不是别的吗？现行中学语文中有《论语》中的一些章节，它的那些含义深刻的文字所实际表现给师生的意义真的是编者选用它时欲表现的意义？甚或真的是孔子本人欲表现的意义？（对这些章节的注释显然是有争议的）我们的思想品德课、马克思主义伦理课、中国革命史课、社会主义建设课等等教材的编作者们欲通过教材表述或体现的种种内容与意义，实际真的能由教材准确表达或体现得出来吗？换一种问法：教材编作者编创出的教材一旦独立于它们的主人面世后，它们实际表现出的东西真的就是它们的主人借助它们欲表现的东西？教材说："小弟弟，你是好样的"。（小学语文《颗粒归公》）这一判断可以使 A 生认为小弟弟具有"好榜样"的性质，使 B 生认为，小弟弟具有"很先进"的性质，而使教师则认为这是具有"好思想、做了好事"的性质①，而教材编作者预设的恐怕是另外某种意思吧。心理学家维果茨基正确地把词的实物属性与词的意义区别开来，如"树"这个词，其实物属性好理解，不论是谁，都不会用"树"来指鸟，但"树"的意义则因不同的人而异，北方学生面对着"树"这名词，多会与松与柏联系，而南方学生则多与杨与柳联系，俄罗斯学生恐怕联想的多是白桦树等。赞科夫坚决地认为，"树"这个词的含义对成人、对学生有着质的差异②。可以毫不忌讳地说，语言文字不可能完全同一地表述表述者意欲表述的意义，关于意义的语言并不等于意义本身，关于内容的语言对内容的含义而言总是不完全对等的，恰如罗素所言：语言"用它的词语和句法来迷惑我们"③。中国人则说"书不尽言"，这即为何几乎所有教材编者都有体验：我总不像遂心地说出写出我想说想写的东西。尤其在一些非事实性非逻辑性领域，语言的感染功能使得表达的意义太多地溢出了编者的意图。这也是我们的人文伦理教育总不象数理化教育那么来得严谨系统、那么效果明显的重要原因，语言的情感感染功能较之信息传递功能，意义偏离是不可避免的④。难怪有研究者那么过激地认为："语言在情感和情绪的领域中是无能为力的"⑤。

次述语言外的因素对意义的影响

这些因素往往是语言使用者并未真正清晰意识到的，故是言外的不

---

① 袁溶：《小学语文教学如何培养学生的能力，发展学生的智力》，见《全国特级教师经验选》（第一集），人民教育出版社 1981 年版，第 42 页。

② ［苏］赞科夫：《论小学教学》，教育科学出版社 1982 年，第 59 页。

③ 引自查尔斯沃斯：《哲学的还原》，四川人民出版社 1987 年版，第 88 页。

④ 朱狄：《当代西方美学》，人民出版社 1984 年版，第 133 页。

⑤ 石鸥：《教学话语与师生理解》，《湖南师范大学社会科学学报》1995 年第 6 期。

言的成分。数学教材中那严密的逻辑性和高度的精确性，政治教材中那强烈的阶级性和意识形态性，语文教材中那时而雄浑豪放、时而清新哀婉的风格等，都不是形诸笔墨，都不能从哪句话哪个词中表现出来，却又从每句话每个词中溢出来，它们高于语言，超于语言，却又从语言之中语言之间顽强溢出。它们的溢出既有可能扭曲异变了教材编者的意图，也可能给人们的创造性理解提供了无限的机会。

教材编者奉献出来的教材，因其自身的语言文字特征及其言外之意，为阅读它掌握它的人们提供了不断越过语言、去自己构建和发掘包含不言之意在内的真正建立在自己思想基点或“理解的前结构”之中的意义的可能，这在本质上进一步使语言意义的开放性能无限延伸并存在。所以在这一意义上很值得我们教学论探讨的不仅仅是语言自身，更是那隐在语言背后的某种力量、某种因素、某种能力甚至是某种感情，是海德格尔所谓的某种“本真化的语言”。

可见，语言的和非语言的成分，使教材编者欲表达的意图无法真正对等地被实际表达出来，他实际表达出的东西已异变、偏离、失真于他想表达出的东西。他写成的教材所负载的意义不可能完全是他想要写成想要负载的意义。他永远编写不出完全表述自己意欲表述的学科意义的教材。

三、他人从教材那里实际获得的意义是否是教材意欲表述的意义？

也即教材被他人实际理解时，他人实际理解的是否完全是教材所体现的应该理解的东西？

教材先已异变于它反映的学科意义，接着异变于它的主人的意图，现在这多度异变或失真的教材摆在了师生面前，我们奈何不了前二度异变与失真，只要我们能在这一层面获得教材的真正的客观意义，也是令人欣喜的，然而这一答案更为明显是否定的。它与前两个否定性答案直接关联。教师与学生从编者从教材中实际获得的东西不完全等同于应该获得的东西，或者说，不可能等同于编者和教材意欲他们获得的东西。在教师与学生理解的开放性或异变性上，我们已有专门研究①，这里仅作简要补充。

一方面，教材意义是开放的多元的无限延伸的，只会有不同主体实际获得的意义，永远不会实际产生所有主体应该获得的意义。教材的每段文字，都会给读者以非单一的不同理解，有研究表明，“在每一个说法里，都有说话者通过重新定义单词和调整句法参与产生新的语言规则和手段的机会”②。有这么一个问题：从铁塔到桥头，走路需一个小时，从桥头到铁塔，走路需两个半小时，为什么？

这里，人们通过调整和重新定义词句法而产生了新的规则，获得了新的思路，超越了传统理解上的规则，若按传统意义，人们就易陷于理解的困境。

另一方面，后人对前人的理解，本人对他人的理解，都是特定的因人而异的。前人的东西后人不可能教学得像原作一样，他人的东西，本人不可能接受得像他人一样。教学内容存在于时空之中，无所谓绝对客观的教学意义和对意义的绝对接受。“人们总是从书中挑取他喜欢或不喜欢的东西，或从书中找出他出于别的原因想找的东西”③。比如“日出”时代的人们学“日出”，联想的多是“大跃进”的辉煌成就与前景，而世纪末的人们学“日出”，则难免不将“大跃进”与大冒进联系起来。旧时的内容、他人的内容，不可能像旧时那样，像他人那样呈现给今日师生。欲理解前人他人的思想，终究展开的是当下的“我”的

---

① 石鸥：《试论教师传授教学内容时的失真现象》，《上海教育科研》1995年第7期。

② Len Barton，“Social Crisisand Educational Research”，Croom Helm，1984：58.

③ 伊姆雷·拉卡托斯：《批判与知识的增长》，华夏出版社1987年版，第64页。

理解，不可能今人化古、本人化他。在这个意义上，语言哲学大师维特根斯坦的抱怨是永恒的，他在《哲学研究》的序言中抱怨道：我的思想被种种误解、被人糟蹋得不成样子。

综上所述，教材编者既不能编写出完全符合学科本身客观体系及社会要求的教材，也不能编写出完全符合本人主观意图的教材，更不能编出使别人的理解符合自己的至少是符合自己对教材的理解的教材。这时候，教材异化了，它既有异于它所体现所负载的客观对象，也有异于直接生产它物化它的主人的意图。因而，教材所承载的教学内容，并不是人们习以为常的值得普遍信赖的真正客观的内容，而是相对于特定的客观学科而言的失真了的带有编者色彩的内容。换言之，教师和学生实际学习接受的内容并不是他们所想象的理应接受的内容。我们满以为学生接受了“鲁迅”、接受了“雷锋”、接受了“好学生”，事实上，那是异变了的“鲁迅”、异变了的“雷锋”、异变了的“好学生”。

看来，“教学内容”究竟是谁的并非一个简单的问题，年鉴学派大师马克·布洛赫说过：“在理论上，骰子的六面应绝对均衡，在任何一面灌了铅，赌徒的机会就不均等了。但在历史考证方面，几乎所有的骰子都灌了铅，人的因素微妙无比，它们不断渗入骰子”①。何止历史考证，教育教学未尝不是如此。至少，教学过程将使内容异变为编者、教师和学生共同创新的东西。这个东西自身以及它产生的过程，对我们的专家而言还太陌生。于是：

我们面对的究竟是谁的教材，谁的教学内容？要回答它恐怕还要更多的研究。

（原载于《湖南师范大学社会科学学报》1996 年第 2 期）

---

① 转引自《读书》1993 年第 9 期。

试论教学话语与师生理解

对于学生来讲，主要任务之一是理解世界和人生。而世界和人生是不能仅凭丰富的经验直接理解的，它特别需要通过经验的话语来达到。我们所具有的教学世界，本质上是话语的。教是话语，学是话语，话语之外没有教学。教学的简约性规律或直接经验与间接经验关系原理说明了这一点。

话语是教学得以实施的必要中介，是教学得以完成的必要手段。因此，话语的局限，就是教学的局限。话语达成理解、通向理解，也局限理解，变异理解。学生理解的差异源于主观的结构，也就是源于话语。

传统教学论只研究表达的技巧，而忽视话语自身，只研究话语对信息的传递，而忽视它对信息的变异。

然而既然话语对教育教学对理解的影响非常深远，如果我们不想被话语影响引入歧途，如果我们想通过对话语的了解达到更有效的教学，我们就必须结束上述局面。

其实这方面的尝试几年前就已开始出现，近年更日益被人关注①。

① 较早的探索有石鸥：《论多重接受建构的教学论》，《长沙水电师院学报》1990 年第 1 期，人大复印资料《教育学》1990 年第 2 期。还有岳子纯：《课堂接受理论与教学相长》，《上海教育科研》1995 年第 5 期；石鸥：《试论教师传授中教学内容时的失真现象》，《上海教育科研》1995 年第 7 期；石鸥：《教学内容的失真和教学论理想的动摇》，《现代教育研究》1995 年第 3 期。

本文对此题拟作进一层探讨。

一、教学话语：理解的困难和理解的机会

话语即 discourse，由拉丁词头 dis（穿越、分离）和词根 course（线路、行走）组成，大意是对事物演绎、推理、叙说的过程，词典里多作说话、讲演、论述解。我国大陆以话语表示，港台则常以述说、叙述、说法表示。复杂的话语在教学中就表现为教学话语，是教学中对事物的演绎、推理和叙说的过程，重点在言说过程。

传统上和习惯上，人们对教学话语的研究集中在言语技巧或者说表达技巧上。诸如语言清晰、声音洪亮、抑扬顿挫，辅以必要的停顿、手势等等。但几乎没有对教学话语自身进行过任何探讨，这因为以前的研究前提是，话语能表达、能准确表达欲表达的意义或信息，学生通过话语能准确接受教师表达的意义。这样，表达的技巧自然成为主要乃至唯一的问题了。

但我们的研究表明，教师的话语无法准确表达他想要表达的意义，学生无法通过话语准确接受教师表达的意义，意欲表达和实际表达的不同一，实际理解和期望理解相偏离。学生理解的是失真了的教学内容，是经由语言表达而多度异变了的内容①。心理学研究表明“言语行为的社会环境和语言交际的方式，在一种文化群体与另一种文化群体之间具有广泛的差别”②。教学使用的语言，由教师和校方代表的主流文化的语言，对于学生来讲，这种教学语言并不是很熟悉的，学生的语言对教师来讲也有一定陌生度。有个小学生作文写道：“我爸爸一有空就摆弄他那些宝贝破邮票”，孩子的情感从言中透出，绝无教师所判评语的意

① 石鸥：《教学内容的失真和教学论理想的动摇》，《现代教育研究》1995 年第 3 期。
② ［美］A. J. 马尔塞拉：《跨文化心理学》，吉林文史出版社 1991 年版，第 292 页。

味："集邮乃高尚的事业，怎么能用这样的词来形容爸爸的集邮呢!"两个群体，两种话语，相互干扰，相互超出，妨碍了相互理解，也为相互理解提供了无限可能。可见，教学的理解就是话语的理解。话语甚至是思想本身。话语之外，教学就会完结。Flander 的研究表明，传统的课堂教学中，谈话讲解等话语活动用了三分之二时间，若考虑读和写这两种语言形式，则可以说教学就是话语活动，话语之外无教学①。

教学的话语性使得教学永远有理解的差异性：受教者不能完全客观理解施教者，理解者不能完全客观理解被理解者，这就是教学理解的困难。所谓理解，可以看成是人在某一时刻，对理解对象及其他与理解者之间的全部整体关系的把握。理解中任何部分关系、知识的变动，也相应改变了整体的知识与能力结构。在一个侧面，理解的困难是教学内容的失真和异变；在另一个侧面，它是教学中的多重接受。因此，理解的困难就是交流的困难，就是学习的困难，也是教授的困难。教学活动中，师生双方都力图被对方理解，更力图理解对方。然而教师无法保证每个学生都能理解他的所教，学生无法检验自己的理解是否合教师的意图。一堂相当规模的观摩课上，《渔夫的故事》一课被某特级教师讲得有声有色，眼看就要成功结束，可偏偏此时教师连点五六个学生，都没有准确分出段落（更精确一点讲没有分出与教师想分的一致的段落），教师的思路断了，原准备好的精彩结语用不上了，课堂上有些纷乱，一堂课就这样被学生的理解偏离教师的理解而留下最后的遗憾。教学的话语留下了理解的差异，而理解的越轨又造成了教学的尴尬。

所以我们说，语言之外无他物。教学话语构成教学自身，教学话语构成不完善不完全但敞开的无边际的教学自身。不完善不完全是因为不能彻底交流和理解即理解的困难；敞开无边际是因为思想的自由、创新的自由、即兴教学的自由，当然更是理解的自由，即理解的机会。

---

① Roland Meighan, *A Sociology of Educating*, Helt, Rinehart and Wiston, 1981: 131.

教学话语的多义性和理解的差异性总是存在的。因此，我们研究的任务不是力图消除它，而是尽量使人们认识到它的存在或使它的存在凸显，并通过认真研究它的形式、结构和功能，使之不再成为错误的根源，使之成为可加以控制利用的发展理解力的有益机会。

二、教学话语的形式与理解

教学话语有文字的和言语的，各以其不同特性影响教师的施教，影响学生的理解。在言谈的话语中，说话主体的意愿和所说出来的意思往往只是部分一致，而在文字的话语中，这种一致更不易达到。文字的意思和文字作者的意思产生了隔离和差异。

课上，教师正讲得起劲时轰隆的车队从窗外驶过，教师随口说："也许是部队换防。""换房？部队要换什么房？"学生纳闷。这种言语的误解若处于文字的阅读过程，则立即消失。小学语文五年二期《老水牛》一课有这么一句，"他叫它干什么它就干什么，他走到哪里它就跟到哪里"。读此文字，当无问题，讲听这些文字，误解就可能来了：是人这个"他"走到哪里牛这个"它"跟到哪里，还是牛这个"它"走到哪里，人这个"他"跟到哪里？正常的书面语用于口头，就容易出现混淆，这是不同形式教学话语的含混性。教学中文字与言语的话语总交错展开着，而大量的教学以讲解为主，这样误解不时发生，真正的理解永远是有缺陷的。但毕竟这种缺陷很易克服，只要学生提出疑问，教师使言语变成文字，一写误解便消失了。令人担心的是，学生理解时产生误解而并不自知，没有疑问，教师便失去了纠正误解的机会。

教学中大量理解的困难不是上述简单的因话语的同音异词（字）所导致，而是对音调准确把握后而产生的。这既有文字的，也有言语的，就言语的来讲，教学最基本最普遍的形式是口头语言的运用。这一点决定了教学意义的瞬时生成性，教学意义的永恒流动性，决定了教学永远不可能完全重复（这一点从根本上否定了教学能完全科学化、量化的企图，科学化的重要特点就是能够重复），只可能相似（包括同一教师的重复课），而且仅仅是人们认识的、解释的相似而不是真正的、客观的相似。我们姑且将这种现象称为教学的非重复性本质或教学的即时性本质，教学一旦形成，也就流为过去。既然教学不能重复，既然意义瞬间生成，永恒流动、这就对学生、对听课者的注意力、理解力、洞察力有很高要求，学生捕捉教学意义不能像捕捉书本意义那样可以捧着书本反复咀嚼，学生稍一分心，听课者情绪稍不稳定，就有可能让教师的话语白白通过，未能生成有意义的意义。在流动的教学中捕捉不了把握不了教学的意义或教师的意图，就使不同的听课者随教学流而前行。言语性特征使教学成了稍纵即逝的行为，对行为意义的捕捉极易出现差异。我们太强烈地感受到这个永恒的话题：任何教学都是一种独特的存在、独特的现在，教学的绝对真理是没有的，教学的真理只存在于特定的此时此地的认知活动中。

教学的言语特征可能促成理解的偏离，但教学的文字特征并不能消除这种偏离，而且它还生成新的偏离。文字虽然不会出现同音异形字的误差，但一则文字的思想与文字主体分离了，本文所表达的东西不再保证能和作者意欲表达的东西同一①。再则，文字不可避免地将口头表达时所带有的声调、情感、态度、姿势等细微色彩丧失掉了，这就提供了误会或理解偏差的广泛机会。文字作为言语的替代是一种危险的替代，因为文字永远有理解的陷阱，相对于面对面的交谈，文字总只是一种中介，这种中介很可能在其作者眼里是非常恰当的，而在其读者眼里则或者词不达意或者言过其意，像我们不少教材作者，费尽了心血编写的教材，教师与学生却抱怨不迭。简单地说，作者自以为准确客观表述的东

① 石鸥：《试论教师传授教学内容时的失真现象》，《上海教育科研》1995 年第 7 期。

西，一旦呈现在师生面前，也许就获得种种有偏差的理解，作者的意图并不一定非被师生准确接受。教材编者如此，教师也如此。这里主要不是写作能力表达能力的问题，而是一种必然的关系，任何人都只能部分驾驭语言逻辑，这就必然会使他的表达产生某些盲点，这些盲点是相对于这个特定作者而言的，相对以其他方法驾驭语言逻辑的他人来说，这些盲点可能不再是盲点（他们又有新的自己的盲点）。这就是为什么对一本专著一部教材，不同的人总感到有那么多的不满和需修正的地方。

三、教学话语的构建与理解

美国哲学家 Searle 认为，一个语言行为细分为言内行为、言外行为和言致行为三部分。而利科尔则分成两部分：客观方面即语词本身的意义，主观方面即言说者的用意①。我们主张教学话语看成言内意义、言外意义和实得意义三部分组成。所谓言内意义指的是所说的话语本身具有的内在意义，言外意义指的是话语者意图用话语表达的意义，实得意义指的是前两个意义在听话者那里实际导致的意义。这三种意义可能相互一致也可能不一致。体现在教学实际中会有多种变形：

其一，三种意义相一致。比如教师教：“2+2=?”，这式子的言内意义表示着一种确定的数量关系（2+2=4），而且在一般情况下只有这种关系，它的言外意义表示着教师的意图也只有一种，教师仅仅希望学生知道这一确定的数量关系，最终结果，学生实际获得或掌握了这式子表示的关系，得出的结果是“4”。于是我们说，这种情况下，话语的三种意义达成一致。

其二，言内和言外意义一致，实得意义发生偏离。比如教师问，

① 利科尔：《解释学与人文科学》，河北人民出版社 1987 年版，第 12 页。

“雪化了是什么?”根据物理标准，“雪化了是水”，句子的内在客观意义如是，教师的意图也如是，二者一致，但有学生答“雪化了是春”，也即学生实际获得的意义偏离了前两种意义，或者说，前两种意义的一致导致的却是结果意义的不一致。当然，言内言外意义只能是粗糙的一致，不可能达到绝对的同一。

其三，言内、言外意义不一致，实得意义只与其中一种意义一致。比如有这么一道统考题“( ) 四十二”，言外的即教师的意图是“(三)”，但言内的即式子本身的意义则有两种“(三)”或“(六七)”，这样，结果意义也出现了两种，有学生答“(三)”，有学生答“(六七)”，不宜轻易判后者错。这种现象在文科教学中更普遍。

其四，三种意义都不一致，教师在学生 A 做完练习后说：“错了一个地方”，这话的言内意义仅仅是指出一个事实，是对发生的事实的描述，但教师的意图（言外意义）除了指出事实外，更重要的是提醒学生注意，并引起其他学生警觉，结果呢？有的学生认为教师的语气是否定的批评的，意思是：“(还有）一个地方错了（真不可救药)”；有学生认为教师的语气是肯定的赞许的，意思是：“(只有）一个地方错了(这次进步真大)”。这种情况下，言内、言外和实得意义都各各发生了偏转或差异。

实际中教学话语多合有上述三种成分的不同变形，这些成分的不同，这些变形的存在，在根源上造成了学生理解误差的不可避免性。

教学话语由三种意义构成，而话语自身的构建绝非静止的，一次性完成的，它是一个过程。这个过程直接间接反映了教学自身的历史。通过对教学话语的研究，可以达到对教学理论实质的较好认识，因为教学中的主导话语的变化就是教学理论的变化标志。关于教学论的一切知识都是从教学话语中生产出来的。最显著莫过于“教学论”本身的变化。“教学论”一词的拉丁语为 Didactica，是“教授术”的意思，英语 Didactics，德语 Didaktik，旧时翻译成教授法。夸美纽斯（1592—1670）

的 *Great Didactic*，原译《大教授学》，德国教育家拉特克（1571—1635）也用过这个术语。这时，它突出的研究重点显然在教师中心，在教师的教授上。随着学生地位的重视，儿童本位教育思想严厉抨击了教师本位，于是教授法改为教学法，突出了学生学习的意义。然教学法又不时与具体的教学方法混淆，使其研究范围失之过窄，于是再改用教学论，涵蕴了教学法，也体现了教学论的基本成型，这已是本世纪的事了。可见，“教学论”一词的演变，恰好是教学论思想的演变，是从教师中心到师生双中心的变化过程。难怪福柯认为：有什么样的主导（Power）思想就有什么样的话语。对教学话语本身的研究实质就是对教学思想本身的研究，当我们在认定《民本主义与教育》与认定《民主主义与教育》时，本质上就体现着对 Power 思想认定的变化。是教授原则还是教学原则，是教师主体还是学生主体，是智育核心或德育首位还是德智体和谐发展，是把话语的重心放在百姓义务的希望工程还是在政府的职责范围，等等，这些话语都较为深刻地反映着特定的思想认识乃至于意识形态下的行为准则。检验这些话语的意义是不言而喻的。

四、教学话语的功能与理解

教学话语具有传递信息并引起接受者接受信息的功能，也具有表达施教者情感和态度并引起和改变接受者的情感、态度的功能。也可以说，教学话语的功能一是“描述”，为的是澄清、交流、传递信息，使听者相信这一陈述，理科教学尤为突出。功能之二是“感染”，目的在于促使听者行动或产生某种态度，或发泄感情，产生愿望等。文科教学较为典型。

教师说：“中华人民共和国的国旗是五星红旗”。这是指出一种事实，提供一个信息，增加一点知识，体现传递信息功能。

教师说："五星红旗是用先烈的鲜血染红的"。意思是：中华人民共和国的成立来之不易。这不仅仅是在陈述，而且是在表达情感、愿望，是在表现一种态度，体现情感感染功能。

教学话语中传递信息的功能容易被认同，不易产生理解上的误解。五星红旗是中华人民共和国的国旗，这是一个事实，可以被验证。不论是谁，不论他对中华人民共和国有何看法，都容易承认、相信这一事实。

而教学话语中情感感染和态度转变的功能则不易被认同，容易造成误解。即使承认五星红旗是中华人民共和国国旗这一事实，但不一定能说服人们相信五星红旗是用鲜血染红的这一说法，也即这一表达极难证实或证伪。教学话语带来的理解困难，主要从它的感染功能上表现出来，主要纠缠于情感、态度、信仰、理想、志向等非事实性教育领域。而且这一现象相当普遍，因为教育教学的事实传递仅仅是相当有限的目的或任务，大量工作在于态度、信仰、品德上的变化。教师可以说服学生相信雷锋是个好战士（事实），但不一定能说服学生以实际行动向雷锋学习，更不一定能使他们内心真正乐意像雷锋那么行动（非事实性的志向、情感与态度）。学生可以接受教师这一职业的重要性（事实），但不一定自己去当教师（态度），更不一定欢欢喜喜去当教师。可见，使学生接受事实不难，难的是通过事实达到态度转变。正是这个转变过程，而主要不是事实接受过程，产生了我们所关注的大量内容失真或理解的变异。也即同样的事实获得不同的态度，产生不同的情感，形成不同的信仰。

事实易验证，但表现的愿望则很难验证。教学中却实实在在有大量的表现愿望、态度的工作。这就为教学埋下了难遂人意的种子。但也要看到，传递事实与表现情感并不截然对立，它们有联系。当对事实有了全面而深刻的了解后，有可能改变愿望和态度，如若有了坚定的态度，即便对事实认识不准，也不一定造成分歧，或者说仍有可能有共同愿望、共同行动。比如也许有学生认为教师这一职业不太重要，但这不妨碍他当教师的意愿。相对于一个认识到教师重要而立志当教师的学生而言，两人并无情感态度或行为上的根本矛盾。这似乎隐含着另一重要意义：教育教学在情感感染功能上有着无限的潜力，有可能调动发动起学生（民众）的极大能量，宣传的力量就源于此，源于对事实的超出的态度和情感感染力。

五、教学话语主体与理解

说话者和听话者构成教学话语者或教学话语主体双方：课堂理解的困难首先来之于主体学生不同的认识角度和理解立场。德朗舍尔曾举例说：某人向朋友提出一个问题：你为什么奔跑？一种解释是：一定的物理化学过程使支配我双腿肌肉的运动神经中枢活跃起来。另一种理解是：为的是不要误了火车。① 话语的不同主体从话语中获得了不同理解，更确切些说，赋予了话语以不同的意义。

课堂理解的困难还来之于不同文化背景下主体的认识差异。同样的事实，同样的意愿、在不同文化的学生面前，可能会导致理解的不同或差异。例如，“昨晚，我们放学后参加朋友的生日舞会，没有回寝室睡觉”。对此事，美国学生多半理解为过去行为的一般描述，或许对此不置可否，或许有所赞许。但同样是这句话所指示的这件事，对于中国学生来讲，意义就大不一样，因为在中国高校，是不允许学生在外夜宿的。可见，任何教学话语都发生在特定的文化背景中，都接受特定人文环境下的主体的解释，都以特定的文化之眼去看待话语的意义，甚至去看待作为话语主体的对方。

---

① ［比］德朗舍尔：《教育实验研究》，光明日报出版社 1989 年版，第 19 页。

我们说，说方和听方构成教学话语特定背景主体双方，其中一方话语者的意图与行为将直接影响另一方的理解。由此，至少有五种理解的效果。

第一，教学中，话语者双方对话语意义都有较好的理解，在一般意义上达到了理解的目的，或者说没有造成太大的误解。比较成功的教学，尤其是理科方面的教学，多为这种效果。诸如有关“2+2=4”，“水”“铁”“沙”之类配词语，一般是不易发生意义混淆的，它所指称的事物明确而稳定。

第二，话语的双方对所使用的话语意义都没有明确理解，从而使作为听者的学生产生误解或未达到正确理解和掌握教学内容的目的。这在外语和一些文科等教学中较为典型。因为这类学科本身的正确理解不容易。比如我国的一些外国教育或比较教育研究者，对对象国的语言文字知之甚少，学生岂能从他那里对该国教育（它根植于深厚的文化土壤之中）有真正认识？当然，这种情况并不很普遍，即便双方理解发生错位偏离，并不妨碍教学的进行，只是这时的教学已处于边缘状态，离教学目的已有了一定距离。

第三，讲课者在使用语言教学时，他正确地理解了话语意义，但听课者则迟迟未能达到正确理解。这既可能是讲课者将自己理解了的东西表达出来时，方式不当而学生难正确理解，或是学生自身的原因，他的前理解结构，他的当下的意向情绪与态度等，都可能妨碍他当时的正确理解。有时候，“即使教师是想按从逻辑角度容易理解的方法进行讲授，孩子还是以他自己的思维方式，经常曲解地加以接受的。特别是光靠语言来讲时”①。这种现象在教学中是最常见的，应该成为研究的重点。

第四，讲者不存在无知或误解，也即他正确理解了所使用的话语意

① ［日］滝沁久武：《孩子思维与认识能力的发展》，中国国际广播出版社1989年版。

义。但为了某种利益或目的，便利用各种手段，故意使听者的理解发生偏差。在诸如“做好学生”“学雷锋做好事”等事件上，讲者一方极有可能通过巧妙的话语技能，使听方产生一定的误解．出现从根本上看不一定恰当的行为选择，比如抓紧去做几件好事就是学雷锋，比如上课不讲话就是好学生，等等。在教学中，诸如关于“正义”“忠诚”“爱国主义”等话语，都有可能被误解被利用。这里，意识形态的作用特别突出。译者们明明知道杜威的书名是什么，但在以前，有目的地译成《民本主义与教育》，同是这本书，今天则又有目的地改译为《民主主义与教育》。又如《韦氏辞典》第三版中一条例句：“机器奴役美国，实利主义使它腐败”。我国的《英汉辞海》编者也引用了这一句，只是实利主义（materialism）被改为唯心主义（idealism），显得相当矛盾。这里一个“民本”，一个“民主”，一个“实利主义”，一个“唯心主义”，译者对读者的控制意图是显而易见的。另外，讲课者也可利用听者头脑中原有的旧成见、偏见或愚昧而加以巧妙发挥，迎合听者的需求，即说话者明知听者的观念有误，却不去纠正反而顺势误导，使听者的误解进一步加深。

第五，教学中也出现过这种个别现象，讲话的老师对所使用的话语没有真正理解，反倒是有学生正确理解了意义，结果要么是教师从学生中获得启迪而达到新的理解，要么是教师仍然我行我素，使学生与教师意图发生偏离。

教学话语带来了教学理解的困难，也带来了教学意义的开放性。它应该成为教学论一个新的研究领域，工作才刚起步，前景仍不明朗，但对前景的预设是诱惑人的。

（原载于《湖南师范大学社会科学学报》1995 年第 6 期）

教学未必都神圣

——试论教学病理学的建构

教师是太阳下最光辉的职业（夸美纽斯语）。教师最主要的工作是教学，教学是太阳底下最神圣的工作。教学传递与保存人类文明；教学向学生传授并使之掌握系统的文化科学知识；教学发展与培养学生的智能与体能；教学培养与提高学生的思想品德；教学使年轻一代社会化。教学使人类的未来有了依托，有了希望。

教学确实很神圣。

然而有人发现：某些教学实际成了学生智力的屠宰场，“现代教育是在大批地屠杀天才”①。有人认为：教学是在“运用着传送带的原则，用大批生产的方法，把一年级的学生造就成中学毕业生，再把中学毕业生造就成专家”，儿童“天资的不同水平，被淹灭在泥浆之中”②。教学使所有的人整齐划一。

我们的一些教学已异变为一种分数的教学。它用分数将学生分成优等生、中等生和差等生，它用分数来遮蔽活生生的人——学生的个性、兴趣、志向、能力等等。这是一种“最有效的”损害儿童智力与个性的方法。在这种教学的重压下，学生作为人，已失去了它的中心地位。

---

① ［苏］斯卡特金：《现代教学论问题》，教育科学出版社 1982 年版，第 50、50、38 页。

② ［苏］斯卡特金：《现代教学论问题》，教育科学出版社 1982 年版，第 50、50、38 页。

我们的一些教学已扭曲为一种促使儿童死记硬背的教学。背了、记住了，那就是学懂了，背不得、记不住，那就是没有学懂。“学生的脑子习惯了只是在别人的脑子走过的路上活动。”① 所以当苏联话剧《聪明误》的一句道白“学习——这是瘟疫”借演员之口讲出来时，全场响起了雷鸣般的掌声。人们痛恨这种背记式的教学。

在我们的一些教学中，学生学业负担可以说已重到不堪忍受的地步。一次抽查表明，一名高二学生手里的教材和基础训练用书共 56.5 本，约 560 万字。还不包括普法、环保、国防教育等补充教材②。一个十六七岁的学生，一年要读完 560 万字的内容，平均每天约 1.6 万字，即便是小说都相当不易，何况这里大量内容要背记、要演练。负担过重破坏了学生对自己力量的信心，扼杀了学习欲望。

在我们的一些教学中，教师对学生的惩罚已达不能容忍的地步。一教师为惩罚两个经常打闹的学生，忽出奇招，让他们互相对打对方的耳光③（不知怎的，这总令人想起电影中日本侵略军的行径）。一教师为教训某个不听话的初中生，一记耳光打过去，结果是学生耳膜穿孔。于午睡时学生小便一次，则罚抄课文等现象，更屡见不鲜。

有鉴于如此这般的种种弊端，有人愤慨地喊出“学校死亡”“取消学校”“非学校”口号（以美国学者伊利奇为典型）。

我们虽不认同伊利奇们的观点，但我们不得不说：

教学未必都神圣。

教学未必都神圣，是因为教学虽有传授知识、发展心智能力、培养良好品德的理想，也有妨碍心智、不利思想的现实。

教学未必都神圣，是因为它的每一个进步，往往又是以一种退步为代价的。应试成绩高了，个性更受压抑了；培养的学生多了，却是按同

① ［苏］斯卡特金：《现代教学论问题》，教育科学出版社 1982 年版，第 50、50、38 页。
② 陈志强：《中小学素质教育理论与实践》，湖南师范大学出版社 1997 年版，第 4 页。
③ 《南方周末》1998 年 12 月 18 日。

一尺度剪裁出来的。教学未必都神圣，是因为健康的教学能达到我们预期的目标，而也有一些教学压根就达不到预期目标，它们压根就是不健康的，它们出了问题，它们有病。

人们都会承认，植物可能有病，动物可能有病，人可能有病。于是，有了研究这些疾病的病理学——动物病理学、医学病理学（研究人的疾病）等。人们不会否认，社会也可能生病，也可能有不正常状态。于是，有了研究社会病态的社会病理学①。

正如人、社会等系统有可能患病一样，教育这个复杂而多元的系统，在不当的运作方式和内外异常因素的侵袭之下，也可能患上或这或那的“疾病”。于是，有了研究教育疾病的教育病理学。

很显然，既然教学未必都神圣，就是说教学也会生病，也会不正常。为了对发生于教学这一系统中的各种“疾病”各种不正常进行系统研究，我们认为极有必要建构一门教学理论的分支学科——教学病理学。

一、教学病理学的学科需求

研究表明，教学自产生之日起，其积极的正功能就没有得到很好的实现过，也即就没有完全正常充分健康地运作过，就一直遭受着这种那种疾病的侵袭。早在2000多年前，教学就弊端种种：老是照本宣科，令学生呆读死记，上课搞满堂灌，急于赶进度，不考虑学生学习能否巩固，不调动学生学习的自觉性，不发挥学生的聪明才智，采取措施既不

① 关于“社会病理学”的研究很多，如我国周达生等的《现代社会病》（1993），国外Queen的《社会病理学》（1925），Qllin的《社会病理学》（1933），Lemert的《社会病理学》（1951），户田贞三等的《社会病理 学》（1954），大桥薰的《社会病理学》（1966），岩井弘融的《社会病理学》（1973），大薮寿一的《现代社会病理论》（1982），等等。

符合教学原则，提出要求也不从学生实际出发，从而使学生厌倦学习、埋怨教师，视学习为畏途①。这实际上都是病态的教学。教学疾病像一张无形的网，束缚着人类的教学活动，以其特有的方式侵蚀着教育机体，危及教学的发展和完善。当然，有的疾病被教学系统自行克服而趋正常与健康，也有的疾病几乎从没有被完全根治过，像今天我们所说的“死记硬背”“学生负担过重”“压抑学生个性”或某种程度上的“应试教育”等等。它们是顽症。

遗憾的是，长期以来，我们习惯于从神圣的、正常的、健康的教学理念来研究、操作、展开现实的教学系统。我们描绘的是理想健康的教学。一涉及教学，我们总自觉不自觉地将它与良好的知识传授、能力发展、品德培养结合起来；一涉及教学，我们就自觉不自觉地将它与积极有效地促进人的发展、社会的发展、科学知识的发展结合起来；一涉及教学，我们心中浮现的就是主观追求的、理想规范的美好图景。……这一切都说明，人们从来就是将教学看成是任何疾病也不染的金刚之躯，人们从未系统想过教学也有不健康的时候，尤其从未想到要对不健康的教学进行系统分析与研究。殊不知，如前所述，教学未必都神圣。几乎所有教学都在不同程度上表现出不同的不正常状态，有些甚至达到相当严重的地步，达到扼杀学生心智、培养出不适合社会需求甚至是反社会的人的程度。这一切在理想的彼岸和现实的此岸之间带来了种种困惑，在主观的规范理想与客观的现实之间发生出种种不和谐音，妨碍了我们对教学问题的深入研究与真正解决，不利于我们建立真正健康的、我们所苦苦追求的完善的教学系统。

我们认为，之所以需要构建教学病理学，是因为教学本质上是一种特殊的社会现象与社会活动，这种社会现象与活动的特点决定了它的“患病性”。

---

① 《学记》：“今之教者，呻其占毕，多其讯言，及于数进，而不顾其安，使人不由其诚，教人不尽其材，其施之也悖，其求之也佛。夫然，故隐其学而疾其师……”

教学是一个开放系统。从热力学的系统和环境之间的关系来讲，有既没有能量交换又没有物质交换的孤立系统，也有有能量交换而没有物质交换的封闭系统，还有既有能量交换又有物质交换的开放系统。教学系统正是这样一种与环境有物质和能量交换的、非平衡的、不均等的开放系统。它从社会与家庭等环境摄取物质、能量，又以新的物质、能量形式贡献给社会。但物质与能量转换过程中的任何异变，都有可能导致教学的不正常。

教学是一个高度有序的系统。高度组织化、高度有序、复杂的科层性，这是教学系统的特点。比如教育由学校教育、家庭教育、社会教育等构成，学校教育从层次上讲又由初等学校教育、中等学校教育、高等学校教育组成，若从内容上讲，则由德育、智育、体育、美育、劳动技术等教育构成，而各育基本上又是由课堂教学、课外、校外教学活动等构成。可见，教学的组织程度很高，结构十分有序，而特定的组织与结构又发挥着特定的功能。也正因为如此，组织结构的任何异变，都会导致功能变化或紊乱，导致教学病态的出现。

教学具有自组织的特点。教学系统处于千变万化的外部环境之中，系统内也时有动荡时有变化，但教学系统一般能在各种内外变化的环境之中保持自身相对稳定。这是依赖系统内各式各样的调节控制机制来实现的。所谓“自组织”就是一种自稳调控的性质，就是一种内在的趋于一个整体的整合性特点。但自稳调控的程度和范围是有限的，超越限度就可能使教学不健康不正常。

教学具有主观性特点。教学系统的最基本的要素是活生生的人，人的极大能动性主观性，使得教学也具有主观性特点，对它的把握、设计、控制与测评都不是容易的事，这决定了定量分析在教学系统中不能成为基本的分析准则，也导致我们对教学系统认识的困难和病理性教学出现的可能。

尽管教学系统具有自稳调控等系列特点，但一旦教学系统受到某种因素的干扰，破坏了它的开放性，打乱了它的有序性，使自稳调控失效，使主观性变异，等等，就都会使教学系统出问题、发生功能紊乱或障碍，造成结构异变或损害（这些现象在实践中相当普遍）。这时，我们说教学系统“患病”了。于是，对它们的诊断、治疗、预防就成了当代教育科学的重要任务，我们也就特别需要构建一门教学病理学。

二、教学病理学的理论谱系

我们认为，教学病理学应以教育病理学为基础，是教育病理学的分支，而教育病理学是借用医学病理学和社会病理学概念而发展起来的。因此，作为教学病理学的理论营养，有必要对医学病理学、社会病理学等基本概念体系有所了解。

“疾病”，也称“病”，指“生理上或心理上发生的不正常状态”①，反过来也指“失去健康的状态”②。

人的疾病指人的不正常状态，是人体在一定条件下，由致病因素所引起的一种复杂而有一定表现形式的病理过程。此时，在不同程度上，人体正常生理或心理过程遭到破坏。

社会疾病即我们所谓的社会病。指社会的不正常状态。它有广狭二义。广义的社会病泛指一切社会的不正常状态或不正常现象，如自杀、吸毒、酗酒。这是社会学意义上的社会病。狭义的社会病指与社会因素有关的疾病或医学社会现象，如性病、精神异常、性功能障碍等。不论是广义还是狭义，社会病均与社会因素相关联。故今天的社会病又被称为富裕病、公害病、现代文明病、现代生活方式病等。日本学者岩井弘融认为，社会病是指“个人不适应社会并给社会生活带来极大危害或

① 《现代汉语词典》，商务印书馆1983年版，第98页。
② 《辞海》（缩印本），上海辞书出版社1987年版，第1779页。

不安的现象"[1]。据上述分析，我们可以将社会病看成是起因于社会并给社会与个人带来损害和痛苦的社会现象。[2]

教育病，即教育疾病，指教育中的不正常、不健康的状况。教育病是一个复杂的过程，在致病因子和教育系统自身的相互作用下，教育系统或系统中的某些子系统的有关组织结构、功能都会发生异常改变，这些异常改变均可视为教育疾病。病理学，这里主要包括医学病理学、社会病理学、教育病理学和教学病理学。

所谓医学病理学（Pathology），是指随着对疾病研究的深入而产生的医学科学中的一门基础学科，它研究疾病发生的原因、发病原理和在疾病过程中所发生的细胞、组织、器官的结构功能和代谢等方面的改变及其规律。也可以视为阐明疾病的发生及发展规律、临床表现、实验室检查和防治原则的学科。还可以看成是研究疾病的病源、发生机制及转归的一门医学基础科学。

社会病理学（Social Pathology），这是一门研究各种病态的社会现象及社会行为的综合学科。一方面，从社会医学的角度，研究影响人群健康和疾病的各种社会因素，研究这些因素与疾病和健康相互影响和作用的规律的学科，可称之为社会病理学。这一层面的社会病理学实际上是一门为预防和消灭社会病、增进人类健康服务的学问。另一方面，从社会学的角度，社会病理学是研究影响社会健康运转和发展的各种因素，研究这些因素与社会病态、与社会健康的相互影响与相互作用之间的内在联系，旨在消除或缓轻社会病态、增进社会健康的一门学问。与这一层面的社会病理学相近或相似的研究主要有关于社会越轨、失范、解组、社会问题等方面的研究。

教育病理学（Educational Pathology），这是研究教育疾病、研究影

---

① 瞿葆奎：《教育学文集·教育与社会发展》，人民教育出版社 1989 年版，第 555 页。
② 白希清：《病理学》（第二版、上册），科学出版社 1987 年版，第 1 页。

响教育良性运转和正常发展的各种因素及其之间的关系，探寻原因，从而提出改进对策，力求消除或缓轻教育疾病，促进教育健康发展的一门教育科学的分支学科。教育病理学要研究影响教育健康发展的各种因素，研究教育疾病的各种致病原因，研究这些因素与各种教育疾病之间的相互关系的规律。教育病理学要探究教育疾病和保持教育健康的机制与原理，为预防和克服或缓轻各种教育病症、增进教育健康发展、全面提高学生身心素质服务。

教育病理学是一个广义的概念，所包含的研究领域较宽广，大凡涉及教育弊端或教育不正常现象均可纳入教育病理学的研究范畴，诸如教育的负效应、教育危机、教育问题、教育的负功能等方面的研究，都属教育病理学范畴，因为其关注的焦点都是教育中的各种病态现象或异常现象。

三、教学病理学及其研究对象

简单地说，教学病理学就是研究教学疾病和教学病理，也即研究教学的不正常状态的一门新的学问或新兴学科。它旨在发现教学所存在的各种不正常状态，并提供其诊断标准和防治手段与对策，它的任务就是运用各种方法研究教学疾病的原因、它们发生发展的过程以及教学机体在发病过程中的功能和结构的变化，阐明其本质，从而为认识和掌握教学疾病发生发展的规律、为防治教学疾病提供必要的理论基础。

教学作为社会尤其是教育的一个子系统，它也生病。教学疾病即教学病，是教学中的不正常状态，主要指教学系统在内外异常因素的作用之下，教学结构发生异常变化，或教学功能不能或不能很好地得以发挥，以致产生很多不良影响与消极作用的不正常状态。教学功能不能正常实现，既有可能是教学结构变化造成的，也有可能不是结构变化的原因。一定结构的异常，必然有功能的改变，但一时性的功能变化又不一定产生明显的结构变化，只有在较长时期里的功能变化才会导致明显的结构改变。比如在微观层面，普通中学片面追求升学率，其结构并无什么异常，但在功能上是不正常、不健康的。

教学疾病是与危害人体健康的生理疾病、妨碍心理健康的精神与心理疾病、威胁社会安全的犯罪行为等社会疾病相区别的一种特殊的社会性疾病。

教学疾病不同于生理疾病。后者是人体的生理系统方面的疾病，它给人造成直接的肉体上的痛苦与损害，妨碍人体生理机能的正常发挥与实现，威胁人的生命健康与延续。人的生命是万物中最宝贵的，因此，生理疾病的医治、预防和研究，就成了人类科学中最先发展起来的、最重要的一部分。由于生理疾病可能通过实验科学、物质性的手段加以探索研究，可以运用物质性的药物或物理手段加以治疗和预防，因而生理医学包括医学病理学就成了人类科学中较成熟的部分。

而教学疾病主要是教学中人们在思维系统和行为系统方面的病态。它虽然也危及人的生理健康，如教师对学生体罚带来的损害等，但它并不只限于且主要不在于对生理健康的损害，而在于构成对教学系统的正常机制的破坏，从而最终构成对学生思维系统和行为系统的理想发展的损害。它主要不是造成直接的肉体的痛苦与损伤，而是造成间接的发展的延缓与阻碍。教学疾病不像生理疾病那样，不能用精确的自然科学手段加以研究，也往往没有物质性的能短期见效的药物与方法可用。

教学疾病不同于精神、心理方面的疾病。后者主要指个人的精神系统方面的疾病。这方面的疾病影响人体的心理活动，从而影响人体的生理健康。它可能造成心理上的痛苦，可能使人失去或减弱正常生活能力和工作能力。它们是精神病学的研究对象，可以部分地使用物质性的药物及手段加以治疗，在较大程度上可以用生理医学的方法对它们加以研究。而比较典型的心理方面的疾病，则需要更多的心理分析与心理治疗。

教学疾病则不同，它不是神经功能和心理功能失调的人的疾病，而主要是正常的人的疾病，是正常的人在教学活动中由于各类复杂的主客观因素而造成的认识上与行为上的疾病。生理的、精神的和心理的因素虽然都可以成为教学疾病的原因，但一般不是主要的根本的原因，因而对它的治疗与预防将是独特的。

教学疾病也不同于犯罪行为等社会疾病（犯罪是社会疾病中较严重的一种）。后者直接危及社会的安全和人们生命财产的安全，妨碍社会秩序的稳定与社会的正常发展，且主要只发生在少数人身上。对这类社会疾病的防治，主要通过法制、教育、提高人们的全面素质等途径来进行。法学、犯罪学、社会学等，都可视为研究与医治社会疾病的学问。

教学疾病不同，它可能发生在很大一群人身上。教学疾病虽然有可能发展至犯罪的程度，但它毕竟同犯罪有根本区别和明显的界限。对教学疾病的防治，主要不能诉诸法律和强制手段（虽然有时也需要采取行政的组织手段和强制性的措施），主要的、广泛的途径是提高教师的整体素质，加强对教育教学活动的研究，重视对教育教学规律的认识与应用。

由上可见，教学疾病是特殊的。诊断一个人是否患病是否不正常，可以将他与周围正常的人作比较，并以此作为诊断的出发点。但对教学是否患病，我们却不易确定正常的参照物，也即我们很难确定什么样的教学是正常的，健康的教学，其标准是什么，我们必须寻求其他途径。

正因为教学疾病具有自己明显的特殊性，所以我们才更有必要建构教学病理学来对它进行系统研究。

具体来看，教学病理学必须研究教学疾病的类型。它要对教学疾病进行分类，以利于更深入地认识不同的教学疾病及其特殊规律。我们可以将教学疾病看成是认识性疾病和实践性疾病的集合。认识性疾病是在教学活动中形成的不健康的认识过程和认识结果，实践性疾病是在教学活动中形成的不健康的实践过程和实践结果。认识性教学疾病往往是实践性教学疾病的先导，后者又往往能强化前者。

教学病理学必须研究教学疾病的致病原因，即致病因子。病因学认为，任何疾病的发生都有致病因子。有些疾病是单一的致病因子作用的结果，称单一特异致病因子；有些疾病是多种复杂的致病因子作用的结果；有些疾病的致病因子尚未完全弄清楚。教学显然是一种十分复杂的社会现象，其病症一般来说应该是多种复杂的致病因素所致，原因尚未弄清楚的疾病还很多，哪些是原发性疾病，哪些是继发性疾病？这些致病因子有何变异性，如何导致教学疾病发生各种变体？为什么在同样的致病因子作用下，有的教学系统发生病变，有的不发病？这一切都需要认真研究。

教学病理学也得研究教学疾病的发展与扩散过程。从发病学的角度看，一旦致病因子侵入机体，而机体的抵抗力量不强时，机体就会生病。疾病的发生与发展有一定的过程与阶段，一般来说是由潜伏期到高潮期，到相持阶段，然后到逐步康复或逐步衰亡。教学疾病的发生发展阶段如何？有无潜伏期？各阶段有无特殊的标志？其扩散的机制是什么？有哪些部分最容易被影响被感染？对此我们知之甚少。教学病理学应大量展开这方面的研究，逐步确立一套教学疾病的发病学指标，从而对其潜伏性和骤发性有一个较清醒的认识，以利于防治教学疾病。

最后，也是最重要的，教学病理学还必须研究如何预防和治疗各种教学疾病。总的来看，对疾病的治疗和预防有两大类方法：一是通过自身抵抗力的增强，即通过机体本身来与致病因子作斗争；二是通过外力，借助于外力来控制并消灭致病因子，或用外力阻挡致病因子入侵机体。我们需要探索，教学系统自身与致病因子斗争的具体方式有哪些？一般应通过哪些外力来帮助教学自身？斗争的结局预计有哪几种？预防的原则有哪些？治疗的策略又有哪些？……

教学病理学与其他各分支教育科学，都是为了从不同角度、用不同方法去研究正常的和不正常的教育教学系统的运作，为防治教学的不正常状态、保障教学的健康发展服务。只是它们的重点有所不同罢了。比如，教学论重在教学本身理想结构系统及理想功能作用的研究，而教学病理学则重在实际中教学本身偏离理想结构系统，偏离理想功能作用的研究。换言之，教学论回答“教学有哪些功能？为什么有这些功能，如何实现这些功能”之类的问题，而教学病理学则回答“为什么实际上教学并未充分实现这些功能”之类的问题。可见，教学病理学是基础教育科学在教学实际中的具体运用，是基础教育教学理论与教学实践联系的重要中介或桥梁。

（原载于《湖南师范大学社会科学学报》1999 年第 2 期）

新世纪拒斥这样的教学论

——主流教学论困境的根源及其走出

把什么样的教学论带入21世纪，正激发着不少人的思考热情，世纪背景的研究连篇累牍。但即便是皇皇百万言的世纪教学论总结，恐怕都未能改变这样的事实：教学论已陷于困境；而新世纪实在不愿接受这样的教学论。

一、困境中的教学论：不该维持的困境

用一次套话：凯洛夫这个幽灵，长时间在中国教育学的上空徘徊。他为中国主流教学论发展设立了基本框架。带着这一框架的中国教学论主流走过了半个世纪的风雨路，功绩不灭。

然而框架也是束缚。教学论的这一框架，不但框住了教学论自身的突破，还框住了甚至是塑成了教学论研究者的思维，铺垫了一些专家“天然”的思维路径。50年来，我们以建设教学论为目的的一切努力，尽管取得了不小成绩，但在整体上总是无可避免地受阻于这种内在束缚，总是自然地在凯氏框架中运作。最严重的是苏联本身已成明日黄花，我国专家们的研究自由显著增加，而我们仍然没能跳出凯氏教学论

框架。[①] 就是说，具备摆脱困境的机遇的教学论却依然陷于困境。我们不仅要问，维持主流教学论困境的究竟是什么？

（一）教学论——缺乏批判思维的理论

推动教学论发展的原动力，并不在于能创造多少新的体系，而在于每一种观点或学说是否可以被人们批评。只要不同意见得到尊重，总会有人站出来怀疑，并以新的观点投入到教学论的建设中去，去经受考验，去接受新的批评。批判思维是传统教学论转化的第一步。唯有批判思维，才可能突破死气沉沉的框架，将教学论研究带入鲜活的现实的教育世界中去。遗憾的是，我们的主流教学论恰恰是一门缺乏批判思维的理论，这导致并维系了它的困境。

1. 主流教学论的背后是一个既得利益场。第一，从客观上讲，教学论像任何事物那样，有着一种将自己组织成日益复杂的系统的持续力量（这是一种自组织力量）。亦即主流教学论是一个足够强大的系统，其研究模式派生出一个高度相关的“网络”，如教学过程、教学原则、教学内容、教学方法等，这些模式之网继续往下衍生，从而造成了今天的主流教学论框架内的繁荣：在第一层面的教学过程、教学原则、教学内容、教学方法等命题下，出现了更细的第二层面的新研究。每一项“新研究”的出现都是因为以前出现的主流教学论的模式之网为它们开辟了空间。而每当主流教学论为其他子研究开辟了空间时，进入这个新空间的研究者们就会有很大的动力来帮助（有意无意）这个主流模式的发展和精致化。因为这些新研究者的利益已依存于这个主流模式了。于是，教学论发展进程就这样被锁定了。研究者们锁定在这个框架内，谋得了心理的安宁和稳定的生计。这样，除非有更强大的研究模式，否则这个主流模式能提供给依附于它的其他亚模式（更低层面的研究）

① 石鸥：《教学别论》，湖南教育出版社 1998 年版，第 16—24 页。

的新空间越多，就越难以改变这种主流模式的发展方向。

第二，在教学论这一闭锁领域内是多数研究者得心应手的研究。人们已经并且继续适应着这一研究领域的基本模式。人们渐渐发现，自己置身于其中的是正式的、主流的理论系统，在这一主流系统里研究，总是安全的，它会使人感到“亲切”“正常”。正因为这样，几十年来，绝大多数教学论研究是在支持这一主流的理论系统，为它做精致化的修饰工作。主流的立场总是最容易坚持的立场，过程论+内容论+原则方法论的教学论研究惯性，之所以成为半个世纪的权威性研究，就是因为它是最容易最值得的立场。研究者利用自己的权威（一种依赖性权威，对传统模式的依赖达到精致化后成为权威），把自己对教学论的阐释权威化，不经意地维护着经典教学论的固有框架。相反，如果不在这一框架内研究，如果你的研究偏离了主流模式，你就在冒风险，就意味着你要疏离经典的教学论，有可能使你“自外于主流教学论”①。这样，人们年复一年，重复着模式内的研究，维持着主流模式，也维持着大家的既得利益。

2. 整体原创性研究的稀缺干涸了主流教学论的发展源泉。“我们再也不能更久地停留在目前这种状况上了。其他一切科学都不停地在发展，而偏偏自命为智慧化身，人人都来求教的这门学问却老是原地踏步不前，这似乎有些不合情理”。② 确实，教学论发展到今天似应渐入佳境了，因为苏联模式的束缚正在解脱，极左思潮的压力正在减轻。然而事实却很无情，恰在束缚解脱压力减轻之际，我们痛苦地感到了长期束缚和压力所带来的后果：以往的苏联模式已不知不觉成功地成了我们的习惯，泯灭了我们的创造火花。这种模式比任何模式都更有效地塑造着学者的思维范式，塑造着学科后继者的生产模型。许多人不仅在当时，

① 石鸥：《教学病理学》，湖南教育出版社 1999 年版。

② ［德］康德：《任何一种能够作为科学出来的未来形而上学导论》，商务印书馆 1978 年版，第 3—4 页。

而且在今日都丧失了清晰冷静的批判，他们的能力和判断都停留在特定框架内，他们孜孜不倦地工作，却在加固着束缚自己的框架。教学论因原创性研究的匮乏而失去了不竭的动力。而原创性研究的动力又只能来自基础教育第一线，来自课堂，来自学生，来自教学。偏偏这个动力源没有引起我们足够的重视。

3. 主流教学论的方法论基础具有明显的路径依赖性。所谓路径依赖，是指某一领域内人们最开始甚至是偶然的第一步往往为后来的发展铺垫了道路，指明了方向，哪怕这一方向这一路径事后发现并非最佳，但只要人们习惯了它，就很难再抛弃这以前的模式，或者说已舍不得割弃它，人们对它产生了依赖。比如，一个人习惯于某种计算机语言后，即便这以后又推出了新的更简单更适用的语言，他也不那么痛快乐意地改变自己的习惯行为方式去接受这更新更好的技术。教学论研究表现出很强的“路径依赖性”。结果是，本来明白、基础、简单的命题被历史地疏忽了（如学校、课堂、班级、语言、生活、师生等），而含混、虚无、复杂的命题反倒被历史地普及了（如因凯洛夫而出现的诸如教学过程、教学原则、教学组织形式等），现在要再转回到原本基础而简明的命题上，除非有很强的批判意识，否则已相当不容易了。教学论研究于是继续依老路径前行，发展出更多的对那些复杂、虚无命题的精致化的新技术，使得对基础性命题的关注越来越困难。本来，立足于教学实践的学术探索，可以在许多方向上进行，但凯洛夫使得我们天然地倾向于沿着他的方向行进，这样做虽然节省了许多说服自己的（因为别人都如此研究）和说服别人的精力，但却增加了使教学理论陷入困境的风险。路径依赖把我们的教学论研究锁定在一个人人都不满意的状态。

（二）教学论——游移于自己的根基的理论

教学论的根基是教学，教学论必须研究教学，特别是研究当下的、现实的、活生生的人的教学。教学论如果想有所作为，就得从教学中学习，从当前的课程改革、从当下的教学实践中学习，如果它想从教学实践中学到些什么，它又必须首先使自己成为教学的仆人。教学实践就像生物环境一样：永远在进化、变迁，永远有新的发展领域。我们不能依蝴蝶应如何飞行，而是要依它的飞行来如实描述；也不能将它钉在纸板上研究，而是在它的飞行中研究。教学中无穷尽的变化是教学论最诱人之所在。与之比较，教科书上的规律与原则等说教太乏味了，它把这个多姿多彩而又错综复杂的教学世界简化成了用很少的纸和条条就能写尽的一系列狭隘、抽象的套话，所有教科书都充满了教条。在教学论中，教学所有的弱点和激情都被滤去了，教学简单化、理想化了。我们传统的教学论正游移于自己诱人的根基之外，它的重点不在研究真实的教学实践，而在研究假想的教学实践，不在研究教学是什么，而在研究教学应怎样。

正因为这样，尽管传统教学论在基本的框架内发展出了各种详尽的规则，以涵盖诸如教学过程、教学规律、教学原则、教学内容等领域。但所有这些都无法解释学校中的时而混乱时而有序、时而理性时而非理性的状况。传统的教学论无法面对不理想的教学，它只能面对理想的教学。不用说自然科学，就是哲学、历史学、社会学、政治学等都不是首先要规范人们如何行动，而只是先对人们的行动给予理解和阐释。教学论之所以不那么让人理直气壮，就是它太过于强调让人们如何去做，而忽略了它首先要研究教学中的人们是怎么做的。

传统教学论这种不可理喻的非现实性还困扰着我们的研究。

（三）教学论——没有独特话语系统的理论

首先，主体话语系统是别人的。当前，我们读任何一本“标准”的教学论文本，都不难发现，多数令我们稍有兴趣或多少能引人思考的内容乃至稍有深刻性的文字，是外在于教学论自身的。看看 20 世纪 50 年代初翻译出版的那些苏联的教学论著述，即使在文字上，我们今天的研究都在重复着它们，更不用说概念系统了。大而言之诸如教学规律——教学原则——教学内容一教学方法的话语系统，小而言之诸如教学原则体系中的各条具体原则，几乎都是他人的。教学论研究表面是在自说自话，严格地讲，这种处处可见的“自说自话”其实是在说别人的话，我们没有自己的话语系统。教学论的大量语言是地道的日常用语，缺乏应有的专业性，只要稍读过几年书的人都能对我们的教学论一知半解，几乎任何人都能提出教学论的问题。难怪有人为自己主修教育学而感到悲哀①。

其次，缺乏精神层面的核心话语。表面看来，教学论的话语确实多了，但由于跳不出凯氏框架，这些话语既形不成体系，更形不成精神，而仅仅是在做凯氏教学论知识精致化的工作。教学论在精致化中发展，在时间中发展，但却在一个平面空间上展开。教学论的主题变化太少，一代代专家都在研究，但都是在原主题框架内研究，是“原地改良”。精细的知识是不能替代思想和精神的。目前社会科学都在谈论精神失落，唯教学论还不能这么谈，教学论不是精神失落的问题，而是形成不了精神的问题。正是在这一意义上，我们说教学论缺乏自己的话语。

再次，概念结构混乱。我们真不好意思数出寥寥几个教学论自己的概念——如果说有的话。更不好意思分析教学论的概念结构体系——因为教学论的概念系统实在看不出其逻辑理路。教学论之所以解释力不够，就是缺乏概念的系统分类。在概念的分类中，如果一个分类比另一个分类细，就可以认为该学科得到了发展。如师生关系这一概念系统，主导—主体—双主体概念的提出就是细化，细化就是进步。但不论是师生关系还是别的，教学论概念系统的细化主要到第二第三层面，这实质上意味着教学论的进步基本停滞了（这也许说明教学论概念系统的逻辑起点有问题，使得概念的系统分类在拓扑意义上细化的工作很困

① 李政涛：《教育学的悲哀与尊严》，《方法》1999 年第 3 期。

难)。确实，教学论在积累着细致的知识，但这种积累并不能导致教学论的突破。

二、新世纪的教学论：值得考虑的走向

芝加哥大学诺贝尔经济学奖获得者贝克尔说过：“经济学家随时准备放弃理论假设，毕竟，假设不是教条”①。那么，面对新的世纪，面对鲜活的基础教育课程改革实践，我们的教学论准备放弃什么？建设什么？

(一) 打破对传统规范教学论的依赖，重视教学论各种新范式研究

无论如何研究，教学论到了换一种眼光换一种思路的时候了，思维方式的改变和立足点的移动成了当务之急，至于非常完善和成熟的学说体系则只能是我们后续工作的结果。

这样，教学论的出路之一就是要敢于突破主流的规范性研究模式，重视对教学实践的描述性研究。教学论应该使自己既指导于也服从于教学实践的发展性，又指导于也服从于实践发展中的学生的发展性。教学最基本的单位是实在的教学、学生，而不是自我纠缠的规律、原则(有时人们的直觉判断比所谓规律、原则更来得适宜，有时较之课堂中的无穷变化，其原则、规律就显得更乏味)。我们除了需要赫尔巴特的研究范型，凯洛夫的研究范型，除了需要规范性研究范型以外，还需要许多其他的研究范型。包括那些我们还不熟悉、一时无法适应的范型，尤其要包括描述性研究。教学论的重要功能是对教学世界本质和教学现状是什么作出描述，这是对教学世界为何和何以如此作出解释的基础，

① 汪丁丁：《回家的路》，中国社会科学出版社 1998 年版，第 15 页。

是对教学事实做逻辑而连贯的理论建设的前提。教学论不能仅仅根据理想强调让人们去如何做，它更要理解和描述事实上人们是如何做的。比如最优化教学在理论上存在，但在教学实践中，根本就不应该也不会有所谓最优化（假如教学受一千个因素的影响，每个因素只有两种水平，那么我们要考虑的因素组合总数是二的一千次方，这个数据大到计算机都无法算出来）。可见，在任何真实教学环境中，可能性空间大得使任何一个人都无法找到，甚至无法分辨什么是最优化。最优化意味着结束，而不是发展。因为最优化状态意味着每个人都追求且仅仅追求“净成果”（所得收获减去所付出的努力或成本）的最大化。在最优状态里，进一步的改善是已不可能的了，即“无法进一步改善任何一个学生而不损害其他人的状态”。因为每个人都在充分发展中，再有所改善，就会打破教学的最优状态，从而损害别的人。

有人认为，思想的内核不会被思想的形式所遮蔽，但我却坚持认为，思想的内核确实能被思想的形式所遮蔽，何况研究范式绝不单纯只是思想的形式。凯氏框架下的规范性研究模式确实遮蔽了教学论的思维。在这个意义上，传统背景中成长起来的教学论研究者，几乎无一例外地受到传统教学论范式的限制。因此，对范型的突破远比框架内教学论精致化来得重要，突破就是创新，当一种理解生命力旺盛时，它对实践的征服力量远大于它对自身理论精致化的关心。

（二）正确理解并追求教学论的科学化

不论在哪种意义上，对教学论科学化的追求将是持久的追求。当这些追求积累到足够的分量时，传统的权威教学理论就得让步。正因为这样，科学化的任何追求都令人起敬，但必须防止把科学化理解为自然科学化。

有人以为，教学论的困境是因为教学论太不自然科学化、技术化了，在他们看来，摆脱教学论困境的首要办法就是对复杂的以人为核心的教学获得透明的认识。力图将教学完全定量化，将教学论自然科学化的努力就是这种思想的实践体现。这些人总以为自然科学的方法对于教学论也像对于自然科学一样无所不能。其实这种实践是不可能的，这种思想是有害的。

世界上没有完备而无矛盾的逻辑体系。在自然科学中，研究者（主体）并不能包含在研究对象（客体）之中，主体以一个超然于客体之外的分析者的身份去对待这个客体对象。而人与自我、人与人、人与社会是主客体同一的，人不能将自我、他人、社会作为一个置身其外与己无涉的客体对象去认识，相反，对社会对他人对自我的认识是人自身认识的重要维度，这是社会科学与自然科学的区别，也是教学论与自然科学的区别。① 它致使教学论研究在许多本质意义方面不可能完全量化不可能自然科学化，不可能获得透明的认识和绝对的把握。

定量方法在教学论中只能帮助解决问题的个别环节，只能为教师提供一些技能技巧，但这些技能技巧永远无法达到教学上的终极目标，教育中没有任何东西是凝固的，技术不能成为教学论的本质。教育科学的发展确实得益于自然科学的成就，但目前一定程度上对自然科学方法的误读、误用，却反过来正在威胁教育科学的基础。只要看看那种精心谋算、什么都求可操作可测量的心态，看看那些为德育的量化为品行的记分而沾沾自喜的“研究成果”，我们就已经隐隐感觉到教学论整体的危险。

我们认为，教育科学与自然科学的联系，既不在前者都将变为后者，也不在后者能为前者提供全套概念体系方法依据，而在于自然科学将为教育科学的发展提供新视野新思路。教学论研究是一种对象为人的精神创造活动，在精神价值领域，大凡自然科学方法以及作为其基础的经验因果，皆不宜套用。

---

① 邹进：《现代德国文化教育学》，山西教育出版社 1992 年版。

教学论的科学化要求建立自己的话语系统和概念体系。这在目前特别需要做好以下工作：以特定的教学论话语来理解特定的教学论；在中国教育这一宏大的社会实践中去重新阐释（含创造性“误读”）特定的教学论（中国有出色的教学实践，无出色的教学论）；在阐释再阐释的基础上形成教学论的话语系统和语言系统；把我们的教学论介绍给西方社会进行交流，从而进一步完善自己的教学论。

教学论的科学化要求教学论研究者首先是科学家，然后当然也最终成为改良家。当研究者努力去解释、揭示教学世界时，他是科学家；当他努力去改善教学世界时，他是改良家。二者应有不同的研究规范、目标和语言体系。当有人说：小学英语20分钟一节课比50分钟一节课更有效，他更像科学家，他作出了一种关于教育如何运作的描述；而当他说：该学校可以升格为大学，他更像一个改良家，他做出了如何改变教育的表述。前者是实证的，实证表述是描述性的，是关于教育是什么的表述，重实然；后者是规范的，规范表述是命令性的，是关于教育应该怎样的表述，重应然。前者一般可通过检验证据而证实或证伪；后者仅靠证据不能证实，因为确定政策不仅是科学问题，还涉及对伦理、价值和文化传统的看法。教学论的目标主要是改善教学的运行。教学论研究者应该不断跨过界限从科学家变成改良家。但这一切的基础是准确揭示教学世界，是先有意识地去做出色的科学家。这方面我们往往角色混乱，无根基地求目标。对教学了解不透彻，就谈不上有效地改善教学。

（三）开放教学论研究的边界

我们的理论一直认为，必须先界定清楚教育问题，才能研究这个问题。如果不能清楚界定问题，又能拿它怎么样呢？当然就不能很好解决问题了。完全制度化的教育学三分科（教育原理、教学论、德育论）就是这种认识的产物。三分科边界不仅人为地分割了学科间的联系，而且也从根本上限制了、分割了教育与社会、与人的联系。① 一旦我们将越来越复杂的教育生活分门别类地人为组织并强行纳入到特定学科的边界内时，我们就别想指望教学论对教学实际有真实而完整的理解与改造，因为我们不能对那些有待于我们去发现去解决的问题的范围进行限定。

我们的研究对象许多是其内容尚未界定清楚的问题。教育能够在完全没有被明确界定的环境中运作。当代教育中有许多问题都在我们的控制与把握之外，都是我们的三分科理论既有所涉及又不能完全包容的。它们有些几乎全无雏形、无先例可循，与传统教育大不相同。实践才不在乎问题是否得到了清晰的界定，这些问题以前所未有的方式，把我们抛离了所有传统的经验与清晰的认识之轨道。然而，学科不能解释实践之时，正是对学科提出挑战、进行学科重组之日。教学论专家们难道还有什么理论假设是不能放弃的？“我们不相信有什么智慧能够被垄断”。② 构建21世纪教学论需要学科边界外的研究，需要吹吹学术的新风、发出新的“声音”，这些“新声音”也许“野性”一点，也许不那么“入流”，但它们能带来学科的转机、开拓学科研究的新领域。③

（四）回归教学实践，开掘发展源泉

由于主流教学论背后是一个利益场，而且教学论同任何事物的发展一样都有“路径依赖”的性质，这就把本来简单的命题遮蔽了，并且导致人们倾向于沿着主流的规范研究方向进行探索。事实上，教学论有不同的理论研究。但它却只有两个不断生长变化但又绵延不绝的发展源泉，一是教学实践，一是学生。

就是说，教学论既是一门研究教学的学问，本质上它更是一门人的

① 石鸥：《面临考验的教育学边界》，《教育研究》2000年。

② 华勒斯坦：《开发社会科学》，生活·读书·新知三联书店1997年版，第106页。

③ 石鸥：《面临考验的教育学边界》，《教育研究》2000年。

意味和实践意味很浓的学问。

这实质意味着，教学论的研究应使自己服从于教学的现实性，在当前特别要服从于基础教育课程改革的现实性，随着改革的深入、实践的丰富，教学论应不断同自身决裂。这是一种由理论转换的研究范型的决裂，是一种研究现实的决裂。这种决裂是边界的突破，也是教学论研究的突破。

（原载于《湖南师范大学教育科学学报》2002 年第 1 期）

德育困境中的病理性说服教育及其诊治原则

对于教育改革来讲，最困难的改革通常是德育改革。对于社会进步来讲，最真正的进步是人们的思想进步，教育与社会危机的发生并非总因为教育与人们的处境越来越坏，有时候教育的痛苦在减轻，人们的生活变好，但教育与社会的风险却在增加。于是，出现了全球性的对教育尤其对道德教育的关切与反思。

我国学校教育有突出德育的传统，近年更提出“德育首位”论①。然而遗憾的是，高涨的道德热情和巨大的德育实践，并未收到应有的道德效果。面对几十年一贯制的德育，当前学生的主流态度几乎是：怀疑乃至拒绝，用教育病理学的术语来讲，我们的德育出现了病理性症状，德育的现实结果与预期目标相距太大，有时甚至恰好相反，即出现所谓德育的负效果。有研究表明，德育陷入困境的原因相当多数来自学校外部，多为学校德育所鞭长莫及。但我们的研究发现，学校德育理论的不成熟与德育操作的欠科学加剧了困境的严重性。问题在于，德育理论与德育操作系统应为德育困境承担哪方面的责任？能否通过改进德育实践提出消除或减轻德育困境的可操作性强的策略？德育本身是否应承受道

① 可参见顾蕴玉：《坚定不移地把德育放在学校工作的首位》，《人民教育》1990年第7期。

德的批判与科学的检验？对此类问题的关注构成了本文的重要意图。

一、德育过程与说服教育

我国一般将德育过程看成是教育者对学生施加一定影响，从而培养学生良好的思想品德的过程。即德育工作者希望有结果X，他们通过特定方式使受教育者发生达到或趋近X的行为或心理倾向变化。关键问题是：怎样才能使受教育者成功地发生德育工作者所预期的行为或心理变化？解答这一问题极为困难，弗洛伊德把“道德心”看成来自儿童对父母榜样的内化，行为主义者把道德行为完全看成是外部控制的奖励和惩罚的结果，社会学习理论派则强调榜样和模仿的重要性等。从实践看，这些意见都重要，但都只看到了德育一个侧面。我们认为，使受教育者成功地发生预期变化，一般除了成熟因素外，主要归之于两大类原则和方法或操作系统：一是说服教育及其派生物，如理论的灌输、榜样的影响、潜移默化的感染等，以其自觉自愿为基本特征。一是强制教育及其派生物，比如惩罚、纪律约束、制裁等，以被迫性非自愿性为基本特征。后一类操作系统在终极意义上达不到预期德育目标，行为一旦被强迫，它就不能看成是道德的。

所以不论是从马克思主义的道德准则来看，还是为德育的根本效果计，我国学校的德育，显然应以说服教育的操作系统为核心，这至少从理论上为德育目标的实现提供了可能性。

问题恰恰在于，一方面较普遍的以说服教育为重要操作准则，另一方面德育工作并未达成预期目标，我们并未解德育于困境，是说服教育变异，还是运用说服教育不当？当人们纷纷指责社会的影响及学校的失责时，我们回过头来却惊奇地发现，说服教育理论上完全泛化，实践上仅停留在常识应用侧面，对说服教育本身的研究令人不解地被忽视了，尚未发现有研究触角伸向说服教育的内在特征及其结构。人们仅仅把“说服”理解为通过讲道理的方式而使对方自觉服从或相信（做什么或不做什么）。这种说服显然忽视了一个重要基础，即在充分占有事实的基础上讲道理，没有这个基础的“说服”便是片面“灌输”，虽然并非无效，但至少无道德价值。因而本质上它已背离了自身，已经“患病”，已经成为病理性的说服教育。

二、病理性说服教育

先看一个实例：一个很有物理学潜能的学生，被其老师反复“说服教育”，认识到到艰苦农村干事业的光荣和重要意义，从而自我抉择：放弃上大学的可能而毅然下农村。此为典型的“说服教育”，学生是被说服后自愿自动作出新的行为变化的，且符合教师预期目标。但我们注意到，这种说服首先忽视了学生的素质特征——他更长于物理学，在该领域也许会有更大作为，其次它忽视了“支援农村”这一主题的全面信息的提供：光荣与痛苦共存。这样，这种说服使学生在对自身、对去农村的信息都掌握不充分的前提下作出了行为抉择，发生了教育者预期的行为变化。

这种最常见的说服教育是一种病理性教育，我们称为控制性说服教育。所谓控制性说服，指的是说服者并未全面准确向被说服者展示相关信息，仅仅靠某些“道理”来主观引导对方而使对方发生行为变化的说服。其出发点是控制受教育者的理解而不是帮助他们理解，其手段是隐瞒事实真相，只向被说服者展示一部分信息而隐瞒另一部分信息，并以某些道理加以引导从而达到改变对方的行为或抉择的预期目标。因为一旦向被说服者展示了全部信息，就可能达不到说服者的预期目标，或者说，如果不隐瞒某些信息对方就不会被说服。控制性说服重灌输，重道理的宣讲、重舆论的导向，但忽视信息的提供，忽视真相的告知。

我们许多德育工作者对学生只谈资本主义的黑暗性而不谈其积极面，对领袖或英雄人物，只讲其崇高精神与超凡智慧而不讲作为普通人所无法避免的缺陷，等等，都是控制性说服。日常生活中最普遍最典型最大量的控制性说服是商品广告，其基本特征是在未充分展示全面而客观的有关信息的基础上进行主观诱导或控制诱导。

控制性说服本质上背离伦理准则。他们没有把人当作目的，当作可完全信赖的对象，而是当作手段与工具。在道德意义上，每个人都是自己的主人，不需要隐瞒真相的说教的牧师，只需要提供准确信息的参谋，决定权首先应在当事人自身。尤其当人们已具备相当的道德推理能力和道德水平时，人为地将他们看得比自己低一等级需要自己选择性提供材料进行控制性引导，本身就是不道德的。在控制性说服中，人们以伟大目的为理由而使用本质上违背基本的普遍的道德戒律的手段与方法，其实质是以道德的完人来控制性恶的平民。

首先，这种说服是不诚实的或接近不诚实，它提供的不是全面而正确的信息，而是说服者本人筛选后的有利于他自己（或者，他认为代表了官方）的信息，因而在一定意义上这种说服可以看作故意的欺骗，尽管多数情况下这种欺骗主观上至少不是恶意的。问题在于我们如何能够在善意的欺骗性的操作方式中超越欺骗性呢？问题还在于，只要一个人用自己的理解来控制代替他人的理解从而进行抉择，他就是不道德的，而不在乎他对他人是恶意还是善意。就是说，不能用不道德的道德教育去实现道德的灌输。

其次，这种说服教育的效果是暂时的。因为它是通过隐去部分事实来控制对方的理解与行为，而事实岂能长久隐瞒。即便学生去了农村，但时日一长，当他知道自己原来更适于物理学等全部事实后，他对自己先前的抉择及其信念就可能发生动摇，就可能积怨于教师并转移到社会，就可能使我们失去原来的成果，正好比某一时期人们被说服相信干部都是优秀的公仆，在心中形成了干部廉洁的思维与道德认识定式，至今日真相大白后，干部中的腐败现象大大挫伤了人们的道德热情，大大改变了人们的道德认识，以致大有被骗之感，而且降低了宣传媒介与教育者自身的可信度，使被骗感泛化。更有甚者，可能出现另一极端逆反现象：根本不相信有好的干部，不相信党风能真正好转。隐去部分事实虽有当下的说服力但无长远的巩固力，如果人们发现自己连真相都不让了解，他们会恒久地相信这种宣传这种教育者吗？

再次，控制性说服教育缺乏理论一致性，极易导致目标偏离。一方面，这种说服的核心在于教育者用一定道理来说服受教育者，而不同的教育者心中显然有不同的“道理”，这个“道理”的道德标准与价值准则只能主要由教育者自己掌握，于是不同道德水平、不同经验与文化背景的教育者将会阐释出不同的道理来。另一方面，这“道理”是相对的，受时间地点制约性很重，没有永恒的“道理”。恩格斯曾就“切勿偷盗”这一道德标准作了分析，深刻指出，在物质高度丰富偷盗动机已被消除的社会，已不存在偷盗，这时再宣布“切勿偷盗”便没有任何意义①。谁能否认 20 世纪 50 年代的“道理”不与“大跃进”、反右相联系？随着时间的流逝或空间的位移，彼时地的道理也许此时地成了谬误。再则许多说服者说服用的“道理”须以信仰为基础，信仰先于道理，所谓“你们若是不信，定然不会有知”②，使受教育者进入信仰状态，再给予说教，“理”就不那么重要了，“文革”是为典型。这在统一的道德信仰发生动摇时，就大为失效。新中国成立以来几次大规模的思想政治教育留下的严重逆反心境和冷漠感情（它们为今日德育的开展带来了极大的困难与阻力），在相当大的程度要归之于当时的思想政治教育太倚重信仰，又隐去了太多的真相，并歪曲了许多道理，而今天信仰发生动摇，人们发现这些真相后产生太大的心理异变。这种情况

---

① 《马克思恩格斯选集》第 3 卷，第 133 页。

② 《旧约・以塞亚书》七・九。

下，说服者未必先被说服，他们用以说服别人的“理”未必先说服了他们自己。可见，“道理”的相对性加上信息的不充分性，势必导致偏离预期目标。在这一意义上，说服教育是危险的，换言之，如果真理以控制性说服的方式表述出来，我们如何能够在明显的主观性说教中超越主观性而分辨出真理呢？

最后，在信息化的现时代，这种说服教育尤为力不从心，今天教育者再也无法全面控制信息渠道，隐瞒真相日益困难。控制性说服教育再也无法使人对其坚信不疑。如果我们连全面提供信息和正视基本事实的勇气都没有，甚至害怕受教育者全面地掌握信息和了解事实真相，那就意味着我们站在注定要失败的位置为道德而战。如果再这样下去，21世纪的历史——不，本世纪末的历史就将很快吞灭我们的德育。我们并不缺乏道德的教育，而是缺乏道德教育的道德和道德教育的科学，我们的教育者并不缺乏人格的善，但他们人格的善并不能消除他们所运用的操作程序的恶。

控制性说服教育使我们尝到了逆反效果与负效果的苦头，它加剧了德育的困境。

三、病理性说服教育的诊治和改进德育操作的原则

1. 进行开放性说服教育，消除说服教育中的病理性

真正的“说服教育”是通过说明道理和提供事实信息而使对方自觉服从或使对方自动出现某种服从性的或预期性的变化的一种教育方式。这实质上是一种开放性说服教育。通过讲明道理和提供事实信息使对方能自觉自愿地服从或自觉自愿地根据德育工作的预期要求发生变化。此乃德育工作的最高境界，它带来了受教育者内心的变化，这是使

受教育者不但习惯地遵守社会规则，而且逐渐成为超越道德训练的人，并最终达到道德自律的高度的一条必由之路①。可见只有使受教育者在明了道理、认清事实基础上发生符合教育者预期目标的行为变化的说服教育，才是本质意义的理性的或开放性的说服教育。

开放性说服教育有四个要素：一是说明道理，二是提供信息，三是使受教育者自动主动地发生行为或心理变化，四是所有变化都达到或趋近说服者的预期目标。“说明道理”的实质在强调“应然”，“提供信息”的实质在告知“实然”，前者体现了对至善的信仰，后者展示了道德直面的现实；前者带有对学生的诱导性，后者则让学生根据信息自己抉择。二者都是为了使学生发生预期的自主自觉的行为与心理变化。很显然，病理性说服教育不具备完整的四个要素，开放性说服教育的最大优点在于它扬控制性说服教育之长而无有其短。

从教育策略上讲，控制性说服对未成年的学生、对特殊情势下的宣传要求是相当奏效的。当学生道德水平不高判断能力有限时，尤其是当形势紧迫必须使大家达到某种一致认识时，通过强化某些道理并有意回避一些事实，调控人们的心理变化以达到预期目标，能收到立竿见影的引导效果。不问条件向学生昭示某一事件的全部真相，从近期效果看并非总是在教育上可行的，尽管从长远看在道德意义上这是可行并应该的。然它毕竟以隐饰部分真相为特征，这使它患致命的反道德病。

开放性说服教育扬控制性说服之长，强调道理引导与教育的重要性，又无有其掩饰真相之病，使对方在了解真相的基础上明白道理，而后自主行动来达到预期目的。它不是控制理解而是帮助理解，因而它体现了较纯粹的理性原则，反映了基本的伦理准则，具有独特的道德地位。前例当事人仅被告知去农村的光荣，这是病理性说服，如果同时还告知有艰巨性，被告知他有物理学潜能，那就是开放性说服。他知道不

① ［英］T. W. 莫尔，《教育哲学入门》，西南师范大学教育系 1986 年油印本，第 5—7 页。

同抉择的意义与性质，因为知道去农村或上大学后的全面信息与结局，尽管有教师指点，但抉择权完全在学生自己。学生的抉择是自己权衡再三作出的，事实的发展也能证实他们作出抉择时所参照的信息事实，日后不至于产生所谓“上当感”或“受骗感”，这样，它的效果既有短期的当下性，又有长远的恒久性。

2. 提高说服教育的科学性，缓减德育困境

神圣的德育实践，却偏偏带来冷酷的道德异变。研究已经发现，我们有德育的热情却无德育的技术，无清晰的德育科学，最终势必导致巨大的德育失效。此故，为缓减乃至解除德育的困境与说服教育中的病理症状，必须提高说服教育的科学性，使之行进在最优化轨道上。为此，德育实践应该遵循如下原则。

多元化原则。认识到德育的一元时代的结束和多元时代的到来。传统上，德育的开展主要由较单一的教育和单一的宣传媒介来进行，旨在灌输单一的道德信念。信息来源渠道有限，因而可以集中力量来强化某一教育，求得集中的迅即的效果。这正是社会主义计划经济体制与单一管理的优势。而至信息化的今天，书写与宣讲的教育正转向图像的教育，信息日益繁杂，单一教育、单一宣传与单一信息的强控制强影响时代已一去不返，如果仍死抱传统态毕其功于一役，欲求全面迅即的德育效果，结果只能让人失望。

适应道德水平原则。将说服教育恰当定位在适应受教育者道德发展水平上不同年龄阶段的学生，道德发展水平不一样，这就要求说服教育采用的“道理”和方法要适应这不同水平，太高于或太低于受教育者的原有水平都收不到预期效果。A 在帮助妈妈做家务时不小心打碎了一只碗，B 趁妈妈不在家偷吃糖果时打碎了一只碗，应该谴责谁？不同年龄阶段，不同道德发展水平的孩子显然会得出相当不同的判断，国外的实验研究表明，儿童拒绝接受低于他们现有水平的说理，但对他们的道

德说理略高于现有水平的话，儿童的学习与接受就是积极的①。遗憾的是，我们以往的德育工作者常常不分对象，按一个模式操作，不是过高于学生水平的空洞说教，就是太低于学生水平的枯燥灌输，说服教育上下不着边际。这一重要原因几乎没有被人们意识到，至少没有体现在德育操作系统上。

适应智力水平原则。将说服教育恰当定位在适应学生的智力水平上。道德教育研究发现，道德判断与智力有正相关，德育的成效与是否适应智力相关联。著名道德教育专家柯尔伯格的研究表明：学生要进行道德的推理，就必须在认识上是成熟的，除非学生能变得很聪明，否则永远也不会道德推理。无道德推理就无道德尺度，就只能盲从。传统德育仅展开于伦理的、信仰的层面。信仰压倒理性，灌输取代启发。计划体制下这确实有效，因为人们是被信仰支配着，上级如何灌输，百姓就如何接受，权威如何思维，人们就如何存在。今天多元的市场经济条件下，智力上思想上推理能力上大异昔日的学生怎能再操用旧时的轻视理性手段？某大学宿舍发生这样一次讨论，主题是某党员忘我工作、舍小家为大家，甚至孩子病了无暇管，导致了催人泪下的结局。这种事迹在昔日感人肺腑，而今天，学生反应更有新意，他们推理出这种结论：第一，孩子是祖国的未来，是国家财产，牺牲孩子的发展本质上是视孩子为私有财产，这本身就不道德；第二，在和平时期，有什么工作比孩子的性命还重要？这种人不是我们推崇的榜样。可见，道德的营养若不融入理性的成分，就无法注入今日学生的心身中去，如果不变信仰德育为理性德育那就不难理解为何德育工作“今不如昔”。

教育者权威原则。提高教育者权威，充分实现德育目标。研究表明，说服者越具权威越有威信，说服教育就越有效，被说服者就越容易产生教育者所预期的变化②，传统的病理说服之所以有成效，因为当时

---

① 转引自陆有铨：《皮亚杰理论与道德教育》，山东教育出版社 1984 年版，第 137 页。

② Leslie W. Kindred, *The School and Community Relations*, Prentice-Hall, 1984: 84.

的说服者如教师，各级领导，政府官员包括宣传媒介在人们心目中有很高威信，有相当权威，学生容易“服”，而至今日，一些政府官员的腐败，教师的贫穷与寒酸，大众媒介与金钱联姻等，使教育者在人们心中的威信大降，教育者地位低下直接妨碍德育目标的实现。为此，一方面要加强廉政建设，更重要的是迅速改善教师待遇，因为这已不是一般意义上的策略，而是涉及青少年一代健康成长的重要战略。

利益原则。说服教育与个人利益结合，这是德育实践中的有效策略。“为了自己和家人的幸福，戒绝毒品”比“严禁吸毒”也许更能打动人心，所谓“晓以利害”是也。德育效果不佳，很大程度上是违背了这一原则。要知道，道德精神的基础应落到对人自身的关注和关怀上。但是，我们主张利益原则不同于纵容利己主义，在社会主义市场经济条件下，个人利益与集体利益和国家利益在根本上是一致的，个人的发展与社会共同体的发展是相辅相成的。我们强调利益原则当以把集体利益和国家利益放在首位为前提。

伴随我国计划经济历史使命的完成，以病理性说服为核心的传统德育也已走完它的思想和实践历程，本质上不道德的德育已经而且正在加重日益增多的学生的道德反叛。变革迫在眉睫。以开放性说服为核心的教育应该引进德育操作系统。

（原载于《湖南师范大学社会科学学报》
1994 年第 6 期）

网络教学的潜病理及其对策分析

——网络教学三论

一

网络世界将构筑新的人类生存空间，也将构筑新的教育空间。而网络技术的每一个进步，总是又给人们留下一个又一个难题。诚如西哲所言："一切社会进步都有一个共同的特点——它总是右手扔给人类一束闪光的金羊毛，左手又悄悄拿走一点人类原来拥有的东西。"①

（一）网络教学在时空上的无限性，使人们享受到了前所未有的自由，但也可能导致自由与约束的失衡

空间既可以用距离来衡量，也可以用时间来衡量。时空本来就是一回事。空间的意义是与生存的意义连接在一起的。历史上，人类为争夺空间发生了多少争战，耗去了多少生命。时空的障碍剥夺了人的自由，限制了人的发展。网络之所以一诞生就引起无数人的瞩目，其重要原因正是它的时空无限性。网络，它使"近"与"远"、"这"与"那"的

① 高丽华：《电脑与网络》，暨南大学出版社 1998 年版，第 104、111 页。

界限变得模糊，使时空结构发生了根本变化，使人类第一次实现了世界范围内学习的自由。网络推动的毫不停顿的教育将使关于时间和空间的传统概念土崩瓦解。学校将延伸到一切空间和时间，网络拆除城乡教育篱笆，打破学校建筑边界，建构无围墙无时空的“虚拟教室”（virtual classroom）和“虚拟学校”，使学生从封闭的圈子走向一个无班级、无年级甚至无国界的广阔学习空间。① 学生坐在家里，连上互联网，就可以享受最好的教育，② 能在任何时间跟也许相隔 8 个时区的教师交流。

“随时随地学，随时随地教”的网络教学终于把教师和学生从时空的桎梏中解放出来了。没有了课程表、教师和教室的约束的学生呼吸着自由的空气，却不知自己正遭遇着一场前所未有的考验！

通过网络，学生和老师的交流瞬时化了，但从物理意义上说。两者的时空距离却拉远了。孩子们将终日在没有老师在一旁指点、同学在一旁激励的情况下学习。这情景令很多学生家长和教育工作者感到恐惧，对他们来说，这无异于把孩子独自留在了“火山口”。在这个成人尚且难免迷失的空间里，又何况心智未成熟的孩子们呢？以互联网络技术为基础的这种更少人为干预、过问、管理、控制的网络环境，必将对人们的道德水平、文明程度进行一项意味深长的新考验。可是当考验的对象确定在孩子们身上时，我们感觉不到丝毫的有趣，反而觉得无比沉重。③

终身学习和未来竞争，越来越要求每个学生具有为自己承担责任、自我约束的能力，这意味着，自由必须与约束、与责任同在，有了自

---

① 石鸥、张豫：《超越时空的教学》，《湖南师范大学社会科学学报》2002 年第 3 期。

② 最近关于北大启动了中国第一个校园无线局域网的消息令人振奋，因为这意味着今后在校园范围内，学生无论走到哪里，不用任何连线，只要打开笔记本电脑，就在网上。

③ 据报载，2002 年一名 16 岁的学生在家中杀死了亲生母亲。这个曾经当过团支书，开朗、热情的男孩一接触到互联网.，就感觉找到了一片自由快乐的天地而沉溺在其中。而网络这个虚拟世界给一个未成年人描绘的自由显然有着太多的虚幻色彩。它使得这个心智发展并未成熟的少年忘记了现实社会的一个自由人必须遵从的基本法律，他最终走向了自由的反面。《哪根链条断了……》，《文汇报》2002 年 6 月 7 日。

由，就必然要有自律、要有责任。学生有了上网、选课、选教师的自由，随即就必须有思考自己选择的依据、对自己未来人生负责的责任。否则，网络上无边的自由将成为学生发展的灾难。

（二）网络教学在内容上的超大容量，为人们提供了无限的信息源泉，但也可能导致情感态度与体验的缺乏

人们在生活的每一个瞬间都能享受到信息技术带来的好处，网络带给教育的福音足以和当年的印刷术相比。印刷术使信息可以大量复制并传播到较远的范围，为教育的发展起了关键性的推动作用。但是它未能突破远距离传送的“瓶颈”，未能提供给人们更多的自由交流的空间。这一切愿望在网络上得到了最大限度的满足。全球范围内的传递与共享，零成本的复制，小人物话语权的实现，使人们独自娱乐，“心游万仞”，享受与遥远的人事打交道的快感……

但是当人们还在赞叹网络为他们准备的信息盛宴时，已有不少人发现这场“盛宴”独独让情感教育和体验学习这两道“主菜”缺席！

“教育的一个特定的目的就是要培养感情方面的品质，特别是和人的关系中的感情训练。”① 知识的价值确实重要，但只有融合并构成为主体自身的价值、态度、信念的知识，才能达到安顿自身情感的目的，也才是主体的真正知识。一切停留在情感体验之外的知识对主体来说只是死知识、假知识。对意义、价值与美的感受和理解绝不是客观化、概念化的知识分析所能代替的。缺乏情感体验的融入，教育或许能在大脑中留下痕迹，但无法在心灵中、在人生中留下震撼。从这个意义上说，任何课程的意义都需要通过学生真实地学习或生活过，才可能感悟到体验到。而生活是符号所无法替代的。没有感悟和体验的生活对生活着的人来说是什么样的生活呢？没有感悟和体验的信息意义对于信息主体而

① 联合国教科文组织编著：《学会生存》，教育科学出版社 1996 年版，第 194 页。

言又是什么样的意义呢?①

学生因网络而更方便地获得信息获得知识，但网络媒体的介入却使人际交流变得间接化、符号化、“数字化”了。令人担心的日子正在到来：学生终日与网络相伴，“人机关系”密切，人际关系却疏离，看不到人的真实表情，体验不到真实态度，师生呈永久性分离状态。教师的“言传身教”“润物细无声”的情感熏陶都不复可能了。学生只能通过冰冷的机器和标准的符号与教师交流，而教师则利用电子邮件、网络会议为学生答疑解惑。这些现代化手段也许及时、高效，但是却缺乏人情味，像机器印出来的油画一样。在网上，师生像机制油画一样也成了数字化的存在。英语中有一对单词的关系用于说明这一点颇为恰当：information 表示信息，formation 具有“陶冶”的含义，两者之间仅差一个“in”，而“in”这个前缀在英语中含有“否定”的意思，可不可以说，否定了“陶冶”剩下的就是“信息”?

互联网也许可以让人们体验到许多以前在自然界无法体验到的感官刺激，但它同时也剥夺了孩子们体验自然、体验真实人生的机会。“四体不勤”有可能成为网络学生的普遍特征。“电子宠物”的死而复生、电子游戏里的无尽厮杀使他们不懂为何要珍惜生命。他们会毫不顾忌地践踏小草。他们不会聆听夏夜山间的天籁之音，也无法体验“家书抵万金”的心跳。一个人的冷漠比无知更令人感到不安。现代人的生活在网上。离开这张网，其实我们什么都没有。那夜空下人月相依心境相溶的情调哪去了？相聚的那份激动与兴奋哪去了？喧闹市井里心的宁静哪去了？童年的乐趣哪去了？那意境那心情那体验都在网上消失了。

网络还被称为“争夺眼球的战争”，为了吸引网民的注意，色情惑众、暴力宣泄都成了取得更高的点击率的“法宝”。当所有这些都放在

① 石鸥等：《在过程中体验》，《课程·教材·教法》2002 年第 8 期。

孩子们“触手可及”的地方时，我们就没法安坐不动了。[1] 过度的视觉（暴力、性爱、死亡）刺激最终将导致网络儿童综合征，使他们的感觉麻木，理解困难，失去判断力，心理紊乱，词汇贫乏，极易产生好斗与反社会行为。除非我们采取有效的行动，否则网络教学培养的将是知识面越来越广、知识越来越丰富却越来越不喜欢学校的人、越来越冷漠的人。这些人恰如美国学者大卫·里斯曼（David Riesman）在其社会学名著《孤独的群众》中所描写的，仿佛个个都变成了头上顶着两根天线，焦虑地吸收着轰炸而来的信息的可怜新人种，他们在信息的大海里随波沉浮。[2]

我们原以为传播科技的进步将带领大家进入“天涯若比邻”的境界。但是，谁曾想到，随着“天涯若比邻”的实现，却迎来了“比邻若天涯”的人际疏离时代？开启了互联网，就是找到了“芝麻开门”的秘诀，但与此同时是否也启开了“潘多拉盒子”？

康德说过，高尚是意识到自己渺小时所体验到的那种不寒而栗。而当我们有限的教育能力面对无限的虚拟世界时，所产生的类似感觉恐怕就不是高尚了，只能纯粹是不寒而栗。

（三）多媒体的信息传播在方式上使知识变得有趣、易学，但却可能导致浮躁的学习态度和无深度的思维

确实，信息技术的高度发达，使人们省略了许多运算过程和推理步骤，甚至省却了许多文字阅读从而进入“读图时代”，书写的教育正转

---

① 美国一位母亲在《新闻周刊》上载文，讲述自己 12 岁的女儿遭受网络黄毒侵害的经过。她说，当家中的电脑接入互联网时，女儿兴奋地投入到与各地孩子的网上闲聊中，父母提醒她“要学会自我保护”。但有一天，当父母发现女儿的邮件中有不少不堪入目的性场面的图片时，这位母亲才意识到自己犯了一个大错误：一个 12 岁的孩子无论如何也做不到“正确处理”这种信息。这等于把小孩送到糖果店中，给她一兜钱，却告诉她不要买任何东西。

② David Riesman, *The Lonely Crowd*. New Haren; Yale University Press, 1965.

向图像的教育。这是一种进步，是技术上的进步，但进步的背后难道不是对人类智慧和思维方式的极大挑战？难道不是对人类传统的阅读和写作能力的极大挑战？读图，这是未识字的幼儿的行为啊。我们难道又要回到幼儿时代？读图，或信息的高度图像化能达到迅速刺激感官，特别是视觉器官的效果，将诱导人们用“看”的方式来认知世界，而排斥“思”与“想”。在令人着迷的形象中，学生们无须阅读，不想思考。在图像面前，细细阅读、思考品味的动力已经没有，因为根本没有什么值得品味，品味的基础没有了，思想的基础也没有了。这并非危言耸听。英国一项对21岁的青年人的调查发现，有半数以上的人不会阅读手写的信件。① 阅读与写作对保护和发展人类思维的作用是不可替代的，到目前为止还没有一种手段能够如此直接、精确、严密地反映人类的思维过程和成果。网络营造的平面化、“快餐化”的教学文化，正在消解教学的思想深度。

（四）管理上互联网接入的平等性、开放性，为学习化社会理想的实现提供了保障，但却直接因网络引发了道德行为问题

互联网以其接入的开放性、平等性为教育的普及化提供了物质支撑，而其超大容量的信息汇聚和信息的共享无损性使终身教育、全民教育在网络上终于找到了容纳之所。比尔·盖茨童年的梦想是：“在每张书桌上，在每个人的家里都有一台电脑。”② 而他现在的梦想则是：“世界各地的人在自己家中就能学习最好的课程，学习任何科学知识并有世界上最好的老师讲授。”③ 这个理想随着在线学习（E-learn）的广泛开

① 转引自苏春景：《关于Internet对教育负面影响的思考》，《电化教育研究》2000年第3期。

② ［美］珍妮特·沃斯、［新西兰］戈德·德莱顿：《学习的革命》，顾瑞荣等译，上海三联书店1998年版，第9页。

③ ［美］珍妮特·沃斯、［新西兰］戈德·德莱顿：《学习的革命》，顾瑞荣等译，上海三联书店1998年版，第9页。

展正一步一步变成现实。据悉，麻省理工学院的公开课程已向我国高校开放。

但是，流光溢彩的网络背后，也许正隐含着一个个“杀招”。网络既可以传播知识，也可以制造精神鸦片；既可以成为精神凝聚力的重要中介，也可成为思想混乱之源。网络可以大规模传播生活享乐主义，让精神空虚感弥漫于虚拟世界中。网络上，人们都以数码的形式存在，他们作为自然人的特征、身份都被屏蔽。任何人都可以通过一台联网的计算机进行网络行为，而整个过程完全匿名。用“数字革命的传教士”尼葛洛庞帝在《数字化生存》中的一句话来说：“在网络上，每个人都可以是一个没有执照的电视台。”① 这就使得我们对付网络违法多少有点“黔驴技穷”，恰如有京剧所唱：“你打他，苍茫大地无踪影；他打你，神兵天降难提防。”② 有人更直接地说，网络是一片道德和法律的真空。由于网络，一切都那么脆弱。一个病毒可以导致社会混乱和骚动。1998 年，一名 15 岁的美国学生和一名 18 岁的以色列学生使美国军方和政府机构 500 多个部门的电脑遭到攻击；去年我国湖北高考招生网络的瘫痪竟是一名考生的哥哥报复的结果。自近代确立起来的权威、制度以及规范正在被网络摈弃，网络社会的核心精神“怎么都行”（Anything goes）已成为黑客们并正在成为全社会青少年的精神信仰。

（五）网络教学资源上的信息全球化使教育“面向世界”的理想成为现实，但同时可能给教育的民族性本土化带来巨大的冲击

互联网最大的优势之一就是超越时空限制，打破各种有形和无形的壁垒。可以说，手指轻轻一按，世界尽在眼前。搭乘着互联网这个“特快直通车”，我国教育“面向世界”的自觉意识正变成现实。但是

---

① ［美］尼葛洛庞帝：《数字化生存》，胡泳、范海燕译，海南出版社 1997 年版，第 205 页。

② 引自京剧电影《平原游击队》。

"国际化"也有可能成为一口"温柔的陷阱"！虽然从技术上说，互联网本质上具有一种让不同文化处于同等地位的特性，但它发端于美国并兴盛于美国，其技术构造方式和资讯传播格式必定带有美国的烙印。它实际也要求任何一个入网者都必须基本懂得美国语言。在这种情况下，全球网络化的过程更像是一种美国文化的全球化过程，或者说以美国文化为代表的英语文化的殖民化过程。互联网这个本来是全人类共有的舞台，现在却变成了盎格鲁-萨克逊人的天下了。确实，"因特网这只巨大的蜘蛛，正在逼迫所有非英语世界的人们都去重温都德的《最后一课》"。① 以目前互联网上的英语信息呈爆炸性增长的趋势来看，任何国家如果不能很好地解决互联网信息的本土化问题，都会遭遇到前所未有的信息殖民化或文化殖民化的危险。

网络教学使"世界学校"（其实质是西方学校）的幽灵正朝我们靠近，媒体技术的趋同正在加速教育全球化的进程，这最终会给学校独立性、本土性带来真正的考验。

二

上述分析表明，我们正在与灾难竞赛！潜在的病理现象日益现实化。诊治对策是复杂的，诊治工作是艰巨的。我们这里只是在原则意义上提出对策思路。

对策一：尽快提高教育者的信息素质。网络中隐含着危机，但真正的危机不是来自网络硬件，而是来自网络软件。最重要的软件是人。目前我们最缺的不是硬件而是软件中的软件——教师，是网络战士——网络教师。只有人才是无可取代的，尤其在教育这一最人性化的领域内。

① 高丽华：《电脑与网络》，暨南大学出版社 1998 年版，第 104、111 页。

在顶端，是人设计了互联网，是人使知识信息流动，是人操纵着网络教学；在基层，是人移动鼠标，决定是否打开这个页面、点击这条链接。没有教师的参与，以为技术能自动和魔力般地改变教育是荒诞可笑的。网络作为工具，其价值也是工具性的，它最后指向天堂还是地狱，方向盘握在许多人手中，其中教师的手最有力。教师要有较强的能力，让学生明白在网络时代如何认识自我，认识人类，学会什么时候该开机上网，什么时候又该果断地下线、关机。应该下大力气超前培养网络战士——网络教师。

网络教师应有一双慧眼，能在鱼龙混杂、信息万千的网络空间中区分真理与谬误；他应有一颗爱心，能让学生透过比特（byte）感觉到关怀、体验到真情；他应有坚定的立场，能抵御各种不良“颜色”信息的干扰；应有强烈的民族意识，避免在网络化的过程中，丧失互联网上的文化自主权；应有敏锐的信息意识，即对信息的敏感度，这关系到学生的信息视野和信息安全。①

对策二：加强网络伦理道德建设，健全网络法律法规。要将现实生活中既有道德的运行机制引入网络生活领域。物理时空的道德及其运行机制在信息社会不可能完全适用。然而，这并不意味着网络道德建设要从头开始。因为人的社会行为应该而且必须具有统一性，社会的发展也应该具有连续性。既有道德和网络道德的分离，将引起人们道德行为的混乱、失范。被人类社会证明了的合理的伦理准则，其内核应该得以保留。同时，我们应该利用既有道德的一般原则培育网络道德的生成和运行机制，使人们在网络活动的实践中形成合理的网络道德规范。目前发达国家在遭遇到大量的网络道德失范问题后，已建立起不少网络行为准则，比如著名的美国计算机伦理协会制定的十条戒律或计算机行为规范，对我们就极有参考价值，如不应用计算机去伤害别人，不应干扰别

---

① 石鸥、张豫：《试论网络教学对教师形象的影响》，《中国教育学刊》2001 年第 5 期。

人的计算机工作，不应窥探别人的文件，不应使用和拷贝你没有付钱的软件，不应未经许可而使用别人的计算机资源，应该考虑你所编的程序的社会后果等。①

要加强网络传播监控的法制建设。网络空间的开放性，行为实体的隐蔽性，仅靠道德规范以及行为主体的自律是不够的，必须建立强有力的网络法律法规才能确保网络空间的安宁。近年来我国虽然相继出台了多部相关的信息网络管理法律法规，但总的来看，网络立法工作尚处于起步阶段，尤其以青少年为对象的网络法律法规还很薄弱。加快网络立法，还学生一个健康的网络时空，已成为燃眉之急。

对策三：加强网络教育的理论建设，有效指导网络教学实践。每一个月的流逝都使我们朝着网络社会的梦想迈进一步。全球远程网络教育的市场规模每年以45%左右的速度扩张。② 而这一切似乎来得太快了。教育者还没有准备好，理论还没有准备好，但商人们已嗅到了金钱的味道。我们的尴尬很明显，既不能贻误时机，停止网络教育的实践以等待理论的成熟，也不能只用现有的理论来指导网络教育实践。网络教育的实践已经走在理论的前面，出现了一种技术对理性的诉求！我们迫切需要开辟、发展和完善网络教育学、网络教学论这个新的学科领域，尽可能使我们避开网络教育中的“黑洞”与“陷阱”。

对策四：打造网内与网外教育相结合的教育新模式。这是一个想象迅速现实化的世界，正在发生的症状没有发生在任何人身上，没有任何人负责，正在发生的症状又发生在每一个人身上，每一个人都要负责。有一篇教育随笔，题目就叫《老师，抱抱我》，③ 单单看这个题目，就感觉到一种久违的亲切与温暖，可以想象这个学生在老师的拥抱中汲取

① 严耕、陆俊：《网络悖论——网络的文化反思》，国防科技大学出版社1998年版，第154页。

② 《网络改变教育》，《中国青年报》2000年11月5日。

③ 孙岳：《老师，抱抱我》，《江苏教育研究》2002年第3期。

到多大的力量而教师又从学生的呼唤中感觉到多大的信任与自豪。我相信这个拥抱给孩子的鼓励是难以用语言来表达的，更无法用网络来传递。这些不正是网络教育所缺乏的？唤醒孩子精神，敞亮孩子内心，培育健康的下一代，必须靠学校、老师、网络和家长的联合行动。我们千万不能把孩子领到“信息高速公路”上就松开了孩子的手。当还不知恐惧为何物的、欢欣、诚实、聪明、健康的孩子投身网络时，我们是饮之以琼浆，还是哺之以糟粕？孩子会因我们而正直忠信，还是奸猾狡诈？我们正在用自己的行动，在肯定或否定着我们孩子的未来，以及我们自己的未来。

对策五：注重网络技术的研究与利用，网络课件的开发与制作。要加强网络管理的技术控制，对网络信息提供者提供的内容加以审查；对网站中的不良信息加以堵塞，使学生无法接触；对需要保护的信息进行加密，以防泄露；对某些特殊局域网加强访问控制，防止侵害。要加强优秀课件的开发与制作，目前，以教育软件为主及涉及教育软件的企业不少，但真正成规模具有影响力的并不多，制作出来的课件也缺乏精品，大部分都在同一水平上重复，使得学习课件单调、沉闷，学生很容易被网络游戏、聊天俘虏。

（原载于《课程·教材·教法》2003 年第 8 期）

网络教学中的教师形象与职能转变

一、网络教学的崛起

网络教学不是计算机辅助教学，不是多媒体教室中的教学。网络教学是将计算机网络技术应用到教学之中的具体体现，是建立在多媒体、计算机网络和国际互联网基础之上的一种全新的教学系统或教学模式，是把教室扩展到校园网、互联网上，使资源在全校甚至全国、全球范围共享的教学。网络教学的基本要素是教师、学生、计算机网络和课件式的教材。网络教学拥有全新的教学模式和全新的教学设计思想。较之传统教学、现代教学，网络教学的特点是信息容量大，传输速度快，交互性、渗透性强，多媒体，无形化。它具有满足所有人的教育需求的潜力。它可以让任何人都能随时随地接受到个性化的教育。

1. 网络教学是一种超时间和超空间的教学

自有正式教育以来，教学一直是与一个人（教师）及一个地方（教室）相关的事物。网络教学则使人类第一次实现了世界范围内学习的自由。网络拆除城乡教育篱笆，打破学校建筑边界，建构无围墙无时空的“虚拟教室”（Virtual Classroom）和“虚拟学校”。网络教学将使学生从封闭的圈子走向一个无班级、无年级甚至无国界的广阔学习空间，一个学生可以在任何时间与也许相隔10个时区的教师交流。学校与社会分离的模式、教室上课才是学习的概念将逐渐失去存在的理由。网络教学让学校伴随所有个人。

2. 网络教学是一种淡化教而突出学的教学

网络教学以建构主义学习理论为基础，采用协作学习的结构化模型，是一种自我导向的学习系统，重点在学生的学习上，而不是教师的讲课上。它将改变学生的学习方式，实现真正意义上的“交互学习”和“发现学习”，使学生成为主动的探索者和个性化的学习者。充分的人机互动使课堂充满活力，教学焦点从教师逐渐转移到学生。教师不再是教学的主宰者，而是学生的向导、学习资源的开发者。网络教学超越学校与社区的限制，志趣相同的学习者容易形成讨论团体，进行学习交流，通过批判思考与激荡论辩，共同建构知识。在此意义上，网络教学使教、学难分。

3. 网络教学是一种真正学生主体的教学

网络教学结束了以教师为中心、课堂为中心的传统教学模式，代之以学生为中心、参与为中心的网络教学模式。虚拟现实的产生，可以创造一种身临其境、完全真实的学习环境。学习者从中可以获得真实的感受。在网络教学中，A地上课的学生可以向B地教师提问并与C地学生进行讨论，学生和教师的交流如同在同一教室中一样自如。网络教学的这种交流与传统教学的直接交流有区别。原来面对面的交流方式被思想对思想的交流方式所取代，交流的重心由外表转移到内在情感上。这比传统的师生交流更深刻——正因为不见面所以更能见思想、见感情。网络不仅是教师进行教学的手段，它本身就是教师。在此意义上，网络教学使师、生难辨。

4. 网络教学是一种以信息为基础的教学

网络教学是“信息本位教学”。这包括信息的迅速流动和信息的迅猛增长。信息时代，“知识是有保鲜期的”，以教师头脑中的认识和书本上的知识作为学生学习的信息来源，已不能适应网络时代的教学。网络教学将通过已有的和不断完善的功能，把人类积累起来的基本认识最有效地转化到新生一代个体的认识中，在有限的学习期间使个体认识迅速提高到社会要求的水平。

5. 网络教学是一种高效率的教学

网络世界把无数学者的最好劳动聚集起来，使优秀教师在广阔的平台上传播知识，让所有的人分享。网络教学不受环境的限制，覆盖面广，成本相对较低。这将使专门知识简单而廉价地流向任何需要的地方，有助于及时把受最佳教育的机会传到那些不能有幸进入最好学校的学生那里。高效率使得网络教学尤其有利于高等教育发展。网络教学扩大了住宿院校的范围，使学生“在校园”和“在线上”是同样的感受。斯坦福大学的本科课程含有某些在线成分，英国开放大学通过远程在线教育提供硕士学位。①

据预测，到 2005 年学校将成为儿童上网的主要场所（资料来源：美国格伦夭尔德同公司）。中国社会科学院的一项调查表示：由于信息网络技术的快速发展以及在各行业的渗透和应用，网上教育将成为一种速度更快、传播更广的新型教育形式，与课堂教育、广播教育、电视教育一同构成多元的教育手段。经合组织的研究也表明，从 1995 年至 2004 年，全世界远程网络教育的市场规模每年以 45%的速度扩张。网络教学的需求市场的扩大，增加了对网络教学教师的需求。

越来越多的教师需要参与网络教学，指导网上学习。教师必须转变

---

① 《“在线革命”将改变教育模式》，《参考消息》2000 年 11 月 23 日。

自己的形象和职能以适应新的教学市场的需要。

二、网络教学中的教师形象

1. 不可见的教师

网络教学中的教师是不可见的教师。他们被物态化和隐性化。教师的工作从站在三尺讲台上，靠一支粉笔、一块黑板、一本教材讲授知识变成了坐在电脑前，在课堂外甚至跨时区地进行教学情境设计、教学软件制作、教学活动策划等，最终以网络教学软件包的物态形式实施教学。在他们呈现的教学中，没有他们的身影、没有他们的声音。教师与学习者在网络强大的交流技术支持下，双方不需要面对面，而是通过文字、声音等符号传输，直接打交道，讨论问题。他们不直接面对学生，而从学生的视线中消失，成为精彩的网络教学的幕后工作者。无论从视觉意义上讲，还是在学习者心目中，网络教学使可见的教育者从台前转移到幕后，使网络教师的工作更加无形无影了，这类教师对于学习者而言均是不可见的。

2. 不看外形的教师

如前所述，网络教学使教师的工作更加无形无影，这样，教师的外形也就根本不重要了。在网络教学中，执行教师指令、引导学习者学习的往往是教学演员、可爱的卡通人物等。网络教师用替身代替了自己的形象，从而使教师的外形素质与教学不相关。在传统教学中这是不可能的。传统教学是师生面对面的教学，教师的外形十分重要。先天外形不好的人不宜从教，教师要专门训练如何在讲台上举手投足，如何使用表情，如何设计板书，怎样写“三字”，怎样讲普通话等。网络教学彻底打破了传统教学对教师外形的要求。它对教师的要求更集中地体现在教学能力上：如何设计教学，如何让他们的替身生动起来，如何传达他们的感情等。

3. 不重校籍的教师

网络教学打破了教师对学校的依赖，同时也打破了学校对教师的垄断，使教师成为没有校籍的“自由人”，将不再属于哪所学校。教师通过网络非常容易跨校联聘、互聘、兼课。好教师无疑将成为更多学生的共同财富。也许一个人兼着不同地区、不同国家的学校的课，随着被越来越多的学校、学生承认，收入也将呈现指数式上升。网络教学以一种全新的方式将所有学校的师资和资源向社会开放，可以将最优秀的教师（世界各地的）请到学生面前来，只要学生愿意，就可以受到全世界最好的教育，实现“把重点学校搬回家”的梦想。

三、网络教学中教师的职能变化

网络教学使教师的职能发生重大变化，它将不再以传播知识为主，而是表现在培养学生掌握信息处理工具的方法和分析问题、解决问题的能力上，它重在利用网络媒体的优势创造新的学习方式，而不是重复传统课堂教学中的学习方式。教师必须根据网络媒体的特点重新考虑、设计教学活动，而不是直接把传统教学活动搬上网。

1. 一专多能

教师的工作是保障网络教学的顺利进行。随着网络教学的发展，教师的专业分工将越来越细，其中网络学习顾问咨询、教学项目管理、程序开发最具发展前途。它们对从业人员的知识结构也分别提出了不同的要求，一专多能成为必然。

网络学习的顾问咨询。学校必须积极地把学习环境从一个工业时代模式推向一个适合信息时代的模式。如何选择网上学校，如何从网上获得最适合的教育，这就需要网络教学专业顾问咨询人才，凭着丰富的教育经验和良好的教学感觉，给予学生咨询帮助。网络教学的顾问咨询必须具备教育学知识，熟悉网络教学的管理模式和运营方式。

教学项目管理。项目管理人员既要熟悉传统的教学运行方式，又要有较强的网络技术背景，这样才能做到从创设一种全新的教学模式到管理、营运这一模式。

程序开发。一个好的创意要通过程序设计开发人员的工作来实现。一个真正优秀的开发人员不仅要具备很高的编程能力，熟悉不同平台上的开发工具，而且还要有很强的跨平台开发能力，对项目本身有相当的理解力，能够很好地将项目需求通过程序加以实现。它在网络组织中具有至高无上的重要性。

2. 一双慧眼

网络世界是现实世界的反映，但由于网络的虚拟性，使得一些虚假的知识信息具有蒙蔽性，鱼龙混杂、良莠不齐。这样，一方面，有的人凭借自己的能力可以不断将获取的大量信息转化为知识，从而更快地进行知识积累，加快自己智力水平的提升。另一方面，对于一部分并不具有相应知识结构的人来说，他们所接受的大量信息只是被作为生活服务、娱乐和一般消息消费掉，而没有成为增长智慧、积累知识的有效资源。教师如果不练就一双慧眼，很可能把石头当宝玉，把鱼目当珍珠。因此对网上信息的选择与判断至关重要。教师要能够准确及时地指导学生选择自己所需知识信息的源头，以最快的速度搜罗自己需要的资料。

3. 突出的指导能力

网络环境下，学生的学习具有选择性。能否选择适合自己的教学，是学习重要的第一步。相应地，教师的一个重要任务就是帮助学生寻找最适合学生的学习环境，而不是提供最好的教学，因为最好的并不是对于每个学生都适合的，各种不同的教学方式之间没有最好的，只有最适合的。

4. 较强的驾驭能力

在网络教学中，教师要有较强的驾驭能力。要知道善用科技可以支援及改善人类生活，否则会疏离、孤立、扭曲、毁灭人类。学会在科技主宰的时代如何过人的生活。要知道什么时候模拟经验能增进人生价值；知道如何避免科技造成的分心和疏离；知道科技不是中性的。

5. 崭新的教学技能

网络教学的出现，将对教师提出新的挑战，许多传统精华在网络面前黯然失色。微机操作、课件制作和科研能力将取代原有的教师基本功，成为重要的教学技能。其中网络技能尤为重要，这是判别、接触和使用网络电子信息的能力。① 可惜的是，普遍观念的转变总是在某些预测成为事实之后才开始的，而且人们的一些固有的惯性思维还会阻止这些观念的转变。只有有心的、肯思考肯学习的教师才可能抓住机遇，在这种冲击中获得极大的发展。

此外，网络教学的发展，教师不会消失，但是，由于网络教学带来的教学形态的变化，既使教师对知识资源的垄断大大降低，也可能使某些教师的垄断地位加强。一些教师会失去工作，另一些教师的待遇将会迅速提升。网络将引发一场教育革命，但不是每个人都能看到这场变化的意义。计算机网络在技术上解决了平等地向民众传播信息的问题，但民众缺乏信息开发和利用信息的能力，这需要教师来消除“数字文

① 美国信息研究所编：《知识经济——21 世纪的信息本质》，江西教育出版社 1999 年版，第 183 页。

盲”，填平“数字鸿沟”。

网络教学对教师的素质要求很高，教师应当是一支精良的队伍。

网络教学是从事以知识为基础的服务活动，在未来的网络组织中，这类活动是增值最大的。知识经济时代，知识是以知识为基础的经济最有价值的资源。网络教学对教育的冲击力如同网络对其他传统行业的冲击力一样大。每位教师必须面对网络教学的挑战，但同时也将获得机遇。决战，在信息时代。但愿在网络教学的设施全面摆到每一位教师的面前时，教师已经有所准备。

（原载于《中国教育学刊》2001 年第 5 期）

在过程中体验

——从新课程改革关注情感体验价值谈起

极具冲击力的新一轮课程改革突出了课程的过程价值，突出了课程在情感态度价值观培养上的作用以及体验的意义。但如何理解课程的过程，如何把握情感体验在课程内容中的意义，却是一个值得探究的、关系到课程改革预期目标能否顺利实现的大问题。

一、作为过程的课程

20世纪70年代以前占主导地位的是以“泰勒原理”为代表的课程研究，它倾向于把课程看作是“学校材料”（school materials），认为课程研究即探究“价值中立”的课程开发的理性化程序。泰勒以后，从50年代末期史密斯、斯坦利与肖尔斯的《课程开发的基础》，经60年代塔巴的《课程开发：理论与实践》，到70年代坦纳夫妇的《课程开发：理论到实践》，泰勒研究取向获得进一步完善，并逐渐在课程研究中占统治和控制地位。这种研究倾向运用自然科学的研究范式来探究课程的规律与程序，属于“工艺学模式”，在它看来，课程规律与程序具有普遍性，是“价值中立”的。

自20世纪70年代，课程研究不再局限于对课程开发技术的论争，而是将课程置于广泛的社会政治、经济背景来理解，联系个人深层的精神世界和生活体验来寻找课程的意义。这是一种“理解”取向的课程研究，该倾向的课程研究在70年代表现为“概念重建主义范式”（re-conceptualist paradigm）。80年代以后，课程领域广泛运用现象学、解释学等哲学社会学理论对课程进行探究。这些理论倾向于把课程（curriculum）回归到该词的拉丁文词根、作为动词的“currere”上，不再强调静态的“跑道”，即预先设定的、由学生记诵的教学内容，而是强调围绕“跑道”跑的动态过程、跑的经验；认为“课程就是建构自我，建构主体性生活经验的过程”①，“课程是师生共同参与的意义创造的过程”②。这是倾向于课程的过程价值的研究模式。

一切现象（包括精神现象）必定有其“时间”，一节课随着一节课，一周随着一周，一学期随着一学期。凡是必须要经历“时间”的事情，我们就称之为“过程”。凡是一个过程，就必定不会在瞬间完成，否则就不需要有时间，也不会成为过程了。凡是不能在瞬间完成的事情，通常不会总是向着目标一直发展下去，而是在进程中不断修正目标。因为如果一个过程从开始到结束只是一条直线，那就只有一个阶段，谈不上过程了。③ 课程是一个不断展开的对经验世界的建构，它有自己的“时间”，需要知识和生活作为建构的基础。对个人而言，有意义的课程知识是一个不断确信（或不断怀疑）的过程。这样，课程，只有当它被作为一种过程来把握时，才具有意义。课程的意义在于过程，这是一个生活过程，一个知识过程，是知识与生活共建的过程。

课程是过程，它需要时间，这是个人知识积累或意义丰富所需要的

---

① W. F. Pinar (1994). *Autobiography*, *Politics and Sexuality*, New York: Peter Lang Publishing Inc., p. 220.

② 张华：《经验课程论》，上海教育出版社2000年版，第169页。

③ 汪丁丁：《回家的路》，中国社会科学出版社1998年版，第364页。

时间。课程作为过程，意味着进程、运动和变化，意味着课程不是事先预设好的一套要实施的计划，不是作为客观的学习内容摆在学习者面前、由学生去“内化”的外在的东西，不是静态的等学生去掌握的书面文字，而是一个展开过程，是学生获得体验的历程。课程是学生在教育情境中不断生成的活生生的体验，是学生的不断创造、释义，在这种创造与释义的过程中，内容不断异变，意义不断生成，个性不断发展。课程意义的生成以学生的真实感受为主要来源，只有当学生赋予其意义时，课程才具有意义，它好比“墨迹测验”，需要通过联想、发挥才能生成其意义，否则，它只是一堆毫无生命的符号。

课程作为过程，表明课程之外没有特定的客观性目标，过程之外没有必须达成的目标，目标只存在于过程内，这些目标是过程进行的方式与标志（它的存在就是为了课程的进行）。在课程中，目标本身意味着引起学生的参与和投入，在过程中，课程本身意味着教育情境的变化，意味着学生的体验与课程之间的相互作用。与传统课程观中的“目标”不同，这种目标始终是在课程的进行中计划的，是在课程实现的过程中制定的，因此随着过程的进行，目标也在变化。在过程中，目标是师生在“社会交往行为”（communicative action）中逐渐演变和明确的。因而相对于目标来说，过程是重要的，即课程实施的活动本身是重要的。

把课程视为过程，可以使学生在习得知识的同时更能获得方法；可以充分发挥师生课程主体的作用；可以将学生的心灵从各种形式的束缚下解放出来；可以鼓励学生表现出与众不同的个性，发展他们的理解力、判断力和独创精神。

二、作为课程过程价值的体验

传统课程是结果取向、目标取向和知识取向的，它割裂了过程与结果的连续性以及知识与方法的同一性，偏重课程的工具价值——实现知识结果，而忽视了过程本身的丰富内在价值；它过分强调课程的间接性、简捷性和引导性，忽视课程的亲历性、自主性和方法性；过分强调知识经验的普遍接受和共同感觉，忽视个体经验、感受的差异性，从而遗弃了很大一部分的课程价值。

所谓课程的价值，就是课程事实对于主体目的、需要的适合或满足。从课程价值的形成和发展看，可以把它分为过程价值和终极价值。过程价值是指课程实施过程中的价值，终极价值是课程在实施结束后所达成的价值。过程价值以终极价值为归宿，终极价值以过程价值为基础。

根据过程价值的表现形式，课程的过程价值形态可以分为显性形态和隐性形态。显性形态是指能以文字、数字等外显形式表现出来的价值形态，知识是典型的显性价值形态。隐性形态是指不能以符号系统直接表现出来的价值形态，情意是典型的隐性价值形态。知识价值一直是人们所看重的价值形态，没有把情感体验视为课程的重要价值。表现在：第一，忽视情感体验的培养，把学习过程变成纯认知的活动。重视分析、理解的逻辑，轻视整体、体验的直觉；第二，将情感体验仅仅作为认知的手段，虽然有时也强调“学生的情感”，但“对情感的重视，实际上只是把它作为服务于学习的手段”。[①] 这样，理性认识的任务压抑并排斥了个体的情感体验，知识始终是学生认识的唯一对象，教育似乎变成了一个外在于学生的、冰冷的、过分抽象化的概念世界，课程的实施简化为一种机械的知识训练活动。

我们认为，知识的价值确实重要，但情感体验的价值也非常重要。认知的目的不是停留在知道客体是什么，而是要将这种知识内化到主体自身的知识结构和情感体系之中；只有成为主体自身的价值、态度、信

① 叶澜：《让课堂焕发出生命活力》，《教育研究》1997 年第 9 期。

念的知识，才能达到安顿自身情感的目的，也才是主体的真正知识。一切停留在情感体验之外的知识对主体来说只是死知识、假知识。情感体验以认识为基础，但认识并不能代替情感体验。对意义、价值与美的感受和理解绝不是理性化、客观化、概念化的知识分析所能代替的。情感不仅对学习过程有重要的启动、激励、维持、调控作用，而且与学生态度的形成、信仰的确立、个性的完善息息相关。缺乏情感体验的融入，教育或许能在大脑中留下痕迹，但无法在心灵中、在人生中留下震撼。

从这个意义上说，课程应成为一个情感知识化和知识情感化的过程，成为一个有意义的生命过程。任何课程的意义都需要通过学生真实地学习或生活过（学习就是知识生活），才可能感悟到体验到。而生活是知识符号所无法替代的，也是教师所无法替代的。生活与对生活的理解是不可分离的，没有感悟到、体验到的生活对生活着的人来说是什么样的生活呢？同理，没有感悟到、体验到的课程意义对于课程主体而言又是什么样的意义呢？

（一）体验是什么

体验与经验既有联系又有区别。经验是个体立足于客观世界，建立在感官知觉上的对事物的认识和反映，是人类和个体认识成果的积累，具有普遍性、可传授性和间接性，就经验而言，主体与客体是分开的，可以说是“有所觉知”，是主体获得的知识。体验以经验为基础，立足于精神世界，个体对事物的意义进行自我建构，是“对经验带有感情色彩的回味、反刍、体味”。[①] 它通过个体的想象、移情等使经验生命化和个性化，“在体验世界中，一切客体都是生命化的，都充满着生命的意蕴和情调”。[②] 体验具有过程性、亲历性和不可传授性，是充满个性和创造性的过程。就体验而言，主体与客体浑然一体，可以说是

① 童庆炳：《现代心理学》，中国社会科学出版社 1993 年版，第 55、54 页。
② 童庆炳：《现代心理学》，中国社会科学出版社 1993 年版，第 55、54 页。

"有所感悟"，是主体创造的知识。经验追求的是知识的积累和学习，体验追求的是意义的建构和心灵的冲动；经验立足于"事实世界"，情感的融入、直觉却使体验到达了"意义世界"和"价值世界"，形成了个体的态度、个性、信仰。体验是对经验的升华和超越，它可以超越经验，达到理性；超越物质，达到精神；超越暂时，达到恒久。当学生在学习或知识生活的过程中有所感悟并且感到有冲动要整合这种感悟于整个心灵时，我们说学生的具体感悟进入了体验阶段。体验就是"理智的直觉"。

（二）体验为什么

在现象学的意义上，每个人纯粹的精神世界，都是其独特的能动性创造的结果，不会简单地接受外界影响和别人意见，必须经过自己的创造、理解、体验，才能形成自己内在的精神世界。在体验中，个人开始意识到他的独特的个性存在，实实在在地感觉到了自我的存在价值，感觉到了自我理智的力量、情感的满足。

因体验，学生建构着课程意义。在课程过程中，所谓知识或内容，不再是抽象的学科概念，而是一种"活生生的体验""自我的精神体验"。只有当学生的知识和能力通过自己的体验而发生变化时，学习才称得上是主动的；只有学生自己建构的知识才能得到迁移并在实际中应用。体验直接指向学生个性的和谐发展。自我认同感、自我存在感、自我价值感等被传统课程忽略或漠视了的自我意识，正是体验的重要内容。

强调体验，即意味着课程实施不仅是一个学生凭借书本，在教师的指导下，把知识对象化，以获得客观、精确的知识的过程，更是一个学生联系自己的生活，凭借自己的情感、直觉、灵性等直接的、直观的感受、体味、领悟，去再认识、再发现、再创造的过程。没有任何课程或教师可以规划我们每一个人的认知过程。生活是自己的，认知过程是自己的。于是，体验向自我开放，通过体验，人类经验和个体经验实现融合，情感与理性直接对话。知识经生命化、个人化而真正变成个体的“精神食粮”。只有这样，教育才算真正走进学生的内在精神世界，在学生的心灵与人生中留下有意义的痕迹，才能实现其精神建构和个性形成。

三、关注课程过程中的体验

我们选择并组织了各学科的知识，同时把这些知识按内在的逻辑设计成教材呈现给学生，于是形成各种课程领域，如数学、物理等。这是合理的，但这易造成这样一种认识，即把知识作为课程的全部（尽管知识仍然是非常重要的），学生必须通过课程接受知识，而且通过课程仅仅接受知识。因为传统上，课程的实施只注重学生知识的积累和认知能力的增长，只是为了接受和理解他人的经验，而不是学生的整体精神建构。而课程内容一旦外在于或强加给个体，便成为被强求掌握的东西，不再是可体验、可亲近的东西。它们无法与学生的精神的完整性、体验的个体性、生活的独特性联系起来，课程与学生是对立的，知识与学生的现实生活是隔离的。两者的关系是“传递”而非“交往”，是“控制”而非“学习”。在这种只关注知识和结果的课程中，我们过分注意通过分析统一学生的认知，却忽视学生自己的、自由的情感体验和想象。学生要严格控制自己的情感、直觉和灵性，以获得尽可能客观、准确的认识。这样的教学在行教育之名时，有可能收到“反教育”之实，使学生不再对新鲜事物感到惊奇，不再对日升日落的绚丽景象感到欣喜，学生日渐成为感情淡漠、体验荒芜、没有人生趣味、缺乏内心敏感性的“单向度”的“现代机器人”。

我们非常高兴地看到，新一轮基础教育课程改革将过程与体验提到了突出的地位。国家课程标准既包纳了学生必须把握的知识与技能，还强调了过程与方法、情感态度与价值观，让知识与学生的活动、体验交织在一起。应该看到，不管知识多么丰富，它都只是个体把握和解释存在、求得自我发展的一种方式。教学中有很多对人来说至关重要却难以仅凭借知识去理解的东西，比如说美，比如说高尚，这些东西都只能凭个体的情感、直觉去感受去领悟。因此，课程中所包含的任何知识，只有与学生的体验溶化在一起，才是真正的活知识，才真正是有意义的。事实上，知识只有成为个人体验的一部分时，才真正地成为个人的知识，才不至于被学生占用，而能被学生活用。在这一点上，新课程改革具有不可估量的意义，它将造福于千百万学生。

当然，突出课程的过程与方法，强调体验的生成与情感的丰富，绝不意味着可以忽略知识或认知的意义，知识的生成与丰富同样是极为重要的教育理念。学生在过程中不能不与知识交往，不能不发展和丰富自己的知识。课程在实施中要防止从一个极端走向另一个极端：因克服知识至上而消解知识的价值。知识的意义是无可替代的，知识与能力是人生发展的重要基石，是学生整体地认识世界和建立整体观念的基础，是为学生今后继续教育做准备、为未来的生活做准备，以及培养完全人格的内核。离开认知的体验绝不是教育的追求。课程在过程中为学生创造了获得个人知识的机会，为学生的发展提供了重要的认知基础。伴随着新课程的实施，或者说在课程的过程中，学生通过对人类的共同经验的学习而建构起自己的心智世界，学生的体验日益丰富而深刻，学生的精神不断升华。

（原载于《课程·教材·教法》2002 年第 8 期）

选择一种课程就是选择一种未来

——关于高中多样化、选择性课程结构的几点认识

《基础教育课程改革纲要（试行）》提出的新一轮课程改革的重要目标之一，就是要构建体现多样化、选择性的课程结构，这在整个课程特别是高中新课程方案中得到了较为充分的体现。较之传统的高中课程结构，本次重选择的高中新课程方案几乎是革命性的变化。那么，为什么要构建这样的方案？强调选择性是否违背了全面发展的原则？强调选择性会否降低教学质量？对这一系列问题的认识直接影响课程改革目标的达成，于是，尝试回答这些问题就成了本研究的主要意图。

一、多样化、选择性的课程结构是克服传统课程弊端、培养多样化人才的需要

课程结构主要解决的问题是，根据培养目标应设置哪些课程，如何设置这些课程，各个部分、各种类型、各种形态的课程的相互结合如何达到整体优化的效应；课程结构是课程各要素、各成分、各部分之间的组织形式，它涉及课程方案和教学计划的编订。课程结构随社会经济、政治和文化的变化而变化。知识经济时代的课程结构，必须是适应时代

要求、鼓励一切学生在自己潜质的基础上充分而和谐地发展、自主而积极探索的课程结构。

1. 克服传统课程弊端需要多样化、选择性的课程结构

传统的高中课程结构的最大"成功"之一，是使所有的学生学习所有的课程而且按同样的要求学习，这就保证了每个学生有基本同一的知识与技能基础。这种课程结构的最大弊端也恰好在这里，就是所有的学生不分资质、潜能、禀赋，在非义务教育阶段都得学习所有的课程，而且按完全同样的要求来学习。表面上是学生全面发展，实际上是学生一个模子发展；表面上它制造出少数高水平的毕业生，实际上却留下大多数学生"在大千世界中找不到自己应有的位置"①。这种课程虽然精致，但学生的个性却被粗野地扼杀了——课程像典型的过滤器，使我们的孩子标准化、同一化，它的背后是相当一批学生的失败。拥有这种课程的学校成了一个富有个性的、活灵灵的孩子走进去，然后毫无特色地走出来的地方。

课程结构在这一方面几乎产生了负值，学生的大部分潜力受到了前所未有的重压。原本为了聪慧人、解放人、启迪人的课程现在却异变成奴役学生潜质的工具。高度发达的理性的课程系统被用来实现最大规模的非理性的目的——让原本具有多元智慧的万千学生只能朝向一个被课程设计者固定的方向发展。

联合国教科文组织的报告指出："教育有两个弱点——第一个弱点是忽视了（不是单纯地否认了）个人所具有的微妙复杂的作用，忽视了个人所具有的各式各样的表达形式和手段。第二个弱点是它不考虑各种不同的个性、气质、期望和才能。"② 这两个弱点在课程中反映最突

① ［美］国家科学基金：《塑造未来》，科学技术文献出版社 1999 年版，第 7 页。

② 联合国教科文组织编著：《学会生存》，教育科学出版社 1996 年版，第 105、195—196、2 页。

出。传统的课程结构是在努力用公共主体性来压抑个人主体性，设想建立一套一劳永逸对所有学生都同样适用的课程体系。而每个学生都是"非常具体的人，他有他自己的历史，这个历史是不能和任何别的历史混淆的；他有他自己的个性，这种个性随着年龄的增长而越来越被一个由许多因素组成的复合体所决定。这个复合体是由生物的、生理的、地理的、社会的、经济的、文化的和职业的因素所组成的"①。这就决定了个体必然在学习基础、兴趣爱好、职业倾向和发展潜力等方面存在差异。进入高中阶段后，这种差异将会表现得越来越明显，不同个体将不可避免地朝不同的方向发展。同一型的课程结构显然不能适应这一发展需要。

这是人类历史上学生享受的教育最发达却又是学生发展最无个性的时代。教育在过去的20年里空前繁荣，但繁荣的代价是使学生标准化、同一化了。学生的知识越来越多，但却多得毫无个性，根本不能在具体的个体基础之上得到最大的发展。同一型的课程结构最终只能造出无个性的群体的人：不会自主选择，不会随机应变，不能自主地活动，这类人至多只能可悲地对单调的学习表现出耐心。在这种课程体制中，也许仍然能冒出一些优秀生，但他们决不是这种体制所造就的，而仅仅是这种体制的幸存者。② 对于生而自由的、具有不同潜质的、以个性和谐发展为目的的学生来说，确实没有适合其使之最大发展而不是迎合他人的课程。

新一的课程改革突破重围，全力构建多样化、选择性课程结构，正是针对这些弊端而来的。

2. 社会对人才要求的多样化需要多样化、选择性的课程结构

在传统社会，教育以培养统治人才为唯一追求。20世纪中叶以来，

---

① 联合国教科文组织编著：《学会生存》，教育科学出版社1996年版，第105、195—196、2页。

② ［美］孔布斯：《世界教育危机》，人民教育出版社1990年版，第4页。

世界发生了急剧的变化，从封闭走向开放，从传统的农业社会、工业社会走向知道经济社会，新思维、新理念、新职业不断涌现。这些翻天覆地的变化，今后还会进一步加快，并势必造成教育的紧张局面，因为教育界将要满足日益增多的需求和接受一个迅速变革的世界所提出的各种新的挑战。应对这种挑战的重要途径就是以多样化、选择性的课程结构适应日益增多的需求和迅速变革的世界，满足人才多样化即受教育者成长的规格、层次、职业取向多元化的需要。

学校应培养优秀的科学家，同时还应培养优秀的工业和农业劳动者。就社会而言，它需要前者，更需要后者；而就个体而言，成为科学家或普通劳动者往往与他们的潜质、需要、兴趣以及职业倾向相联系。因而我们的课程“不要把所有的孩子都限死在统一的文化中，好像他们将来注定要过同一种生活似的，而要因材施教，让他充分发挥自己的能力”①，力争为每一个学生找到成长的最佳课程模式，而不是将所有的学生都引向一个方向。

二、多样化、选择性课程结构是由人的多样性决定的

首先，人天生是多样的，这是不可否定的先在事实。一个人有别于另一个人，这就意味着他们必然是多样的。人的多样性构成了人的存在本身的真实。②

既然人天生是多样的，那么所有人平等地享有受教育的权利就几乎必然地意味着学生平等地享有选择课程的权利，实际上这也意味着学生

① ［法］埃米尔·涂尔干著，渠东译：《社会分工论》，生活·读书·新知三联书店 2000 年版，第 45 页。

② 托多洛夫：《批评的批评》，生活·读书·新知三联书店 1988 年版，第 87 页。

有平等地在自己潜质的基础上得到最大发展的权利。于是，学校课程设置必然不能同一，完全可以说，素质教育课程结构在本质上就应该是可选择的。只有这样，才能适应人的需要和发展的多样性，才能保证教育在各个方向不断探索新的发展方式，才能保证人本身的多样性。

从另一方面来讲，承认人是多样的，就从逻辑上认同不能让所有学生按同样的要求学习同样的课程。要求所有学生平均地学习所有的课程几乎必然与真正意义上的人的多样性、与个人的自由发展相冲突。

而且由于人的多样性，客观环境的不确定性，没有人准确知道一个学生最需要的课程应是什么样的，更没有人准确知道一个学生最终将在什么领域获得最大的发展与成就。所以，我们只能构建让所有学生个体都有可能选择的适合自己的课程体系，让他们尽量有效率地利用课程资源，使课程适应不同学生的不同需要。

其次，传统的课程结构和内容是建立在传统的智力理论基础之上的。这种理论普遍认为智力是以语言能力和数理逻辑能力为核心、以整合方式存在的一种能力。在这种理论的指导下，教育就是为了培养学生的语言和数理能力并以这些能力的高低来评价学生的智力发展水平，要求所有学生都只能在这些领域发展。

进入 20 世纪 80 年代中后期特别是 90 年代以来，心理学家对这种单维智力理论提出了挑战，认为人的智力是多元的，其中挑战传统智力理论最彻底、在教育领域影响最深的当属加德纳（Howard Gardner）的多元智力理论。这一理论为审视和思考我国的课程、课程结构和课程评价的改革提供了新的视角。

课程应促进学生多元智力的发展。学校教育不能被简单地等同于智育，智育不能被简单地等同于教育，智育不能被简单地等同于只培养语言和数理能力。课程应保证学生的多方面才能的发展，课程应面向全体学生。对每个人来说，不能说哪一种智力更重要，学校应相信每个学生都能在某一方面取得成功，应通过开设相应的课程来引导、促进不同学生在不同方面的发展；课程应适应不同学生发展的需要。尽管每一个体都同时拥有多种智力，但这些智力在每个人身上都以不同的方式、不同的程度组合而成，因而每一个体的智力都有自己的特点和表现形式，学校应针对不同个体智力发展的特点和表现形式，学校应针对不同个体智力发展的特点安排有针对性的课程，以充分挖掘学生的潜能。每一个体身上既存在多种不同的智力，又有相对优势的智力领域，因而课程应充分尊重学生智力的这一特性，努力挖掘每一学生特殊才能的巨大潜力。这不仅是适应学生个别差异的需要，也是我国现代化建设中各行各业需要拔尖人才的必然要求。

三、多样化、选择性是基础性的重要维度

有人认为，强调课程的多样化，让学生自己选择课程，会影响学生的基础，有悖于基础教育的本义，不利于学生的终身发展。确实，高中与义务教育一样，都是基础教育，都强调基础性，二都有明显的一致性。首先，它们都为提高国民素养奠定基础。其次，它们都为人的终身发展奠定基础。但义务教育和高中的基础性是有明显区别的。

义务教育的基础更强调学生的素质和共同知识基础，它反映国家的基本要求，因而在学习内容、知识水平上都是共同的。高中以义务教育的基础为基础，以学生发展准定向型为背景，强调个体发展的基础和个体发展的潜力、倾向性是不同的，因而相应的基础也应不同，其学习内容与水平也是不同的。义务教育强调共同标准，高中学生更加展现独特人格和特有潜力。高中阶段学生面临从少年到成人的过渡，是教育乃至人生中的一个至关重要的阶段。学生处在这一个性发展的决定性阶段，未来的倾向性开始形成，因而高中具有独特性，体现独特价值，这就需要选择性的、多样化的课程系统来保证和发展其独特价值。

另外，这个基础性不完全指学科教育的基础，或者说不完全是知识上的基础，它还是最基本的人生发展的基础。实际上，到了高中阶段，打基础应有领域倾向性，泛泛学习所有学科、在所有学科上平均使用力量，不是真正意义上的打基础。正是在这一意义上，多样化、选择性是基础性的重要维度，二者绝不矛盾。

教育的首要作用之一是使人类有能力掌握自身的发展，使每一个体都能掌握自己的命运，以便为自己生活其中的社会的进步作出贡献。因此，一方面，基础教育绝对是至关重要的。由于教育的目的是使人作为目的而不是作为生产手段得到充分的发展，这种基础教育显然应该提供包括可能接受各级教育所需要的基础。另一方面，高中阶段的基础教育尤其应该从终身教育的角度，为每个人提供自由塑造自己的生活和参与社会发展的手段，培养学生认识自己天赋和发展倾向以及对自己未来作出正确选择的能力。课程结构必须以共同基础作保证，才会给学生提供发展的实力；必须以选择性机制为主导，才能使拔尖人才脱颖而出。基础性和多样性的合理匹配是实现优质发展的前提。给学生更多的选择，就意味着要让学生形成发展主导性。发展的主导是以发展的选择和发展的基础为前提的。也正是在这一维度上，保证选择性就是保证基础性。

四、多样化、选择性是人的全面发展的本质要求

突出选择性会不会导致学生的片面发展？或者说选择性是否有违全面发展思想？这是许多人所特别关心的。我们认为，选择性符合全面发展的思想。

首先，全面发展决不等于平均发展，而是在不同个体的基础之上得到最大的发展。发展过程“首先应为发挥今天还有明天生活在地球上

的人的一切潜力创造条件，人既是发展的第一主角，又是发展的终极目标”①。传统课程结构表面上是让学生全面发展，实际上是让学生平均发展，而由于人的潜质是不一样的，所以真正的平均发展也做不到。禀赋、潜质、个性不一样的学生学习同一课程而且都是同一水平的课程，有些人吃不饱，许多人吃不了，这怎能叫全面发展！喜欢 A 的，强迫他学习许多非 A 的东西，而对他的 A 没有给予很好的关注；喜欢 B 的，强迫他学习许多非 B 的东西，而对他的 B 没有提供更多的学习空间。这是什么样的全面发展？那是齐头并进！

其次，既然教育的最大追求在于让大多数学生在最适合自己潜力的方向上获得最好的发展，那么对于具有不同发展潜力、兴趣的学生，其课程就应该是不一样的。全面发展的应有含义之一是：每一个学生都平等地享有自身潜力最大发展的权利。如果硬要规定让所有学生按同一水平与要求来学习所有课程，那么，结果只能是学生的时间与精力被平均分摊，形成所谓的“平均发展”，一无所长。如果全社会要求每个人都按同一模式发展，那么人也就同一化了。此时，扼杀的就不仅仅是教育的特色和自由，更重要的是扼杀了人类充分、自由与全面发展的可能。我们传统的课程模式就是这样肆无忌惮地按照现存同一化的模具把生性鲜活、活泼多样的学生复制成千人一面的“主体”。

再次，作为“全面发展”的主体——学生或人，本身就是类概念和个体概念的统一。“人的全面发展”既包括类的全面发展，又包括个体的全面发展，是类与个体的全面发展的统一。而具体的个人则是共性（类特性）与个性（个别差异性）的统一体。就内涵而言，一般小于个别。因此“全面发展”针对每一个个体来说应该是“一般发展”和“特殊发展”的统一，是个人有独特性的或有个性的“全面发展”。换言之，一个人只有在充分发挥出自己的特色的时候，才是最丰富和最全

① 《教育——财富蕴藏其中》，教育科学出版社 1996 年版，第 71 页。

面的。在马克思主义创始人的思想中，人的发展和个性教育是不可分离的。他们充分考虑到个体天然的能力倾向、兴趣爱好和性格特征，以及每个人按照自我的要求和社会的需要进行职业上的流动的必要性和合理性。

全面发展的必要条件是什么？最重要的一条是承认每个学生有为自己考虑未来、选择未来的权利。“人类发展的目的在于使人日臻完善；使他的人格丰富多彩，表达方式复杂多样，使他作为一个人，作为一个家庭和社会的成员，作为一个公民和生产者、技术发明者和有创造性的理想家来承担各种不同的责任。”① 承认每个学生特别是走向成年的高中生有规划个人未来的权利，就是在制度上保护每个学生有获取充分发展的权利。这就意味着要造成生机勃勃的、可选择的课程体系，意味着现在所追求的不是平均成长而是有所造就，有所优势。

“个性发展”与“全面发展”是不可分割的。“全面发展”不是要求一个人各个方面都平均发展，而是要他根据自己的志趣把属于自己的潜能尽可能充分地发挥出来。没有“选择”，没有个体自己的意识和意志充分参与的发展，绝不可能是“全面发展”。

可见，多样化、选择性本质上就是全面发展的需要与表现。

五、多样化、选择性是真正的教学质量的基础

任何意义上的降低教学质量都是课程改革所不允许的。但我们必须有正确的质量观，只有学生在符合自己的潜能要求和感兴趣的领域里学习，才可能真正保证教学质量。人才需求是多方面的，这需要在不同领域里都产生优秀人才。同样的课程对不同的学生，是难以真正保证质量

① 联合国教科文组织编著：《学会生存》，教育科学出版社 1996 年版，第 105、195—196、2 页。

的：对数理倾向性的学生，一些课程有质量保证；而且任何整体上提高或降低课程要求的做法，都是大一统的思维模式，都不是我们追求的质量观。中国太大，同一型课程要求不可能适应所有学生，只有选择性的课程结构，才能适应不同学生的要求。选择性不但不会降低质量，从理论上讲它更有利于实际的真正的质量提高，发达国家的课程发展历程已经证实了这一点。西方的课程是选择性的课程，它不强调平均发展，但它导致个体在特定方面的优质发展，也许它的学生在某些传统意义上的素养不如我们的学生，但它创造了让学生成为出类拔萃的优秀人才的机制。

教育的最高质量既不在于分数，也不在于知识，而在于使学生受教育的过程成为充满活力的生长和自我实现的发展过程，在于使每一个体达成最大限度的自我实现。良好的课程机制应让所有个体充分、自由地支配课程资源，发展自身。我们的教育应该让尽量多的个体在尽量多的方向上寻找发展的机会。

同一型课程与要求导致平均或平庸发展。平均发展不仅拖住了学习优秀的学生，也没有解救那些学习困难的学生。一个扼杀个性的课程体系必定扼杀这个系统中每一个成员身上潜藏着的潜质。对不同的学生按相同的要求，实际上是不会有教育的高质量的。

质量不是通过强行实施统一的课程来提高的，而是通过设置使每个人都能充分发展的课程来实现的。一种好的课程结构应该是让所有学生在所有方面都可能得到很好发展。我们不能保证所有学生都能在一个固定领域里充分发展，但我们应该保证每个学生都能在一个特定领域里充分发展，所以我们只能建构尽可能让学生在不同方面尝试发展的课程。学校既要为学习快的学生创造条件，也要为那些性向、爱好或生活状况需要较慢学习进度的学生提供多样化的学习机会。

一般说来，课程越是“个人选择”的，越显现出“个性”，他们个人的潜质就越能释放出来。让所有学生的智慧充分涌动的课程才是好的课程。在这个意义上，选择什么样的课程，就选择了什么样的生活和未来，有什么样的课程，就有什么样的学生。压制选择，就是压制学生脱颖而出的机会。

（原载于《中国教育学刊》2003 年第 2 期）

让学生在选择中学会选择

——欧洲三国高中课程改革对我们的启示

《基础教育课程改革纲要（试行）》提出的新一轮课程改革的重要目标之一，就是要构建体现多样化、选择性的课程结构，这在整个课程特别是高中新课程方案中得到了较为充分的体现。较之传统的高中课程结构，本次选择的高中新课程方案几乎具有革命性的变化。那么，国际上高中课程的选择性状况怎样？它们是如何处理选择性与学生发展、选择性与基础性、选择性与教学质量的关系的？它们的做法对我们的改革有什么启示？

带着这一系列问题，2002 年 4 月，教育部组织我们对芬兰、瑞士和荷兰的高中课程改革进行了细致的考察和全面的分析，访问了他们的国家教育部、州教育局、国家和大学课程研究机构、教育评价或督导机构，深入近十所高中学校，进课堂听课，与管理者、教师、学生代表作了较详细的交流，获得了有价值的感性印象和理性认识，透过三个国家纷繁复杂的教育制度和课程体系，逐步理出了具有共性的、值得我们深思的基本价值。

一、课程改革已成为各国教育的共同主题

经济全球化不断推进，国际竞争日益加剧，知识与人才的价值发生

了质的飞跃，这一切对传统课程体制提出了严峻挑战，应对挑战的唯一途径就是改革。改革虽然不必然导致进步，但任何真正意义的进步一定来自改革。我们的考察发现，这三个国家课程发展的共同主题就是改革，而且改革的力度普遍较大。瑞士声称自1995年以来持续进行着的这次高中课程改革是100年来最大的一次课程改革。荷兰的课程改革更是一波推一波：1993年的改革才展开不久，1999年又开始着手新的改革了，旨在在原来基础上的进一步完善，目前又安排了2002—2004年更为具体的改革措施。芬兰则掀起了改革的巨浪：一般3年一改革，20世纪80年代开始的高中课程改革于1994年全面普及推广，这场改革的核心可以形象地称为“无年级教学”，他们自称这是一场翻天覆地的革命性变革，一边是1994年的改革铺天盖地而来，另一边教育部又于2001年对这场改革有了新的发展，而2001年才公布新改革方案，教育部就又着手准备2004年的方案了。可以说，三个国家的课程改革都较好地配合了它们科教立国、科教兴国的政策，为它们经济发展提供了充分的知识与人才支撑，或者更准确地说，大规模的课程改革是它们高科技产业迅猛发展对人才、对教育的要求的反映，具有深刻的经济和社会背景。

二、培养学生能力成为课程改革的核心目标之一

由于国情不同，三个国家的课程改革目标不完全一致。但我们也发现在不同之中都有相同的核心要素——都注重培养学生的能力，特别是学会学习的能力、独立工作的能力、学会选择的能力、对自己负责的能力以及自我就业能力等。

芬兰1992年的《高中学校教育法》规定高中教育的目的是“促进学生的发展，使之成为平衡发展的、健康的、负责任的、独立的、有创

造性的和热爱和平的个人和社会成员”①，1998 年的《高中学校法》规定“高中学校教育的目的是促进学生的发展……为学生提供继续学习、工作、生活、个人兴趣及多方面的个性发展所需要的知识和技能。此外，教育还应促进学生的终身学习和自我发展机会”②。为培养独立工作的能力，瑞士高中要求学生撰写课程论文、毕业论文，自己选择主题，独立完成。

为培养选择能力、对自己负责的能力，三个国家都在高中要求学生进行不同程度的课程选择，芬兰则实行全面的无年级教学。

为从制度上保证学生能力的培养，芬兰实施大学自主考试+高中毕业考试+学生自选考试的模式，兼顾高中学生的基本学业水平的考察、学生特长科目的展示和大学的录取。基本做法是：在高中举行国家毕业水平考试，必考 4 门（母语、第二官方语言、外语、综合科目）作为毕业标准，此外，学生可以自由申请加考自己的强项科目，供大学录取参考，升大学还得参加大学自主举办的考试。

三个国家特别关注对学生自我就业能力的培养，强调培养学生经营能力、个人创意、独立工作和个人学习的责任。芬兰高中课程改革方案提出：不断变化的社会经济结构同时带来劳动力市场的变化，因此，即使是在高中阶段，也有必要形成学生对自我就业（self-employment）的能力和积极态度，也即创造新的工作机会的能力与态度。荷兰高中把教学与社会直接联系起来，让学生走出课堂，使学生尽可能了解并参与社会生活，他们在学校设置模拟公司、企业，要求学生运用所学知识轮流主持或参与公司每一部门的工作，了解公司运作的全部流程。芬兰高中的经济课教学，让学生参与模拟炒股，自己买入卖出，加深对经济学原理的理解与应用。这样的学生一出校门几乎就可以上岗甚至独立创业。难怪荷兰、芬兰国家教育部官员抱怨高中学生毕业后不忙于读大学，而

① Senior Secondary School Education Act，708/ 1992，Finland.

② Senior Secondary School Education Act，629/ 1998，Finland.

是先工作几年再上大学。确实，这样的课程结构和教育思想，容易被家长和社会认同，在这种教育下，学生的就业能力和自我创业意识都非常强。比较一下我国的就业教育，其重点在培养学生求职技巧，如何写求职信，如何穿衣打扮见老板，如何应付面试，等等。我国的课程结构，只是有利于读大学的学生，如果学生不能读大学，这样的课程对学生就业与创业作用都不大，加上部分学生家境困难，谁愿意花钱去读那些如果不上大学连当农民都意义不太大的课程呢？这恐怕也是目前部分高中学生辍学的主要原因。

三、打破平均发展的传统模式，保证学生的多样化发展

三个国家高中课程构建的重要特点是在保证学生基本素养的基础之上，最大限度地适应不同学生的不同发展水平，满足不同学生的不同进步需要。荷兰的高中模式较复杂，瑞士、芬兰的高中模式相对简单，但它们都清晰地体现了这么一个趋势：大一统的让不同天赋、潜能、兴趣和职业倾向的学生按同样的要求学习同样的课程的平均发展模式正在淡化甚至消失，课程结构日益反映学生的不同需要，日益注重学生的多元发展，日益多样化。

瑞士正在淡化课程结构上的“硬轨道”走向。瑞士以前实行“套餐式”课程，现在虽然也要求高中低年级修学一些共同课程，但两年的高年级段则要求自由选课，可以选任一领域，通过课时给以保证。比如学生甲选择艺术领域，则每周至少增加 6 节艺术类课程，而学生乙则选择经济领域，他每周将至少增加 6 节经济类课程。在瑞士高中的高年级段，因为自由选课的实行，实际上已没有班级的概念，学生根据自己的兴趣和水平上不同的课。

荷兰很早就实行“套餐式”选课模式（人文—艺术—法律类，经济类，科学技术类［普通型］，科学技术类［医学—生物—化学］），现在这种模式进一步发展为大范围的多样化，不同的课程组合，就有了几十种套餐式的课程小模块，学生的选择空间更大了。

芬兰更是以课程的高度选择性著称于世。无年级学校（Non-graded school，也称无年级教学）和无固定班级教学是芬兰高中教育的一大特色。它从1987年开始在高中进行试点，1994年全国委员会颁布的《高中学校课程框架》给以充分的肯定并全面推广，1999年新颁布的《芬兰高中教育法》，明确规定所有高中都应实施无年级教学，目前芬兰所有高中基本上都实行了无年级教学。

无年级教学意味着学校不再需要把学生编入固定班级或分配固定教室，不同学年入学的学生完全有可能因选择同一教师的同一课程而坐在同一个教室。新学年伊始，学校即发给学生每人一本课程设置手册，内含本学年开设课程明细表，包括对课程的总体介绍、课程设置、各科详情、任课教师、选修必备前提条件等，同时将手册全部内容公布在校园网上，以便学生随时查询。学生根据自身情况和各自不同的兴趣爱好，选择制定自己的学习计划，选择不同的学段课程和适合自己的任课教师。学校对大部分课程的选修不作限制，只是根据课程难易程度加以编号并注明选修该课必备的知识前提。选修同一门课程的学生可以是刚进校的新生，也可以是即将毕业的高年级学生。

配合无年级教学，芬兰进行了系列改革。重要举措之一是将过去固定的3年制改为有弹性的2—4年制，不同的学生可以根据自身情况，自己决定完成高中教育的年限；每一学年不再分为固定的2学期，而是分为5—6个学段，每个学段分为6—7周，每个学段集中开设由学生选定的5—6门课程（不同的学生有不同的5—6门课程），这意味着每门课每周有6—8节，学生几乎每天都要接触该学段选定的课程，多数课程一个学段学习完毕并进行考试。学段制较好地解决了过去存在的不足：因为一年只分2学期，每学期比较长（延续20周），因而一门课拉的时间太长，周课时太少（平均每周2节左右，有的只有1节），既容易因间隔过长而遗忘，又造成一个学期并行课程门类太多（多达十多门）。从而在相对较短的时间里将某几门课程学得比较透彻有效，减少了每一学段的并行课程门类。

为保证选择性课程方案的真正落实，三个国家都注重课程资源的共同开发和共同享用。在瑞士，我们考察了两所共用一栋教学楼的高中，至于课程、仪器等其他资源的共享就极为普遍了。在芬兰，学校自己开发课程和学校联合开发课程并举，部分高中学生可以在其他学校选择课程，甚至可以在大学选择课程，经同意，学生在大学选的课程既可以在高中计学分，也可以日后被大学认可。

广泛选择性的弹性的课程模式正日益显示出它的优越性：

第一，广泛选择性的课程改革，为学生发展提供了更多的机会。多样化的课程结构适应了不同学生的发展水平，使学校既能为学习快的学生，也能为那些性格、爱好或生活状况要求一个比较慢的学习进度的学生提供多样化的学习机会。目的是使学生能够根据个人潜力和天赋确定最适合自己的学习、生活和工作方式。现代高中学校的任务之一就是促进学生基于自己的个人条件和社会条件最大程度的成长。学生不需要留级或升级，学习上所花的时间取决于学生的需要、目标和他们作出的选择。

第二，多样化的课程与学生的自由选择，不但有利于一般学生的发展，也特别有利于优秀学生的脱颖而出。较大的选择空间使得这些学生有更多的时间与精力选择更多、水平更高、自己喜欢的、适合自己潜力的课程，从而得到更快更好的发展。这既适应了不同学生的发展需要，也适应了国家对优秀拔尖人才的需要。

第三，在具有广泛选择性的课程方案中，给了学生更多的选择机会，也要求学生承担更多的责任。过去，我们往往只看到西方国家教育自由的一面，忽略了它的另一面。实际上，自由是与责任密切联系在一起的，强调自由，就必然要强调责任。学生有了选课的自由，随即就有了思考自己选择的依据、完成自己选择的计划、承担自己选择带来的结果、对自己未来人生负责的责任。就是说，与学习知识技能一样重要的是学生必须逐渐承担选择学习模式、生活模式和工作模式的责任。承担责任、对自己负责的能力还表现在持之以恒和坚持既定计划的工作能力，表现在大量运用全部的心智潜能于自己所选择的课程方案之中的能力；它还包括现实地评价自己实现个人目标的可能性的能力，包括根据自己的目标作出选择的能力。而对选择负责往往是通过选课等形式来实现的。学生灵活地在规模、结构不同的学生群体之间流动，选择不同的课程和不同的教师。所有这些发展了他们的自我知识，给予他们机会来实践继续学习、工作和个人生活所需要的选择能力。

第四，多样化的课程与学生的自由选择，不但没有降低教学质量，而且还提高了教学质量。较大的选择空间不但不会降低教学质量，而且明显提高了教学质量。在经合组织的一项成就调查中，芬兰学生的成绩在欧洲名列前茅。这是因为，只有学生在符合自己潜能、感兴趣的领域里学习，才可能真正保证教学质量。换言之，同样的课程对不同的学生，是不容易真正保证质量的。对数理逻辑倾向性的学生有质量保证的课程，对那些语言艺术倾向性的学生就不一定具有质量保证，齐头并进的课程要求不可能适应所有学生，只有选择性的课程结构，才能适应不同学生的要求，才能保证教学质量。

第五，多样化的课程与学生的自由选择，与关注学生必要的共同基础本质上是一致的。三个国家都肯定，高中与义务教育一样，都是基础教育，所以它们都强调必要的共同基础。但它们的课程结构表明，义务教育和高中的基础是有区别的。义务教育的基础更强调学生的共同知识基础，它反映国家的基本要求，因而在学习内容、知识水平上都是共同的，而高中以义务教育的基础为基础，以学生发展倾向为背景，更强调的是个体发展的基础。个体发展的潜力、倾向不同，因而相应的基础也应不同，其学习内容与水平就得有差别。这样，高中就需要有相对选择性的、多样化的课程系统来保证和发展其基础。另外，这里的基础不完全是知识上的基础，这是指最基本的人生发展的素养，是为学生成为一个会学习、会选择、独立工作能力强、对自己负责以及自我就业能力强的成人的基础。实际上，到了高中阶段，打基础应有针对性，泛泛学习所有学科，在所有学科上平均使用力量，打的不是真正意义上的基础。

第六，多样化的课程体系有利于特色学校的形成。取消年级，能够使学校灵活发展。芬兰高中学校不分年级，加上广泛的选择性课程，这就为学校根据自身的特点发展提供了较充分的机会，从制度上、体制上为学校特色的形成打下了基础。三个国家的高中特色鲜明，绝不像我国的某些学校那样千校一面，应该说是与其多样化的课程体系直接相关的。我们在芬兰就特别考察了一所以音乐为特色、一所以国际交流为特色的高中，学校的课程设置和教学活动、课外活动、学生组织，甚至学校建筑无不体现着学校的特色，无不为着自己的既定目标。

第七，课程上的广泛选择性有利于师生关系的改善。实行多样化的可选择课程，学生可以选择不同的课程和不同的教师，这样做形成了良性的教师竞争局面，使得教师越来越成为他们自身工作的开发者，有利于教师改进教学，融洽师生关系，提高教学质量。芬兰高中的教师与学生的关系非常融洽，校园氛围在欧美各国中是比较理想的，应该与它的无年级教学也即与它的学生对教师的选择有关。

第八，课程的广泛选择性有利于发挥地方与学校在课程建设上的积极作用。地方和学校对利用自身的优势进行课程开发负有主要的责任。一方面，地方负责保证国家的改革意图得以贯彻、国家的课程目标得以实现，另一方面，无年级教学必然使学校体系变得越来越有灵活性和服务意识，学校自身分配与开发资源的权力越来越多，所有这些为学校提供了多方面的机会来集中发展它们有特别优势的领域。我们考察了芬兰一所有影响的高中，它的选修课程比例达65%以上（而一般高中都在30%—35%），它将核心课程进一步细化了，比如将语文分为阅读、文法、文学和写作，将数学分为几何、代数、三角、微积分等，将外语根据语种和难易分为不同等级的课程。这样做为学生的发展提供了更具体、更丰富的课程基础。

四、对我国高中课程改革的启示

1. 改革的重点在弹性的课程结构。对于所有学生包括尖子生和成绩差的学生都合适的有挑战性的课程必然是弹性的有选择的。这有两方面的含义：一是程度上的弹性或选择性，也即难易上的选择；二是范围上的弹性或选择性，也即倾向上的选择。每个学生都可以选择相对适合自己难易的课程，选择符合自己倾向的课程板块。真正灵活的课程结构就不会存在内容上偏难的问题（只有大一统的课程才会有这个问题），对尖子生甚至可以提供比目前更难的课程选择。这样才能真正保证不同天赋和能力、兴趣以及职业倾向性的学生有个性的、在自己基础上的最大发展。

2. 课程改革的成功必须有配套措施做保障。三国的课程改革实践表明，课程改革的危险是说得多，行动得少，特别是实现得少。课程改革是一项全局性的系统工程，要想达到预期目标就需要强有力的保障。主要包括：家长与社会支持；校长与教师的理解、支持以及共同的创造性行动；清晰的领导改革意图以及将领导意图深入到学校的强有力的“桥梁”机构等。瑞士成立学校外的专门机构，支持学校自主权，评估课程改革及相关的各项情况，包括贯彻国家课程改革意图，监督学校课程是否符合国家框架以及学校成绩等。芬兰有国家教育事务委员会，主要是专家班子，负责将教育部的政策落实到操作层面（包括国家课程标准和方案的制定、课程改革与实施成效的监控等）。而荷兰的督导机构的作用非常突出。这些都是将领导意图连通到学校的强有力的“桥梁”机构。

3. 分散课程管理权，给学校合理而充分的课程自主权。三个国家的研究均表明：课程改革质量是与学校自主权相一致的。学校自主权的扩大，实际上是学校开发多样化的课程体系的基础，它为学生对课程真正而有价值的选择提供基本保证。学校自主权的扩大，也是国际化、全球化的影响的反映，是教师与学生关系、学校与家长关系变化的体现（过去是学校制定计划，家长和学生必须适应学校的计划，现在是家长委托学校，要求学校按家长的意图培养孩子）。学校自主权的扩大，有利于更好地了解学生的学习及其他情况，有利于学校内部的高质量管理，有利于学校对教学质量的控制。在具体操作上，就是要淡化行政对课程的直接控制，国家只出台课程政策与课程框架，学校有较大的课程开发的自主权，而省（州或市）一级主管部门则主要是投资办学、指导和监控学校的课程是否符合国家框架，不干预学校的课程开发。实际上，我们注意到，国外的课程改革是与扩大学校自主权的基本走向相一致的。当然，学校的自主需要得到有效的制约，特别是来自学校外部的制约。

4. 大力推进教育与课程资源的共享。课程改革需要学校开发大量学校课程，但学校开发课程既可以是条件较好的学校独立开发，也可以是几所条件一般的学校联合开发。高中课程改革的重要内容是要把学生的发展置于比教室更广大的背景之中，为学生提供生动活泼的学习环境；关注教学与社会与生活的联系，尽可能拓展学生学习和成长的资源，支持和鼓励学生有效利用各种信息资源进行独立学习；强调对学生的学习指导，改被动的接受型为主动的探究型学习。

5. 高中课程改革必须有高考改革的支撑。一张既不适合高中学校教学也不适合高等学校特点，更不适合学生发展的考卷，决定学生的终生的高考模式显然是不利于课程改革的。我国的高考与招生制度改革应与普通高中课程改革同步进行，其改革的基本思路应该是：由国家组织的高校入学考试需要为选择学习不同课程的学生提供不同的考试内容；同时，国家应迅速调整高校招生制度，使高校逐步实现自主招生，录取更适合自己学校的学生。

（本文的不少观点是考察组集体智慧的结晶，还得到了我国驻三国大使馆教育处的帮助，在此一并致谢！）
（原载于《湖南师范大学教育科学学报》2002 年第 4 期）

课程改革：教师专业发展的新契机

在基础教育课程改革的理解与实践中，有个问题成为人们担心改革、怀疑改革，甚至反对改革的基本判断依据。这就是：课程改革虽好，但对教师的要求高，唯有高素质的教师队伍才能实施。而目前我国教师整体素质不高，所以课程改革超前了，不可能有效实施。

这一担心是有道理的。在新一轮基础教育课程改革中，教师正在遭遇一个新的课程环境、新的课程研究范式。在这个传统教育方式与现代教育方式激烈对峙的转型时期，交织着教师的奋进、困惑、彷徨等各种心态。课程改革的基础是教师，没有高素质的教师队伍，改革不能成功，所以从国家到地方到学校，都要求并实施着大规模的教师培训，以提高教师素质。

由这一担心得出的结论却是片面的。因为我们确实需要高素质的教师队伍，确实需要造就一支适应课程改革需求的教师队伍，但这支队伍不可能在改革之前就预先准备好。事实上，改革之前不可能完全形成改革所需要的高素质的教师，恰如我国从计划经济到市场经济的改革需要有市场经济人才的支撑，但这种人才只能在改革中而不能在改革前产生一样。课程改革所需要的高素质的教师只能在改革中造就。课程改革的重要任务之一就是边改革边造就适应并促进改革的教师。

一、主体还是客体：课程改革与教师专业发展的不同思路

近几十年来，有关教师与课程之间关系的研究，大多侧重于两种思路：一是把教师当作客体来考察，要求教师与课程相匹配、适应。认为教师是课程的实施者，是依照课程蓝图进行施工的工具，必须忠实于既定的课程。这是一种“教师外在于课程”的思路。

19 世纪以来的课程改革，基本上是依教师为“技术熟练者”、忠实的课程计划的执行人的思路来处理课程与教师的关系的，对教师的挑战也主要集中在熟悉新的课程内容，学会新的教学方法，使用新的教学工具上。比较典型的是 1958 年美国《国防教育法》的颁布，使学校课程体系无论是内容还是结构上都发生了强制性的巨大变化。布鲁纳的结构理论和发现教学思想以及数学、科学、外语等学科的教育研究成果迎合了当时课程改革的需要，对美国和世界课程改革产生了重要影响，同时也把对教师的要求提到了前所未有的高度。但是到 20 世纪 70 年代初人们发现，学校实际没有发生实质变化，教师只是貌合神离地采用了新课程。这跟当时对教师的认识有关。似乎教师只有听命于课程制定者的义务，而没有创造性地进行课程改革的权利。

从新中国成立到 20 世纪末，我国经历过 7 次大的课程改革，每次改革虽各有差异，但对课程与教师关系的认识大体一致。教师以一个课程改革的“边缘人”“旁观者”存在，课程改革是自上而下的，教师所做的，不过是执行他人的计划，从事他人提出的活动。课程设计与执行的分离，使教师失去了真正参与课程改革的热情与机会。

这实际上必然导致上述担心：改革虽然重要，但教师素质不高使得改革过于超前，过于激进，应该等教师素养高了再进行课程改革。

这一误区的主要根源之一是对教学知识来源的认识偏差。当教学知识被当成客观、绝对的技术性知识时，它就变成了养料，教师吃了它们，便身强体壮，可以对学生发号施令了。这种把教师当作技术熟练者、孤独学习者的课程改革，只能寄希望于改革前大规模的教师集中学习或教师整体队伍的高素养。实际上，教师的教学知识有不同来源。总体上，教师的职前培训在发展自身的教学知识中不是最重要的来源，而教师“自身的教学经验和反思”及“和同事的日常交流”是两个最为重要的教学知识的来源，教师“作为学生时的经验”则是最不重要的来源。①

另一种思路是把教师当作课程改革的主体，课程不再被视为一种独立于教师之外的、预设的知识体系。这是一种“教师介入”课程改革的思路。关于教师在课程中的作用和角色，是20世纪70年代后逐渐凸显出来的一个话题。对“结构主义课程改革”未能取得预期成果的痛苦反思，使人们认识到新课程并非因为不科学才遭致失败，而是因为在课程实践中没有被真正推行下去；并非因为新课程不符合教育规律，而是因为忽视教师在课程中的创造性。今天，有关课程改革中教师的作用与发展的研究已经根深叶茂，教师开始从课程改革中的“边缘”走向“中心”，教师正以一种课程改革的参与者、课程的研制者，而不只是实施者的新形象展现在历史的舞台上。

“教师是课程改革的主体”表达了教师要在课程活动中寻求自我解放的呼声。教师作为一个拥有自己的需要、思想和理想的独立体，他不只是课程的“守望者”，他要在课程活动中自由地表达自身。一方面通过赋予教师以课程主体的权利，使教师得以合法地参与课程的开发、决策、实践、评价等活动；另一方面又通过重构课程、开发课程，为教师的专业发展提供广阔的空间。这实际上表现了这么一种认识：在课程改革中，教师与课程互动，教师在课程改革与反思中成长。教师的反思使

---

① 范良火：《教师教学知识发展研究》，华东师范大学出版社2003年版，第211页。

课程总是处于“形成”的路途中，与之相伴的是教师的实践性知识的丰富和发展——课程在教师的教学与反思活动中显现和生长，教师也在参与课程改革的历程中、在教学与反思的进程中走向成熟。

二、课程改革为教师专业发展提供实践舞台

新一轮基础教育课程改革对教师来说是一场名副其实的“时代迁徙”，是一场千百万教师从传统走向现代的大迁移，突破传统的课程概念框架，以其高远的理念超越了原有的课程母体，摇撼了教师的旧观念。教师既然作为课程的主体，就要积极回答课程改革带来的挑战，在改革中寻找教师发展的契机，进而在改革的大潮中获得新生。

1. 课程改革促使教师角色的转变

课程改革已成为现代教育之主旋律，教师也正是在跌宕起伏的改革中或接受新教育观念的震撼，或提升教育教学的艺能，或激活专业发展的愿望。每一次改革或多或少都让教师接受一次“洗礼”。教师在课程改革中的最大变化是角色变化。传统意义的教师可以用“传道、授业、解惑”来形容，即强调教师的权威地位和知识的传授。在新课程中，教师必须放弃对学生学习内容的绝对权威和垄断，从知识权威转向平等参与学生的研究，从知识传递者转为学生学习的促进者、组织者和引导者。联合国教科文组织的《学会生存》对此有很好的描述：现在教师的职责已经越来越少地传递知识，而越来越多地激励思考；教师必须集中更多的时间和精力从事那些有效果的和有创造性的活动，互相了解、影响、鼓舞。①

---

① 联合国教科文组织编著：《学会生存——教育世界的今天和明天》，教育科学出版1996年版。

在新课程中，教师要力求成为研究型教师。这实际上是对教师本真生活的重新发掘，是对教师的重新发现，指明了教师的发展道路。斯滕豪斯在反思课程改革的过程中提出：教师是课程的负责人，从实验主义者的立场看，课堂是检验教育理论的理想的实验室；对那些偏爱自然观察的研究者而言，教师是课堂和学校的潜在的实际观察者。……教师拥有大量的研究机会。我们应该承认，每一个课堂都是一个实验室，每一位教师都是教育科学研究的成员。① 苏霍姆林斯基说过："如果你想让教师的劳动能够给教师带来乐趣，使天天上课不至于变成一种单调乏味的义务，那你就应当引导每一位教师走上从事研究的这条幸福的道路上来。"② 教师作为研究者本身就是一种道德化的教师形象。它的必要性根植于教师自身的专业生活场景，它的价值取向乃是由教师自身教学活动的内在需要决定的，而不是某种外部力量强加的。新一轮基础教育课程改革汲取了历次课程改革的教训，为教师提供了一个开放的课程结构，留给师生比较充分的创造空间。过去是教教材，现在是用教材教，甚至在有的学习领域已经没有统一、固定的学习内容，如综合实践活动。课程的"留白"迫使教师必须转变原来"非本真"的生存状态，确立教研一体的工作方式，以适应课程改革的要求。这时的研究就不是通常意义上专门的科学探究活动，也不是学校每年一两次轰轰烈烈的点缀式的教研活动，而是一种日常学习、工作的生活方式，是一种反思性教学实践。

2. 课程改革推动教师知能结构的发展

当课程改革是一次教师的教育观、教育方法、教学行为的转变，是一次"教育角色"的急剧转型时，原有的教师专业结构显然需要接受

① 转引自刘良华：《校本行动研究》，四川教育出版社 2002 年版，第 21 页。

② ［苏联］苏霍姆林斯基：《和青年校长的谈话》，赵玮等译，上海教育出版社 1983 年版，第 85—86 页。

新课程的挑战。

管理专业的教师注意到：我们最需要教学生怎样在不确定的情境中决策，但这正是我们无法教的东西；汽车专业的教师抱怨：我们只知道如何造汽车，但我们无法告诉学生造怎样的车。这些都印证了英国哲学家波兰尼的观点："我们知道的东西比我们能告知他人的东西要多。"① 那么，那些无法教的东西怎样才能被学会呢？仅仅关注如何增加专业知识的教学无济于事，必须另辟蹊径，从自上而下的"理论—实践"路径走向"在实践中学"，"在实践中反思"，成为"反思性实践者"。优秀教师不是因为他们拥有更多的"专业知识"，而在于他们更富有智慧、才能、直觉或艺术，这些都是在实践中生成、扩充、发展的。教师发展所表现的这种实践性特征，是一种在实践中经历关键时期、关键事件而产生的。这一特征使得课程改革成为教师成长的土壤。

教师专业知识结构可分为本体性知识、支持性知识、实践性知识等。实践性知识是指教师在实现有目的的行为中所具有的课堂情景知识以及与之相关的知识，与其他知识不同：它是行动性的，而非理论性的；它是经验性的，而非抽象的、普遍的原理和规律，虽不普遍但很灵活；它是个性化的，带有个体的价值、情感、审美特征，而不是纯客观的东西；它是情景化的知识，是作为"特定的儿童的认识"，没有一成不变的模式；它来于实践，要求教师在实践中主动探求，而不是被动地接受；人们很难传递自己的实践经验。② 实践性知识的形成和获得与其他知识是截然不同的，其他知识多数可以由教授式传递而获得，而实践性知识必须在完成具体任务的过程中，依据具体的问题情境，经由实践与体验来获得，就是"在实践中学"。课程改革对教师知识结构的挑战，从根本上说是对教师实践知识的特殊要求。因为在教学实践中真正

---

① 转引自夏正江：《论知识的性质与教学》，《华东师范大学学报·教育科学版》2001年第2期。

② 毕田增：《走进校本学习与培训》，开明出版社2003年版，第8页。

发挥作用，面临实际问题考验的是实践性知识，教师的本体性知识等都需要透过实践性知识发挥作用。

重视实践性知识，是承认教师在实践中的创造性，承认实践的不确定性。教师正是在这种不确定的、疑惑的、困顿的、多种可能的、多种选择的教学生活中亲自“寻找”和亲自谋划，进而获得真实的教育体验，形成属于自己的“个人实践性知识”。课程改革所强调的理念和追求，只有经过当事人自己亲自行动，亲自探究，亲自处理之后，才发生意义。从这个意义上说，实践性知识不仅关乎“知”的问题，而且牵涉“情”“意”，从中感受人生的价值。就此而言，从“实践中学”更应当理解为“热情地主动行动”。这是教师在课程改革中获取发展的最重要的甚至是唯一的通道。

三、教师与课程改革共同成长

本文开始提到的担心实际上体现了这样一个普遍看法：教师的知识结构与课程改革的要求之间相差很大，先要把教师培训好了，达到课程改革的要求，学校才能进行课程改革，否则将导致课程改革的失败。事实上，他们忘了一个最起码的常识：课程改革对于教师来说就像是学习游泳，需要在水中游才能学会。培训游泳前的知识、技巧固然重要，但游泳者的游泳能力最终只能在游泳中形成。同理，课程改革所需要的教师素养也只能通过课程改革的磨炼而形成。

美国心理学家波斯纳（G. J. Posner）曾提出教师成长公式：成长=经验+反思。而经验与反思都是在一定的场景中发生。场景的性质决定经验的效果和反思的深刻性，决定成长的速度和质量。经验在富有挑战性的场景中才会迅速发生，反思也只能在观念的冲击下才会更有效。新课程改革营造的正是这种挑战的场景，为教师提供了一个借以参照的“镜中之我”——教师的新角色形象，教师依此了解自我、反思自我、实践自我，并在课程改革中升华自我。与此对应，教师在课程改革中成长的过程也是不断地检验、完善和发展新课程的过程，课程改革的每一步都伴随着教师跟进的铿锵步履。

载于《人民教育》2002 年第 6 期上的特级教师唐江澎自述的成长经历给我们深刻启示：第一阶段初入教学岗位，他自我定位在陪练员的角色，“把自己怎样学的告诉给学生”；第二阶段发展到以“教”为重点，以教代学，充当演员的角色，“陶醉于才学、特长的自我展示”。无论是第一或第二阶段，唐江澎都通过不断补充和巩固专业功底，锤炼教育技能，成功地获取了某些方面的专业发展，但他仍是对以前“自我”的补充，仍是传统意义上“以教师为中心”的教师，所以困扰仍缠着他，“无数次问自己：教学究竟是什么？怎样教才是有效的?”新一轮课程改革为唐江澎在第三阶段成长过程中的转型提供了新契机。在课程改革中他开始寻找到了摆脱困惑的答案，领悟了课程的真义：促进“有意义学习”。将自己的教师角色定位于学生的引导者、探究的合作者、情感的激发者、方法的指导者，在行动研究中创立出有别于传统教学的“体悟教学”，实现了“自我”的转型，走出了一条课程改革与自己专业发展相结合的道路，使自己获得了一次教师职业生涯的新生。

有人曾对江西临川二中作过个案研究，当问及“通过参与课程改革，您认为在哪一方面的进步最大”时，有 33%的教师回答为“理解新课程的能力”，27. 7%的教师回答为“科研能力”，14. 9%的教师回答为“课程开发能力”，19. 1%的教师认为是“教学感和教学责任感”。[①]

临川二中的实践告诉我们，只要是真实的、有质量的教师参与下的课程改革实践，那么在发展学生、课程的同时，教师必然得到发展。无论是刚刚从教的教师还是具有丰富教学经验的教师，他们的发展、变化

① 钟启泉：《课程改革促进教师专业发展的个案研究》，《全球教育展望》2002 年第 8 期。

一定依赖于他们参与其中感受到的课程、教学、学校的“文化震荡”。他们是在“文化震荡”的实践中实现自我超越的。课程改革为教师成长提供了重要契机和土壤，教师在其中的专业实践活动，使新观念内化为自己的实践智慧，使自己成功地跃上新台阶。[①] 可以说课程改革也为教师设置了“最近发展区”，让教师“跳一跳”收获成长的“果实”。

由上可见，课程改革与教师专业发展之间存在着循环效应：一方面，改革为教师专业发展提供机会，并促进教师的专业发展；另一方面，教师的专业发展是课程改革的重要支撑，改革也因教师活跃的身影和创造的激情而充满活力。这种课程改革与教师在实践中“同期互动”的发展效应，是解决新课程缺少新型教师这一难题的基本途径。可以预计，新课程将产生一代新教师，一代新教师又将创造出新课程。

课程改革使得教师可以创造出千百万种特色，每一种特色都可能开创课程生活的一个新维度。对于课程改革来讲，如果高素质的教师很重要，那么构建一种焕发蕴含在教师中的巨大潜力、造就高素质教师队伍的机制就尤显重要，它能保证高素质的教师不断涌现。改革正是焕发教师激情、发掘教师潜力、造就高素质教师队伍的重要机制之一。[②] 课程改革实验已经而且将继续证明这一点。我国的中小学教师队伍正在课程改革中发生一次历史性变化，每一位教师都将在这场变革中发现自己的力量，找到自己的位置，发出自己的声音，改造自己的思维。这是我国课程建设可持续发展的最重要的基础。

（原载于《中国教育学刊》2004 年第 8 期）

① 段发明：《课程改革：教师的重新发现与自我新生》，《江苏教育研究》2003 年第 8 期。
② 石鸥：《结构的力量》，高等教育出版社 2004 年版，第 61 页。

从课程改革的目标看
综合实践活动的独特价值

课程改革的一道亮光——综合实践活动，在沉寂的天空闪耀。它的实施，从理论到实践，都被看作是课程改革的一个创新点。4 年来的探索和尝试，既初步展示出它蕴含的内在价值，又引起了越来越多的人的关注和兴趣。当然，对它的疑虑和困惑也越来越突出。在我看来，其内在价值的澄明恰好有利于解除认识上的疑惑。许多实践中的疑虑一旦在理论上被认识清楚，就不再成为问题和疑虑了。本研究的重点和新意在于从整个基础教育课程改革的六大目标入手来认识和把握综合实践活动的独特价值。

一、在落实三维目标、改变过于注重知识传授的倾向方面具有独特价值

我国基础教育在知识传授上有优良的传统和一整套行之有效的经验，其中最典型的就是“双基”教学。我国学生在知识层面上的成绩有目共睹，这一具有中国特色的经验值得充分肯定。但是我们也不无忧虑地注意到，一些学校正在把这一经验推向极端、推到事物的反面。这

正应了这样一句沉重的判语：托教育的福，学生6岁就开始与考试和分数为伴。[①] 正因为此，《基础教育课程改革纲要（试行）》（以下简称《纲要》）把“改变课程过于注重知识传授的倾向，强调形成积极主动的学习态度，使获得基础知识与基本技能的过程同时成为学会学习和形成正确价值观的过程”作为改革的最重要的目标。

知识就是力量，知识之重要无以言表。从理论上说，怎么重视知识都不过分。那么为什么《纲要》还要求改变我国基础教育“过于注重知识传授的倾向”？我们认为，首先是因为部分学校已经把“知识传授”作为学校教育的基本目标甚至是唯一的目标，使一切教学和教学的一切都围绕这一目标转。学生的情感、道德、心理和身体健康都成为知识的附庸。其实，知识传授是学校教育的一个重要目标，但绝不是唯一的目标，[②] 它远不能实现学生的全面发展。其次，它忽视了本不该被忽视的学生的其他重要素养的培养，如能力特别是创造力的培养，以及丰富情感、积极态度和正确的人生观、价值观的培养。这从我们的学生知识成绩越来越好但越来越不喜欢学习、情感越来越冷漠中即可窥见一斑。我们允许学校有这样那样的缺点，教学有这样那样的缺点，学生有这样那样的缺点，但是，不能容忍学生恨学校、恨学习。

以知识代替素质、代替质量的片面做法可以纠正，但是，知识就是素质、就是质量的“坚定信念”不易转变。知识在人的发展中非常重要。“知识就是力量”，不仅对国家对社会是至理名言，对个人同样是至理名言。尤其在以前，只有很少的人能接受高等教育，拥有丰富的知识。那时，谁接受过高等教育、拥有较多知识，谁就拥有了在竞争中立

---

① 在法国1968年的学生运动中，喊出了一句很有批判力的口号：“托老师和考试的福，6岁就开始与人竞争”。

② 实际上我们许多教师在准备教案时，往往会清楚地列出若干目标，其中既有知识技能层面的，也有能力发展层面和思想品德层面的。这说明教师在理性上不认同知识为唯一目标，但在实际教学中，教师有意无意地把知识技能的目标唯一化，整个教学围绕着知识目标转，所有精力、时间和智慧都耗在了知识上。

于不败的重要砝码。今天，知识的重要性更加凸显，这种重要性集中体现在它为个人的竞争和发展提供了不可逾越、不可替代的平台。没有知识这个平台，一切有尊严的生活、竞争和发展都无从谈起。不拥有知识而完全凭借个人的努力取得成功正在成为不可实现的神话。但也应清楚地认识到，随着高等教育的大众化以及网络时代的到来，人们获得知识的渠道越来越多，方式越来越快捷。这意味着，拥有知识这一平台的人越来越多。而一旦所有人或绝大多数人都拥有了某一竞争优势，那这一优势就会变成底线，就不再成为竞争的唯一的决定性砝码。这时，其他的因素就开始发挥重要作用。比如，谁具备更高的创造力、实践力，谁更经得起挫折，谁更理解他人、关爱社会、珍惜自然，谁更勇于开拓、善于开拓……而这一切都不是单纯的知识传授能实现的，它们有赖于本次课程改革所特别追求的“三维目标”之情感、态度、价值观的实现。

尽管“三维目标”是整个基础教育课程改革中所有课程的目标，但必须承认，除了传统、人们的认识和社会环境等因素外，学科课程本身的性质、其强调知识系统性的特征，也使得人们更容易关注知识技能，而有意无意地忽视过程方法和情感、态度、价值观的培养。毕竟，学科课程的本义就是以学科知识的概念体系为线索来组织课程。正因为此，我们强烈呼唤综合实践活动这一类课程出现。

综合实践活动是基于学生的直接经验、密切联系学生生活和社会生活的实践性课程。它更强调学生的亲身体验和积极实践，注重发展学生的创新精神和实践能力，以培养学生的社会服务意识、良好的个性品质及增强公民责任感为主旨。实践证明，综合实践活动是加强未成年人思想道德教育的重要途径，是强化课堂与生活、学校与社会之间联系的重要纽带，是增强学生对集体、社会的使命感、责任感和奉献精神的重要举措。通过综合实践活动，学生可以培养起积极面对困难和挫折，对他人的帮助心存感激，并随时乐意帮助他人的品质；可以认识到，服务和关心不仅仅是给予，更能带来心灵的收获：在服务社区、帮助他人特别是弱势人群的公益活动中，会有痛苦也会有快乐，会有挫折也会有成就。这些都是难得的教育资源，都有助于学生珍视生命，热爱生活，体验服务的充实和愉悦。更重要的是，通过综合实践活动，学生可以逐渐认识到帮助他人、贡献社会不是一个抽象的概念，而是具体的、自己完全能承担的社会责任。这对于丰富学生的生存体验、提升学生的精神境界具有独特的价值。

可见，综合实践活动在培养学生的创新精神、实践能力、情感态度和正确的人生观、价值观方面具有学科课程所不具有的独特价值。这一独特价值是综合实践活动独立存在的基础和根源。在知识传授仍是教学的唯一目标和学校教育仍忽略本不该被忽略的学生其他重要素养培养的现状下，综合实践活动或这一类课程表现出了顽强的生命力。这是课程改革与发展的理性诉求。

二、在改变课程内容繁难偏旧和偏重书本知识的现状，实现课程与生活和社会的联系方面具有独特价值

有人认为，我国基础教育的质量很高。如果一定要这么说，那就得把它限定在知识层面尤其是书本知识层面。这既是优点，又是缺点。优点是书本知识掌握的质量高，缺点在于仅仅是书本知识且过于偏重书本知识。而且这种书本知识还较为突出地存在过于烦琐、偏狭、陈旧以及对一般学生而言偏难的内在缺陷。正因为如此，《纲要》要求“改变课程内容‘繁、难、偏、旧’和过于注重书本知识的现状，加强课程内容与学生生活以及现代社会和科技发展的联系，关注学生的学习兴趣和经验，精选终身学习必备的基础知识和技能”。尽管各学科都在正视这一问题，但我们得承认，学科课程本身重知识的特征以及其教学过于依

赖教材的现状，使得它们在改变这些缺陷方面不可能发挥突破性的作用。而且目前科学发展和社会进步的成果不能及时地进入教材，尤为重要的是，人们对教育的评价还未真正转变，仍把分数作为唯一的衡量标准。在这样的情况下，改变课程内容旧、偏、繁的现状很不容易，改变课程内容脱离学生生活的现状尤其艰难。而在这一方面，综合实践活动又一次体现出它的独特价值。

第一，综合实践活动不追求系统而凝固的知识，不要求更不依赖圣经般的教材。它的主题是生成的、开放的、鲜活的，直接与学生生活和社会实际联系；它的实施超越了封闭的学科知识体系和单一的课堂教学时空的局限。可以说，较之学科课程，综合实践活动能够更快更好地把当下的内容引进课程并转变成学生的学习主题，其内容能较好地反映学生生活和时代发展，从而避免课程内容的旧、繁、偏。

第二，作为一种新型的课程，综合实践活动不是根据预定目标预先设计的，而是由师生在活动展开过程中逐步建构生成的。它注重学生的兴趣和经验，让学生自主参与组织设计，为学生的个性发展提供开放的空间，因而能较好地打破书本中心主义，克服学习内容繁、难、偏、旧的缺陷。更重要的是，综合实践活动既是开放的，又是有指向的，它可以让学生获得动手、参与、探究的机会以及为他人和社会提供服务的权利。

三、在改变过于强调接受学习、倡导学生主动参与、乐于探究方面具有独特价值

“接受教学”是重要且具有普遍价值的一种教学方式，在相当长的时间内，它不可被替代。但“接受教学”绝不能变成被动接受的教学。所谓“被动接受的教学”就是强调死记硬背、机械训练的教学，就是

忽视学生参与、探究和动手的教学。遗憾的是，这种被动接受的教学恰好是我国现实教学的真实写照：学校成了一个个知识工厂，在那里学生只回答不发问，有记忆无思想。死记硬背的教育对孩子的心灵是一种摧残。所以《纲要》要求："改变课程实施过于强调接受学习、死记硬背、机械训练的现状，倡导学生主动参与、乐于探究、勤于动手……"但实事求是地讲，学科课程及其课堂教学在这一方面的价值是有限的。学科课程的知识性、课堂教学的时空限制以及教学任务的压力，使得主流的学科课堂教学对学生主动探究、实践动手方面关注不够。有的教学相当严重地忽视了学生的探究和动手；有的教学虽然也在探究学习、合作学习等方面做了很大的努力，但往往遭遇教学时间不够、完不成教学任务的阻碍。而在让学生主动参与方面，主流课堂教学又呈现出两条大相径庭的轨迹：有的教学仍然是满堂灌的被动的授受教学，严重忽视学生的主动参与；有的教学则满堂问，形式上参与很多，实质上是形动而非神动，身动而非心动，在热闹的背后，我们发现的是智慧、情感的冷寂。而在这一层面，综合实践活动具有独特的价值。

第一，综合实践活动的主旨不是获取系统的知识，也没有传递系统知识任务的压力，它以活动为主要形式，强调学生的亲身经历，要求学生积极参与到各项活动中去，在活动中发现问题和解决问题，发展实践能力和创新能力。

第二，综合实践活动的课程性质是自主性的，它要求学生自主选题、自主实施、自主评价，以学生的直接经验为基础，把学生的需要、动机和兴趣置于核心地位，为学生的主动参与提供最为广阔的舞台。

第三，综合实践活动的实践性也必将引导学生自己去探究、去动手。实践性是综合实践活动课程区别于学科课程的重要特征。综合实践活动的实施过程不是一个简单的教师讲、学生听的过程，它不仅超越、拓展了原有的课堂教学和教材，更重要的是改变了学生的学习方式和生活方式，使学生在探究、质疑、合作及服务中获得发展。较之其他课程，它更有利于学生的参与、探究和动手。可以说，没有学生的主动参与、探究和动手，就没有综合实践活动课。

第四，综合实践活动空间的开放性也有利于学生的探究、参与和动手。在传统教学中，我们的孩子坐在封闭的课堂里孤独地为他们的梦想而受煎熬。综合实践活动课的开发和实施可以把学习场所从教室拓展到社区乃至整个社会，改变单一的学习方式和狭隘封闭的学习空间，使课堂知识学习与社会体验学习有机结合、教学与生活有机结合，通过发掘蕴藏于邻里、社区乃至整个社会的有利于学生学习和成长的教育资源，使学生在实践、服务社会和帮助他人的体验中寻求学习的动力，克服重书本学习轻社会实践的弊端，全面提升学习质量。

四、在改变课程管理过于集中，探索国家、地方、学校三级课程管理方面具有独特价值

“改变课程管理过于集中的状况，实行国家、地方、学校三级课程管理政策”是本次课程改革的重要目标之一。现已在课程计划中明确规定了国家课程、地方课程和学校课程所占的比例，但是这种三级课程管理模式是低水平的。我们认为，综合实践活动课程的设置和实施为探索三级课程管理新模式提供了契机，具有独特价值。

首先，这是一门国家课程，是所有普通学校三年级以上学生必须开设的必修课程，有课时保证，有《纲要》或《指南》要求。但这门课程又不同于其他国家课程，因为它没有课程标准，没有国家审定的教科书，更没有具体细致的知识内容系统，是一门学校自主实施以及学校、教师和地方拥有极大空间和开放度的课程。

其次，这是由国家设置、地方指导和学校根据实际开发与实施的课程。国家有统一的宏观要求，但没有规定达成这一要求的具体路径，地

方和学校可以创造性地实现这一要求。学校可以根据国家的《纲要》或《指南》所设定的基本框架去规划学生活动的基本类型、基本内容和具体活动方案，从而富有特色地实施课程。这也许才是三级课程管理真正的追求。

五、在改变学科本位、构建新型课程结构方面具有独特价值

在我国基础教育课程结构中，占压倒优势的是学科课程。这些课程具有突出的优点，但也有明显的缺陷，而且这些缺陷在我国显得尤为严重。比如，门类过多、缺乏整合，学科之间隔离，学科与生活隔离，忽视学生情感、态度、价值观的培养等。因此，《纲要》提出要“改变课程结构过于强调学科本位、科目过多和缺乏整合的现状……设置综合课程，以适应不同地区和学生发展的需求，体现课程结构的均衡性、综合性和选择性”。但必须承认，现在还没有可以取代学科课程的更好的课程。因此，我们只能在学科本位的基础上来设计体现均衡性、综合性和选择性的课程结构。而在这一方面，综合实践活动再一次体现出独特价值。

第一，从“综合实践活动”这一名称就可以看出，它是一门综合性很强的课程，具有人、自然和社会内在整合的特征。学生的发展不是某一学科单独作用的结果，也不是不同学科知识杂烩的结果，而是综合运用知识不断探究世界和探究自我的结果。世界是综合的，学生的发展是综合的，促进学生发展的课程也应该是综合的。尽管国家提出了一套综合课程方案，开设了科学、历史与社会、艺术等课程，但由于各种原因这一方案在实践中影响极小。综合实践活动是贯穿3—12年级的必修课，它能够在克服学科本位、体现综合性等方面发挥重要作用。在现有的课程框架下，一旦它不存在，改变过于强调学科本位、门类过多、缺

乏整合等弊端，使课程结构体现均衡性、综合性和选择性的目标就会失去实现的可能。

第二，综合实践活动最大限度地体现了课程的选择性。从理念到实施，从内容、方法到评价，从教到学，本质上它都是一门体现地方、学校和学生特色的选择性课程。

六、在改变课程评价过分强化甄别与选拔的功能，发挥评价促进学生发展作用方面具有独特价值

学科中心的教育体系逻辑地导向唯知识教学，逻辑地强调唯知识评价，甚至是唯语言和数理逻辑类的知识评价。这必然强化课程评价的甄别和选拔功能，忽视其促进学生发展的作用。其结果是我们越来越把注意的焦点集中到分数本身而严重地漠视学生，学生在异化的评价的高压下学习，成为分数的奴隶。完全有理由说，我国目前最大的弱势群体不仅在农村，而且在教室里。

综合实践活动恰好可以弥补这一缺陷。它的活动性和自主性可以让所有的学生甚至是所谓的学习困难生找到展现自己能力、发挥自己强项的途径。实践已经表明，学生包括学困生，甚至是“差生”，在活动中可以发现自己的能力，从而产生难有的自信，“差生”有时比那些成绩好的学生表现得更突出。综合实践活动就是要激活所有学生的潜力，每一个学生潜力的激活，就是这门课程的胜利。

如果有人问，为什么要倡导和呼唤综合实践活动课程？通过上面的分析，我们说，最终是为了所有学生的发展，为了中华民族的振兴。

（原载于《中国教育学刊》2005年第9期）

关于基础教育课程改革的几点认识

近年来，尽管基础教育课程改革正在积极地进行着，并取得了丰富的成果，但仍然有许多问题需要深入研究，如怎样看待课程改革，课程改革中存在哪些问题，教育理论工作者如何参与课程改革等。

一、如何看待课程改革

不少人认为，课程改革是部分人提出来的，是某主管领导的想法。言下之意是：课程改革缺乏必要的社会基础和现实动力。支持课程改革的人也自觉不自觉地把领导的指示作为改革的主要依据，以为这样就可以使改革名正言顺、行之有据。其实，对课程改革不论是否定还是肯定，其实都存在着对权威的依赖（包括对专家和领导权威的依赖），表现为缺乏个性、缺乏思维甚至不愿思维。但是，课程改革应和其他改革一样，有它自己的动力。

实际上，几乎所有严肃的教育理论工作者和教育实践工作者都毫无疑义地认为传统的课程必将发生变革。从这一意义上说，改革不必然导致实质性进步，但实质性进步必然由于改革。

“为了每个学生的发展，为了中华民族的振兴”，这个令人兴奋的理念既呼唤课程改革，也成了课程改革的指导。实践中它很快就以最不可预期的震荡，冲击着原来的传统教育，曾经缺乏生机的课堂开始有活力。课程改革的意义不在于全面再造课堂、再造教学，而在于引领一个走势：现实正在往理念的方向移动，理念正在摇撼现实最深层的基础。与这一点相比，任何技术上或设计上的不足都是可以谅解的。

可见，课程改革首先是一种追求、一种理念，尽管其含义仍有某种程度的游移，但基本精神明确后，就并不妨碍它具有组织一系列重要话题的功能，它所能展开的思想、话语和行动甚至比它的具体设计还重要。尽管我们并不希望，但课程改革确实有点像一场风暴，它也许今天就会把传统教育的秩序改变，使有的人无所适从，但对于越来越走向极端地追求升学率的“应试教育”来讲，恐怕最关键的是明天过不安宁，是对未来无所适从。不改革行吗？从这一角度来看，理论工作者不应对课程改革的概念与设计过于挑剔，因为改革主要不是去建立、证明一套技术体系，而是去传播新的理念、新的文化、新的行动方式。这就是课程改革的主要贡献，就是改革的应有之义。

二、课程改革中存在哪些问题

在基础教育课程改革的实施中，我们不时听到一些疑问、质问：难道这就是课程改革、这就是新课程？这是因为课程改革还存在许多问题。

1. 有些改革实践确实丢了精神而流于形式

首先，表现为简单化，如把师生之间的“互动”简单地理解为“问答”；把强调学生自主简单理解为放任自流；把突出过程与方法，强调体验的生成与情感的丰富，简单地理解为知识不那么重要了，甚至理解为情感态度价值观的教育可以孤立进行。其次，还表现为绝对化，如把结果和过程、认知与情感、接受学习和探究学习放在一个非此即彼的境地来处理，以泛化的探究全盘否定接受学习等。

2. 对改革的理解过于理想化

第一，有人认为，课程改革应解决现实教育中的许多问题，这种看法是不现实的，不能让课程改革来承担教育改革的风险与责任。

第二，有人认为，改革是新文化的传播，于是必然导致实质性进步。殊不知，课程改革可以传播新文化，却不能保证新文化成为主流文化，它既可以导致新文化新规范，也可以导致新文化新规范尚未有效建立而旧文化旧规范又被打破的局部无序，还可以导致新文化新规范没有建立而旧文化旧规范也未被打破的局面。这意味着课程改革既蕴含着希望与机遇，又蕴含着风险与困难。改革是不会必然导致实质性进步的。

第三，总有人在努力设计课程改革的理想模式，试图提供课程改革的标准话语系统，建构完美的课程改革，这也是不现实的。第一个原因在于课程改革是活动的过程，是一种向未来敞开的生成过程。没有标准的课程改革特征，也没有课程改革的标准行为模式，课程改革不是供临摹用的凝固的理想实物，而是一种实践精神、一种指导思想，是发展中的尝试与革新，是一种注重学生充分而有个性的发展的创造性追求。既然课程改革是一个持续的不断创新的过程，它就不可能太完善，那种标准化、模式化、理想化的课程改革，在本质上是非改革或反改革的。课程改革的某些定义与设计一旦过早精确或威权化，人们的创新就会受到束缚，人们看到的新课程就会像是一个模式“刻”出来的。第二个原因在于一些人全力概括的课程改革的模式以及一些人对课程改革的批评，与其说是事实的归纳，不如说是理想的表述，与其说“是”这种模式，不如说“应该是”这种模式。相对于“应该”来讲，任何实际的改革都是有不足的。任何改革实践都不会完全具备理想特征、符合理想模式，都不会没有不足。课程改革有理想和现实之分，理论上应建构和追求理想的课程改革，而在现实条件下，需要探索的是，我们可以实施什么样的课程改革？能在何种程度上实现？即便我们的实践离理想的课程改革的要求还很远，也不能否定人们可以进行一定程度的课程改革实践。关键在人们具备何种程度的改革精神，在何种程度上去追求改革的理念。课程改革的终极精神在于使受教育者日臻完善，使他们既在知识上也在情感态度价值观上获得充分而自由的发展；在于“保证人人享有他们为充分发挥自己的才能和尽可能牢牢掌握自己的命运而需要的思想、判断、感情和想象方面的自由”。① 因此，凡追求这种教育实践的人都可以自豪地说：我正在践行着改革精神。正因为这样，改革的精神将是一种永恒的追求。这一追求导致课程改革是多元的、变动的，而非标准化、理想化和凝固化的。

我们确实不知道课程改革的终点在哪里（在精神层面上改革没有终点），可只要我们在实践、在创新、在追求着改革精神，这就至少是真实的、具体的、实际的课程改革。而且，我们确实知道，课程改革是在以一系列批评传统教学，强化个性发展为标志的复杂变革中日趋形成的一种现实，改革的成分将会越来越凸显，改革的精神将会越来越强化。

3. 割裂了课程改革与传统课程的关系

有人以为，课程改革仅仅是一个相对于传统课程的概念，是传统教育的对立物。实质上，课程改革既出于克服传统教育弊端的需要，更是现实教育发展的必然阶段。课程改革是对传统教育的必然升华。

既然课程改革是从传统教育这个对立物中产生出来的，那么课程改革与传统教育之间的必然关联就不可避免，它们之间具有连续性。如果

① 联合国教科文组织：《教育——财富蕴藏其中》，教育科学出版社 1996 年版，第 85 页。

我们硬要坚持课程改革与传统教育水火不相容，硬要构建一个与现实教育、与应试机制绝无“遗传”关联的改革模式，这无异于将课程改革置身于现实教育的“普遍进程”之外，无异于将改革推进到一个没有根基的境地，这将是另一种教育的危机。事实上，只有正确处理课程改革与传统课程的关系，课程改革的推进才具备宽广的现实基础，才不至于成为完全脱离传统教育的特立独行的“怪物”。

课程改革不是决裂意义上的革命，它得依托着自身的传统实现自身的完善。但课程改革又确确实实是改变、是革新，它不能停滞在传统上，它必须不断进步。课程改革要处理的情况是没有太多现成模式可以照搬的，是具有不可重复性的那种不确定性，需要的是对相似情况的崭新处理方式。有创新才会有进步，但创新也存在风险。因为“创新”在严格意义上必然与传统发生冲突。而传统课程模式往往又是主流模式，主流的立场总是最容易坚持的立场，也是与权威、地位、利益结合得最紧密的立场，所以是最难改的立场。①

在传统的教育立场里，相对稳定的传统支配规范给出了游戏规则，从而使课程资源的配置得以有序进行，在阶段和局部意义上不会有大的风险。而在改革的立场上，产生游戏规则的支配规范会发生变化，这个变化过程必然带来资源配置的变化从而整个课程改革成为一个规范与权利打破、形成、再打破、再形成的过程。这样，随着权力与资源再分配的深入，可能导致部分人迅速获得课程权威，同时也可能导致部分教育工作者特别是既得利益者包括管理者、理论发言者和权威教师迅速失去权威，进而导致他们的不合作状态，从而消解改革的基础，这就存在了很大风险。决策者们、专家们对课程改革的不断反复、修正、完善，其实就是不同教育观念、权力资源的不断较量、平衡的结果。这样，课程改革的艰巨性也就完全可以理解了。理想的激进主义者没有必要为课程

① 石鸥：《新世纪拒斥这样的教学论》，《湖南师范大学学报（教育科学版）》2002年第1期。

改革的不足而指责，传统的课程保护主义者也没有必要为课程改革的问题而沾沾自喜。

三、教育理论工作者应该如何参与课程改革

当前，教育理论工作者对待课程改革的态度，赞同的有，质疑乃至反对的也有，但都必须建立在研究的基础之上。那种不是建立在慎重的研究基础上的，对课程改革的轻蔑乃至否定态度则是令人担忧的，是不负责任的行为。我们只能在慎重研究的基础上肯定或批评课程改革，这是理论工作者的良知与学术规范所要求的。

不论是赞许还是疑虑或反对，对于课程改革，我们都有责任提出恰当的思想及思想批评，并要进行实践的指引，这才是理论工作者参与和维护课程改革的具体行动。批判和否定精神是非常重要的，它可能导致创造力，但面对千千万万的教师与学生，也许建设更需要创造力，也许更需要研究者将学术思想迅速推广出去，渗入并影响教育实践。而改革是批判的建设或者说是建设的批判，它最能让理论工作者发挥才干也最能锻炼他们的才干。如果让学术成为脱离现实的象牙塔，如果以为游离于改革之外就是坚持批判就是批判力的表现，那就会丧失理论工作者实现其思想的重要机会。教育科学是一个开放的、具有强烈参与性的人文事业，它必须从现实教育世界中寻找丰富的原生性的问题。

另外，在课程改革问题上，一定要承认它的多元化。课程改革并不具备单一的与排他的标准，它不能有独尊的取向，改革的独尊可能伤害思想的丰富和实践的多元。

（原载于《教育研究》2005 年第 9 期）

课程改革预期目标偏离的原因与对策

回顾课程发展历史，我们发现：许多重大的课程改革在从改革蓝图转化为改革现实的过程中，变得面目全非——偏离或者远离了预期目标。人们越来越发现课程改革的现实与改革的理想、现实的结果与预设的目标之间有着很大的差距。遗憾的是，这一现象并未得到很好的研究。

一、课程改革预期目标偏离及其类型

所谓“偏离”，基本上可以看成这样一种现象：实际达到的目标与预期达到的目标有偏差、有距离，也即应该达到 A，实际达到了 B 或非 A。课程改革预期目标的偏离就是事先设计好的课程改革预期目标在实施过程中并未完全实现，实际的改革与预期的改革有差距，实践层面的课程改革在性质、状态或情形上不同于预先设计的改革。

按常识理解，改革预期目标的偏离是令人遗憾的事，是改革者不想看到的，它意味着改革目标未达成，意味着改革不成功。但现实表明：有时偏离也会产生积极的意义，它会生成新的目标、新的成果，它会调适改革使之更切合实际，从而使改革能更有效地进行。因此，偏离可以分为两类：负偏离与正偏离，或衰减性偏离和超越性偏离。

其一，衰减性偏离。负的或衰减性的偏离是指课程改革在实施过程中对预期目标的“背叛”，即在精神和本质上背离课程改革的预期目标，与预期目标背道而驰，达不到改革的基本要求。衰减性偏离会引起课程改革一定程度上的“变质”，使改革举步不前或落空，导致预设的课程不能得到真正意义上的实施。

其二，超越性偏离。正的或超越性的偏离是指虽然没有忠实达到预期目标，但它在实践中对预设目标进行了创新、调适和完善，使改革目标变得更加切合实际，在某些方面实际得到的比预期得到的更有价值。

我们既要承认课程改革预期目标偏离存在的必然性，又不能对预期目标的偏离熟视无睹。完全否认偏离的存在，发现偏离性的实践就斥之为改革失败，是一种盲目的理想主义；而完全认同偏离，以为任何偏离性的实践都是改革，则会导致毫无目标的自发主义。要树立课程是“过程性的”的理念，不能以预先设定的目标作为天经地义的准则。但目标的生成性不等于无目标，课程实施总要依据一定的目标来确保课程在一定范围内的波动性统一而不是漫无边际地展开。可以将预期目标看作坐标系中以零为标志的横轴，看作心电图的显示仪，改革实践则是个体心脏的搏动，总围绕这个横轴上下波动，画出或上或下的标记。

二、课程改革预期目标偏离的主要原因

（一）预期目标的设计影响偏离的性质和程度

并非课程改革目标设计得越好就一定会实施得越好。但是，如果预期目标设计得不好，那肯定会影响目标的达成。这里，目标的可行性尤其重要。

在理论上，要实现改革的预期目标，改革必须具有必要性和可行

性。但在现实中，改革者往往更看重改革的必要性，而怀疑或反对者往往更强调改革的可行性。就理想境界而言，课程改革的目标是要最大限度地促进学生和谐发展。这即改革的必要性。这一终极目标意味着具体改革过程的设定必须以学生的个性差异为前提，但是，凡以个性差异为前提而设定的具体措施总要受到具体情景的限制，其目标的实现程度也必然是有限的，即可行性。目标的可行性应从目标能否以及是否被及时细化为执行方案来衡量。目标是有层次的，较低层次的目标是上一层次目标的逻辑展开与分解，并依次支持和服从上一层次的目标。有时候，改革的整体目标是合理的，但这种整体理性并没实现，因为没有实现每一局部的理性。国家预设的课程改革目标主要是在战略任务和最高目标层次上，而具体目标、行动目标虽然有时候在详细的课程方案、课程标准中有所体现，但更多情况下却是需要不断在过程中产生并完善的，这就给预设目标的变异和误读提供了可能。改革的困难不是缺乏目标，真正的问题是：总目标是否给下层目标的分解限定了合理的范围和空间，目标能不能在每一阶段、每一过程以及每一方面及时地被分解和清晰化。要使预期目标能够较好地实现，就必须注意上层目标给下层目标的分解限定合理的范围和空间，使分解后的目标能够保持上下贯通、方向一致，能够给通往目标的行为策略的制订提供有效的指导。特别是宏大的国家改革目标，尤其需要在过程中细化和分解的机制。否则，目标的负偏离就在所难免。国人耳熟能详的美国“2061 计划”，其分解工作就很值得借鉴。“2061 计划”是美国一项面向 21 世纪人才培养、致力于中小学课程改革的跨世纪计划。它以《面向全体美国人的科学》为基础，首先细化出《科学素养的基准》，前者提出了学生们到 12 年级结束时所要达到的科学素养目标，后者则勾画出学生们为达到这个目标必经的路径，把前者的内容分解成具体素材并安排顺序，之后又细化出《科学教育改革的蓝本》，并提出建议，使从幼儿园到 12 年级的课程改革成为可能。他们还陆续推出《科学素养的导航图》《科学素养的设计》和《科学素养的资源》等，这些改革的指导文本，完全在总目标框架下展开，读者如果不仔细阅读内容，粗看目录，还以为读的是同一文本。这样做，使得改革既有宏观目标，又有微观执行方案和路径，为目标的实现提供了保障。

（二）课程改革的性质影响预期目标的偏离

真正的变革充满复杂性和艰巨性。课程改革的艰巨性和复杂度与它自身的性质、改革的内容以及改革所涉及的利益集团密切关联。

第一，课程改革的独特性质导致目标容易偏离。首先，从性质上讲，大多数改革，改革者都是主观为自己、客观为别人，或既为自己也为别人，如农业改革、企业改革等等，都是意图通过方便别人，使自己赢利更多，改革实施者也是受益方。唯课程改革，一上来就是主观为别人——为学生，学生才是真正受益者，而对改革主体本身的教师关注很少。历史上很少有让教师首先成为受益者的课程改革，所以课程改革更艰巨更复杂更容易被反对就在情理之中。其次，从对象上讲，课程改革的对象似乎都是人们能接受且以为正常的东西。课程改革遇到的是这样一种现实：相当多的中国普通百姓相信好的教育只能是崇尚刻苦的，成绩只能是以分数说话的。换言之，课程改革之所以遭人误解和反对，是因为课程改革想变革的以及想要别人也变革的东西看上去是丝毫无害甚至是有益的。这就加剧了预期目标实现的难度。

第二，课程改革的艰巨性导致目标容易偏离。从资源分配来讲，课程改革是一种容易遭拒斥的事，这是因为一般意义上的课程改革不会带来物质利益的增加，即便不带来利益的减少，也会改变利益分配原则。也即：在变革课程的同时，也改变着教育的权力格局。在传统的教育系统里，相对稳定的传统规范给出了游戏规则，从而使课程资源的配置得以有序进行，在阶段和局部意义上不会有大的风险。而在改革的系统里，产生游戏规则的支配规范发生了变化，这就必然带来资源配置的变化。随着权力和资源再分配的深入，部分积极参与者可能会迅速获得课程权威，特别是原来一直境遇一般的群体可能因改革获得树立权威的机会。这就可以解释为什么改革最容易赢得那些资源不多但雄心勃勃的群体的拥护。而对于传统模式下形成的权威来说，改革意味着改变与革新，意味着风险与竞争，意味着熟悉的东西突然陌生了，有把握的做法突然值得怀疑了，自己以前扶持、帮助、指导的对象突然对自己构成了威胁——正在超过自己、取代自己，成为新的权威。这就可以解释为什么改革的内部阻力常常来自传统模式下的优势群体，因为改革使他们有利益被损害的风险。在这一意义上，任何重要的课程改革方案首先必须是政治方案，要使受到改革触动的各个利益集团及其政治代言人达到某种默契，既要使他们自觉地理解和支持改革，以小利益服从大利益，同时也要考虑对他们受损害的利益给予必要的补偿。

（三）课程改革实施者影响预期目标的偏离

课程实施是把一项课程变革付诸实践的过程，课程从设计到实施涉及的人员很多，但狭义来讲，课程实施者主要是指学校教学与管理人员，其中以教师为主体。教师的素质会严重影响改革预期目标偏离的程度和性质。一项成功的课程改革，必然充分考虑到教师在改革中的主观能动作用。改革对教师提出的要求应该是教师能够做到且愿意去做的。对待改革，教师的态度往往有三种：一是为课程改革鼓掌欢呼，表现出高涨的热情；二是对课程改革持反对的态度；三是对课程改革持徘徊观望的态度。在改革可能取得明显的成绩时，他们中的大部分人的态度会向第一种态度转变，由徘徊观望转变为主动参与。反之，则走向另一面。经验表明：改革中教师消极行为的产生，既源于客观上的“不能”，又源于主观上的“不愿”。“不能”多源自素养的不够，“不愿”则与主观态度有关，二者互为前提和基础。主观上的“不愿”会使“不能”变本加厉，客观上的“不能”又会加剧主观上的“不愿”。因此，如何使教师既“能”又“愿”地参与到改革中来，是一项成功的改革所必须突破的重大课题。课程改革的设计既要充分考虑给予教师必要的培训，又要充分激发教师改革的欲望和信心。提高教师素养、保障教师利益也应是改革追求的目标之一。遗憾的是，本次课程改革《纲要》中没有把提高教师素养作为一个显性目标提出来，这在一定程度上使部分教师认为改革忽略了他们的利益，从感情上更容易与改革产生隔膜。

（四）课程改革决策部门的统筹权威影响预期目标的偏离

决策者的决策权威和垂直影响是影响预期目标实现的最上层或显或隐的因素。国家课程改革不是教育部哪一个部门的事，甚至也不完全是教育部的事。中央政府的教育改革意图如果不被各部委所认同并在自己的范围内给予配合与支持，教育部的改革意图如果不被各司局所理解、认同并在自己的工作职责内给予配合与支持，那么这种改革很难取得完全成功。课程改革的主要危险可能来自人们试图由一个部门并采取部门内的措施来达到目标，而不是采取一种整体的策略。原则上，课程改革的标准和规范应该由主管部门根据改革的需要来制定，但由于决策部门的权力和资源有限，执行机制往往滞后。按我国国情，中央教育部门负责制定国家性标准和方案并推进改革，各省（区、市）教育部门负责调适标准、实施改革，但其他部门的配合、地方调整方案使之符合地方实际情况的能力很不平衡。本次课程改革的情况是：执行机制并未真正存在，执行的任意性强，诸如目标分解机制、课程开发机制、教师培养培训机制、教学研究机构及机制、社会宣传机制等并未真正形成或高效运转，导致目标不易实现。

（五）社会公众的态度影响预期目标的偏离

除了所处的特定社会背景外，公众对改革的关注、支持和热心程度以及他们自身的整体素质，都会影响预期目标的达成。课程改革必须成为国民精神和意识的一部分，而不能仅仅是写在纸上的振奋人心的条文。改革的主要危险并非来自公开的不同意见者，而在于课程变革更有利于孩子未来的认识不被社会所认同。一些公众在他们不能理解和明晰改革前景时，会表现得犹豫不决。当环境高度不确定时，认知主体会表现出高度稳定的行为模式，他们倾向于“不接受任何新的规则”，甚至“恪守一些愚蠢、简单、既有的规则”，因为他们认为遵循这些规则可能造成的损害相对会小些。① 如果人们不能肯定新课程能给学生带来好处，他们怎么可能不怀疑改革呢？

（六）偶然因素：领导集团和中心工作的转移影响预期目标的偏离

必须承认，即便改革有很好的设计，但一些偶然因素也会对改革预期目标的实现产生重要影响，特别是在改革机制还不完善的阶段。比如：改革政策因为某一新情况而改变或者被重新解释，使政策的表述发生变化；一些更大或更有影响力的事件发生，转移了政府的注意力，同时也转移了原本用于支持课程改革的资源和政策支持，或使政府因为种种原因并未兑现他们在财政投入和政策支持方面的承诺等（课程改革时间都较长，随着时间的推移，政府面临的问题也在不断变化，不同的利益群体也会对政策作不同的表达）；可利用的资源衰退或者缩减，需要重新寻找和开发；关键的高级领导人离任使得改革能否继续和如何继续成为一个悬念，改革的重要参与人调动或退出，不能继续引领改革（有时关键行动者的变更是为了有意识地改变政策的内涵），改革领导层在更高层面政治参与的缺失以及怀疑论者在高层参与的加强，都容易使改革步入弱势；激烈的社会冲突的爆发以及改革群体内部矛盾的激化等都能使改革停滞或倒退。

---

① Heiner Ronald, “The Origin of Predictable Behavior”, *American Economic Review*, 1983, 73 (4): 560-595.

三、对待偏离的基本策略

减少对预期目标的负偏离的策略很多，如澄清对改革以及改革成败的认识，建立针对改革且适合改革的评价系统，保障改革的基本资源以及提高改革的统筹能力等。特别需要关注以下几点。

（一）科学处理课程改革与传统课程模式的关系

课程改革确实是改变、是革新，它不能停滞在传统上，必须紧跟时代不断进步。所以它就要不断找到创新的力量，而“创新”在严格意义上必然与传统发生决裂。但传统的立场往往是主流的立场，而主流的立场总是最容易坚持、最值得坚持的立场，也是最难改变的立场。[①] 如果把改革定位于对传统的否定，这就必然制造了改革天生的敌人。所以每一次全面反叛传统的改革都由于这一策略性失误而招致传统的激烈反弹，从而无法完成对传统的本质性超越。因此，改革的预期目标最好不要总是盯着对传统的批判，而是盯着对未来的适应。改革不能回避传统，但也不能完全针对传统，更不能完全否定传统。改革应当昭示：随着时代的发展和形势的变化，我们需要新的理念和行动。不能一开始就让人们以为改革是出于对传统的不满（传统的往往也是我们自己所作所为的，否定传统在一定程度就是否定我们自己），而要让人们认识到本质上改革是因变化而引起。要让人们知道，过去的有过去的价值，但面对新形势，需要新变革。这就更容易团结多数，使之支持并参与改革。

① 石鸥：《教育困惑中的理性追求》，湖南师范大学出版社 2005 年版，第 46 页。

（二）尽量使改革照顾各方利益

使所有人受益，这是改革的最优方案。但现实中很难使所有人受益，所以，必须给予受损者必要的补偿，这是改革的次优方案。[①] 如果课程改革使部分教师工作量增加太多，就应给教师适当补助；如果课程改革使某些部门损失太大，就应调整改革策略，适当兼顾他们的既得利益。如前所述，我们没有把教师素养的提高作为重要显性目标提出来，导致教师误以为改革中只有学生受益，这是决策的遗憾。我们认为，只有改革使所有人获利或在使部分人获利的同时不减少其他人的利益，这样的改革才有最大的社会基础。

（三）建立理论界、实践界与行政的三方对话机制

为保证课程改革目标的达成，应扩大参与决策层面，避免过多地使用权威式的决定。权威式的决策可以在最短的时间内完成改革的决定，显示出决策的绩效与成果。但研究发现，改革若只是取决于行政体制中决策个体或决策团体的意见，就会在实行中遇到困难，这会导致改革的掌控集中在少数领导者身上；忽视机制保障，缺乏课程机构研究、起草和监控课程改革的持续发展，不利于改革的持久进行。[②] 因此，建立理论、实践与行政的三方对话机制，扩大参与决策的层级对于改革的深化极具意义。对话机制可以让更多的改革参与者了解新计划的进行，既能减低参与者对改革的抗拒，也能由此发现行政体系中较低层级对改革的真正需求，还可以增强课程改革过程中的信息交流。研究表明：当参与决策的持有各种不同观点的专家人数足够多的时候，决策偏离“最优”的程度趋于零。[③] 当然，足够多的专家是不可能的，决策偏离“最优”

---

① 胡鞍钢：《我们需要对改革进行的反思》，《读书》2008 年第 1 期。

② Fullan M. G., *The New Meaning of Educational Change*. NewYork: Teaching College Press, 1991: 36.

③ 汪丁丁：《风的颜色》，社会科学文献出版社 2002 年版，第 241 页。

的程度趋于零也是不可能的。但建立对话机制和平台，缓解负偏离的程度，则是完全可以做到的。

（原载于《中国教育学刊》2008年第7期）

课程改革预设目标对目标实现的限定

课程改革预设目标是在课程改革实施之前，改革的决策主体对改革所要达到的结果的预期，也称为预期目标或改革目标。课程改革的预设目标贯穿于改革的酝酿、设计、发起、组织、实施和评价的全过程，决定着改革的方向和性质，它既是课程改革的起点，又是课程改革的终点，是课程改革措施和行动展开的依据。课程改革目标承载着改革者的理想和期望，在对课程改革的不断探索和追求的过程中，人们往往发现课程改革总是无法完全实现人们在改革之初预设的目标。在影响课程改革目标实现的诸多因素中，预设目标的质量是其中的一个重要的变量，而每次课程改革都表现出一个共同特征，即都存在着目标实现的不完全性或有限性。课程改革目标的实现程度受到诸多因素的制约，而改革之初预设的目标，或许已经潜藏着目标在实践中变异、偏离的隐患。在通常情况下，恰当的目标是适宜的改革计划和行为产生的基础，可以极大地推动课程改革朝着预期的理想目标前进，而不恰当的目标则往往导向错误的决策和行为，造成难以预计的后果。探讨课程改革预设目标对提高改革目标的质量，促进改革目标的实现有着积极的现实意义。

一、课程改革预设目标质量及其对目标实现的影响

课程改革预设目标的质量是决定改革成功与否的重要因素，而预设目标的质量主要受目标利益表征的均衡性、结构层次的协调性、现实基础的可行性以及语言表达的明晰性四个因素的影响，它们不仅影响改革预设目标的水平，也对目标的实现起着重要作用。

1. 预设目标的利益表征的均衡性

课程改革自开始就是主观为别人——为学生，学生是真正受益者，而对改革主体本身的教师关注很少。历史上很少有让教师首先成为受益者的课程改革（遗憾的是在本次课程改革颁布的《纲要》中，还是没有把关注教师本身发展作为一个显性目标提出来——六大目标中没有一个是从教师发展引出的，这在一定程度上也使部分教师认为改革忽略了他们的利益），所以，课程改革过程中遇到了一定的问题和阻力也就在情理之中。

从资源分配来讲，课程改革是最容易遭拒斥的事业，这是因为一般意义上的课程改革不会带来物质利益的增加，却会改变利益分配原则，也即在变革课程的同时，也改变着教育的利益格局。在传统的教育系统里，相对稳定的传统规范给出了游戏规则，从而使课程资源的配置得以有序进行，在阶段和局部意义上不会有大的风险。而在改革的系统里，必然使产生游戏规则的支配规范发生变化，这就必然相应地带来资源配置的变化。对于传统模式下形成的权威，改革意味着改变与革新，意味着风险，意味着竞争，意味着熟悉的东西突然陌生了，有把握的做法突然值得怀疑了，以前自己扶持、帮助、指导的对象突然对自己构成了威

胁——正在超过自己、取代自己，成为新的权威。在这一意义上，改革目标实质上代表了一种新的课程资源分配格局和关系，这会在改革中产生利益群体的分化。

当政府发起课程改革时，各个利益群体在为国家课程发展努力的同时，也都会为自己的最大化利益斗争、协商或妥协，都期望从改革中获益。因此，课程改革要得到实践者的支持，改革目标所表征的新的利益格局就必须符合最大多数公众的利益。从历史来看，新中国成立以来的课程改革目标在平衡各社会阶层、各利益群体的价值和利益方面是有经验教训的，比如教材出版和发行系统，它们对课程改革的影响是显而易见的，如果过早损害而又缺乏适度补偿大的出版系统的利益，必将会影响课程改革的推进，增加预期目标达成的困难。

2. 预设目标结构层次的协调性

不同层次、不同内容、不同时期的改革目标并不具有天然的一致性。如果不同的改革目标相互冲突、相互消解，它们就会阻碍彼此的实现。考察课程改革目标结构的协调性有两个维度，即目标结构的完整性和内部结构的一致性。

目标结构的完整性影响着目标的落实效果。课程改革的目标是有层次的，自上而下主要有战略任务、主体目标、具体目标、行动目标等。在这个目标层次体系中，较低层次的目标是上一层次目标的逻辑展开与分解，并依次支持和服从上一层次的目标。① 这里的“展开与分解”不是漫无边际的发挥，而应是有所限定的，即被上位目标所限定。恰当的改革目标能够给下层目标的分解限定合理的范围和程度，使分解后的目标能保持上下贯通、方向一致，能给通往目标的行为策略的制定提供有效指导。改革的困难不是缺乏目标，而是总目标是否给下层目标的分解

① 沈承刚：《政策学》，北京经济学院出版社 1996 年版，第 60—61 页。

限制或规定了合理的范围和空间，目标有没有具体化到每一阶段、每一过程以及每一方面。要使预期目标能够实现，就必须注意上层目标对下层目标的限定，特别是宏大的国家改革目标，尤其需要细化和分解。因为改革是一个费时而艰难的过程，需要周密的计划和艰苦的落实，否则目标的落空就在所难免。

在我国课程改革中，国家预设的目标主要是在战略任务和主体目标层次，而具体目标、行动目标虽然有时在教学计划、教学大纲（课程标准）中有所体现，更多情况下却是需要地方和学校通过解读国家文件去分解的，这就可能导致预设目标的变异和误读。“文化大革命”前的四次课程改革中都出现过地方在改革目标的分解和具体化过程中走入误区的情况，如在精简课程这一目标的分解中，曾有过度压缩课时的现象；在加强生产劳动教育的过程中，特别是教育“大跃进”期间，普遍出现了学生参加劳动过多的现象。其原因是多方面的，但在改革决策时，总体目标对地方目标细化的指导性、限定性不够是重要原因。

在这方面，《普及科学——美国 2061 计划》的限定性分解值得借鉴。该计划是美国于 1985 年启动的一项面向 21 世纪人才培养，致力于中小学课程改革的跨世纪计划，它在《面向全体美国人的科学》的目标限定下，首先细化出《科学素养的基准》，再细化出《科学教育改革的蓝本》，使课程改革成为可能，① 并进一步细化出《科学素养的导航图》《科学素养的设计》和《科学素养的资源》等。② 这些改革的指导文本完全在总目标框架下展开，读者如果不仔细阅读内容，不细看目录，还以为是同一文本。这样做既有宏观目标，又有微观执行方案与路径，从而对加速过程改善的步伐，并减少不良后果的可能性起到了积极作用。如果目标的结构不完整，在某个层次上出现空当或不易细化，就容易出现理解的偏差。

---

① 美国科学促进协会：《科学素养的基准》，科学普及出版社 2001 年版。
② 美国科学促进协会：《科学素养的基准》，科学普及出版社 2001 年版，序言。

目标内部结构的一致性包括横向与纵向两个方面。横向的一致性既包括课程结构、课程实施、课程管理、课程评价等领域目标的一致，也包括各个科目之间目标的一致；纵向的一致性则包括不同阶段目标的一致。以课程改革涵盖的教育阶段为例，如果将基础教育分为小学、初中和高中三个阶段，课程改革的结构有可能呈现出以下几种形式：第一，三个阶段的课程改革同时进行；第二，小学、初中课程改革同时进行，高中阶段单独进行；第三，小学课程改革单独进行，初中、高中同时进行；第四，小学、初中、高中的课程改革分别进行。若改革分段进行，每部分改革所调整的范围就相对较小，目标也就相对简单，但各个教育阶段之间的课程衔接可能不够；若改革在三个阶段同时进行，则各阶段课程更容易衔接，但改革的面太大，新旧课程之间的冲突就会比较多。从我国课程改革方案的颁布情况看，新中国成立初期的三次课程改革分中学（包括初中和高中）、小学两部分，分别单独进行，而第四次到第六次课程改革是小学、初中、高中三个阶段的新课程改革同时展开，改革的幅度和范围较大，给学校带来的冲击也很大。实行九年义务教育后的两次课程改革则是义务教育阶段统一规划、高中阶段单独进行。这样做，课程理念比较一致，也有利于课程实施的统筹安排，但由于高中改革的滞后，义务教育阶段的改革目标进入高中后就容易被消解，从而影响总目标的实现。

3. 预设目标的现实基础的可行性

课程改革蓝图总是“看上去很美”，每每能让改革的设计者和拥护者踌躇满志，心向往之，可一旦新方案进入实践层面，尽管改革者很努力，改革仍是举步维艰。这种情况往往是因为课程改革预设目标缺乏现实可行性。课程改革可以从预设目标的政治基础、社会基础、经济基础和技术基础四个方面来衡量其可行性：改革目标在政治方向上是否与国家的性质、政治制度、政治思想保持一致，在社会文化上是否符合社会传统、民族心理和国民素质，是否可以获得实现目标所需的经济实力和各项资源，是否具有相应的技术支撑等。缺乏以上任何一个基础都可能导致目标落空。

回顾我国课程改革历史，尤其在改革开放以前，由于受多种因素特别是政治气氛的影响，课程改革曾一度被狂热的激情所取代，目标的确立几度严重脱离国情。例如，新中国成立之初首次课程改革颁发的小学教学计划，政府在缩短学习年限、精简课程、普及教育等方面的目标设立得过高，主要是学习苏联经验，以五年一贯制为基础编定。而当时新中国刚成立，师资等各方面均不能满足五年一贯制的需要，政府不得不在 1953 年恢复小学“四二”制。课程改革目标脱离实际的典型案例出现在 1958 年开始的教育“大跃进”期间。当时，毛泽东同志提出了“鼓足干劲，力争上游，多快好省”的建设社会主义总路线，“多快好省”也成为指导这一时期教育发展的主要目标。为了“多快好省”地发展中国的教育事业，教育部提出中小学“适当缩短年限，适当提高程度，适当控制学时，适当增加劳动”四项改革任务。但实际上，教育部的期望和改革实践都超出了“适当”的范围。在教育部的期望中，是想把中小学缩短成 9 年或 10 年，学到现在大学一二年级的程度；① 过多地减少了语、数、史、地等科目的授课时数；生产劳动时间的增幅偏大等，导致教学质量的下降。1959 年，国务院意识到了这一问题的严重性，颁布了《关于全日制学校的教学、劳动和生活安排的规定》。这次改革失败的教训主要在于改革决策过多地参照苏联经验，对我国现实关注不够。教育部曾对此作过检讨：“教育部所制订的许多决定、指示、规程和计划，其中有不少是错误的。例如：要全国小学在五年内争取达到 80%的学龄儿童入学；不顾当前实际条件，过早提出普遍推行

① 《陆定一同志在省市委文教书记会议上的讲话》（1960-03-07），见何东昌编：《中华人民共和国重要教育文献》，海南出版社 1998 年版，第 963 页。

小学五年一贯制”。[①]

当前，新一轮课程改革较多地引进了国外先进的教育理念和课程理念，这就使改革预设目标可行性的另一类问题浮出水面，即改革的社会文化基础。“一项课程与教学的改革方案何以遭到抗拒或受到欢迎，必须经由社会文化的脉络来探讨。”[②] 西方课程理论和方法赖以生存的国家制度和民族社会心理环境及蕴含其中的价值和文化特征，在许多方面是异质于我国的制度、传统文化和民族心理的，因此，改革中的国际化与本土化的矛盾就逐渐凸显出来。新一轮课程改革能否妥善解决这个问题，是影响课程改革的理念和追求能否为公众接受，能否在我国文化土壤中实现的重要因素。如果忽视改革的现实基础，目标难以实现也就必然在情理之中了。

4. 预设目标语言表达的明晰性

能否将改革之初确认的改革方向和目标进行明确的表述，是改革意图在复杂的改革进程中能否被正确理解的一个关键因素。目标如果表述模糊，执行者就会产生不同的理解，甚至是背离改革初衷的理解，最终导向不同的行为。正确的目标并不必然导向有效的行动，只有明确的目标才能被行动主体领会，也只有被充分领会的目标才能真正对行为起引导和规范作用，才能让实践者明确地知道自己要做什么、能做什么、怎样做是适宜的，实践中发生的偏差也就比较容易被发现并及时控制。因此，越是明确具体的目标，其实现程度就会越高。明确的改革目标应该能够回答改什么（改革的内容）、为什么（改革的依据）、改多少（改革的数量指标）、如何改（改革的措施）等，不仅应对改革预计要达到

---

① 《中共中央批发中央教育部党组等 5 关于检讨官僚主义和对今后普通教育方针的报告 6 等三个报告给各级党委的指示》（1953-09-24），见何东昌编：《中华人民共和国重要教育文献》，海南出版社 1998 年版，第 240 页。

② 周淑卿：《课程政策与教育革新》，台湾师大书苑有限公司 2002 年版，第 174 页。

的结果有清晰的描绘，而且应直接或间接地指明达到理想结果的正确途径。

国家课程改革通常是一种整体性改革，其总体目标的指向是宏大的、理想性的，这种目标很难精确描述，它有赖于在具体的改革领域中对其进行限定性的分解和阐释。历史上，我国课程改革恰恰缺乏对这种目标的分解和阐述，因而在细致的、具体的实施和评价中，政府提出的改革总体目标总会被多样化理解，使改革目标在实践中变异、走样。

二、提高课程改革预设目标质量的策略

1. 科学认定课程问题

任何课程改革都是指向课程问题的，其既可能指向原有课程体系的实际问题和弊端，也可能指向潜在问题和弊端。当课程问题以某种严重的形式表现出来，并且这些问题主要是由课程体系的缺陷引起的，就表明课程体系已经不能适应社会要求，就会引发改革，这类问题引发的改革主要着眼于当前，定位于解决问题、适应社会，20 世纪 60 年代苏联卫星上天引发的美国课程改革是这类改革的典型。当现有的课程体系并没有发生严重不适应的现象，改革发起者主要基于对未来社会的预测和判断，看到了课程体系中可能不适应未来的潜在问题，并据此发起改革，其目标则更多地着眼于未来，定位于预防问题、适应未来，如美国“2061 计划”就具有典型的指向未来的特征，诱发课程改革的动因既有对课程传统缺陷的超越，也有对未来挑战的应对。不管是显性的还是潜在的，课程问题的存在都为课程改革提供了方向和动力。因此，在确定改革目标之前，改革发起者必然已经意识到课程体系存在的问题，并且已经意识到改变课程现状、解决课程问题的必要性，这就是对课程问题的认定。问题的认定是制定改革方案的必经环节，也是整个改革的起

点，所有的改革议程都是在这个基础上进行的。但并非所有课程问题都能自然地进入课程改革的议程，有时候相互关联的课程问题也不能进入同一次课程改革。

存在于课程实践之中的种种问题最初只是处于零散的、模糊的、不系统的状态，它们能否进入改革议程，取决于它们能否进入改革决策者的视野并得到重视和界定。改革者对问题的认定在很大程度上决定了改革的目标。准确认定问题的关键是有专业人员与专业机构的实质性参与。因为，课程问题具有较高的专业性和隐蔽性，需要比较专业的眼光和技术。遗憾的是，一直以来，课程及相关领域的专业人员和专业机构并没有在我国课程改革政策制定中获得稳固的席位。因此，健全制度、充分吸纳专业人士参与到课程改革中来、提高决策的专业化水平，从而科学认定课程问题，为高质量目标的产生提供可靠的基础，已经成为我国课程可持续发展的关键。

2. 准确提出课程改革目标

课程改革的历史显示，预设目标的实现总存在一定的限度。追求百分之百地实现改革的预设目标，与其说是苛求，不如说是幻想。“无论是课程体系还是教学内容，其改革和更新是要随着认识的提高和社会不断深化继续前进的，因而是无止境的，不可能有终结。”① 改革目标的意义不仅在于它的达成，还在于它能够指引课程发展的方向，能够有效地引导实践者的观念和调控实践者的行为。如果说课程改革需要实现程度高的目标，也就可以说它需要方向正确、调控有力的目标。

第一，课程改革目标应该是公平的，代表着公平的利益格局，符合课程改革中大多数群体的利益需求，尤其是弱势群体的利益需求；第二，课程改革目标应该是可行的，应是基于契合实际的理论和事实论证

① 王义遒：《面向21世纪设计课程体系改革教学内容》，见国家教委高教司：《高等教育面向21世纪教学内容和课程体系改革经验汇编》，高等教育出版社1997年版，第100页。

形成的，是符合社会文化传统的，目标实现对社会资源的需求应该在国家和社会的承受范围之内，是国家和民众有能力提供并且愿意提供的；第三，课程改革目标应该是协调的，不同教育阶段的改革目标应该协调，课程体系内部各个领域的改革目标应该协调；第四，课程改革目标应该是明确的，应在激发改革热情的同时为实践者指明方向、提供方法，描绘出清晰的理想图景。

3. 完善目标预设机制

第一，让更多的利益相关者参与预设目标的提出。预设目标的提出动因可来自公众，也可来自政府。一般情况下，往往是先通过公众提议，然后才能进入政府议程，但事实上，很多教育问题不经过公众议程就直接进入政府议事日程了。[①] 新中国成立之初我国最常见的课程改革预设目标提出的方式就是由党和国家领导人基于对课程发展的预测或对实际情况的了解，从而提出改革议程，如学生负担过重问题就是通过这种方式进入全国课程改革议程的。1950 年和 1951 年，毛泽东同志先后两次就学生健康问题致函时任教育部部长马叙伦，表达了对中共华东局提出的“健康第一、学习第二”方针的认可态度，并督促教育部对此酌情处理。教育部迅速做出反应，将中小学生健康问题和负担过重问题纳入教育部调整教学计划的重点内容。1964 年，在春节座谈会上的讲话中，毛泽东又批评当时中小学“课程多，害死人”，并提出课程可以砍掉一半。这种观点再次对课程改革产生了重要影响，中小学生负担又一次进入教育部课程改革的政策议程，并很快促成《中共中央国务院批转教育部临时党组关于克服中小学学生负担过重现象和提高教学质量的报告》等一系列针对性政策的产生和教学计划的重新调整。应该说，领导人通过他们的提议促使课程问题迅速进入政策议程，在当时是非常

① 袁振国：《教育政策学》，江苏教育出版社 1996 年版，第 33 页。

有效的途径。但要确定恰当的课程目标，单靠少数人的智慧显然不够。官方主导而利益群体长期缺席的机制，使得各群体的利益诉求难以体现在课程目标的选择之中，导致改革目标取向与某些群体的利益追求相冲突，成为改革中各种抵触情绪或抵制行为产生的根源。经过利益群体充分协商形成的改革目标可能不是最理想的，但往往是最现实的、利益协调最均衡的，能在较大程度上消除改革中的阻力。

第二，拓宽目标决策的信息渠道，为目标确定提供便捷、高效的信息资源。政府决策是一项对信息高度依赖的活动，但在我国，由于长期高度统一的管理传统，课程改革决策的信息获得面临着严重的体制性障碍。政府获得和解释信息的主要渠道只有各级行政机构，而行政机构的上下级之间存在严格而密切的权力关系，信息的传递和流通必然会受到权力和利益的影响，发生种种扭曲和变形，这方面我们是有深刻教训的。

以新中国成立后的前两次课程改革为例，在教育部成立之初，有大量工作要做，对基础教育现状的了解相对薄弱，直至 1952 年 6、7 月份，教育部才组织了一次对各级各类学校的调查研究，以了解全国学校的基本情况和主要问题。1953 年，教育部党组在检讨官僚主义作风时说："过去教育部没有真正注意调查研究和检查工作，对下面工作情况的了解是很差的。对全国小学生数目至今未查清楚，甚至连 200 来所高等学校的数目也经常查不确实，至于对各级教育的实际教学情况更是缺乏系统深入的了解。"① 由于缺少针对当时课程问题的系统资料，也缺乏关于课程实施环境的资料，如中小学教育规模、师资设备等，课程改革难免出现过度苏化、与国情结合不够而导致效果不理想的状况。因此，拓宽改革决策的信息渠道，建立便捷、高效的教育信息数据库是克

① 《中共中央批发中央教育部党组等 5 关于检讨官僚主义和对今后普通教育方针的报告 6 等三个报告给各级党委的指示》（1953-09-24），见何东昌编：《中华人民共和国重要教育文献》，海南出版社 1998 年版，第 240 页。

服体制障碍、提高预设目标科学性的迫切需要。

第三，建立行政、理论与实践三方对话机制。为提升改革目标的质量，应该扩大参与决策的层面，避免过多地使用权威式的决定。在现实中，不少决策者偏重于使用权威式的决策，因为这种方式可以在最短的时间内完成改革的决定，显示出决策的绩效与成果。然而许多研究都发现，改革若只是决定于行政体制中决策者的意见，将会导致在实行中遇到困难。① 所以，扩大参与决策的层面对于提出科学的改革目标极具意义。同样，改革目标的实现，仅靠理论与实践工作者的力量是不够的，改革将不可避免地触及制度层面，比如，较敏感的制度就有考试评价制度、教科书发行制度等。因而，在改革中应放弃理论与实践的二元论的思维方式，在教育行政的中观层面寻求理论与实践的沟通。事实上，由于对课程改革所持的立场不同，这三方面在课程改革过程的各个环节对“何为重要”的领悟不尽相同，所以，建立对话机制是不可缺少的环节。研究表明，当参与决策的持有各种不同观点的专家人数足够多的时候，决策偏离“最优”的程度趋于零。② 当然，足够多的专家是不可能的，趋于零也是不可能的，但建立对话机制，提高预期目标的可行性，则完全是可能的。

（原载于《教育研究》2009 年第 6 期）

---

① Fullan, M. G., *The New Meaning of Educational Change*, New York: Teaching College Press, 1991: 36.

② 汪丁丁：《风的颜色》，社会科学文献出版社 2002 年版，第 241 页。

普通高中特色课程开发研究

针对普通高中教育办学模式雷同、人才培养方式单一、同质化倾向严重的现状，《国家中长期教育改革和发展规划纲要（2010—2020年）》（以下简称《教育规划纲要》）明确提出“鼓励普通高中办出特色”，并把普通高中开发特色课程列为当前推进素质教育重大改革试点项目。①在这种背景下，普通高中特色课程开发已成为一个十分重要的课题。但是据文献检索，目前国内对于特色课程尤其是高中特色课程，可资借鉴的研究成果非常少，因此笔者在此提出一些初步的看法，意欲引出更多研究。

一、普通高中特色课程的内涵

所谓“特色”是指“事物所表现的独特的色彩和风格等”②，事物之独胜处曰特色，言其特别出色。根据这种理解，所谓“特色”乃事物所表现出的独特且优胜之处。可见，特色从其词汇意义来讲至少包含

① 《国家中长期教育改革和发展规划纲要（2010—2020年）》（2010-07-29）［2012-10-18］，http：//www. gov. cn/jrzg/2010-07/29/content_ 1667143. htm。

② 汉语大辞典编辑委员会：《汉语大辞典》，汉语大词典出版社2000年版，第1663页。

“独特”和“优质”两个方面的含义。

在文献查阅过程中，笔者并未发现“特色课程”概念的权威界定，更没有查到对“普通高中特色课程”内涵的权威认识，因而二者在实践中、在一般性提法中已被广泛而模糊地使用着。

笔者认为，所谓普通高中特色课程，是指普通高中学校在先进的教育思想指导下，根据本校的办学理念，以学生的需求与发展为核心，以地域、社区与学校资源为依托，经过比较长期的课程实践，逐步形成和发展起来的具有独特性的整体风格和出色的育人成效的课程、课程实施或课程方案。

独特性是特色课程的首要标准，是指与同类型其他学校的课程相比所表现出来的课程种类的差异性。特色课程的独特性强调该课程是根据学校的办学理念，针对本校的实际需要和现实况，以学生发展为目标，基于自身的办学传统并观照学校发展走向，以地域、社区与学校资源为依托，凝聚全校师生员工的共识悉心开发的，它们与众不同，独树一帜，具备“人无我有”之一般意义。独特性的本质是个性化，个性是事物之间差异性的表现。一门课程之所以能称之为“特色课程”，是因为其具有鲜明的个性，课程的辨识度比较高。

优质性是特色课程的根本标准，是指与同类型其他学校的课程相比所表现出来的课程品质的卓越性。特色课程的优质性强调该课程开发应以先进的教育思想作指导，且取得出色的育人成效，并为教育界同行甚至于社会各界广泛认可，具备“人有我优”之一般意义。特色课程开发的根本目的与终极追求是提高育人成效，使学生的个性得到充分而自由、全面的发展。如果课程不能取得出色的育人成效，其课程风格再独特、再与众不同，也是价值不大的。因此，特色课程之有别于非特色课程不仅仅体现在独特的风格上，更重要的是体现在出色的育人成效上。正是因为有了优质性，特色课程才会得到公众的承认，才会显示出强大的生命力。从这个意义上讲，真正的特色课程往往以优质的育人质量作为支撑。所以，特色课程可以是以学校为基地自主开发的校本课程，但校本课程未必都是特色课程，只有具有独特风格和出色育人成效的稳定的校本课程才是特色课程。独特是从事物的个性来看的，优质是以事物的品质为着眼点的，对于特色课程而言，“独特”与“优质”两者缺一不可，互为支撑。

选择性是普通高中特色课程的基本特征。很少有对所有学生都适合的特色课程（对所有学生适用的公共课程已经被国家课程所覆盖）。在非义务教育阶段，如果所有学生按同样的要求学习同样的课程，所有学生平均地学习所有的课程，那么这种课程必然与真正意义上的人的多样性、与个人自由发展相冲突，因而也必然不是我们追求的独特而优质的普通高中特色课程。换言之，那种不分资质、潜能、禀赋、成绩水平，试图适合所有学生的“特色课程”，一定不是真正的特色课程。没有最优的课程，只有最适合最匹配的课程。

多样性也是特色课程的重要标准。多样性是指特色课程具有多样性。特色课程的多样性表现为形形色色、不拘一格。多样性既有种类的多样，也有层次的多样，还有实施的多样。特色课程多样性是为了促进不同学生的发展，促进学生的多样化发展。

稳定性与动态性的结合是特色课程的整体特征。所谓稳定性，是指特色课程是经过长期的课程实践，逐步积淀升华而成的，而一经形成，特色课程便具有相对的稳定性，形成其独特的整体风格，其出色的育人成效能够长期地显示、保持和发展，这标志着特色课程的基本定型与成熟。很难想象那些朝立夕改的课程可以成为特色课程，也很难想象某个学校可以一朝一夕就构建起自己的特色课程。稳定性不等于特色课程一成不变，它也是发展的、动态的、与时俱进的。

普通高中特色课程的所有特征最终指向学生的发展，它们应该是能够为禀赋、潜力和兴趣千差万别的高中生提供针对性很强的智力支持的课程，而不是把不同的高中生都引向平均发展之路的课程。在特色课程系统里，巴金式的学生有课程支持，陈景润式的学生也有课程支持，他们都能够得到适应自身潜力的、各得其所的发展。特色课程体系是最能够让学生脱颖而出的课程体系，这也一定是多样化、选择性的课程体系。

二、普通高中特色课程的类型

特色课程有三方面的核心指标：一是课程门类和种类一定要多样，多样不一定有特色，但没有多样的课程，只是死守着几门高考课，肯定特色不起来；二是课程一定要有不同层次和不同倾向，没有层次和倾向性的课程也是没有特色的，层次和倾向性突出的特色课程能够满足不同学生的发展需要；三是课程一定要有不同的开设顺序和进度，完全齐步走的课程不会有深层次的特色。特色课程采取不同的开设顺序和进度旨在适应不同学生的水平和潜力。依据这些标准，普通高中的特色课程可分为三大类。

第一类是指学校自己创造性开发的课程，是有特色的课程。类似于普通高中课程方案中选修Ⅱ的课程，这类课程本质上是学校自主开发的校本课程，是新增课程，如上海格致中学根据学校特有文化资源开发的特色课程“格致学”、首都师范大学附属中学开发的“博识课”等。这类特色课程的共同特点是由学校自主、独立（或与校外机构合作）开发，旨在满足本校学生学习需求的课程。这类特色课程有较大创新余地，且有很多形式。此类课程一般不属于国家课程，因而也很难成为核心课程，而是相对外围的（地方的——本次高中课程方案中没有规定地方课程）具有校本性质的课程。特色课程不一定是校本课程，而真正充分利用学校内外独特资源、针对学生个性发展的校本课程，一旦逐渐稳定下来，成为学校长期不断完善、持续开设且师资稳定、受到学生欢迎的优质课程时，就是特色课程。在本质上，这类特色课程指称的是一种课程，是一种事物本身，不是事物的特征。

第二类是指学校对各种课程的创造性或特色化实施，是课程的特色。由于国家课程的内容选择、编排、呈现方式（教材）等多已既定，学校主要在实施过程中将其特色化、优质化，如教学方法、教学手段、教学设计模式的特色化与优质化，其最典型的案例是山东省杜郎口中学的课程实施（尽管它是在初中阶段，但高中特色课程与之本质同一）。这类课程往往涉及国家课程或常规意义上的主要课程，是国家课程的特色化实施。经过特色化实施之后的既定课程，也就成为“特色课程”的一种类型。在本质上，这类课程指称的是课程的特色，是事物的一种特征，不是事物本身。

第三类是指一所学校的整个课程结构及其实施的方案，是课程的特色组合方案。普通高中新课程方案从结构和制度上为特色课程建设指明了方向，也为普通高中办出特色提供了可能。学校按照国家高中课程方案的规定开设课程，但它基于对办学特色的追求而对这些课程可进行重组与改造。这是针对高中课程结构进行实质性的多样化、可选择性的重组、优化，不仅允许学生选择不同的课程，而且在学习程度上也可以不尽相同。换言之，这有两方面的含义。一是不同的课程有内容难易程度上的弹性或选择性，真正选择性的课程结构不会存在内容上偏难的问题，只有大一统、毫无选择性、毫无弹性的课程才会有这个问题。二是不同的课程有范围上的弹性或选择性，也即倾向或广度上的选择。这样才能真正保证不同天赋和能力、兴趣以及职业倾向性的学生实现个性的最大发展。这是国家课程和地方课程的特色组合方案，是对既定课程的特色化重建，一定意义上这也可视为特色课程。

在本质上，课程的特色组合方案指称各门课程的一种组合形式、一种对学生的开设方式。其具体可以理解为这样的课程方案：当一个具有A学科天赋的学生进入特色课程方案中时，首先，可以选择学习更多更难的A学科课程，同时也允许他少选一些其他非A的课程；其次，他可以用与其他同学不一样的顺序和速度学习某些课程。[①] 课程的组合方式在这一意义上构成了学校特色课程体系。

由分析可知，第一类课程更倾向于特色的课程，第二类和第三类课程更倾向于课程的特色。但它们都属于现阶段普通高中所追求的特色课程。

理论与现实中，都存在一种综合性的特色课程。它是前面三类课程的综合体，它既包含有独特的课程门类（特色课程），也有创新性的对某些课程的特色实施（课程特色），还有对国家课程方案的校本化实现（课程特色）。在这个维度，学校的特色课程具有整体性，已经为建设特色学校奠定了课程基础。

三、普通高中特色课程的开发：意义与策略

（一）普通高中特色课程开发的意义

1. 提高课程的适应性，更好地促进学生全面而有个性地发展

课程是学生的课程，是为了学生的课程，设置任何课程的最终目标都应指向学生的发展。高中阶段的学生会因遗传、家庭教育背景、个人努力程度、个性特长、发展倾向及兴趣爱好等因素的影响，而表现出很大的个体差异，因而，特色课程要为学生的这种差异性发展提供可选择性的课程资源，特色课程方案一定是为尽可能多的学生提供课程支持的方案。

特色课程的开发有利于进一步提高普通高中课程对学生的适应性，为学生提供更多、更适切的可供选择的课程；有利于各类学生的发展，

① 石鸥：《结构的力量：〈普通高中课程方案〉的理解与实施》，高等教育出版社2005年版，第76页。

既有利于优秀学生的脱颖而出，也有利于学习困难学生选择更适合自己潜力的课程，从而得到稳定的进步。

2. 提升教师课程能力，更好地促进教师专业发展

普通高中特色课程开发是学校校长、教师、学生、课程专家、家长、社区人士等共同参与的民主的课程决策过程。它赋予教师课程开发的权力和责任，使教师成为课程开发的主体，从而改变了教师只是既定课程执行者的角色，改变了教师仅把课程当作科目或教材的观念，有利于形成教师开放、民主、科学的课程意识，提升教师课程开发的水平与能力，更好地促进教师的专业发展。从某种意义上讲，教师不会开发课程，就不会有真正的专业发展。

3. 实现学校课程创新，更好地形成学校办学特色

改革开放以来，我国普通高中教育取得了长足发展，2010 年高中阶段毛入学率达到 82.5%，初中毕业生升学率达到 87.5%。① 但从总体上看，普通高中教育发展还不平衡，特别是办学模式雷同，人才培养方式单一，“千校一面”的同质化倾向突出，与国家现代化建设和人民群众的要求还有较大距离，与发达国家相比也还存在着一定差距。因此，加大普通高中特色办学的力度，改变千校一面、同质发展的现状，全面实施素质教育，促进学生全面发展，将是今后我国高中教育改革和发展的重点。而要实现这一目标，首先就得突破高中千校一面的雷同化瓶颈。长期以来，广大高中学校在特色建设上进行了不懈努力，也取得了一定的成绩，但是高中本质上的雷同局面没有改变，特色建设几乎都是在学校工作的外围或边缘领域展开的。这里的根本原因不是学校努力不够，而是特色建设未能进入课程这一核心领域，而之所以无法进入课程领域，本质上又是国家课程铁板一块所造成的。因此，建设特色课程，进而为学校特色奠定最重要的基石，就成为《教育规划纲要》所倡导

① 教育部：《2010 年全国教育事业发展统计公报》，《中国教育报》2011 年 7 月 6 日。

的关键举措。

课程是学校教育的核心，学校的办学特色在很大程度上取决于学校的特色课程。学校特色课程是特色学校的主要标志物，也是特色学校工作的主要方面和主要内容。特色学校只有用高质量的特色课程做支撑才具有生命力。特色课程的开发过程就是彰显学校特色、求得学校内涵发展的过程，它是创办特色学校的关键和抓手。唯课程具有特色，学校才能有特色。

4. 扬长避短，缓解优质教育资源供需矛盾

从目前我国优质教育资源的供求现状来看，一方面，社会对优质教育资源的需求越来越大，另一方面，由于历史和现实的原因，加之受到长时间教育总投入、总供给能力不足的影响，我国优质普通高中教育资源极度匮乏。通过特色课程的开发，扬长避短，特色办学，办特色学校，进而形成多层次、多样化的优质教育资源，一定程度上能够满足不同人群对不同优质教育资源的需求，是缓解优质教育资源供需矛盾的有效途径。

（二）普通高中特色课程开发的策略

根据《教育规划纲要》和《普通高中课程方案（实验）》，笔者建议，现阶段普通高中特色课程开发的策略是：稳妥开发特色课程门类，积极倡导特色课程实施，大力创新特色课程结构方案。

特色课程门类的开发需要强有力的人力物力等资源支持，并不是所有的普通高中都具备研发优质的、系统的、成规模的特色课程门类的能力。目前高中特色课程开发的重心不在（也不可能在）大量拓展各种名目繁多、数量庞大的特色课程门类。调整具有结构特色的课程方案最具现实意义和可行性，也最能够适应大多数学生的发展需要。所以，高中特色课程开发的关键是以国家高中课程方案的全面而创造性实施为主，兼顾学校校本课程的体系化、制度化实施。

第一，创造性地开设好国家规划的课程，包括国家课程和校本实施的国家课程、必修课程和选修课程、学校内的课程与学校外的课程（如综合实践活动）；第二，创造性地设计课程开设组合形式。

在中小学，课程建设的工作重点不是课程要素的增加，而是课程结构的设计，同样的课程以不同的结构组合，可以更好地适应和促进不同学生的发展。具体而言，现阶段高中特色课程建设在一般意义的校本课程开发基础上，主要应围绕以下维度展开。

首先是特色课程实施的开发。课程实施是将既定的课程付诸实践的过程，是达到预期的课程目的、实现预期教育结果的手段，它在本质上属于教学活动。这种开发是在课程门类不变的情况下，对既定课程的创造性、独特性的实施。当这种实施逐渐成为学校的独有特征时，就可以视为学校的特色课程。无论是对国家（地方）课程的“课程改进”还是“教学改进”抑或“学习改进”，都在一定程度上是课程的特色化实施，是在实施上所体现或形成的课程特色。

课程的特色化实施，要求在具体的课堂情境中“创生”出优质、独特而又符合课程要求的课程经验。课程的特色化实施是国家（地方）既定课程、校本课程以及教师独创的课程和学生需求的课程的交融，而不是随意改造。课程的特色化实施要求变革目前在一些课堂中存在的单一、被动与封闭的教与学的方式，提倡和发展多样化的学习方式，特别是要提倡自主、探究、合作的学习方式，让学生成为学习的主人，使学生的主体意识、能动性和创造性不断得到发展，培养学生的创新精神和实践能力——这是检验课程特色化实施的重要标准。

课程的特色化实施本质上是一种创造性活动，没有一套现成的程序或规则，凡是能够把教学过程之中的思维、发现、探究等认识活动凸显出来，使教学过程更多地成为学生发现问题、提出问题、分析问题、解决问题的过程，促进学生知识与技能、情感态度与价值观的整体发展，较好地培养创新人才的课程实施活动都是课程特色化实施，都是值得肯定的。山东的杜郎口中学，湖南的许市中学，北京的十一学校，江苏的洋思中学、锡山高级中学，河北的衡水中学，这些学校的课程实施都是值得关注的，都有着宝贵的启迪和自身的价值（恰如它们有着自身的局限一样）。

其次，但也是最重要的，是特色课程方案的开发。学校的课程方案主要包括学校必修课程与选修课程的结合方式以及国家课程（地方课程）与校本课程的结合方式等。一般来讲，在高中课程新方案（2004年）的设计空间内，不同的学校，由于上述结合方式可能不同，有可能形成多种多样的学校课程方案，产生特色课程方案。例如，A 学校可能形成以“人文与社会”领域为强项的课程方案，该领域的所有模块都开齐了，而且开出高水平，并为教育界同行甚至于社会各界广泛认可，具备“人有我优”之特征，想在“人文与社会”方面得到最好深造、有这方面兴趣和天赋的学生会优先选择这种学校；B 学校则可能形成以“科学”“技术”领域为强项的课程方案，该领域的所有模块都开齐了，而且开出高水平，当地人们都知道该学校在理科方面是最优秀的。A、B 二校在特定维度都开发了特色课程，形成了特色课程体系，也为形成特色学校打下基础。正是因为特色课程方案，加上特色课程及特色课程实施，人文高中、数理高中、科技高中、艺术高中、国际高中等特色学校才最终有可能形成。

对于一所普通高中的课程方案来说，最本质的要素不外乎两个方面：一是学校给学生提供依据国家课程方案和课程标准所设计的选修课（模块）的多少；二是学校如何开设所有课程（模块）。每所学校对这两个要素及其组合的处理方式不同，就会形成若干不同类型的课程方案。学校特色课程方案不仅要求方案独特、与众不同，最重要的核心内涵是指方案应尽可能地为学生提供对课程（模块）及其修习时序的多样化选择，既包括学生对课程（模块）难易上的选择与倾向上的选择，使每个学生都可以选择适合自己难易、符合自己倾向的课程，也包括学生对课程（模块）修习时序的选择。对于一所学校特色课程方案的建构来说，最重要、最根本也是最困难的就是如何把国家以及学校提供给学生的所有课程（模块）有机地组合起来，为学生提供对课程（模块）及其修习时序的多样化的选择。

最后，从长远或改革层面来看，普通高中特色课程开发的范围可以扩展到套餐式、板块式的课程群。条件成熟后（目前也可以选择部分实验学校同时进行），国家可以考虑更大幅度的高中课程改革，可以考虑板块或套餐式课程组合，以社会职业或学科领域为基础，设置若干板块。例如，按照艺术、人文、自然、经济等划分套餐或板块类别，每个套餐或板块设计一套课程，既包括基础性的必修课程，也包括适应特定板块需要的选修课程。学生选择不同的课程板块，为未来升学、就业提供支持。

普通高中特色课程开发涉及范围广，是一项政策性、专业性很强的工作。做好高中特色课程开发工作，既要动员组织教育系统内部各方面力量，还需要得到社会各方面的支持。各级教育行政部门要明确在普通高中特色课程开发工作中的任务；学校要加强与社会的联系，争取地方、社区、家长的共同参与和积极支持；高等学校入学和招生考试必须作相应改革，体现对特色课程的关注。高考不对接，任何特色课程的开发都将大打折扣。

（原载于《中国教育学刊》2012 年第 12 期）

核心素养的课程与教学价值

我国基础教育正从“知识本位”时代走向“核心素养”时代。这也是一个全球性的教育趋势。

早在1996年，联合国教科文组织即在《教育：财富蕴藏其中》的报告中，提出了21世纪公民必备的“基本素质”，即终身学习的四大支柱；欧盟2005年发表的《终身学习核心素养：欧洲参考架构》正式提出八大核心素养；经合组织于世纪之交开展了“素养的界定与遴选”项目研究，将核心素养体系概括为“人与工具”“人与自我”和“人与社会”三个方面。多数国家强调的核心素养涉及学会学习、自主发展、信息技术素养、团队合作等方面。

核心素养是每个人发展与完善自我、融入社会及胜任工作所必需的基础性素养，是适应个人终生发展和社会发展所需要的必备品格与关键能力，是个体应具有的起基础和支撑作用的素养。

核心素养不能说成是学科核心素养。“学科核心素养”容易产生歧义。核心素养指向人本身，唯有人，才可以用素质与涵养——素养——及其程度或水平来衡量。核心素养不能衡量或修饰学科。学科可以达成某些核心素养，但它不等于核心素养。

核心素养是跨学科素养，任何核心素养都不是一门单独的学科可以完成的。任何学科都有其对于核心素养发展的共性贡献与个性贡献。学科的育人价值主要在于对特定核心素养的贡献，这是需要不断明晰化的过程。只有明晰本学科在特定核心素养形成和提升上的教育意义，揭示学科与核心素养的内在关联，才能发现学科的独特育人价值。

核心素养意义深远，我这里主要谈两点对课程与教学的意义。

第一，核心素养为课程内容的确定提供了重要依据。当今课程实践中的最大难题就是知识太多，更新太快。我们有太多的东西要教要学，我们有太多的知识选择，但又感觉无从选择，很难选择，因为选择的依据并不清晰，“精选课程内容”往往成为空泛的口号。难怪联合国教科文组织发出如此感叹：教育内容的确定问题大概从来没有像今天这样复杂和迫切。我们总说要把最有价值的知识传递给下一代，可是“什么知识最有价值”？斯宾塞的这一问题成为百年课程难题：是杜威全力推崇的实用知识还是永恒主义精心遴选的经典知识？是 know what 的知识，还是 know why、know how、know who 的知识？具体到特定学科中，是更多的古代史还是近现代史，是更多的欧洲史还是亚洲非洲史？是更多的陈胜吴广还是唐宗宋祖？是更多的唐诗还是宋词？是更多的鲁迅还是胡适？是更多的传统文化还是现代文化？任何一种划分标准之下的不同种类的知识都有其独特的价值，让哪种知识在多大程度进入课程是个非常棘手的问题。是什么让情况更为复杂？随着信息时代的来临，人类创造的知识以极高的速度增长、传播，知识无限，生命有限，学校生涯更有限，解决“生有涯”而“知无涯”的问题显得极为实际和迫切。

传统上，我们是依据学科逻辑来确定课程内容的。以学科知识结构及其知识发展逻辑为依托的课程内容的确定与教材编撰，路径相对明确，但内容选择的困难程度日益加大，内容越选越多，所选内容对学生发展的价值却没有保障。

只有更新教育理念，将课程内容的确定依据从知识在学科中的意义，转向知识在核心素养培养中的意义上来，也即转向能够最大程度促进和提升核心素养的那些知识，才能解决有限与无限的矛盾，解决内容精选的问题。在突出核心素养的思想指导下，课程内容的确定与教材编撰，将从单纯以学科知识体系为依据的路径，转向兼顾以促进学生核心素养的形成为依据的路径，这对学生发展的价值更大、更明确、更有保障。比如，依据学科概念的逻辑，科学发展史上的一些科学家可歌可泣的发明发现的事迹，意义并不大，但依据核心素养培养的逻辑，这些可歌可泣的感人事迹具有重要的育人价值。又比如，依据学科发展和学科概念体系，知识倾向的课程设计对于地心说日心说的知识是容易处理的，它的重心是关注这些知识本身的呈现以及学生的掌握情况；而依据核心素养的课程设计则认为，重要的不仅仅是教学生知道这两种学说有哪些基本知识点，还特别需要让学生通过学习能够真正领悟科学家不迷信不盲从，献身科学，为真理不畏牺牲的品质，培养其“科学态度与责任”这一核心素养。这才是人们特别需要的、唯一不变的贯穿所有时代的高贵品质。

核心素养成为课程内容选择的重要依据，人们基于核心素养来组织课程内容、编写教材，这是课程理论与实践的重大进步。

第二，核心素养能够引领教师课堂教学。随着素质教育的推进和课程改革的深入，有效教学成为课堂教学改革的重点。向 45 分钟要效率，不论是理论的探讨还是实践的尝试，都取得了阶段性成果。有效教学确实是极为重要的改革举措，但这显然不够。我们应该警惕只追求有效教学，却不问有效地教学什么的全局性盲目的现象。教学的有效性不一定体现人才培养目标的实现程度，也不一定与内容的真理性相关联。一个人十分正确地掌握了低碳生活的知识，但他的日常生活可能完全是反低碳的。有效教学，既可以有效地让学生领悟人生而平等、生命至高无上、自由至高无上，也可以有效地让学生熟记“赵钱孙李，周吴郑王”，“天地玄黄，宇宙洪荒”。教师们总在追求和打造效率高的课堂，并获得了有效教学的美誉，但本质上我们并不追问自己辛辛苦苦地教学是为了什么。我们越来越被每个极小知识点里层出不穷的可能的考试信息绑架，我们获取它，却不知道自己为何要如此。这种教育下，孩子们被培养出一种令人不安的本领：应考能力出奇地高。但核心素养呢？做人的本质呢？谁在乎。不是吗？疲惫的监考老师竟然在几十个学生——这都是他们为之付出心血甚至付出生命的学生——的眼皮之下、在学生们追求分数的沙沙的考试书写声中无助而绝望地倒下。分数，考试，成为刺穿教师，也刺穿教育的长矛，更令人忧虑甚至恐惧的是，它同时也刺穿了我们孩子们的幼嫩心灵，它打击了我们的未来。

我们痛心疾首地承认，我们以素质教育、课程改革的名义向知识本位宣战，但是，知识本位赢了。因为我们除了知识，没有提出更具体清晰的任何目标。今天，我们将以核心素养向知识本位宣战。

核心素养的提出，让教师在厚重的书本和习题背后，在置生命于不顾的分数背后，看到了明确的让人成为人、以教育来成人的目标。目标在前，知识为我所有，知识助我成长，用教材教、高效率地教就有了清晰的方向。

当然，从“知识本位时代”走向“核心素养时代”，虽然是一次历史机遇，但也伴随着严峻的挑战。比如尽管核心素养为课程内容的确定、为教师的教学、为教材的编写提供了良好的依据与方向，但是，究竟哪些素养才是核心的？学科在核心素养培养中的共性贡献和个性贡献是否真的清晰明了？究竟如何依据核心素养确定、组织和呈现课程内容？教师课堂上如何处理核心素养与学科知识体系的关系？如何编写促进核心素养提升的教材？仍然有许多问题亟待解决，有许多障碍亟待跨越。

从知识本位转向核心素养本位，绝不是从知识教学效率不高、知识获得不多到知识教学效率提高、知识日益增多的变化，而是课程改革的质的深化与升华。在我看来，知识本位的学生发展，那是从小蝌蚪到大蝌蚪的变化，核心素养本位的学生发展，才是从小蝌蚪到青蛙的变化。

（原载于《华东师范大学学报》2016 年第 1 期）

立足课堂，超越课堂，向课程要质量

信息技术背景下，为尚未出现的职业培养创造性人才构成了对教育的极大挑战，能否成功地应对这场挑战正成为关乎国家存亡的问题。美国曾一度惊呼“国家在危机中：教育改革势在必行”，这也许只是其一贯的危机意识在教育领域的巧妙体现，① 却在30年后的今天发展为一种世界性征兆：任何有远见卓识的政府都已经意识到，能否培养出各领域的创造性人才已关涉到国家的长治久安。而培养不出杰出的创造性人才，一直是中国教育的瓶颈、中国教育的痛。本文认为，这与我们长期把目光过多地聚焦于课堂教学，长期把精力过多地投注于向课堂教学要质量有关。这样说并不是要否定课堂教学，只是新时代到来了，“教育改革势在必行”——立足课堂教学，超越课堂教学，向课程要质量！向课程结构要质量！

一、立足课堂——课堂教学的重要性

课堂教学，也称“班级授课制”。17世纪西方资本主义大机器生产

① 石鸥：《在危机中，就是在振兴中——美国教育危机的再认识》，《教师教育研究》2007年第5期。

的出现和快速发展，既从数量上大幅度扩展了对劳动力的急迫需求，又从质量上对劳动力提出了懂得机器生产基本原理的要求，于是，班级授课模式应运而生，满足了大机器生产对有知识的大批量的劳动力的需求。年龄相同的学生被编成班级，置于同一空间，根据固定的时间表共同上课学习，教师面对班上数十上百个学生同时授课。班级授课制或课堂教学自身的优点自不待言，它自一出现，数百年来成为教学组织的基本形式已是最好的证明。它很好地适应了工业化大机器生产的社会对标准化人才的大规模需求，有利于批量培养一种规格的劳动者，所以在工业社会它是极为重要的教育创新；它最大限度地减少了教学成本，能够大规模实施知识教学，有利于教师的知识传授，而且是大规模的统一模式的知识传授，也有利于学生的共同基础，有利于较好地提升整体学生的学业水平，确保众多社会劳动力和公民的一般素养。这是我们要立足于课堂教学，向课堂教学要质量的重要理由。

改革开放以来，我国基础教育界对课堂教学质量的追求蔚为壮观，我们大张旗鼓地宣传课堂教学的意义，理直气壮地向课堂教学要质量，不厌其烦地研究课堂教学的每个细节，努力打造尽善尽美的课堂教学，筋疲力尽地追求最好的课堂教学。这一全国性的理念和行动构成了中国特色的教学经验，它彻底改变了忽视课堂教学的局面，取得了骄人的成就，让世界侧目。这一经验，我们可以概括为课堂教学本位或课堂教学中心。但课堂教学也正因其大规模教学、大规模培养人、培养同规格的人的特点，而先在地潜伏着极大的隐患。

二、剖析课堂——课堂教学的局限性

课堂教学在与工业社会极为不同的信息技术时代的今天，已经无法承载我们真正的期待了。单纯地“向课堂教学要质量”无法逾越课堂教学自身的本体局限。

（一）课堂教学无法充分实现学生全面而有个性的发展

课堂教学最大的优点在于标准化，在于效率，在于以比较小的成本培养比较多的人，能够适应大工业时代对合格劳动者的要求。它存在的合理性依据在于学生相近的年龄、相近的知识程度和相似的兴趣爱好以及天赋潜能，我们假定相近年龄的学生处于相同的认知水平，假想他们的兴趣爱好以及天赋潜能都比较一致，于是，我们以一定的标准、内容、形式和方法来教育他们，他们就共同达到我们预定的教育水准，如果我们教得更好，这一水准就会更高，这也是我们追求高效率课堂教学的出发点。

显然，课堂教学实施的是共性教育，就是让所有的学生按照同样的要求来学习同样的内容，从而掌握基本同样的知识与技能，收获大体同样的结果。课堂教学的一切努力，就是通过提高课堂效率来让尽可能多的学生达到尽可能高的、本质上共同的学业水平，打下共同的学业基础。问题在于，每个学生都是不同的个体，他们既需要共同的学业基础，也需要符合个性发展的学业基础，既需要发展其共性，也需要发展其个性。为了成为合格公民，他们需要共同的学业、共同的基础，他们是中国公民，他们是 21 世纪公民；作为鲜活的个体，他们需要个性发展基础，需要促进个性发展的学业，他们是巴金，他们是华罗庚，他们是郎朗，他们是有血有肉的张三李四。不要以为我们的教师都是郎平就是一流的了，郎平水平再高，也无法满足每个具体的人的独有天赋潜能。

课堂教学无法满足每个具体的人的特殊发展需要，它无法独立解决个性教育的问题，无法充分实现学生的个性发展，无法让学生的天赋潜能充分涌动，无法让学生脱颖而出。这是课堂教学先在的本体局限。

在我们的传统课堂教学中，学生不可能获得最适合自己潜力基础、最能促进自己发展的课程支持。课堂教学中心模式的课程设计是这样的：A 学生具有数学天赋，数学成绩优异，他学所有人统一要学的数学，也只能学这种数学（若要摆脱这一困境，他就不得不选择社会上的所谓奥数班，在这一意义上，奥数班是有存在的必要与合理性的），而 B 学生，数学成绩不好，毫无数学潜能，但他具有文学天赋，只是他也要学这种统一的数学，而他所喜爱的文学又得不到更多的课程支持。于是，A 学生无法在数学领域得到最佳发展，B 学生则无法在文学领域得到最佳发展。也许，两位杰出人才就这样被“关心”他们的教育扼杀在摇篮里。

联合国教科文组织指出：“教育有两个根本弱点……第一个弱点是它忽视了（不是单纯地否认）个人所具有的微妙而复杂的作用，忽视了个人所具有的各式各样的表达形式和手段。第二个弱点是它不考虑各种不同的个性、气质、期望和才能。”① 这两个弱点主体上是由以班级授课制为基础的现代教育所致。班级授课适应了近代社会以来普及教育的需要，但它强调了工业社会要求的标准化，难以顾及学生的个别差异。

只要承认学生天生是多样的，那么所有学生平等地享有教育和自由发展的权利，就意味着支持他们发展的课程不应该完全雷同。完全千篇一律的课程必然与真正意义上的个人自由发展相冲突。“全面发展”针对每一个个体来说应该是“共性发展”和“个性发展”的统一，是个人有个性的“全面发展”。换言之，一个人只有在充分实现了自己的天赋潜能时，才是最丰富和最全面的。在马克思主义创始人的思想中，人的发展和个性教育是不可分离的。他们充分考虑到了个体天然的能力倾向、兴趣爱好和性格特征，以及每个人得到充分教育的合理性。② “全

① 联合国教科文组织编著：《学会生存》，华东师范大学比较教育研究所译，教育科学出版社 1996 年版，第 105 页。

② 石鸥：《选择一种课程就是选择一种未来》，《中国教育学刊》2003 年第 2 期。

面发展”不是要求一个人各个方面都平均发展，而是要他根据自己的志趣把属于自己的潜能尽可能充分地发挥出来。在这个意义上，学生“个性的全面发展”仅仅依靠共性教育是不可能完成的。

如果只关注课堂教学，即使学校所有教师都是优秀教师，所有课堂都是高效课堂，也无非是培养“千人一面”的学生，充其量让多数学生保持在较高的平均水平上，不利于杰出人才的脱颖而出。如果有少数学生能够崭露头角，与其说是培养的结果，不如说是平庸后剩下的结果，更多的学生只能走向平庸。更何况，所有的教师都是优秀教师，所有的课堂都是高效课堂本就难以实现。

（二）课堂教学无法应对信息技术时代的要求

课堂教学是工业社会的反映，它满足了工业社会对劳动力的标准化、规范化的统一性要求，这是课堂教学的生命力之所在。进入信息技术时代后，知识的价值要重新定位，特别是那些属于“是什么的知识”的价值大幅度下降，社会变化加速，多样化程度日益提高，个人定制时代正在到来，它呼唤更具个性的教育，呼唤更具核心价值的素养的培养，它以不可预料的技术的力量推动个性的发展。如此，以传授大一统知识见长、不利于创造精神和实践能力培养的课堂教学，在信息技术时代越来越面临挑战。我们再不能像在工业社会那样，让课堂教学运用传送带的原则，用批量生产的方法，输送平均发展的社会劳动力。如果学校不能改变这一状况，社会会逼着它改，或者就会抛弃它，日益火爆的社会教育和培训机构正向死板的学校教育发起挑战，家长和学生选择用金钱投票。如果我们的孩子确实有数学天赋、确实有音乐天赋，目前的课堂教学是无法支持这种学生的发展的，家长们只能将其送到国外，或送进培训机构，即便要花大笔的金钱也在所不惜。对于部分家长而言，孩子的前程是不能以金钱计算的。当然，还有更多的不同禀赋的孩子，其禀赋没有条件得以实现，他们只能在课堂教学下沦陷为普通的平庸的学生。我们可喜地看到，在以北京十一学校、北京大学附属中学等为代表的一批学校，不同形式的走班、选课、微课、跨学科、翻转课堂、学科重组、课程校本化实施等改革行动正在说明，课堂本位的缺陷已经越来越被学校所认识，改革此起彼伏。

（三）课堂教学越来越难适应教育公平推进带来的挑战

教育公平的推进，最不可回避的举措是就近入学，其他诸如示范校招生指标下放到校等举措都在扎实有效地推进，“从 2014 年起……基本实现了免试就近入学、规范有序入学、阳光监督入学，有效缓解了‘择校热’”①。学生就近入学弱化了学校间的区别，指标到校可以有效缓解片面追求升学率的竞争。这些推进教育公平的国家决策，却在事实上进一步瓦解了旧的班级授课制的优势基础。以前学生升学主要按成绩，在某种程度上他们形成的班集体在学习能力和学习水平上的差异，要比就近入学和指标到校后的学生形成的班集体的差异性小得多。这些教育公平举措实施后，各学校的生源差异大，学生水平参差不齐的现象日益突出。比如，按教育部要求，“义务教育阶段的英语课程以小学 3 年级为起点”②，但是“考虑到我国地域辽阔、民族众多、经济和教育发展不平衡的实际情况，各地可根据师资条件、资源配置等情况，制定本地区的课程实施方案”③，制度设计的预设是，一般小学 3 年级开设英语课，有些小学可 1 年级开英语课，还有些小学可以暂时不开英语课。有些学生还进校外的英语班。很显然，进入初中后，学生英语水平

① 中华人民共和国教育部办公厅：《教育部办公厅关于做好 2017 年义务教育招生入学工作的通知》，http：//www. moe. edu. cn/srcsite/A06/s3321/201702/t20170222_ 297025. html。

② 中华人民共和国教育部：《义务教育英语课程标准》（2011 年版），北京师范大学出版社 2012 年版，第 5、7 页。

③ 中华人民共和国教育部：《义务教育英语课程标准》（2011 年版），北京师范大学出版社 2012 年版，5、7 页。

差异很大，如果没有特别举措，教师的课堂教学真的很困难。

（四）课堂教学逐步进入发展的高原状态

课堂教学是学校教育的基本途径。学业成绩的提高，教学目标的实现，最直接的措施就是盯住课堂。“向课堂教学要质量”——这被认为是提高教育质量的不二法宝，是减轻学生负担的基本途径，当然，也是拉开教师档次的最重要的指标。为了向课堂教学要质量，一堂课里学生应该得到哪些基本训练，获得什么样的知识技能，达到怎样的程度（如练习正确率），实现哪些基本目标，都要经过精确到分钟的精心设计与认真执行，以确保每个教学环节万无一失。这样的课堂教学可以用高度“精致化”来形容，45 分钟内师生可以进行的、可能进行的教学行为几乎都已经被考虑到了，时间已经被以分钟为单位精致设计了。为了这一追求，教师们真的拼了，“没有最精致，只有更精致”。部分教师被形式上设计得花哨迷人的认知浪费——课堂教学的花架子——所迷惑。对精致、更精致的课堂教学的追求让部分教师精疲力竭、非常焦虑，因为目前的评价是，你要想成为高级教师、特级教师、名师、未来教育家，你的课堂教学必须是超越其他人的，是其他人达不到的、令人景仰的。这些教师在设计和实施这种课堂上，可谓殚精竭虑、呕心沥血，潜力几乎挖掘殆尽，至于你的教育理念，你的教育思想，你超越单纯课堂的一切教育探索，都不重要。

我们认为，过于精致化的课堂教学追求，是课堂中心走下坡路的征兆。课堂教学效率在提升，但却一直在精致化的同质空间中展开，没有本质意义上的突破。教师们在拼搏在创新，但都是同一性质的拼搏，都在同一层面上创新，是“原地的革命”。课堂教学过于精雕细琢是一种为自身辩护的行为。课堂教学普遍趋向过于精致化之时，也许正是它走向衰落和困境之日。课程教学史上往往存在这样的情况，当课堂教学处于创新和生命力盎然的时候，教师们表现出一种满满的自信，课堂上显示的是一种对知识的征服力量，是一种震撼人心与导引人生的行为，他们左右逢源，他们旁征博引，他们让课堂为自己所用，而绝不会被课堂框住。稍微了解一下国外苏霍姆林斯基、杜威、裴斯泰洛齐的课堂，再想想国内陶行知、徐特立、俞子夷、钱穆的课堂，想想叶圣陶、丰子恺、夏丏尊、朱自清的课堂，看看霍懋征、斯霞、段力佩的课堂，甚至看一下《春风化雨》中“船长”基廷老师的课堂，《蒙娜丽莎的微笑》中凯瑟琳老师的课堂，高下立见。那些心有明灯、充满爱意、学识渊博的教师对课堂教学的精致化设计是不那么看重的。他们关心的是学生的精神是否得到升华，心灵是否得以震撼，是否让学生产生终生求真、向善、爱美的信念。只有当人们对教育失去信心，课堂教学开始遭到普遍怀疑和诟病时，才有了使之精致化，也即替自身辩护的必要，这实际上预兆着这种做法或追求已经走入困局，它的美好时代快结束了。

事实上，在课堂教学的精雕细琢上，教师们已经越来越难拉开差距，越来越你好我好大家好，北京、上海的教师，不一定比湖南、湖北的教师的课上得更好；博士毕业的教师，不一定比本科毕业的教师的课上得更好。很多教师都铆足了劲，在课堂教学上拼一个你死我活。对课堂教学的精致化追求既造成了教师们勤勤恳恳、任劳任怨、围绕知识精雕细琢的工作范式，也抹掉了他们跨越课堂、大胆探索的精神和勃勃雄心。在这种教育追求下，教师们被逼出一种令人不安的能力和本领：课堂设计水平出奇地高。然而，学生思维的刻板和创造性的缺乏等问题和高质量的课堂教学简直如影随形，问题总站在课堂教学成就的背后。当教师所有的精力局限于课堂的精雕细琢，将所有的学生都按照统一的高标准、严要求展开教学时，结局注定就是学生普遍的平均发展。

即便在强大的考试指挥棒下，教师们拖着疲惫的身躯，对课堂教学的追求不依不饶，其最高境界也无非是，把语文课、数学课、物理课等等都上到精致化的高水平，使得华罗庚式的、巴金式的、郎朗式的学生都接受精致化的高水平教学。遗憾的是，这些天赋潜能差异显著的学生，即便在高水平的数学、物理课上，收获也是迥然不同的。教育的终极目标应该是，让巴金式的苗子成长为巴金，让华罗庚式的苗子成长为华罗庚，让郎朗式的苗子成长为郎朗。本质上以共同成绩为追求的课堂教学无法实现这一目标，它的另一面也就无法减轻部分学生的学业负担。许多学生的学习兴趣和热情都消磨殆尽，由此产生的厌学情绪长期延续，这对我国杰出人才的培养会产生长远的负面作用。

应该承认，我国的课堂教学普遍比西方的课堂教学更精致、更规范、更井井有条，效率更高。但我们的课程比西方简单、刚性、统一得多，所以中国学生充其量可以享受优质的课堂，但享受不到优质的课程，形成了所谓大规模知识技能教学上的“均值高，均差小”的现象，即我国学生成绩很差的人相对较少，但杰出人才也稀缺。西方的学生正相反，出现所谓“均值低、均差大”的局面，创造性人才多。这是因为西方学校的课程更丰富多彩，更具有选择性。在我们看来，唯有整体意义上的课程，既能够为所有学生提供高质量的共同教育的支持，又能够为不同的学生提供个性发展所需要的不同的教育支持。课程改革的必然趋势是构建高质量的课程，挖掘整个课程结构的潜力而不仅仅是单一课堂教学的潜力，挖掘整个学校所有教师的潜力尤其是校长和各学科带头人的潜力而不仅仅是主课教师的潜力。

三、超越课堂——构建高质量的课程

课堂教学因其自身的局限性，既无法独立完成为学生提供个性化教育的任务，也越来越不能适应信息技术时代的挑战，所以必须将目光上移，越过课堂，看到课程，由探索高效率的课堂往构建高质量的课程发展，为不同的学生发展提供不一样的课程支持，满足不同学生的发展需要。

（一）何谓课程与课程结构

所谓课程，按一般理解就是课业及其进程。而课程结构主要指为实现特定的培养目标而设计的课程的构成要素及其联结关系，以及各要素所占的地位或比例，某种意义上可以理解为学校的课程方案。比如国家课程、地方课程和校本课程，又比如必修课程、选修课程，这些都是课程构成要素。国家课程、地方课程和校本课程之间的关系，必修课程和选修课程之间的关系，它们各自所占的地位或比重等等构成课程结构。不同课程构成要素间的关系、所处的地位、所占的比例，都会带来不同的课程结构，不同的结构就会有不同的功能，反映不同的价值倾向与培养目标。很显然，只有必修课程的课程结构，与给予选修课程较大空间的课程结构有着大相径庭的理念与追求，体现了完全不同的价值倾向和培养目标要求。

（二）何谓高质量的课程

简单地说，高质量的课程是既能够促进所有学生共同发展的课程，也能够促进不同学生的个性发展的课程。高质量的课程的本质是适合的教育。适合的教育是未来我国基础教育发展的基本趋势和走向。《国家中长期教育改革和发展规划纲要（2010—2020 年）》提出，要“为每个学生提供适合的教育”①。《义务教育学校校长专业标准》要求校长们“为每个学生提供适合的教育，促进学生生动活泼地发展”②。教育部颁布的中学、小学和幼儿园教师专业标准均提出：遵循中小学生和幼儿身心发展特点和教育教学规律，为学生“提供适合的教育”，促进学生生

① 中华人民共和国教育部：《国家中长期教育改革与发展规划纲要（2010—2020 年）》，http：//old. moe. gov. cn//publicfiles/business/htmlfiles/moe/moe_ 838/201008/93704. html。

② 中华人民共和国教育部：《教育部关于印发〈义务教育学校校长专业标准〉的通知》，http：//old. moe. gov. cn//public files/business/htmlfiles/moe/s7148/201302/xxgk_147899. html。

动活泼地学习、健康快乐地成长，全面而有个性地发展。① “为学生提供适合的教育”已经成为时代的最强音。

适合的教育是最好的、理想的教育。它以每一个学生为目的，而不是以他人为自己的手段。每一个学生是目的，就应得到最适合自己的教育支持。这是如同天上星辰般高尚的教育道德准则。这是让学生全面而有个性的发展的本质要求，是衡量高质量教育进而也是衡量高质量课程的重要指标。这是真正因材施教的教育。学生天生是多样的、千差万别的，这是不可否认的先在的事实。这一事实意味着学生有着在自己的潜质基础上得到最大发展的必要。此时，适合其心身特点的教育，促进其心身发展的教育才是最好的教育。

适合的教育也是实质公平的教育。教育公平绝不等于要素公平，不等于硬件均等，甚至不等于教师水平的均等，这些只是最初级的教育公平，是每个人所得均等，是每个人获得一样的物资保障和师资保障。实质意义的公平是每个人所得即应得，是每个人得到自己身心基础上应该得到的支持与保障。让巴金式的学生、郎朗式的学生获得和陈景润式的学生一样的数学教育，而他们自己的天性得不到发展，能说公平吗？实质的教育公平，是让巴金式的学生、郎朗式的学生和陈景润式的学生都获得更多更具挑战性的适合自己的教育，以最恰当地促进他们的身心发展。反过来说，真正公平的教育必然是适合的教育。

适合的教育需要全方位举措，但构建适合的课程是核心。基于前述理由，适合的课程一定是高质量的课程。这种课程具备两种功能，一是能够为全体学生提供高质量的共同基础教育，二是为不同的学生提供高质量的个性化教育。这种课程至少包括三部分：高质量的课程结构，高质量的课堂教学，高质量的课外活动。

---

① 中华人民共和国教育部：《教育部关于印发〈幼儿园教师专业标准（试行）〉〈小学教师专业标准（试行）〉和〈中学教师专业标准（试行）〉的通知》，http：//old. moe. gov. cn//public-files/business/htmlfiles/moe/s6991/201212/xxgk_ 145603. html。

第一，高质量的课程需要高质量的课程结构。如前文所述，课程结构由课程要素、要素间的关系等构成。学校的课程结构实际上表现为学校的整体课程方案，它们主体上是学校在国家课程方案给定的空间内创造性处置课程、校本化实施课程的思路，是基于学校办学理念而进行的各课程要素的重组、改造与创新。

高质量的课程结构的关键是选择性、多样化的课程重组与优化。它往往是国家课程和地方、校本课程的特色组合，是必修课程与选修课程的特色组合，是对所有既定课程的重组，达到国家、地方课程的校本化实施的目的，本质上体现为支持一切学生在自己潜质的基础上充分而和谐发展的课程价值观。

高质量的课程结构一定是富含选择性的课程结构。它从根本上弥补了课堂教学的同一性带来的不足——无论怎么追求高效课堂都无法做到充分的因材施教。选择性课程结构是人的多样性决定的。既然学生有平等地在自己潜质的基础上得到最大发展的权利，这就意味着所有学生都享有接受适合自己身心潜力的教育的权利。此外，承认人是多样的，就是认同不能让所有学生完完全全按同样的要求学习同样的课程。而且由于人的多样性，环境的不确定性，没有人准确知道一个学生最需要的课程应是什么样的，更没有人准确知道一个学生最终将在什么领域获得最大的发展与成就。所以，我们只能构建让每个学生都有可能选择的适合自己的课程体系，让他们尽量有效率地利用课程资源，使课程尽可能适应不同学生的不同需要，促进每个学生成为最好的自己。要求所有学生平均地学习所有的课程几乎必然与真正意义上的人的多样性相冲突。

课程结构的选择性有多方面的含义，既有程度上的选择性，也有水平或深度上的选择。真正具有选择性的课程不容易出现内容上的偏难和负担过重的问题，只有大一统毫无选择性、毫无弹性的课程才会有这个问题。对一些学生来说跳起来都够不到的难度，对另一些学生来说可能根本不解渴；课程结构的选择性，也有类型或倾向上的选择性，也即兴趣或广度上的选择，巴金式的学生、华罗庚式的学生甚至普通的张三李四都理应在不同的领域各自优秀；课程结构的选择性，还有顺序或进度上的选择性，也即修习进度或顺序上的选择。比如，巴金式的学生和华罗庚式的学生，都要学习高中10个必修学分的数学，这是共同基础的要求，但巴金式的学生尽最大力气也许只能学完10个必修学分的数学（想想朱自清、罗家伦、吴晗考北京大学时数学都是0分，臧克家考国立青岛大学时数学也是0分，就可以理解不同的学生确实存在天赋差异大的可能），而华罗庚式的学生学完10个学分的必修数学后，肯定还会选学更多更具挑战性的数学，那么，最佳的课程修习路径是，巴金式的学生稳步地、扎实地在整个高中阶段完成这10学分数学的学习，而华罗庚式的学生也许用较短的时间就可以迅速学完必修，然后选学其他数学。如果他们以一样的修习进度来学习，肯定两败俱伤，严重时可能双双泯为凡人。

总之，可以这样理解课程结构的选择性：当具有数学天赋的A学生进入这一课程体系，首先他可以选择比其他学生更多更难的数学课程，同时他也可以少选一些其他课程；他可以用与其他学生不一样的顺序和速度学习某些课程，可以比其他同学更早更快地学习必修的数学，也可以比其他同学更晚更慢地学习其他课。例如北京十一学校的课程，学生既可以选择适合自己的课程模块，也可以选择适合自己的学习时段。[①] 这有点类似于人们常说的所谓“走班制”。而过于频繁的“走班”难免会加大学校的管理压力。其实，与其说是走班，不如说是“组班”，是我们习惯了的常规意义的组班，只是组班的依据有所调整，组班的次数也许会稍有增加，但绝不会出现频繁“走班”的情况。

选择性必然要求多样性，选择性的前提是多样性。没有课程的多样性，就不可能有课程的选择性，同理，没有选择性，课程的多样性就没

① 李希贵等：《学校转型——北京十一学校创新育人模式的探索》，教育科学出版社2014年版，第64页。

有存在的必要。这是一个问题的两面。

教育繁荣的基本标志是让每个学生在尽可能多的方向上得到适合自己身心发展的课程支持。这样，在不同方向上得到课程支持的学生，他们脱颖而出的机会和自由发展的机会都大幅度提升，杰出人才与成果出现的可能性就越大，学生负担的减轻才有可能成为现实。允许个性差异存在并以课程支持个性发展的课程是真正生气勃勃、充满创造性的课程，表面上整齐划一、步调一致的课程不仅缺乏个人自由和创造性，而且潜藏着人才危机。如果硬要规定一种统一的课程模式，对所有学生进行同一的教学，扼杀的就不仅是教育的特色和自由，更是学生充分和谐发展的可能性。

国家对适合的教育的强调，已经吹响了打造多样化、选择性、适应不同学生发展的教育的号角；2004 年启动的高中课程改革，对课程选择性的强调也说明了基础教育改革的方向（即将启动的新的高中课程改革，这一点更加突出）；目前沸沸扬扬的高考改革，不论技术层面有多少需要改进的地方，对课程选择性的重视和导引是显而易见的追求。选择性已经不仅仅是理念先行，不仅仅是理论武装，而是实实在在的行动，国家在行动，学校在行动，校长和教师在行动。

第二，高质量的课程需要高质量的课堂教学。一旦构建了高质量的课程结构，学生可以选择适合自己的教育，在反映自己天赋潜能的课程上着力，那么，建设高质量的课堂教学就是重要的了。如果课程结构好，但课堂教学差，结构的力量是没有办法真正实现的，对学生的课程支持也会大打折扣。当一批在外语方面有天赋、有特殊爱好与追求的学生得到相应的课程支持后，当一批在数学领域有天赋、有特殊爱好与追求的学生得到相应的课程支持后，一节一节的课堂教学就重要了。这是同龄同质型的课堂教学（涉及跨班级教学），甚至是异龄同质型的课堂教学（涉及跨年级教学），它们与传统的那种把华罗庚式的、巴金式的、郎朗式的差异很大的学生都安排在一起接受同一教育的课堂教学有着质的区别。这种教学不依赖精致设计，教学主导方将逐渐往学生方逆转，学自己喜欢学、适合自己基础与禀赋的内容的事实，会慢慢但深远地影响课堂教学格局。

第三，高质量的课程需要生动活泼的课堂外活动。这种课堂外的教育活动是另一种形态的课程，是活动性质的、跨学科性质的课程。教育不局限于课堂，学习不局限于听课，课堂教学不是增长智慧、丰富人生的唯一渠道。构建高质量课程的重要途径就是要改变学习方式，拓展发展空间，把学生的发展置于比课堂、比教室更广大的社会背景中，加强课堂与社会、与生活的联系，扩展学生学习和成长的资源，让学生在实际生活体验中寻求学习的动力，变被动的接受学习为主动的探究学习，使学生学习渠道多样化，学习方式生活化、情景化。其实，以生动活泼的课堂外活动来弥补课堂教学的不足、构建高质量的课程的努力，一直就没有停止过，20 世纪末的“第二课堂”“活动课程”和 21 世纪初启动的“综合实践活动”，都是一种探索与尝试，都取得过一定的成效。

传统的课堂中心虽然成绩斐然却已难以适应时代发展，向课程要质量尽管有障碍、有困难，却有着与时代合拍的光明前景。高质量的课程不是一种具体的教育模式，它不可能成为一种既成的教育，它给我们营造的是一个宽阔的思考背景和丰富的创新空间，提示的是当下课堂教学的不足，以及呼唤学校创新者们的持续不绝的探究。高质量的课程首先是一种理念，其次才实现为学校的一种课程制度。高质量的课程确实比高效率的课堂的涉及面更广更复杂，但学生的发展容不得过分简化，只有为学生提供适合的课程，学生的生命才能得以舒展开来。每个学生的生命都是不可复制的，不论他是我们当中的哪一个，不管他出身多么微寒，每个生命一旦进入学校就应该是一段奇遇，他的尊严在于是否得到了最适合自己潜力的课程支持。

这是培养模式发生根本转变的时代。工业社会的过去，竞争的优势取决于谁能制造出最有效率的课堂，以培养更多的劳动者；信息技术的今天和未来，竞争的优势将取决于谁能制造出最有吸引力的课程，以培养更有个性的人。

（原载于《教育科学研究》2017 年第 12 期）

最不该忽视的研究

——关于教科书研究的几点思考

一般认为教科书是根据教学大纲（或课程标准）编制的系统地反映学科内容的教学用书，[①] 是传播知识、普及道理的教师的教和学生的学的用书，是学校教学中重要的和基本的教学材料。

中国的教育，几乎是与教科书“携手并进”的，《三字经》《百家姓》《千家诗》和《千字文》，以及更高层次的《易》《书》《诗》《礼》《春秋》《论语》《孟子》《大学》《中庸》等曾经是长时期里教育的重要教科书，离开它们，几乎就无法谈教育。在教科书身上，刻着教育发展的印记，折射着历史的痕迹。

但中国古时候没有近代意义的学制，没有普通学校，只有启蒙教育与准备参加科举考试的私塾和书院，不论是《三字经》《百家姓》，还是“四书五经”，都不是现代学校所称的教科书，也没有教科书一说，甚至从严格意义来讲，它们不是真正的教科书（仅仅是教材而已，教科书属于教材，但它不等于教材）。我们认为，现代意义的教科书应该满足如下条件：第一，产生了现代学制，根据学制，依学年学期而编写出版；第二，有与之配套的教授书（教授法、教学法）或教学参考书，教授书内容要包括分课教学建议，每课有教学时间建议等；第三，依据

① 中国大百科全书编辑部：《中国大百科全书》（教育卷），中国大百科全书出版社 1976 年版。

教学计划规定的学科分门别类地编写和出版。依此标准，以前不论是《三字经》《百家姓》，还是“四书五经”，都不是严格意义上的教科书。因为它们在内容上是笼统而不分科的（基本上把语文的、政治的、历史的、地理的等都包含其中），在程度上是模糊而不分级的（很难说《三字经》《百家姓》以及“四书五经”究竟在几年级学习是恰当的），在分量上是主观而不分课时的（究竟一个内容学习多少时间，几乎完全凭教书先生自己的判断），在学习方法上是完全随意的（没有教授书可以参考，重点难点都由教师自己把握）。正是在这个意义上，我们说它们不是严格的教科书。现代意义的教科书名称始于 19 世纪 70 年代。1877 年 5 月，在华基督教传教士第一次大会召开，大会成立“学校教科书委员会”，曾先后编辑算学、泰西历史、地理、宗教、伦理等教科书，除供教会学校应用外，也赠送各地传教区私塾应用。“教科书”一词也因此流传开来。而严格意义的教科书在我国的产生，应该在 19 世纪末 20 世纪初，这时新学制出现了，新学堂迅猛发展，适应新学制新学堂的教科书也就大量涌现。

百余年来，教科书迅猛发展，但教科书的研究则明显滞后。主要表现在：第一，多为分散和局部性的研究，缺乏对百年教科书发展全进程的综合和深入研究。现有成果或以单篇文章出现，或夹杂在一般研究成果之中，或局限于某个时段的教科书发展史的介绍和总结，至今尚未见有对百年中国教科书发展进行整体性研究，尤其缺乏对百年教科书发展过程中，其制度、内容、形式、体例等教科书自身的问题以及教科书与社会政治、经济、文化之互动关系的深入研究。第二，史料挖掘与整理还有很大不足，在一定的程度上局限了研究者的视野。由于百年来教科书编辑出版卷帙浩繁，仅据《民国时期总书目——中小学教材》收录①，1911—1949 年就有中小学及师范教材四千余种，该书还附录有清

① 北京图书馆：《人民教育出版社图书馆. 民国时期总书目（1911—1949）中小学教材》，书目文献出版社 1985 年版。

末中小学教材六百余种，可以想见研究者挖掘、选择和整理的难度。而且由于年代久远，损毁严重，幸存下来的已经不多，所以图书馆等收藏机构都采取了一定保护和封闭性措施，如不准复印和拍照等，从而导致第一手资料的匮乏，影响了教科书研究的质量。第三，也是最重要的，教科书研究没有引起人们的足够重视，潜意识中，教科书或不能研究，因为它们是经典是“圣经”，是不能怀疑只能记背的；或教科书不值得研究，都是小孩科的事，没什么可研究的。这样，读者最多的、某种意义上也最重要的文本竟然最缺乏强大的学术研究和评论队伍，最不该忽视的文本，却最少被研究，最不该忽视的研究被忽视了。

一、教科书研究的意义

教科书作为一种教育工具和教育资料，是课程的重要组成部分，也是课程实施的载体，在整个学校教育中具有不可替代的地位与作用，它是国家意志、民族精神、传统文化和学科发展水平的体现，是实现培养目标的基本手段，是教学、考试的重要依据。特别简单而又重要的是，教科书是读者最多、又最被读者看重的文本。所以，对教科书的研究具有重大的历史与现实意义。真正的教科书进步，应有强大的学术评论和学术力量支撑。

（一）教科书研究可以印证并创新教育理论

“纯粹”“绝对”的教科书研究是不存在的，也没有一套普遍性的教科书研究方法。我们总是依照某个理论前提来分析一本教科书，即使运用这些理论是还没有名称的，或是不自觉的。教科书研究可以运用理论所提供的模式，以证明或证伪这个分析模式的实效性。教科书的编写一般都在某一种教育理论思潮下进行的。实际上，教科书研究本身就是一种理论的形式，有些理论家的理论就是在教科书研究的形式下建立起来的，如阿普尔，他的许多教科书分析，都在提供某一主要的教育理论思想，或在界定某一种研究方法。教科书研究甚至可以示范教育理论。它以具有说服力的方式阐述一种理论、推广一种理论。当然，教科书研究也可以创新一种理论。

教科书研究在印证、示范和创新理论方面，是密切关联的。一篇印证某种教育理论的教科书分析在理想上可以回溯到理论上，弥补或修正理论原有的不足，而一篇建立新理论的创新研究则应该留下引发其他分析篇章对它进行校验、印证甚至示范的空间。

（二）教科书研究可以改进教科书编写

教科书研究有助于了解并改进教科书编写。不同体裁的作品改编是这方面最重要的一个问题。因为教科书大部分内容是改编自其他文本体裁的。如果只停留在内容至上的层次去处理改编的问题，就没有太大的实质益处。教科书研究应该严谨地探讨作品改编的问题，要深刻认识不同形式作品的孕生和改编的“符码转换”的本质。从其他文本转换到教科书文本间可辨识的修饰转变，是教科书研究的有效素材。教科书研究虽然不可能重组教科书原文本的创作过程，也无法对教科书的创作提供一条绝对的解释途径，但教科书分析仍然可以思考一个编者可能思索过的问题。教科书研究的用途等于教导人们编更好的教科书。

（三）教科书研究可以进一步认清教育发展尤其是课程和教学内容发展的基本轨迹

现代意义教科书的产生经历了一个过程，由现代意义教科书的产生到系统化制度化又经历了很长时间。应该说，一百多年以来，伴随着中国社会的变迁和教育改革的发展，从最初套用国家经典，到开始考虑教学实际需要的材料；从翻译外国教科书，到国人自编教科书；从以封建伦常、道德乃至性命之学为主要内容的教科书，到注重儿童日常生活、宣扬资产阶级的民主科学和救国爱国等方面取材的教科书；从文言文教科书到白话文教科书；从初始没有标点符号和插图的不够完善的教科书，到有标点符号、有精美插图、适于教学的教科书；从单学科、局部的教科书，到自成体系、完备的教科书；等等，我国教科书编写与出版走出了一条值得大书特书、认真反思之路，这也是我国教科书逐步制度化和科学化之路，更是我国学校教育迅速发展和逐步现代化之路。

以史为鉴，可知兴替。现代教科书作为文化的传承和延续的重要载体，作为社会变革的产物，对它们的研究不仅有利于对教育发展与演变的认识，而且有利于对特定时期的社会思潮、文化传统、科技水平、民众心态等多种因素的认识。

近年来，在有关专家和学者的努力下，关于中国近现代教育史的研究已取得了一些可喜的成果。但与一些邻近的领域相比，中国百年教科书的历史与现实的研究还显得较为薄弱。因此从整体上理清清末、民国以及新中国成立后我国教科书发展的基本脉络，探究和总结教科书存在的基本问题及其表现形式，分析其社会原因和历史上原因，不仅能够充实中国近现代教育史研究，也有利于今天的课程改革特别是教科书的完善。

（四）教科书研究可以更好地处理教教材和用教材教的关系，帮助我们有效地教学

谁都承认，教科书是为了教师的教和学生的学而编写的材料，在中国，教科书是读者最多、最被信赖被依赖、最耗费读者精力和时间、影响最为深远的文本，但遗憾的是，它们也是最缺乏严格意义上的研究的文本。已有的许多研究，与其说是客观严肃的分析，不如说是广告式的宣讲。结果是导致广大师生奉教科书为经典为圣经，本来是帮助教学的工具，现在已异变为教学的目的，所有教学基本上都是围绕教科书转，

都是为了记背考教科书。所以，教科书研究，对于我们认清其本质，发现其缺陷，找到其可改进的方面，真正改教教科书为用教科书教，具有重要现实价值。

二、教科书研究的性质与特点

（一）教科书研究与教科书解读的区别

教科书研究与教科书解读是有本质区别的。教科书解读是对教科书在颂赞和完全肯定的前提下如何使用教科书的解说，是一种备课性的应用，它与对教科书抽丝剥茧式的分析研究旨趣背道而驰。教科书解读是一种赞扬式教科书评论，建立在对教科书的崇拜之上，在这种解读中，教科书承载的简直就是真理，是学生必须熟记和背诵的法宝。教科书解读者的形象常是教科书的捍卫者，组成人员主要是教科书编写者、发行者和出版者以及相关的专业人员（教研员、教师和学生）等。他们往往就即将发行或正在使用的教科书进行宣传性的解读。

教科书研究是一种将教科书中可观察到的现象理性化以便进一步了解教科书的方法，它基本上是一种描述性活动，而不是模式化活动，即便有时模式化的解释性很强。就教科书研究者而言，新闻即时性这个标准并不重要。他们可以选择教科书发展史上任何一套他认为合适的教科书作品，而不必服膺于教科书发行的法则。成为教科书解读者的基本要件是优秀的执行和细化能力，把教科书变为教案、变为课堂实施要素的能力。而教科书研究者则可能把注意力放在教科书发展史上公认的杰作上，也可能放在任何一套普通的教科书上，再根据特定的研究角度（美学、社会学、政治学、教育学、心理学）来选择内容，展开研究。

教科书解读者的主要工作在理解教科书，教科书研究者的主要工作在于诠释教科书，前者重在实施，后者重在改进，前者目的是现实，后者目的在未来，前者有宣传的功能，后者有评价的功能，前者通过宣传而落实教科书，后者通过评价而促进教科书编写的改进。教科书解读充其量是一种使用说明，而且是不称职的使用说明。因为好的使用说明至少要包括这套教科书的优点、缺点，使用时应注意的基本事项，这套教科书更适于什么类型的学生使用，等等，这些都是目前许多教科书解读所缺乏的。

尽管如此，教科书研究在本质上却又是一项再平常不过的活动，至少在非学院派的情况下。任何一个即便是不擅研究与分析、批评的读者，在阅读和使用教科书时，都会在某一时刻产生分析研究的活动。一旦人们把教科书中的一些组成元素抽离出来，只专注于某一时刻、某一画面、某一段文字时，我们读教科书的眼光便具有了分析性、研究性。在这个基本定义下，教科书研究可以说是教科书研究者、教师、学生及所有自觉的教科书读者共同的态度。

（二）教科书研究的主要特点

与文学、艺术、电影等研究不一样，教科书研究有它自身的特点。首先，教科书研究涉及许多学科，即便是一套教科书，对研究者的素养要求也很高。教科书研究应以横向跨学科的方式，征召文学、政治学、语言学、教育学、心理学、社会学以及不同的自然科学等研究方法，进行深度系统探析。

其次，教科书以儿童为主要读者，成人化的眼光容易影响研究质量，自然也影响编写与实施质量。

再次，教科书不同于一般文学或其他文本创作，教科书既有完全创造的、全新的内容，也有把现成文本照搬上书本的内容，这样就使教科书研究进一步复杂化。因为既要研究教科书编者的意图，也要涉及原文本的作者的意图与背景。这就是说，教科书是群体的创造品，要指定教科书作者并不是容易的事，它是二度创造，是把别人创造的作品再加工成新的产品。

最后，教科书研究有重要的参照物，即课程标准或教学大纲。这影响其创造空间，也是与其他文本不同的地方。

在内容分析上，我们对每一时期的教科书进行剖析和总结，研究教科书的编写理念、框架结构、内容、语言文字表达和版面设计等，侧重分析教科书内外部诸问题及相互关系，深入探讨现代意义教科书自身的形式、内容、体例等百年的演变发展以及教科书与社会转型的内在联系，从广阔的社会政治经济背景分析入手，研究教科书的地位、功能和制度的变化，了解教科书在不同的历史时期所发挥的不同作用及影响力，形成有关教科书研究科学的态度与价值视野。

在方法上，第一，要注重在历史中研究教科书。要在详尽占有原始资料的基础上，将教科书的研究置于百年中国社会的宏观历史背景中，给予实事求是的分析与评价，对中国百年教科书给予动态的、开放的、系统的、实证的研究，对这个研究领域加以历史性的梳理。教科书研究的资料或素材，既可以完全来自教科书内部，从文字到标点到插图，从内容到形式，也可以吸取更广大的历史文献资料来充实自己的研究。

第二，要强调在现实中研究教科书。应该注意的是，研究者不应永远停留在把教科书置于教室之外而进行研究的阶段，并以此而自足，在特别为教科书而建构的教室里、教学中进行教科书研究也是很有必要的。可以说，教科书文本研究的风险，就是容易忽略构成教科书最基础的要素，也就是教学等。教科书文本研究的同时也就是实际教学的停止，文本研究往往是否定教与学的行进性的见证。

第三，教科书的研究可以从教科书使用前与使用后两阶段来进行。一套教科书的策划、编辑、出版等过程相当复杂，每一阶段的素材都有搜集的价值。从策划、构思开始，经过编写、审查、修改到出版，有大量的反复、修改，要花大量时间和精力乃至财力，因此每一阶段留下的轨迹都可帮助我们研究和了解已完成的教科书。这时所要处理的资料很多，结构、课文、单元组合、文字、插图、题目方面的，有时更多的是大家在一起讨论、争论的思想、观点。教科书出版使用后，又将获得新的素材，如发行量，教师的反映、学生的反映、教研人员的反映等。有时候有些教科书使用量大，评价高，可能有别的原因，如垄断意义的教科书。对这类教科书的认识，也应破除旧论。

三、教科书研究的基本纬度

教科书研究必须全面深入地把握各种社会因素，从不同层面、不同角度进行全方位的分析综合，才能真正揭示出百年教科书演变、发展的客观规律。我们认为，对教科书的研究主要可以从以下几个基本视角进行。

历史学的维度。这是教科书研究的一个重要维度，我们应该本着以史料为本的态度，尊重教科书编撰出版者们的辛勤付出，力求进行具体实证的分析，在大量的教科书中爬梳史料，重现百年教科书发展的史实，使得学术界在对不同时期教科书的形式、内容等有真实可感的认识，从而为以教科书为中心的各项研究，提供必要的参考资料。从时间跨度而言，西方教科书的引入应该作为现代中国教科书研究的上限，而下限则可以是当下的各种教科书。此间跨度有一百多年，我们以 1949 年中华人民共和国成立为界，百年中国教科书的发展可分为两大时期，其中西方教科书的引进至 1949 年为现代意义上中国教科书萌芽、制度建立和繁荣发展时期。这一时期，在当时剧烈的社会、政治、经济和文化变革的背景下，西方教科书的引进、学堂自编教科书的发轫、统编教科书的出现以及坊编教科书的繁荣，在中国出现了许多套曾引起广泛社会影响的教科书。1949 年后中国教科书在相当长的时期里，实施统一的课程和教材，中小学各科教科书由人民教育出版社编辑出版，曾编写、出版了九套中小学教材，培养了一代又一代人。沿着历史的脉络，应构建一个能反映百年教科书发展全程的整体性框架，从整体上厘清百年教科书发展的基本脉络和核心问题，展现百余年来中国教科书走过的艰难曲折历程。

教育学的维度。这应该是教科书研究的重要维度。注重教科书为教学服务的属性，包括教科书内容的选择、文字的可读性、教科书的编辑设计以及内容的组织与呈现形式等方面的研究。内容的选择涉及社会学与心理学、教育学维度，主要从完整性、科学性、难易程度、公正性等方面进行。而文字的可读性研究则主要运用心理学、语言学和教育学的相关理论和方法，分析教科书的文字叙述是否顺畅易领会，用字遣词是否妥当、是否针对主题、把握重点，语意是否清楚等等。在教科书的编辑设计分析上，人们主要在封面设计、编辑大意、目次内容、图片及表格数量等方面进行分析研究。对于教科书的封面的分析主要看封面是否主题明显，是否突出全书的内容与特色，构图是否简洁明了，附加说明是否得当。编辑大意主要在于说明教材编辑的依据、教学目标、教材编选原则及教科书的编辑理念与精神等。教科书的插图分析主要探讨插图的种类是否丰富；插图是否与文字内容相配合，是否与学生的认知特点相适应，是否是教学所必需等。

社会学的维度。教科书的社会学分析热潮大致出现在 20 世纪 70 年代以后，欧美、日本的许多学者在此领域中建树颇丰。如谢弗、杨与伯恩斯坦、阿普尔、安杨、佛兰兹与萨德克、瓦克与巴通、凯利与亚当斯、斯利特与格兰特等。中国台湾学者自 20 世纪 80 年代起涉及，如詹栋梁、王浩博、汪学文、陈伯璋、欧用生、黄政杰等。中国大陆学者对教科书的社会学分析研究起步较晚，近年来，受国外研究成果的影响，我国在这方面已经产生了系列成果，比较早涉足教科书社会学分析的研究者主要有南京师大群体，如吴康宁、吴永军、刘云杉等。近年，湖南师大群体的研究也开始产生阶段性成果，在石鸥教授指导下，赵长林、刘丽群、李祖祥等在其博士论文中，探讨了教科书的内容选择标准问题，说明了哪些知识与经验可能成为教科书的文本，这些文本又是经过怎样的程序、用什么样的方式进入教科书的。还有一些学者对教科书的性别意识形态进行了社会学的分析①。社会学的维度主要研究什么样的知识可以进入教科书，由谁来选择进入教科书的知识，以什么标准选择进入教科书的知识等。

文化学的维度。对教科书进行文化构成分析，有利于从文化角度对之反省，有利于教科书进一步改革。教科书是文化的重要载体，教科书将文化加以有目的、有意识的传承和嬗递，又通过选择与重组而实现对文化的改造和创新，这种选择与重组、改造与创新既包括了对原有文化要素及传统的选择与认同，又包含了新的认识和判断，从而导致了整个文化系统发生不同程度的变化。因此，教科书研究必须放在历史文化发展的长河之中，充分关注文化的传统与变革、继承与发展的辩证关系，从而揭示每一个时代教科书变革的文化基础及传统依据。

文献学的维度。这是个值得重视的问题，尤其是清末和民国时期的教科书发展时期。那个时代的许多教科书常编成不同的版本，被不同地方翻印，有些教科书甚至鼓励翻印，这个过程中使得教科书发生了变化。

鉴于以往教科书研究的不足，我们可喜地看到，湖南师大教科书研究项目组②启动了他们的研究。该项目组的研究有两个重要特点：一是有较丰富的教科书原件或原始资料，翔实的第一手资料将极大地强化研究的准确性和权威性；二是团队协作，可以说任何一项有分量的研究都是集体智慧的结晶，甚至具名都可以是集体的，如果有个人的具名，在某种意义上只是表达了集体智慧由个人执笔而已。我们可以预计，在接

---

① 史静寰：《走进教材与教学的性别世界》，教育科学出版社2004年版。

② 该项目组由石鸥教授负责，其主要成员有赵长林、刘丽群、李祖祥、吴小鸥、方成智、段发明、石玉等。

下来的几年里，将不断有我们这个团队以及团队成员，乃至新加入这个团队的其他成员的成果产生，让我们拭目以待。

感谢《湖南师范大学教育科学学报》以专题的形式为这些成果提供一个持续交流的平台。

（原载于《湖南师范大学教育科学学报》2007年第5期）

论教科书的基本特征

教科书作为国家意志、民族文化、社会进步和科学发展的集中体现，是实现培养目标的最直接的载体。教科书是读者最多、最特殊，又最被读者信赖甚至依赖、最耗费读者精力和时间、对读者影响最深远的文本。一代又一代的青少年就是手捧着这小小的文本成长起来的，在一定意义上，有什么样的教科书，就有什么样的年轻人，也就有什么样的国家未来。这是一种什么样的文本呀，具有如此顶级的意义和价值？

一、教科书的特征

（一）教科书的教诲性

任何教科书，首先都是用来教的。教科书的教诲性用社会学的说法是规训性，用教育学的说法是主流价值观的确立，都是关于应该做什么不应该做什么的说理，是什么对什么错的标准的提供。教科书通过对学生进行知识宣讲，从中产生善恶原则；教科书本身意味着应当如何看待不同的人、事和现象，应当获得或不获得哪些知识、学问和价值，应当用什么样的标准去评价思想、社会和人。甚至可以说，教科书的功能就在于划定某一可能的宣讲范围，准入、选择并张扬某些观点和思想，使它们经典化，同时遗忘某些观点和思想，使它们消失于学生的视野之外。[①] 有学者批评美国汉学研究的“教科书学术现象”，就是指责其“知道应该引用和不应该引用谁的思想”[②]，这在一定程度上确实点到了教科书的本质。从牙牙学语开始，十几年的教科书灌输，确实很有效地型塑着孩子们，使其信仰某些思想和主张。所以，由小小的教科书哺育成长的读者，已具备了习焉不察的意识形态的眼光和大脑。

对大多数文学文本而言，乐先于教，唯教科书，教先于乐且重于乐，愉悦原则要从属于教诲原则。即便一些作品可能是浪漫主义的、神话的，但一旦被教科书所“征用”，它们在意义上就倾向于教诲性的，对它们的安排和收集它们的动机就都是主题性的，是为了从学生那里唤起意识形态意义上的反应。教诲性是教科书的根本属性，教科书的教诲性是无法逃脱无法避免的。文学及其他文本的读者可以决定读还是不读某作品，但教科书的读者不能这样，即使教科书读者（师生）不喜欢某一课文，他们还得读，而且必须认真读，去接受自己不乐意接受的意义，去体验自己不喜欢的审美经验。

教诲性使得教科书的预期目标和任务必然是以教科书传递的内容说服并型塑学生，使学生在掌握内容的同时达成对教科书的信服，最后因为信服教科书而实质上变成信服教科书所承载的主流信念与价值，并按其要求做出行为变化。在这一意义上，教科书其实就是指令书，就是规训手册，施以二重指令或规训：对思想的指令和对行动的指令。它直接或间接地规训着学生学习什么、信仰什么、什么可以做什么不可以做、应该想什么不应该想什么。

教科书的教诲性的根源是意识形态性。[③] 教科书总是在维护和张扬

---

① 石鸥、李祖祥：《教科书的空无内容与教师的应对》，《现代教师教育研究》2009 年第 2 期。

② 顾彬：《略论波恩学派》，《读书》2006 年第 12 期。

③ ［美］阿普尔：《意识形态与课程》，华东师范大学出版社 2001 年版，序言。

某些意识形态话语，同时也在反对和抑制另一些意识形态话语。意识形态的倾向性不可避免地要求教科书对内容进行不同程度的改造甚至虚构。人为的选择被遮掩并转换为天经地义时，教科书所昭示的内容也就当然成为正典规范，让人们去记诵。而且，整体上教科书从来不掩饰自己的意识形态倾向（尽管它最标榜的是传播科学文化知识），即便理科教科书也概莫能外。

教科书的这种意识形态限定，使得教科书文本的叙述本身就构成了一套颇具特色的“课本话语”系统（除了意识形态限定，当然还有读者年龄特征的限定以及教科书所承载的学科体系的限定，这有待专门研究），而那些想“超越”或“摆脱”这套话语系统的叙述就往往变得非法或不允许。但用意识形态的眼来看，教科书永远都会有异质性，使得主流文化合理化合法化的过程也就成为永远的需要，成为一个无尽的完善过程。这就恰好证明了教科书讲述意识形态和主流文化的多种可能性的存在或多样化的可能。

（二）教科书文本阅读的特殊性

教科书是文本，所以它必然具备文本的共性——可阅读性；教科书又是特殊的文本，具有非它莫属的特殊性——可教学性。教科书是一定要能教与学的文本。

教科书的可读性。文本必须能够用于阅读，教科书文本的阅读则分两种情况。第一种情况是，我们在阅读教科书文本时，把它当作普通文本对待，我们是在“看”它，看出了它的意思，在整体意义上“看”到了、“把握”了。很显然，这里的“看”特指不发声的阅读，是一种默读，本研究常常用“看”来指称这一状态。比如老师 A 对学生 B 说：“看书！”第二种情况是，多数文本不一定是也不要求是读出声来的作品（诗歌等除外），而如果是教科书文本，它就必须是既能够默读，又能够而且也要求不断读出声来的作品。更确切地讲，教科书是有声响的文本，教科书的这一特性使得其可读性转变为可诵性，要便于诵读。很显然，这里的“读”特指发出声音的阅读，本研究常常用“读”来指称这一状态。比如老师A对全班学生说：“下面大家一起读第二自然段!”“看”可以理解为独立默读文本，就像人们读文学作品一样，一般是不发出声音的。而教科书的“看”更多的是与声音相连接的，所以界定为“读”，“读”是有声的看，“看”是无声的读。

这样，“看”起来好的教科书并不一定“读”起来也好。这一特殊性决定了把教科书做一般文本来“看”和把它做课本来“读”，二者是大不一样的。就像一首乐曲，我们在看乐谱时和我们在唱乐曲时是不一样的。教科书应该如音乐，教科书文本语词的声音很重要，应该看重语词声音层次的构建（这一点与诗歌类似）。在教科书中，一个个词的声音外壳、声学特点、音韵效果都变成了有含义有价值的东西，文字发声和声学效果变成了有表现力的重要手段，音韵美直接影响教科书的质量。历史上，有些课文，有一种奇特的声学效果或音韵美，读起来极为悦耳，像一串清脆的珠子撒落于地，让人永难忘怀。

其他文本让人默默地看，教科书文本让人琅琅地读。基于此，教科书编者应认识到，他们的作品不同于一般作品，他们的读者不仅仅是沉思默想的读者，而且还是被要求不断读出声来的读者。所以，好的教科书应该能呈现出接近音乐的声响。也许会有那么一天，教科书编者像歌词作者对待歌词一样对待课文的写作。不是任何文本都能够成为课文的，恰如不是任何诗词都能够成为歌词的。考虑到这一点的教科书，将更具美学价值，同时更具教育价值。

教科书的可教学性。教科书除了可读性以外，还必须具有可教学性。教科书文本的可教学性至少有以下两种表现。

一是可听性。教科书和其他文本一样，充满着意义，不同之处在于，教科书的意义不仅仅是视觉的，不仅仅是“看”和“读”出来的，同时，它往往也是听觉的。这个听，不完全是有声的读的另一面。读者对教科书文本的解读，除了用眼睛，还要用耳朵。用眼睛是在读文本的教科书，用耳朵是听老师叙述的教科书。教学总体上是言语的，所以对教科书的讲解从前至后移动时，学生是在“听”课，学生的主要任务是听，或者说是听且看且读，而不仅仅是看和读。课堂上学生要跟随两条思路走，一条是看和读的思路，跟着课本的文字走；另一条是听的思路，跟着讲解课文的老师的声音走。手捧着教科书听老师讲解课文，在看的同时耳边总有老师的声音伴随着，看、读、听相互辅佐，这即教科书意义实现的基本方式。这与对教科书文本的无声的看和有声的读都是有区别的。在听的学习中，学生要用耳朵来捕捉流动的声音带来的意义，把握不可重复的由稍纵即逝的声音承载的内涵，并且给予一定的加工。这样，对于教科书建设者来讲，需要的是一种对于视觉和听觉都没有过高要求的“平易语言”，应该同时满足视觉和听觉的审美性要求。而二者又是有区别的。因此，教科书的编写既要有利于眼睛读，也要适合于耳朵“读”，特别要适合于在眼睛读的同时耳朵“读”，以及在耳朵“读”的同时眼睛读。遗憾的是，许多教科书只注意让人看，而不注意让人读让人听。其忽略了一个重要事实：表达思想的方式同思想本身同样重要。

二是集体性阅读。一般文本是以个体阅读为特征的，往往是个体默默不发声地“看”的作品。这意味着，一般文本的作者完成作品后，面对的都是一个个孤立的读者，读者是孤立地面对文本的，读者的反应是孤立的，不满是孤立的，兴奋也是孤立的，而教科书编者不会有这样的幸运。理论上，教科书文本的阅读多是教学性阅读，教学性阅读一般是集体的、发生在特定场合的阅读，所以教科书常常是集体发声的文本。它们的读者是以群的形式出现的，这一群又一群的读者可能被作品所影响所感染，更可能相互影响相互感染，互相激励着填补作品的空白。有时彻底解构作品的不是那些大人物，而是教室里的一群孩子。因为其他文本让人粗看，教科书则让人细读。比起教科书，没有更让人细读的文本了。学生们一起睁大双眼从作品中找问题，甚至一个标点、一个字、一处不经意的插图处理的问题，都会被学生察觉出来，而且可能被一群人认同和放大。更有甚者，在这种集体性阅读或者叫教学性阅读中，既是读者群体直接阅读作品，又是读者通过他者（老师）之眼来阅读作品——因为这个他者在讲解，在不断地用声音引导自己阅读。结果是在教学性阅读中，有时自己被他者引导，有时被文本引导，有时被二者引导，有时甚至被其他在同一时空的同质读者（同学）引导，相互引导相互激发，成就甚至超越（当然也可能歪曲）文本作者的意义。

（三）教科书文本结构的整体性和文本实现的非连续性

教科书文本结构的整体性是指教科书文本在内容整体上是一致的。一册教科书与其他各册教科书是一个整体，一门课程的教科书与其他课程的教科书也是一个整体。它们具有共性及共同的演变规律，它们体现了社会的主流思想和价值观，反映了人类的知识现状，表达了时代对后继者的总体期望。

较之其他文本，只有教科书是强系列性强逻辑性的，它具有某种内在逻辑法则。它以系列和群体的形式引领着读者往更深更高更广的境界一个台阶一个台阶地前行。教科书的任何一册都不是孤立的，教科书一定是团体的系列的力量，而且一定是一种最能不断产生出新意义新知识的力量。文学文本常常有前后呼应、首尾相扣的叙事结构形态，但教科书文本很少这样，它只是一个相对完整的系统知识结构中的一小部分，它永远是开放的，没有结局。教科书文本的第一册具有系统的原点或出发点的价值，它具有启动的力量，有发展与深化的可能性，但它只是出发点，它无法设计结束，它也没有结束。也许，教科书的第一册第一课从文本来看是微不足道的，有时连叙事都尚未开始，可是它却有生发后来无限智慧的能量。比如第一课："人"，想象它有多大的生成空间！对教师和学生带来多大的挑战！这就是它的最大整体性。

具体来讲，教科书是由不同的文本构成的，这就要求把单个的多由他人创作的作品（一度创作品）内化为整体的教科书体系，但教科书绝不仅仅是一个个作品的总和，它们是一个整体。那些单独存在的文本，一旦进入教科书，就不再是原来的单独生命的材料，而是同化于一个新的结构之中，当它成为教科书的许多单元中的一个单元，许多课文中的一篇课文时，它就成了二度创作品，就生发出了超越单独文本的意义与价值。在教科书中，1+1 绝不等于 2，一个素材加另一个素材，不会就是两个素材的影响力。一篇一篇的文章一旦被组成课文，它就有了自身新的生命和作用，形成了自己的叙述方式。正是在这一意义上，我们说教科书是“编织”的，教科书是对文本进行“编织”的书本。所以，好的教科书是不会只从单册来考虑内容设计的，它会从某个特定的教育阶段（小学、中学等）甚至整个教育阶段来设计内容。

教科书文本实现的非连续性则是说，整体的教科书文本往往是以课时、学期、学年为单位处理的，文本的实现是阶段性的。教科书的构成要素之一是“课”。“课”是教科书的基本单位，但其连续性不一定很强，一些教科书从第一课到第二课，没有特别的时间线索。学期、学年对教科书的意义也类似，有些课程是一年级开始，一直开设，有些课程是三年级开始，有些课程是初中开始，有些课程只开设几年就不会再开设了，文本内在知识的整体性或一致性有时候就不得不服从这一特点。此其一。

其二，教科书文本的解读也有其独特性，最明显的表现是文本解读的非连续性。读教科书和读其他作品不一样的地方是，后者至少在一段时间里主要读一个作者的作品，主题是同一的，背景和情节都是连续的，但教科书阅读或教学性阅读则不断地变换，解读可能会不断被搁置被中断。上午读一个作者的作品，下午读另一个作者的作品；上午 8 点是一个主题，9 点是另一个主题；昨天是一个场景、一种意境，今天就变了，也许明天还得变。教科书很难让人长久地沉浸在同一个故事同一个主题中，很少有长篇大论的教科书。昨天的课文使师生觉得那么悲愤，今天的课文则让师生笑得那么灿烂，甚至第一节课的愤怒就被第二节课的喜悦取代，第一节课的千百年前的司马迁，很快就被第二节课的当下的刘翔遮蔽了。思想的跳跃之频繁、感情的起伏之强烈、主题的差异之悬殊、文体的变化之巨大、文字的风格之迥异，都是别的文本解读所不可比拟的。解读教科书文本的时候，师生不能把上一时间段的思想、话语和情绪带到这一时间段，把上一门课的思想、话语和情绪带到这一门课来。教科书及其解读所勾画出来的世界，基本上是长期的秩序与短期的非秩序并存，长期的完整性与短期的非完整性并存。教科书内在的连续性是通过一种非连续性的手段实现的。

（四）教科书读者的两极性

其他文本的读者有千差万别的外在形态，比如年龄、职业、收入等的不同，但整体上内在分布比较均衡，某一类文本，基本上适应某一内在素养接近的读者，经常读哲学文本的也许外在形态差别很大，但各自的内在差别并不大，总是保持在某一相近经验与学识上。但教科书文本则不是这样，其读者具有极大的同质性和极大的异质性。前者是指教科书的设定读者群是年龄、学识、阅历非常接近和类似的学生，外在形态差异极小；后者则是说教科书实际上有两个读者群，除了学生群外，还有教师群，这两个读者群完全是异质的，具有两极性——素质相对比较高的教师群和处于启蒙阶段的学生群。这就决定了写作和解读这种文本的独特性。事实上，兼顾二者的写作是非常困难的，所以在教科书之外，往往还编写教学参考书专供教师阅读。而在教科书文本解读过程中，就必然会出现一类读者引领着另一类读者解读文本、把握意义的现象。

其他文本多是个人独立接受，个人可以随意自由阅读文本，个人在特定的时空范围里按自己的兴趣去理解、去接受文本，唯教科书不同，它是在集体的情境下，个人受他人的影响去理解、去接受的，它总是经由老师讲解而不断展开的。教科书文本没有办法自由阅读、自由接受，它往往被老师引领着控制着阅读（又没有人敢担保因老师的引领和控制就更能接近文本的原意），作为阅读的真正主体的学生的阅读权力非常有限。也正是这一点，导致了目前所谓“师生平等对话”“师生平视”的努力是多么地不切实际。

（五）教科书文本构建的标准性

教科书文本的特殊性还在于，在其创作过程中，作者的自由度非常有限，他必须遵循特定的标准创作，是典型的“戴着镣铐跳舞”。其他文本虽然也有限制，但更多的是来自审美性的限制，来自创作者素养的限制，来自预设的读者群视界的限制，唯有教科书，限制多且比较刚性，有意识形态的限制，有学科体系的限制，有读者对象的限制，当然也有来自创作者本身素养的限制。教科书的限制比较集中地体现在课程标准（或类似的准则）的限制上。在特定的时空范围里，这些限制是很相似的，这就导致特定时空的不同教科书之间有许多相互类似、相互借鉴的地方，这是文本的重复性，也可称为教科书的“文本间性”“互文性”（inter-textuatity），意即教科书文本之间具有多种多样的广泛复杂联系。教科书文本不可能大规模或全面创新，它不得不有相似的内容、相同的追求、相近的结构与体系。所以，如何保证教科书各自的个性、独特性是对我们的挑战。

二、教科书的独特性对当前教科书建设的启示

教科书的独特性决定了教科书建设是一项高度专业化、精细化、团

队合作的过程，有不计其数的问题需要我们去研究、去解决。教科书建设除了要符合学生认知规律、反映学科特征、关注插图、慎重对待网络语言等要求外，笔者认为当前尤其要注意以下几点。

（一）精选并编制教科书内容

教科书的独特性质决定了教科书内容选择的高难度。选什么不选什么，这确实是个问题。我们既要站在社会道德批评家或文学家、历史学家的立场选择课文，更要站在教育家的立场选择课文。教科书不是优秀文学作品集，更不是道德说教集。最精美的散文、诗歌不一定是最理想的课文，否则我们直接以散文集、诗歌集代替课本得了。这也就逻辑地注定了现成的作品是很难原封不动进入教科书而经久不变的。所以，为了教学目标的需要，某一篇课文移出了教科书，另一篇课文进入了教科书，某一篇课文被适当改编了，应该是很正常的。理论上没有任何文本具有不可替代的教育或育人价值，“可怕的永恒”才是教科书建设特别需要避免的。

一般文本作者是通过对读者的设定来决定其主题和呈现形式的。教科书按理说是作者明确为某一年龄段学生而写作的，但实际并不完全是这样，有些文本明显是针对成人的，如何使它们成为儿童所理解的对象就是编制者包括教师的责任了。改编的意义在于使某一文本适用于一个与其原本背景不同的教育背景。中国百年教科书发展的历史就是不断改编不断完善的历史。要知道，在教科书的编制中，忽视（某些内容）和重视（某些内容）是同时启动的。这就是选择。选择关注的只是知识的某些部分。编者的眼所能看见的，永远只能是他所想要看到的东西。然而，在“应选”与“不选”或“选但修改”之间的界限既不甚分明又与时俱动、不易掌握，这就必然会遇到教科书内容处理上的困难。教科书内容的选择与修改是典型的无结局性无未来性的，总是可以再选择再修改的，总还有没有选择或没有修改到的。一切为了最有效的教书育人。

当然，教科书的改编必须极为谨慎，因为稍有不慎，改编就会异变为篡改或歪曲。真、善、美在一定意义上是所有优秀教科书所具有的必然的一种性质，但对善的追求比追求美和真有更大的风险——在教科书建设中，有意地去追求善可能会削弱创造力、淡化自由境界，甚至消解对真和美的追求。

（二）提升教科书的可读性和可教性

如果教科书内容涉及的是教什么的问题，那么教科书的可读性和可教性就是怎么教的问题。对教科书的阅读可能是世界上最浅近的阅读了，但同时也应该是世界上最高贵的阅读。教科书直接指向的是孩子，为的也是孩子。据此，教科书所需要的不一定是最华丽的篇章，而是最有利于实现教学目标的文字，是既可读更可教的文字。可读性既可看成顺利阅读和理解的程度，也可看成阅读困难的程度。可教性则是便于教学的程度或教学困难的程度。要提高教科书的可读性和可教性，应该优先使用在口语或书面语中出现频率高的词汇；尽可能使用活泼和形象化的语言；在低年级，优先使用名词和动词；限制出现新概念的数量，避免过分集中地呈现新信息（这一限制应该考虑到学生的年龄）；最大限度地减少可能引起学生认识混淆的庞杂信息，即便是优美华丽的信息等。①

教科书有时需要告知某一事实，有时需要灌输某一道理，有时在寻出某一关系，等等。对教科书而言，有些传递知识的方法优于其他方法，有些表述真理的形式优于别的形式，有些对象更需要某些方式来表达。这也是课文可以改编可以持续改编的一个重要理由。

---

① ［比］弗朗索瓦-玛丽·热拉尔等：《为了学习的教科书》，华东师范大学出版社 2009 年版，第 217—218 页。

（三）注重对课程标准的研读

教科书必须以课程标准或教学大纲为依据。但即便教科书应包含课程标准所强制要求的最低限度的学科内容，教科书还是不应成为课程标准的复印件。它需要与课程标准保持一定的距离，课程标准只构成了教科书的一种框架，教科书则努力完成课程标准的“教学论转化”。

教科书是实现培养目标的最基本的手段。但教科书本质上是文本，这种文本的真正发展和完善，如果不说比其他文本更需要，至少和其他文本一样，应有强大的学术批评和学术研究支撑。本文就是一个尝试。

（原载于《教育研究》2012 年第 4 期）

教科书的空无内容与教师的应对

教科书是教学的最主要的材料。但“在不断更新而又范畴极为广阔的科学资料之中，我们仅能选取其中一小部分”纳入教科书，我们文化中的所有东西并非一概重要，也不具有同等的价值，因此要保证学校传播和发扬各种文化中最精华的部分，就必须对文化进行严格的选择。[①] 然而问题的关键恰恰在于：谁能肯定自己选择的内容才是最精华的部分？是否存在应该选择应该进入却没有选择没有进入教科书的内容呢？如果存在，应如何对待？

一、空无课程与教科书的空无内容

艾斯纳（Eisner）于1979年在《教育想象》一书中首次提出了“空无课程”（null curriculum）概念。他认为，既往的课程研究只关注学校的实存课程，但这是不够的。实存课程之外还存在着空缺的领域，这个领域中有些是应该有并必须重视的，是不应该空无的，这即他所说的空无课程，即学校中应该有却没有的课程。[②] 艾斯纳视野中的“空无

① 石鸥：《教学别论》，湖南教育出版社1998年版，第161页。

② E. W. Eisner, *The Educational Imagination*, New York: Macmillan, 1979: 97-101.

课程”为我们研究教科书提供了新的启迪。

作为承载知识的教学用书，教科书只能承载部分知识，也即它必然会放弃许多内容。这样，教科书展示的内容只是学生应接受的内容之沧海一粟。可以推断，多数情况下还存在某些没有进入教科书，但学生应该乃至必须接受的内容。教科书中应该存在却没有存在的内容，我们称之为教科书的“空无内容”。这里的“应该”是相对于学生、社会和知识发展而言的，是学生有必要学，但教科书却没有呈现的那些内容——它们被空无了。

内容空无实质上是缺失了的、被遗忘被丢失被忽略了的内容。如果不补上，将直接影响学生发展。比较常见的内容空无是有意无意地忽视某些非主流文化的历史、传统和观念，包括外域的、弱势群体的。如前述教科书对农村内容的空无。又如一家国家级出版社出版的4册《品德与生活》教科书，仅仅在第一册中出现一张关于英国新年游行的照片，在第三册中出现了三张外国儿童的照片，很显然空无了其他国家的优秀文化。教科书比比皆是的事实是：较多地塑造了伟人、学者等各类名家，却少有对农民、残疾人等较低社会地位者的描述；高大全人物刻画得具体生动，而弱势人物却寥寥数笔（或者只停留在群的身份），人物形象不具体不丰满。在许多情况下，教科书准入的所谓“合法性知识”或“官方知识”中，并不包含弱势群体的内容，出现了所谓“文化沉默”（cultural silence）。而文化沉默本质上就是内容空无。教科书的空无内容一般不易察觉，它不仅有知识方面的，更有情意方面和价值观方面的，既有局部的，也有整体的，它往往使学生无法通过教科书学习到应该学习的该领域的相对完整的内容，导致学生素养的“结构性缺损”或整体性缺失。而且它不能在教学中由师生理想地填充。比如在以前的中学历史教科书中，台湾史仅叙述到1949年，中华人民共和国成立后的台湾几乎没有提及，此时的“国史”实际上是不完整的“国史”，更像“大陆史”。1949年后台湾内容空无了，而且一般教师也不容易弥补这一缺陷。

二、教科书空无内容的类型

教科书的生产是多方力量冲突和妥协的结果，其编审、修订和使用必须尽量在社会价值、学生发展价值和知识价值等方面求得平衡。这种不同价值的冲突、妥协和平衡以及对不同价值的满足往往构成教科书空无内容的不同类型：

1. 偏于社会价值的空无内容

教科书是社会控制的重要手段，是维护现行社会秩序并满足统治阶层利益的工具。所谓偏于社会价值的空无内容，这主要是从支配集团或从国家主流意识形态的角度去判断的空无内容，是特定社会价值内容的空无。一般而言，这类空无内容主要涉及特定社会阶层的利益，或重大历史与现实问题，是官方与社会特别关注的内容，往往具有重大政治与社会意义。比如某语文教材删除《狼牙山五壮士》一课所引起的批评："狼牙山五壮士"代表着民族精神，需要代代相传。① 特别在当前……盲目从教科书中删除《狼牙山五壮士》一文决不是可以泰然处之的事情。② 可见，《狼牙山五壮士》代表了特定价值，而且不可替代（当然这一点是可质疑的），所以该课文的删除，对某些人来讲，就成了某种社会价值的空无。几年前海外华人的岳飞之争，就是因为有些人认为我国重要的教科书中没有了（空无了）岳飞的民族英雄的评价（尽管事实并非如此）。

又如，在萨达姆执政时期，伊拉克国内几乎所有教科书的第一页都是他的头像，小学生们天天都要跟着老师大声喊"我爱萨达姆"的口

---

① 田德政：《教材革新不能无视民意》，《新西部》2005 年第 4 期。

② 许丽英：《小学语文教材选材的历史性与时代性》，《当代教育科学》2005 年第 10 期。

号。伊拉克最新的教科书则把所有与萨达姆沾边的事全部被删除，仿佛根本就不存在这样一段历史似的。在历史教科书中，伊拉克教育部将时间段截止到1968年，而萨达姆正是在这一年上台执政的。① 历史教科书也没有提到2003年将萨达姆赶下台的那场以美国为首的入侵行动，对于伊拉克入侵科威特，以及长达8年的两伊战争也只字未提。教育官员认为这样做是为了避免报复性暴力事件的发生②。

如果存在严重的社会价值内容的空无，教科书极有可能受到严厉的批判甚至遭否定。2003年12月，俄罗斯教育部部长签署了取消伊·多卢茨基的《20世纪祖国历史教科书》教材资格的命令。该书是2001年获得教科书资格的，在使用了两年后遭到“封杀”：因为该教科书给人印象是俄罗斯历史上没有光明时刻，没有什么好的地方。③ 换言之，该历史教科书使俄罗斯光辉历史成了空无内容。

2. 偏于学生发展价值的空无内容

这主要从学生和谐发展的角度去判断的空无内容，是学生发展价值内容的空无与缺失。比如，我们在分析2003年以前的小学思品教科书时发现，这些教科书很少有学生道德行为训练方面的内容，其主要原因是这些教科书的编制是秉持知性德育的理念。知性德育能使学生在道德知识和道德思维等方面达到一定的高度，但难以使学生的道德情感得到很好的陶冶，更难以使学生养成必要的道德行为习惯。以1998—2002年某省教育出版社出版的小学思想品德教科书（1—12册）为例，这套教科书仅在小学低年级（1—2年级）安排了少量的活动，在小学中高年级几乎没有品德活动。其实，学生品德的真正形成离不开活动，道德

---

① 《伊拉克教科书删除“萨达姆”》，见 http：//www. Is－news. com. cn/2006－03－28/ca147953. htm。

② 《伊拉克历史教材“删除”萨达姆》，《参考消息》2006年4月17日。

③ 王桂香：《普京“封杀”历史教科书?》，《世界知识》2004年第3期。

的本质是实践。这就是学生发展价值的内容的空无。

对学生而言，目前教科书最严重的内容空无是批判性思维的缺失。首先，教科书呈现的多为单一、纯粹、有着正确结论的内容，学生需要的仅仅是背诵，缺乏能引起学生质疑、批判、具有道德张力的材料。如某出版社 1978 年出版的《政治》（小学高年级）以及 1986 年以后出版的两套小学《思想品德》教科书每一课呈现的都是具体而明确的结论和要求，没有给学生质疑的任何机会。我们认为，对于科学，对于人类认识，好的内容应该是作为定论的内容，作为真理的内容，而对于教育、对于学生发展，好的内容则应该是作为问题的内容，作为思维的内容。其次，教科书不但在内容选择上体现了单一、平面、静止的思维方式，空无了培养学生批判性思维的重要内容。在呈现形式上也呼应了这一特点：表达课文主题的句子多为陈述句和感叹句，疑问、反问等语词和句式在题目与主题句中较少出现。陈述式以其直接的肯定或否定，单向地告知学生，无须双向互动，学生接受就是。疑问式、反问式语言在抛出问题的同时，需要学生互动反馈，并将其怀疑的意识和发问的勇气传递给学生。它们的缺失，无疑使怀疑、质问缩至很小的空间。即便是问题，也多是较低层次的以知识型为主的问题。布卢姆将认知领域的教育目标分为知识、理解、应用、分析、综合和评价等由低到高的六个层次。据此，我们把教科书中的问题也分成相应的六层次。并依此对一套使用广泛的小学思品教科书的问题进行分析，结果如下：

某省级出版社 1997—2002 年出版的小学思想品德教科书（5—6 年级用）的问题类型分布

册次	问题数	识记	理解	应用	分析	综合	评价
9	49	34	8	5	2	0	0
10	48	30	9	5	3	1	0
11	51	30	10	7	3	1	1

续表

册次	问题数	识记	理解	应用	分析	综合	评价
12	45	27	7	5	2	2	2
总计	193	121	34	22	9	4	3
百分比（%）	100	62.69	17.61	11.34	4.66	2.07	1.55

可以看出，该套教科书中近91.72%的问题属于布卢姆认知目标较低的三个层次，其中知识性问题占62.69%，较高的三个层次的问题仅占8.28%，真正具有批判性意义的评价性问题仅占问题总数的1.55%。教科书强调了学生的识记，空无了学生的批判性思维。

3. 偏于知识发展价值的空无内容

知识浩如烟海，一些在知识结构中举足轻重的内容或对于学科发展起关键作用的内容以及一些新近得出的结论很可能没有被编审者注意到，因此未能进入教科书。这就是所谓偏于知识发展价值的空无内容。即从特定知识或学科的发展来看应该有却没有或没有正确呈现的内容。知识类空无内容主要包括学术领域、重要概念、基本结构和基本原理、基本事实等内容的缺失。后者如关于世界最大青铜器的介绍，现行教科书多称："商朝后期制造的司母戊大方鼎，是迄今世界上发现的最大的青铜器。"而据考证，秦陵出土的铜车马，无论从高度、长度还是重量等各方面比较，均超过司母戊鼎，司母戊鼎并非迄今世界上发现的最大的青铜器。① 前者如我国传统数学教科书对数理统计与概率等内容的忽略等，都可看成是知识价值上的内容空无。没有人能预料到，"文革"教材对重要科学知识的空无，影响有多深远。再如某出版社近年出版的一套12本小学《品德与生活（社会）》中没有一处提及法律问题，教

① 《中国历史》第一册：司母戊鼎是迄今发现的最大青铜器吗？http：//edu.sina.com.cn/2000-10-31/I4633.shtml。

科书即便在讲述规则时，都对此只字未提，出现了较突出的法律知识空无。

三、教科书中空无内容的成因

教科书空无内容的形成是一个复杂的社会学与教育学过程，至少以下方面非常突出：

1. 意识形态的干预。意识形态的干预无处不在，存在于教科书生产的整个过程，时时“监视”教科书的形成，并迫使其他价值服从。典型的意识形态干预导致的内容空无是日本教科书对其侵华罪行的掩盖。可以说，教科书呈现的内容是被意识形态过滤过的产物，是符合支配阶层利益的知识集合体，而体现其他阶层利益和意志的内容在教科书中一般得不到强化。这样，有些极具意义的内容因与主流意识形态不吻合，往往会被“遗漏”，无法进入教科书。这是因为，教科书的编制是在课程标准的规训内进行的，而“标准”是意识形态把关过的“法定文本”且教科书的编、审者均为社会支配阶层的代言人，他们在编审教科书时不能不遵循支配阶层的意识形态去选择符合其基本利益的内容。这在台湾教科书“去中国化”进程中表现突出。当台湾官方或明或暗地倡导“台独”与“去中国化”时，台湾的某些教科书也迎合和反映了这种倾向，故意空无“中国”内容：

首先，用“我国”指称台湾，在小学《社会》中多次出现“我国”，其意就指代“台湾”，如：“九三年底我国的总人口数约 2269 万，其中男性为 1154 万人，女性为 1115 万人。”① 其次，在地理上明确“台湾国”的范围。如：“台湾包括台湾岛、澎湖列岛、金门列屿、马

① 《社会》（第 5 册），台湾南一书局 2004 年版，第 36 页。

祖列屿及其他离岛，总面积约三万六千平方公里。这是目前我国政府管辖的地区。”① 再次，从历史学上凸显台湾演进的“自我身世”。整套教材只有一小节（2个版面）介绍台湾的身世，把台湾在清代以前曾经属于中国版图的事实给“故意忘却”了，试图让相对缺乏判断能力的小学生相信台湾历史绝大部分是独立的，是自主的，是一个“独立的国家”。

2. 编审者的视域局限与差异。一种情况是由于编审者知识背景的局限性，他们没有意识到或没有发现某些内容的价值而忽视了这些内容，无意识地让这些内容站在教科书大门之外，也即无意识的制造了一些空无内容。我们姑且称之为无意识的空无了内容。就目前农村内容容易空无的状况看，教科书的编审者基本上都是白领阶层，由于他们的生活“前见”，在编审教科书时都以“城市化思维”来进行，即使在教科书中努力呈现了些许农村内容，这些内容也被有意无意地赋予了城市化意蕴，以城里人的眼光看农村——看到更多的是风景。

还有一种情况是编审者出自某种考虑的故意删减，有意识地进行信息控制，有意识的空无内容，我们称之为故意空无——不论是善意的还是恶意的。有些空无虽然善意，但也造成理解上的偏离，比如有小学语文《跳水》一课，省略了托尔斯泰原著的后一段内容，这一段的原文是人性的真实表现，有助于孩子全面地把握人物的内心情感世界。② 省略了这一段使学生接受到的是一个残缺的文本，影响学生对原文本的理解，教育价值打了折扣。

某种意义上，教科书只能是编著者自己的书。内容一经记载，便有所筛选和删略，编著者的认识水平、意识形态使他们在内容选择时有意无意患“选择性遗忘症”，将某些内容略去，尽管这其中有些内容非常重要。主体的眼所能看见的，永远只能是他所想要看到的东西。这样，

① 《社会》（第5册），台湾南一书局2004年版，第7页。

② 郭华：《教学社会性之研究》，教育科学出版社2002年版，第266—273页。

重要的就有可能空无，不该忽略的就可能被忽略。

2. 教科书更新缓慢。科学发展和社会进步日新月异，而教科书内容的更新机制往往跟不上，如台湾 1975 年颁布的一批小学课程标准一直生效到 1993 年，才被新的课程标准所取代，用了近 20 年。在我国大陆，长时间里实行教科书统一制度，这种缺乏竞争的机制也必然导致内容更新缓慢。新内容不能及时进入，就必然导致该领域内容空无。前述最大青铜器的结论就是一例。

四、教科书空无内容的启示

基本策略是，大幅度提高课程标准制定者、教科书编写者、审查者的综合素养和学术境界，强化教科书的多样化；给教师比较大的自由教学和评价空间。

首先，要加强教科书制度的建设，包括编写、审定、选用和更新机制。应认识到，对大的空无内容，教师只能在有限程度弥补，必须主要借助于编写和审查者来改进，否则会造成学生素养的结构性缺失。要多渠道多主体提供教科书知识。教科书编写决不仅仅是学科专家的事，教科书编、审过程中有必要通过多种途径，如编印沟通性刊物以及组织座谈等，听取官员、专家、教师、家长等多方公众意见，尽量减少严重的缺失性空无内容。教科书的多样化将使重要内容不至于在所有教科书中空无，使重要内容的空无不至于造成普遍意义的或全局性代价。

同时，要给教师较大的自由教学空间，变教教材为用教材教。教科书不是圣经，它只是教学材料之一，我们依赖教科书来获得客观知识和真理，但教科书永远不会只是提供真理和客观知识，也不会提供足够的真理与客观知识。我们获得的只是被塑造过、挑选过的部分内容，有诸多内容被空无了。教师要深入分析教科书，发现缺失的内容，并和学生一起“填补”之。这需要大幅度提高教师的综合素养和学术境界，比如前述小学语文中的《跳水》省略了托尔斯泰原著的后一段内容，影响了学生对原文本的理解，降低了教育价值，因为有最后一段的原文才是人性的真实表现，有助于孩子全面地把握人物的内心情感世界。那么，要填充它的话，教师就必须知道这被空无的是什么（“船长看到这儿，突然间，好像嗓子被什么捅了一下似的，大声地呜咽起来。为了不让人看到自己的这副模样，他赶忙一头钻到自己的船长室里去了”）。从理论与现实上，学生与教师都可能比编著者更好地理解教科书理解编著者。编著者在构建内容过程中没有意识到的方面，通过教与学的创造性重构，可以被师生所把握所超越。如《项链》等课文，传统教学上几乎一律突出主人公虚荣心的一面，但也有师生挖掘出隐含着的诚信劳动、诚信待人、追求生活的美以及生命变化无常的一面。说明有时师生挖掘出来的空无内容可能超越作者、编者本人的设想和预计。

（原载于《教师教育研究》2009 年第 2 期）

教科书内容的确立与有效教学的风险

教师关注着课堂上高效率的教学，政府关注着书包里轻负担的学业，全社会关注着试卷上的分数。似乎所有人都铁了心拒绝关注学生学习着什么。

一、令人担忧的有效教学和减轻负担

基础教育课程改革与发展中需要警惕两种令人担忧的现象。

第一，警惕单纯的有效教学。随着素质教育的推进，有效教学成为中小学课堂教学改革的重点，向课堂教学要质量，减轻学生课外负担，不论是理论的探讨还是实践的尝试，都取得了阶段性成果。有效教学确实是极为重要的改革方向和努力目标，但这显然不够，我们应该警惕只管有效教学，不问有效的教学什么的全局性盲目的现象。教学的有效性不一定与内容的真理性相关联。在一个规训极强的社会，支配集团最喜欢的就是让大家追求有效教学而不问教学什么。有效的教学可以使谬误在一段时期里让人诚服。有效教学，既可以有效地教学人类文明精华，也可以有效地教学价值不大的甚至准垃圾知识，既可以有效地让学生认识人生而平等、生命至高无上，也可以有效地让学生相信“日耳曼民族是世上最优民族、犹太民族是劣等民族”。只关注如何教学，不关注应该教学什么，就如在大森林中迷路的人，只关注步行逃生的速度，而不关注步行的方向一样冒大风险。

第二，警惕仅仅是“减轻”负担。随着人们对应试教育的危害性的认识越来越充分，全社会喊出了要减轻学生负担的口号。大量理论研究指向学业负担的减轻，大量实践探索寻求减轻负担的良策。但这也显然不够。我们应该警惕只关注减轻负担，而不关心学生到底负担着什么的更上位的全局性盲目的现象。负担重，既可以负担着人类文明的精华，也可以负担着部分可有可无的、价值不大的内容，甚至负担着一些准垃圾知识。如果我们的孩子每天在忙着探究、自主学习、合作研究，在忙着学习人类文明的经典时，我会坦然面对（即便隐忧着他们的身体），但如果我们的孩子整天翻着白眼在扯着喉咙喊“赵钱孙李，周吴郑王”，在喊着“天地玄黄，宇宙洪荒”时，我就会暗暗焦急。只关心负担轻重，不关心负担什么，犹如家长只关心孩子吃饭的量而不关心他们在吃什么一样荒唐。

这两个现象都是源自一个问题，是一个问题的两个面，即对课程内容、教学内容或干脆就是对教科书的关注不够，尤其是缺乏足够清晰的批判性关注。

我们之所以只关注有效教学，之所以只关注负担轻重，而且，我们的老师和学生之所以把自己的青春、智慧和人生的最重要部分都耗在教科书上，都有一个先在的判断，有一个心理假设，有一个毋庸置疑的前提，那就是：

教科书承载的是真理，是人类文明精华，是孩子们未来离不开的财富之源。

理论上应该这样。但事实是这样吗？不一定！甚至基本不是！

否则大教授吕思勉就不会因为自己编写的教科书被诉上法庭，惹了一个令他终生难忘的大官司。否则20世纪50年代的文学与汉语教科书就不会在中共中央政治局研究实施、付出了巨大的努力而仅仅使用一年半就被紧急取消，引得胡乔木感慨这是一部“失败史、伤心史”①。否则21世纪初的上海版高中历史教科书就不会被紧急叫停。否则美国科学教科书在进化论内容上就不会有翻来覆去的改变甚至被贴纸条。更否则就不会有日本教授家永三郎为教科书到底写什么打了30年官司，创下教科书历史上最长的官司纪录，就不会在我国百年历史上有过1930年代后期、1950年代末以及1990年代初期的大规模国家行为的补充教科书的出现……

这一切只能说明，教科书并不是我们想当然的那样天经地义是真理的载体、是人类文明的精华、是孩子们未来竞争离不开的财富。

二、教科书内容的确立

作为力求承载知识传播科学的教学用书，由于有目共睹的原因，教科书只能承载部分内容，也即它必然会放弃许多内容。都承认，教科书所承载的这些内容是从浩如烟海的知识中选择出来的。恰如课程论专家兰本达所说，在不断更新而又范畴极为广阔的科学资料之中，我们仅能选取其中一小部分，放弃很多。当然，许多放弃的如同被选取的一样具有重要价值甚至更重要。

那么，教科书中到底应该选择或确立什么，又放弃什么。这个问题的回答又与一系列其他问题密切关联。② 比如到底由谁来选择内容、确立内容？依据什么来选择来确立了什么样的内容？本质上应该优先为谁而选择与确立内容？这些内容的选择和确立是否恰当合适，依据什么来评价？等等。

---

① 石鸥：《百年中国教科书忆》，知识产权出版社2015年版。

② 石鸥：《教科书内容的确立》，《教育学术月刊》2013年第5期。

1. 谁？为知识准入教科书放行

这涉及什么人来从浩如烟海的知识中选择与确立哪些知识进入课程进入教科书的问题。近现代以来，特别是甲午战争失败以及《奏定学堂章程》颁布后，随着新式学堂的出现，新式教科书海量涌现。它们绝大多数是由一代一代令人仰慕的知识精英完成的。是他们伫立在知识的海洋和课程教科书之间，给什么知识进入教科书发放通行证。张之洞、严复、蔡元培、胡适、陈独秀、冯友兰、钱基博、吕思勉、顾颉刚、叶圣陶、陶行知、陈鹤琴、竺可桢、严济慈等一大批叱咤风云的学术精英都参与了教科书研制。他们从西方文化的汪洋中、从中国文化的浩卷中选定了能够形塑广大中国年轻人的心智内容，预设了中国教育发展轨迹，以此来指明并引领中国社会的前行方向。

不过这一过程也有值得我们高度关注的风险：

（1）教科书编撰者的眼所能看见的，永远只能是他们想要看到的

不管在知识与教科书之间是什么人在发放知识准入课程的"通行证"，不管是谁在确立与抉择教科书内容，是谁在编织着教科书内容之网。有一点可以肯定，不论是谁，任何人确立与选择教科书内容时，都会带有一定的主观性。编者的眼所能看见的，永远只能是他所想要看到的东西。每个教科书编撰者都从自己的"前见"出发去理解教科书，选择和确立教科书内容。同样是语文专家，有的重古代，有的重现代，有的重唐诗，有的重宋词，有的重文言文，有的重应用文。很难说谁更正确。"前见"使得每个人眼中的教科书是每个人自己的，教科书知识只能是编撰者自己的知识。编撰者的认识水平、意识形态观念使他们在内容选择时有意无意地"选择性遗忘症"，将不合己意的内容略去或弱化，而这其中有些内容非常重要。此时，编撰者运用的是一种空无手段或排斥机制（a system of exclusion），即排斥或空无不符合主流文化与意识形态的知识。

（2）教科书编撰者的程序局限影响内容的选择与确立

教科书编撰往往只是专家的事，编撰者主要依据课程标准或教学大

纲，选取、组合和审定内容，最终形成教科书，在此过程中，最重要的利益相关者，教师、学生及其家长的意见很难被系统吸收，这主要应该归咎于我们的程序设计没有相应的规则要求，使得教科书内容原材料的供应主体和供应途径偏少且过于随意，加重了内容上的失误。如果说编撰者的“前见”导致的教科书内容的确立是一种见仁见智甚至难以克服的行为，那么程序设计的不足，显然是可以克服或缓解的。

（3）教科书编撰者背后的权力控制与影响

主观的限度等个人性因素带来的教科书内容确立上的差异是很难避免的，也是一定条件下可以理解和接受的。此其一。还有一种情况是编撰者本不愿意而被权力裹挟而导致的内容的进入。这种强迫来自各种利益集团的权力博弈，结果必然导致内容上的故意删减、有意识的信息控制、强化某些内容和弱化甚至空无某些内容——不论是善意的还是恶意的。最公认的当推日本一些历史教科书对某些历史本来面目的篡改或视而不见。

这一对教科书内容选择的影响和介入值得高度警惕，我们称之为编撰者们背后的“手”的作用。这是意识形态之手，是利益集团之手。有时候表面上是编撰者们在确立内容，其实质是强大的权力在确立。一旦这只“手”伸了出来，学术的力量就黯然失色。

1945 年秋天，战败方日本文部省着手编写新的历史教科书，到 1946 年 5 月，当完成了教科书部分内容时，该项目被断然取消，战胜方盟军最高司令部坚令日本文部省撤换原作者，任命另外的历史学家来编撰教科书。盟军最高司令部很清楚此时日本教科书编撰后面有一只“手”，它力求斩断背后的“手”。吊诡的是，盟军最高司令部自己也扮演了控制背后的“手”的“手”。

斩断编撰者背后的“手”是可能的，但需要勇气和胸怀，需要对历史和社会的使命感和责任心。同样在日本，20 世纪 70 年代末期，日本人民越来越意识到核能的双刃剑作用，对核能的批评声日高。这在教科书中有较充分的反映。日本科学技术厅感受到反核运动的威胁，遂于1980年以教科书太强调核能的负面影响，引发公众对核能安全性的担忧为由，对文部省施加压力，要求修改教科书。但是这只“手”没有能够把控住对教科书的修订——有关部门拒绝了这方面对教科书的修订，斩断了这只“手”。

但总体上对这只“手”并不容易清晰认识，更不容易被斩断。所以，教科书内容的确立充满着博弈、妥协和平衡。但很多时候结果往往是显而易见的。

之所以不容易被认识被斩断，主要是编撰者背后的“手”多来自以国家、民族标榜的意识形态。意识形态对教科书内容选择的干预无处不在，无时不在。在教科书生产过程中，意识形态之眼炯炯有神，时时“监视”教科书的形成。[①] 可以说，教科书呈现的内容是被意识形态“过滤”过的产物，是符合支配阶层利益的知识集合体。这样，有些对学生发展极具意义的或体现历史真相的内容因与主流意识形态不吻合，在教科书中遭遇弱化甚至“遗漏”的命运是很常见的。伊拉克的历史教科书不提2003年将萨达姆赶下台的那场以美国为首的战争行动，对于伊拉克入侵科威特，以及长达8年的两伊战争也只字未提。典型案例是“文革”期间的教科书。“文革”课本与主流意识形态的革命话语保持了高度的同一与同步。红彤彤的革命课本成为规范思想、制造统一的话语、文化与行为的重要工具。

可见，我们根本不可能把教科书内容的选择与确立理解为一种教育行为，它本质上是一种政治行为。只是“存在倾向于遮蔽自己”。“教科书知识是人为选择的”这一存在很容易被遮蔽，它们都被转换为天经地义，教科书内容也就当然地成为正典规范，成为“圣经”，让人们去记诵。

---

① 石鸥：《民国时期的一次高强度教科书控制》，《湖南师范大学教育科学学报》2014年第2期。

2. 什么？应该被选择确立为教科书内容

有人认为，《狼牙山五壮士》不应该进入教科书（某语文教材删除了《狼牙山五壮士》一课，理由是《狼牙山五壮士》所反映的时代与今天学生的生活环境差距太大，再用这些战争年代题材的课文教育学生，“教”与“学”作用都不会很大）。有人认为，《狼牙山五壮士》必须进教科书（理由是《狼牙山五壮士》代表着民族精神，需要代代相传）。阶级斗争史、农民起义史要选，文明进步史、经济发展史要不要选？也因不同的价值取向有可能发生尖锐的冲突。这里，上海版高中历史教科书是有深刻教训的。尽管上海版历史教科书是一个很好的改革尝试，但在处理历史教育的重心和历史教科书的根本性质上显然还是有值得进一步探讨的方面。历史方方面面林林总总，选择什么进入课本，是一个大学术，更是一个大政治。当学术遭遇政治时，我们究竟应该如何处置？

关键是，在“应选”与“不选”之间的根据既不甚充分又与时俱动，不易掌握，这就必然会遇到教科书内容确立上的困难。我们到底该不该、可不可去掉《狼牙山五壮士》？有没有必要把金庸的作品加入课本？教科书中鲁迅的作品真的只能多不能少？1949 年以来，“革命斗争史”不言而喻地属于重要内容。那么何以革命史内容就比其他一切历史重要？何以新民主主义历史就比旧民主主义历史重要？何以农民起义史就比文明发展史重要？需要论证的还很多。教科书内容一旦被选择与确立，实际就意味着命名为官方知识或正式知识（formal knowledge），或者更应该反过来说，只有官方知识才能被确立为教科书内容。官方知识正是通过教科书的肯定，使自己经典化，使自己成为不言而喻需要传承的精华和合法的文化。

教科书内容的选择性，本质上是以否定性和排他性为特征的。它选择什么、确立什么，同时也就意味着“什么不可以选”“什么不可以教”。否定性和排他性有两个表现：

一是负面评价这类知识，通过教科书对某些内容进行负面叙述，以阐明主流社会的褒贬与好恶。

二是空无这类知识，让它们因为没有进入教科书而被彻底遗忘。

后者比前者更严重，因为不论张扬还是贬损，随着时间的流逝，总还有可能得以一定的再认识或澄清。比如对张爱玲的作品、周作人的作品，比如关于国民党军队在若干次重要抗日会战中的壮烈。最为严重的是教科书能够闸住某些特定内容，让它们空无于、消失于年轻人的视野之外，毫无记忆的痕迹，成为被彻底遗忘的历史。以此达到有效地形塑读者，抹去不觉张扬某些思想、行为，贬低或干脆抹去某些思想和行为的目的。

可见，对于什么知识进入课本，放弃、贬损和重视是同时启动的。教科书放弃什么和它选择什么一样重要。特定的人、事及其作品被允许或被要求“学习”，留在课本里，进课堂进头脑，另一些人、事及其作品只允许在课本中成为匆匆过客，而还有一部分人、事及其作品根本就不允许进入课本。这都源于多种冲突的结果。此时，奥威尔的洞见具有难以超越的鉴别力：“谁控制了过去，谁就控制了未来。”他言简意赅地揭示了为什么不同的利益集团总是力图通过教科书书写甚至改变自己的历史叙事。

只是此一时彼一时，没有人能够确保“永恒的内容”和“内容的永恒”。

教科书之所以总给我们本来就是“真理”、不能更改的印象，很大程度上在于其作为一种少有的法定文本存在，是长期统治阶级的意识形态使然，对待教科书，就如对待“圣经”，不得改动、只能背记，不许反思、只能诵读，不能质疑、只能领悟（想想千百年的科举考试，谁怀疑过标准文本的经典地位吗？标准答案甚至勒石成碑）。这使得教科书仿佛不是建构的，而是“自然”的，天经地义的；教科书能够怀疑，对很多人来讲，这是一个想都不会想的问题。

我们太多地站在政治家、文学家、史学家、数学家等的立场选择内容，其实，我们更要站在教育家的立场选择内容。教科书不是散文集、杂文集，也不是历史学、数学，更不是政治宣传书、道德说教手册。最精美的散文、诗歌不一定是最理想的课文，否则我们直接以散文集、诗歌集代替课本得了。以为教科书就是美文组成的书本非常片面。理论上没有任何文本具有不可替代的绝对教育价值。永恒和凝固不变是可怕的。

3. 为谁？确立教科书内容优先考虑的对象

千编撰万编撰，教科书的编撰是有目的的。

理论上，人们是根据国家和社会的需要、根据科学发展的需要、根据学生发展的需要来编撰教科书的。这也成了教科书内容选择的三大依据。但事实上三者并不统一（甚至每一方面都不统一，国家也好、社会也好，主流价值本身就有大量矛盾和分歧），冲突时时存在。比如，从学科本身的发展来看，周作人的散文、张爱玲的小说，很有理由进入教科书，但社会主流价值不允许它们进入。从学生兴趣与发展动力来看，也许金庸的小说更应该进入教科书，也许鲁迅的某些文章可以退出教科书，但意识形态则更趋向于恨不得把鲁迅的书直接替代教科书。

也许乍一看，教科书是为学生发展而产生的，教科书内容当然应该是为学生选。其实仔细分析各时代各科教科书，就会发现，教科书为学生选的前提基本上是一个假象，大量教科书内容是为了其他人来选的，是为了所谓的民族、社会、国家、政府、学术、科学甚至本质上的宗教意义来选的。

这方面经典案例是美国科学教科书“进化论”内容的争议。反对“进化论”进课本的美国律师布莱恩曾经说过：“不管生物学教授喜欢还是不喜欢，纳税人有权决定公立学校教什么。”纳税人为什么要决定学校教什么呢？他们能够决定学校教什么吗？他们依据什么来决定学校教什么？为什么学习的主人学生以及他们的教师没有任何发言权？教科书中的内容真的需要法官来裁决吗？教科书内容是靠少数服从多数来选定的吗？即便按照布莱恩的说法：纳税人有权决定学校教什么。他自己是纳税人，但他的对手也是纳税人。反对进化论的是纳税人，拥护进化论的也是纳税人。他们代表着不同的身份集团，正是不同的身份集团，需要教科书来传播自己的行为规范及价值标准，使学生接受并形成他们所期望的一整套行为准则。教科书内容为谁而选为谁而定在这里太暴露无遗了。为科学而选和为某种意识形态而定的争论如此鲜明，以至于看不出任何以学生发展为出发点的观点，看不到任何人站出来为学生讲话。

在教科书内容的选择上，为了谁是一个清晰而难缠的问题。任何内容要想进入教科书，它们首先必须证明自己是因为谁、是为了谁。

教科书旨在传承文化、创新文化，旨在传播科学知识，宣传社会主流价值。当然，这一过程也会考虑学生的接受。但优先的不是学生，学生不是目的，不是出发点。如果真的优先考虑学生发展的需要，那么在网络时代的今天，碎片阅读能力的提高就应该引起重视，读图能力就应该和读文能力一样被关注；如果真的优先考虑学生发展的需要，那么心理学类的、体育类的、艺术类的知识的重要性就会上升；如果真的优先考虑学生发展的需要，那么教科书中实践的、动手的、操作的内容就会增加。最关键的是，如果真的优先考虑学生发展需要，我们就应该提供更多的教科书让他们选择，教科书中就应该提供更多的内容让他们选择，教科书就应该既可以为巴金式的孩子提供足够的特定内容，也可以为华罗庚式的孩子提供足够的特定内容。

而事实显然不是这样。教科书首先是政治文本，其次才是教学文本。作为高度政治化的产物，它承载着传播支配集团官方知识的历史使命，因而其促进学生充分自由发展不得不服从于这些使命。所以，教科书骨子里首先是为支配集团的利益而编写的，然后才可能为学生而编写。只不过“教科书内容为成人社会而选”的实质往往被遮蔽了，它们都被转换为天经地义，不会有任何疑问。教科书难道不是为学生而编写？对很多人来讲，这是一个想都不会想的问题。认识到教科书的许多文本在各自的时代明显是针对有较高文化素养的成人的——比如那些鲁迅的作品，人们就容易明白，它们产生之时、它们进入教科书之前并不是以学生为出发点的，并不是为教科书而作的。这样，值得尊重的教育的下一步工作就应该是，如何使它们成为儿童所理解的对象，如何使它们适合教科书这一特殊文本。于是，这也就逻辑地注定了原作不一定非要原封不动进入教科书，进入教科书也不能保证其永恒地位。所以，为了学生成人成才的需要，某一作品移出了教科书，另一作品进入了教科书，某一作品进入教科书时被适当改编了，都应该视为正常，不必大惊小怪。改编的意义在于使某一文本适应一个与其原本背景不同的教育背景。

4. 如何？确立的教科书内容是否恰当

教科书内容选定后，就有一个内容的组织问题，即便精选的内容，也需要巧妙的设计与呈现，才能最佳发挥作用。选了鲁迅的若干篇文章，那么先教哪篇后教哪篇？哪些在初中哪些在高中？这些都是非常重要的细致的工作，做得好不好，直接影响教科书的质量。我们以《背影》为例来简要说明这一点。

1949 年以前，《背影》几乎是各版教科书的经典课文。到 1950 年底，人民教育出版社的初中语文，还是选择了《背影》。但局面迅速变化，政治的风暴来了。1951 年《人民教育》第 3 卷第 3 期刊文并加了编者按，全面否定了《背影》进入教科书的可能：

> 《背影》是表现小资产阶级不健康的感情的，在现在实在没有选作教材的必要，语文课本中是不应该有它的地位的，这是一。第

二，作者既然要教这篇文章，就不应该从文章本身中去追求什么正面的健康的思想教育目的，而应该把这篇文章当作表现小资产阶级感情的典型作品加以深刻的批判，提高学生的批判能力。①

这里第一是对内容选择的指令（这以后《背影》从教科书中彻底消失，一直到改革开放后），第二是对内容呈现的指令。

于是，连篇累牍的批判性文章出现了。《问题在于教者的思想政治水平》一文写道②：

就《背影》这一课在该课本中编排的目次方面看，我觉得安排得很好，它的前一课是《母亲的回忆》，后一课是《辽尼亚和他的祖母》。前一课朱德司令母子中间有伟大而健康的爱；后一课马列亚·铁木菲也芙娜祖孙之间也有伟大而健康的爱；只是这一课《背影》是表现朱自清父子间狭隘而不健康的爱的。这好像把一个盆栽放在大森林的边沿去对比。那该是显得多么贫弱而不健康啊！

《我这样教“背影”》一文表示③：

我把《背影》这一课和前一课朱总司令的《母亲的回忆》联系起来当做一个单元来教。因为这两篇文章，都是写父母之爱的，但是精神却完全两样……使学生们认识到小市民的家庭感情与无产阶级的家庭感情的本质不同处，并使同学们因此而“肯定后者，否定前者”。

---

① 《一篇很不好教的课文——〈背影〉》编者按，《人民教育》1951年第3卷第3期。
② 张海帆：《问题在于教者的思想政治水平》，《人民教育》1951年第10期。
③ 白盾：《我这样教“背影”》，《人民教育》1951年第10期。

改革开放后，《背影》重新进入教科书，但对它的安排也颇有讲究。2001年人教社将《背影》选在了八年级上册《语文》，与《阿长与〈山海经〉》《台阶》《老王》《信客》等文章组成一个以爱为主题的单元。

在2008年北师大版的七年级上册语文中，《背影》收入第三单元“亲情歌吟”，同一单元还收录了梁晓声的《慈母情深》，意在把《背影》所表达的平民化的亲子之爱延伸到当代。

而2003年语文出版社的语文教科书则将《背影》选入课本八年级下册第一单元，与《永久的悔》《铁骑兵》《苏珊·安东尼》几篇文章组成散文单元，更关注的是文章的文体形式。

这里，我们发现，文学作品的《背影》和课文的《背影》确实可以不完全一样。如果能够巧妙设计，使得课文《背影》有单元内容的烘托、支撑或对照，其意义可能就会不同于文学作品的《背影》。这意味着，内容选定后，内容的排列、呈现如果处理得好，效果就会扩大，影响力就会增强。

三、没有最好，只有最适合

如前所述，我们所赖以获得知识和真理的教科书，永远不会只纯粹提供真理和客观知识，也不会提供足够的真理与客观知识。我们获得的只是被挑选过的内容。此故，教科书内容的科学性就值得怀疑。按阿普尔的说法，教科书对内容而言仅只有所谓“似真性”，而不能称为真实性。有时候甚至“似真”都达不到，而是虚假或谬误。承载多重使命的教科书，特别想、特别愿意“贡献”给学生的那些最重要最基本的东西，恐怕常被编者及其背后的“手”遗忘或修改了。

正因为教科书具备这一特征，就必然会出现两个需要慎重对待的问题。

其一，既然教科书不是天经地义地承载着真理，那么，仅仅关注有效教学、关注负担轻重，就显然不够，甚至是有风险的。

其二，正因为教科书内容择立的复杂性，各国专家们在这方面采取了系列举措，尽可能缓解这一不可能完全解决的问题。这些对策五花八门，但归结起来，最重要、最基本也是最被认同的是教科书多样化以及伴生的放开教科书选用权。所谓多样化，就是指同样的教科书数量多种、质量多样、特点不一、适合不同地区需要。而放开选用权，就是让真正最重要的读者（教师、学生、家长、教研员等）参与甚至决定教科书的选择与使用。这也是我们目前特别需要努力的方向。

第一，多样化导致竞争，竞争促使质量提升。因为没有人能保证教科书所承载的内容是真理，是人类文明精华，是学生们未来竞争所离不开的东西，这样，就只能让更多的人参与教科书创作，让教科书竞争；竞争可以促使教科书质量更高，水平更高，竞争可以汰劣存优。竞争不一定立竿见影地带来优质教科书，但它是带来优质教科书的最重要的举措和途径。康德在《历史理性批判文集》里表述一种思想：如果历史是有目的的，那么它最终的目的似乎在于通过“竞争”来迫使每一个民族变得茁壮起来，从而整个人类，作为地球上最优秀的物种得以延续下去。康德认为，通过竞争达到物种的完美状态。犹如森林，正是由于每一株树木都力求攫取别的树木的空气和阳光，于是就迫使彼此双方都要超越对方去寻求并获得美丽挺直的姿态那样。那些最终促成完善人类的东西，一定是竞争的东西，由于竞争，人类就像树木终于获得了“美丽挺直的姿态”。与竞争相反的是垄断，凡垄断就不会有不断创新、发展、提升的危机或动力。竞争处，一派生机；垄断处，死气沉沉。

第二，多样化更能满足不同需要。教科书多样化能够为不同地区、不同学校、不同学生提供更适合的教科书。垄断教科书漠视了区域的差异性与学生的差异。在人口众多、各地发展不平衡的国家，其弊端尤为突出。试想一下，北京上海学生认为难度恰当容量适中的教科书，能够也同样吻合西部边远地区学生的发展水平吗？再试想一下，北京四中、人大附中这类学校的学生叫好的教科书，北京的农村学生是如何反映的？且不用说全国边远地区学生将会有什么感受。正因为这些因素，如果只有一种教科书，不论编著者们如何努力，要想适应差别如此巨大的13亿人口的教育与学生，几乎是不可能的。它永远只能在或难或易上摇摆不定——对这部分学生合适的对另一部分学生也许偏难，大中城市适合的，边缘地区的学生不一定适合，优质学校适合的，薄弱学校不一定适合，北方学校适合的，南方学校不一定适合。目前主管部门有人想当然地计划编制所谓最好的、示范的教科书，还有人想研创一套难度、容量最佳的教科书，这一思维的起点就是有问题的。那只是梦想是一厢情愿而已。

任何一套垄断教科书都无法满足所有地区与所有学生的需要，永远没有最好，只有最适合的教科书。“中长期发展规划”、中小学“教师专业标准”“校长专业标准”都提出要为学生提供适合的教育，如果没有适合的教科书，可能吗？

第三，多样化可以使教科书功能得到更好的体现。有人担心教科书多样化会削弱教科书对主流文化和核心价值观的传播，其实恰好错了。垄断教科书因为自己的垄断性，对主流价值的传播往往是生硬的、机械的，难以达到预期目标。因为，凡垄断，不可能有终极动力和压力去不断创新，就容易抱残守缺，不会想方设法去提升教科书质量。支配集团要求教科书确保主流价值的传播是可以理解的，但达到这一目的的手段恰好不是要国定教科书、垄断教科书，而是严格审定下的教科书多样化，让不同的教科书充分竞争，让更多的人来研创教科书，用不同的方式、逻辑来传播主流价值，形成最能够实现这一目标的教科书群。一百多年前讨论教科书国定与否时，就有人和严复（严复此时任职清学部并参与国定教科书编审）一道，坚决主张教科书多样化，认为凡优秀的教科书“必经多数人之自由研究。此攻彼击，而真理乃出”①。一百

① 张世杓：《论教科书与教育进化之关系》，《教育杂志》1910年第5期。

年后的今天，面对令人又喜又惧的所谓大数据模式，多元、定制、强针对性等等都异常明显地表示出多样化时代的到来，即便传播主流价值，多样化的竞争也更能够催生更巧妙的途径。我们应该有自信，多样化更能够有效传播国家主流文化；多样化是国家自信、制度自信的表现。从历史上看，往往一个政权进入焦虑与恐惧的弱势时，强制统一和垄断教科书的意图与举措才显得极为迫切。

我国近代出现过清末、袁世凯复辟、蒋介石国民党三次教科书国定的努力，但三次垄断教科书的最终结果却都是适得其反，国定教科书并没有为传播意识形态作出有效的服务和贡献。

第四，多样化可以缓解因教科书缺陷带来的损害。如若只是一种国定本教科书，那么一旦教科书出现问题，就是绝对意义的，就是普遍性的、全局性的损失，就很难普遍弥补。比如新中国教科书就屡次出现偏难、偏深等缺陷，导致教育部疲于奔命，屡遭教科书难度不适的责难，不断调整教科书难度就成为中央教育主管部门一甲子岁月挥之不去的阴影（教育部为此下文的次数多得难以统计①），学业上对学生影响大，管理上给教育部平添许多烦恼，经济上对出版部门造成的损失也无法弥补。如果实施教科书多样化政策，则可以弥补这一缺陷。A 教科书的缺陷，也许 B 教科书没有，甚至 C 教科书对此还有特别的加强。当一种教科书忽视我国优秀古诗词时，其他的却可以注重古诗词为自己的特色。当一套教科书的城市化色彩很浓时，另一套教科书则可以面向农村为追求。最保守的说法是，缺陷不会是全局性的，损失只是局部。如果人教社 1955 年不仅仅只编撰文学和汉语，还编撰其他语文教科书，那么对文学与汉语的取缔也就不会有那么大的冲击。反之，如果 2006 年上海版高中历史是全国唯一的教科书，那么它的突然退出带来的全局性影响就难以估量（或者它不退出，继续在学校使用，那么按迫使它退

① 石鸥、吴小鸥：《50 年代初期大陆教科书统一制度的历史意义与现实教训》，《教科书研究》（台湾）2012 年第 12 期。

出的理由，则也会带来全局性的影响）。

第五，教科书多样化可以制约盲目行动。教科书之国定或统编，容易造成知识垄断或文化偏差。极端一点说，如果只有一种教科书，那么只要它沉默或狂热，部分人就可以随心所欲地改写历史封锁真相。

第六，教科书多样化不等于放任自流，不等于不要质量。这个时候，恰好需要强化国家审定，提高审定的科学性，完善选择机制。目前主管部门的思维似乎是反着的，不是加快研制教科书审定标准，提高审定的严肃性、科学性，通过真正的选择择优劣汰，而是花大力气解决不可能解决的问题，研制不可能成功的文本——诸如最佳的难度、容量，最佳的对核心价值观的叙述、对优秀文化的传播等所谓示范教科书、主流教科书。

最后，警惕以多本化代替多样化。要确保教科书是真正多样化而不是多本化（没有多本化就不可能有多样化，以多本化否定多样化的观点应该清晰这一关系），还需要一系列制度建设。要完善并强化课程标准的作用，改进并完善考试评价机制，扩大并落实高等学校办学自主权，改进并创新基础教育教研机制。

如此，教科书质量才有基本保障。但即便如此，有效教学仍需时刻意识到有效地教学什么，关心负担轻重时尤要关心负担什么。

请擦亮眼睛！将要发生的未来取决于此时此刻我们正用于教孩子们的课本。明天我们不想收割的作物，请不要在今天的教科书中播种！

（原载于《湖南师范大学教育科学学报》2015 年第 2 期）

学生核心素养培养
呼唤基于核心素养的教科书

我国基础教育正从“知识本位”时代走向“核心素养”时代。这是一个全球性教育趋势。学生核心素养的发展与培养会对世界基础教育课程与教学实践产生重大影响，也对我国正在进行的课程改革提出了最本质的要求和长远的指引。

一、学生核心素养培养离不开
基于核心素养的教科书

核心素养是每个人发展与完善自我、融入社会及胜任工作所必需的基础性素养，是适应个人终生发展和社会发展所需要的必备品格与关键能力，是个体应具有的起基础和支撑作用的素养，是综合运用所学知识分析和解决复杂问题的修养和能力。经济合作与发展组织（OECD）甚至把核心素养视为基础教育的 DNA、人才培养的指针。[1] 但核心素养不能说成学科核心素养。核心素养指向人本身，唯有人，才可以用素质与

① 张娜：《DeSeCo 项目关于核心素养的研究及启示》，《教育科学研究》2013 年第 10 期。

涵养（或品格与能力）——素养——及其程度或水平来衡量，核心素养不能衡量或修饰学科。学科以知识、概念、原理体系来表征，学科可以达成某些核心素养，但不能说学科具有哪些核心素养。泛泛的“学科核心素养”一说，只能看作日常说法，是非科学的不严谨的说法，不足以成为学术话语。

不宜说“学科核心素养”，但学科在促进学生核心素养的发展上意义重大。学生人文素养的提升显然离不开人文学科，科学素养也显然离不开科学课程。只是任何核心素养都不是一门单独的学科可以完成的。任何学科都有其对于核心素养发展的共性贡献与个性贡献。比如，科学课程除了主要促进学生科学素养的发展外，一定程度上也能够促进其他素养如人文素养、艺术素养的发展。这就是共性贡献。特定学科的育人价值最重要的是在于对特定核心素养的独特或个性贡献，这是需要不断明晰化的过程。又如，历史学科对学生历史时空观念的培养，就是历史学科对核心素养的独特的、个性化的贡献。① 而学生对人地关系的正确处理的素养，显然，是地理学科的独特的、个性化的贡献。只有明晰本学科在特定核心素养形成和提升上的教育意义，揭示学科与核心素养的内在关联，才能发现学科独特的育人价值。

学科对学生核心素养的贡献，主要通过学科的具体化——课程教材与教学来实现。其中教科书又具有重要的基础性作用。教科书是落实国家课程标准的最重要的举措和手段，是课程标准连接教师和教学的桥梁。教科书不仅是引导学生思考和探究的活动指南，也是教师甚至是广大家长评价学习结果的重要工具。教科书质量直接影响课程标准的实现程度。没有恰当的教科书，不论课程标准如何充溢着核心素养，都不能保证在教学实践中落实。学生核心素养的发展，呼唤基于核心素养的教科书。

① 这是目前研制中的《高中历史课程标准》中所确定的核心素养之一，2016 年未定稿。

二、基于核心素养的教科书的内容特征

教科书内外存在两种意义的知识空间，一个是课本外部的原生态的文化知识空间，一个是通过选择等系列主体行为而呈现出来的课本内部文化知识空间。外部知识空间是内部空间的基础，内部知识空间是外部空间的浓缩与代表。存在于外部知识空间的内容理论上均有可能成为教科书的候选内容，我们往往称之为教科书的原生态素材、原生态文本、原生态知识等。

当今课程实践中的最大难题就是外部知识空间的原生态文化素材太多，我们有太多的东西要教要学，我们有太多的知识选择的可能性。但普遍而言，人们往往又感觉无从选择，很难选择，“精选课程内容”往往成为空泛的口号。难怪联合国教科文组织发出感叹：教育内容的确定问题大概从来没有像今天这样复杂和迫切。① 我们总说要把最有价值的知识传递给下一代，可是“什么知识最有价值”？斯宾塞之问成为百年课程难题，也成为百年教科书难题：是杜威全力推崇的实用知识还是永恒主义精心遴选的经典知识？是经合组织所倡的 know what 的知识，还是 know why、know how、know who 的知识？具体到特定学科中，是更多的古代史还是近现代史？是更多的欧洲、美洲地理还是亚洲、非洲地理？是更多的唐诗还是宋词？是更多的鲁迅还是曹雪芹？有的人也许更看重文言文，有的人则更看重应用文，有的重文化传承，有的重文化创新，究竟选择外部知识空间的哪些内容进入教科书是个非常棘手的问题。目前最重要的出路就在更新教育理念，突出核心素养对教科书内容选择的引领价值，将课程内容的确定依据从知识在学科中的意义，转向

---

① S. 拉塞克、G. 维迪努：《从现在到 2000 年教育内容发展的全球展望》，教育科学出版社 1996 年版，第 202 页。

知识在核心素养培养中的意义，也即转向能够最大程度提升核心素养的那些知识。[①]

（一）正确区分学科内容与教科书内容

学科内容与教科书内容既有联系，也有区别，二者不能等同。

学科内容是指特定学科的内容体系，主要表现形式是学科知识体系，由本学科的重要概念与原理、知识构成。学科内容的组织依据和逻辑结构是其所依托的科学。如数学学科内容的逻辑结构主体上就是数学科学体系，依托的是数学科学，组织依据是本学科内的概念关系。现代教科书是分科设课的产物，是因学科而产生的教科书，[②] 甚至学科决定了教科书的命名，所以它本质上有成为学科本位教科书的倾向。这种教科书的主要内容是学科内容。

教科书内容则既包括学科内容（以学科内容为主体，许多时候也以学科逻辑为自己的逻辑），也包括学生的活动、练习、方法、评价、技术手段等过程性内容，还要对学科内容进行不同的取舍、重组、编排。教科书既以学科逻辑为依据，也以学生发展逻辑为依据。教科书内容的组织依据是人才培养目标及其具体化的课程目标。一般而言，教科书内容（而不是学科内容）在国家课程标准里有完整涵盖，课程标准除了学科内容标准外，几乎都有教学建议、教材编写建议、评价建议等，遗憾的是，后者往往没有引起足够重视，人们只注意知识、内容标准。

（二）教科书内容必须同时具备双重价值

如前所述，现代教科书产生于分科，以学科为依托，本质上倾向于

① 石鸥：《核心素养在课程与教学中的价值》，《华东师范大学学报教育科学版》2016 年第 1 期。

② 石鸥：《最不该忽视的研究》，《湖南师范大学教育科学学报》2007 年第 5 期。

学科本位教科书。所以，传统上教科书更重学科知识内容的完整性系统性，但20世纪中后期以来，学生主体地位上升，许多教科书正在努力往关注学生发展上转变。重视学科知识内容的教科书我们称之为学科倾向的教科书，它重视知识体系教学，看重的是学科知识的选择，普遍状况是学科内容偏多。重视学生发展的教科书我们暂且称之为能力或核心素养倾向的教科书，它看重围绕学生发展而进行的学科知识的创造性重组，看重有关学习活动的设计，看重学生的学。关注核心素养的教科书绝不否认学科知识的重要性，因为没有这些学科内容，核心素养就是无法落地的空中楼阁，但突出核心素养的教科书要求兼顾另一种线索或逻辑来选择学科内容，即依据学生的核心素养来提出、整合、确定和重组学科内容。换言之，判断某一内容的价值高低，既要看它的学科价值，还要看它对核心素养发展的价值。我们既要依据学科内容价值来确立教科书内容，又要依据核心素养价值来确定教科书内容。

比如，在英语学科，如果内容主题只是学习翻译，那么确定教科书内容——翻译材料——可能更纯粹的是从语言学角度进行，相对明确而容易，只因为有太多选择而有一种无从选择感。但假如涉及核心素养，涉及培养学生的“家国情怀”“对祖国文化的认同”，①那么确定内容的依据就要有所变化。此时的教科书内容的确定既要依据学科因素，遵循语言学要求，也要考虑学生因素，遵循核心素养发展的要求。这一要求表面上难度就要大得多，但指向性更明晰了。教科书研制者必须面对和解决的问题是，什么内容既能够较好地实现语言的目标，也要能够充分实现培养学生家国情怀核心素养的目标。这就必然导致，在知识内容之外，使得非知识的活动内容或过程性内容具有同样重要的意义与价值。

又如，依据学科价值，物理教科书对于地心说日心说的内容的确定并不困难，重心是关注这些知识本身的呈现及其如何被学生真正掌握。

① 这是目前研制中的《高中英语程标准》中所确定的核心素养之一，2016年未定稿。

而依据核心素养的价值，重要的不仅仅是让学生知道这两种学说有哪些基本知识点，它们的发展过程是怎样的，还特别需要让学生通过学习能够真正领悟科学家不迷信、不盲从，献身科学，为真理而执着追求的品质，培养物理学科所追求的学生的“科学态度与责任”这一核心素养。① 这才是我们特别需要的唯一不变的贯穿所有时代的高贵品质。那么，如何确定体现这一特殊要求、培养这一高贵品质的内容呢？在这一意义上，教科书内容的核心素养的价值甚至比学科价值更值得期待和关注，也更具有挑战性。

必须承认，基于学科价值的教科书，精心选择并确定内容相对还是比较容易的，这是教科书的传统研制策略，有比较丰富的经验可以借鉴。而且这种教科书的研制过程依据的是学科逻辑或学科路径，线索相对清晰，内容的确定相对难度要小。但如此发展下去，其困难程度会日益加大，因为备选的外部知识空间的内容越来越多、越来越复杂，所选内容对学生发展的价值却越来越难以掌控、没有保障。我们越来越被越来越小的知识点里越来越多的可能的考试信息绑架，我们获取它，却不知道自己为何要获取它——除了考试。课程内容与课堂教学正日益陷于迷失本真方向的、所谓有效教学的泥潭。只追求有效教学，不问有效的教学什么内容的全局性盲目现象日益突出。我们有效地让学生十分正确地掌握了低碳生活的知识，但他的日常生活可能完全是反低碳的。我们有效地让学生知道人生而平等、生命至高无上、自由至高无上的道理，但现实中他们完全可能对生命的消失冷漠以对。不是吗？疲惫的监考老师竟然在几十个学生的眼皮之下、在学生们追求考试高分的沙沙笔记声中无助而绝望地倒下。② 我们打造了众多高效率的课堂，但我们并不追问自己辛辛苦苦的高效教学本质上是为了什么，为了考试分数吗？

---

① 这是目前研制中的《高中英语程标准》中所确定的核心素养之一，2016 年未定稿。

② 据报道，2016 年 1 月 14 日，江苏泰兴一个年轻教师在监考时，当着几十个学生的面，离开了人世，在场的学生沉着考试到交卷。

面对日益严峻的挑战，教科书研制者必须从发展学生核心素养的新视角，聚焦学科知识在核心素养培养中的贡献，增加发展学生核心素养的过程性内容容量和出现频度，确保精选的内容同时具备最大的学科价值和促进核心素养的发展价值。

（三）恰当运用双向细目表

为了确保学生核心素养在不同学科教科书中得到落实，我们建议在实际启动教科书研制前，先设计以核心素养为指向的整套书的整体框架或双向细目表，明确并分解本学科有待培养发展的核心素养，每一条核心素养都要清晰地落实下来，确保核心素养不会有结构性缺失。虽然核心素养是一个连续整体，是通过各种内容的学习活动来持续地、综合性实现的，但恰恰是为了避免都培养都忽略的多中心沦为无中心的尴尬，具体学科内容对核心素养的落实应该有所侧重，不同内容应该有不同的核心素养的培养重点。核心素养在整体框架中的安排，有助于了解本学科重点发展的核心素养的落实情况，同时能够规避在过多的内容细节或小的学习目标中迷失核心素养的风险。这样做确实有过于生硬分解核心素养与教学内容的风险，但相对于核心素养的结构性缺失，这个风险是值得冒的。

三、基于核心素养的教科书的设计要求

教科书应该精选同时具备学科和素养发展双重价值的内容，教科书尤其应该紧紧围绕核心素养，精心设计内容。教科书研制一旦启动，最关键的工作就是该怎样把自己精心选择的、想要展示的具备双重价值的东西组织好、设计好，最佳地呈现出来。这与选择和确定内容不一样，很大程度会影响核心素养的实现。在这一意义上，教科书研制者比原创

作者更重要。是他们确定并配制了孩子们的精神食粮。

（一）区别教科书内容设计的两大倾向

在教科书研制过程中，内容的精选固然重要，内容的精心设计也同样重要甚至更为重要。内容设计习惯上称之为内容的呈现，但我们倾向于使用内容设计，这更具主动性进取性，内容呈现略嫌消极。教科书内容本身和针对内容设计的学习活动尽管联系密切，但二者不是一回事。教科书内容的设计主要是指教科书内容的定位、组织、编排、相关学习活动的引领和安排以及学科活动情境的部署等。

教科书内容的设计犹如内容确定一样，大体有知识倾向（学科倾向）型和能力倾向（素养倾向）型之分，前者以知识的获得为目标，教科书编排更注重学科价值，后者以素养发展为目标，教科书编排更看重素养价值；前者重学科知识内容的设计，在呈现上大体依据学科内容的逻辑，可以有直线式、螺旋式、范例式等模式，后者重学习活动过程的设计，在内容设计上比较多的是从素养或能力的培养出发，比较常见的是螺旋式编排，同一能力或核心素养在学科不同的内容中不断出现，逐渐深化，逐渐提升水平。

（二）为学习而设计

为了更好地促进学生核心素养的发展，教科书研制者要勇于为学生的学习而设计。教科书是教课之书，遵循教的逻辑、有利于教师的教是当然之义，但教科书更是学习之书，遵循学的逻辑、有利于学生的学是最重要的追求。以往的教科书更多地遵循一种教的逻辑，而不是学的逻辑，教科书的基本立场有意无意是教师本位、教的本位，教科书的基本特点也主要是有利于教师的掌控和教师的教学。真正为学生提供结构化了的、帮助学生建构自己的学习的教科书还不多。在过去，这是可以理解和接受的，因为传统教科书的主要功能，是知识的重要源泉，担负着知识提供的重任，现在这些功能，特别是知识源泉的功能正在发生剧烈变化或弱化，培养学生主动学习、学会自己寻求知识资源的功能大幅度上升。这是呼唤核心素养教科书的重要背景。

为学习而设计，关注学科活动。教科书要努力为学生提供结构化的学习情境，要积极通过内容呈现、活动编排、学业评价等方式，激发学生学习的主动性和探究性，为学生的学习，为发展学生的核心素养设计丰富的互动机会和拓展空间。教科书不应该是结论的再现者，而应该成为引导学生主动探究、建构知识、自主获得结论的学习活动的设计者。比如，我们确定了低碳生活的若干原理、意义与基本准则为教科书内容，目标之一必然涉及要让学生知道并懂得这些原理、意义和准则。但显然这不是全部目标，重要的目标是核心素养的培养。而核心素养的培养不仅仅是教学生知道低碳生活的原理、意义以及准则，重要的是让学生通过自主探究、跨学科学习，能够自觉、自主、自发地把这些原理、准则应用于自己的全部生活之中，并影响身边的人。很显然，要达到这一素养上的目标，光靠知识传授是不行的，需要设计系列围绕目标的学科活动，来促进核心素养的发展。在这里，我们所指的学科活动是指与学科学习紧密相关，源于学科、超越学科的学习活动，它以探究、综合、自主（往往还需要跨学科的）行动为基本特征，它需要创设新的情境，能够促使学生运用所学的原理，处理新的、相关问题。而这，正是核心素养发展的重要途径。

重视学科活动的设计，应该减少演绎性质的活动，改变按照演绎方法来安排和组织学习的教科书研制传统，增加学生探究性学习的活动与机会。这实际意味着更多的归纳意义的学习。在引导学生主动探究、建构知识、获得结论，为学生提供质疑与研究性学习的机会方面，教科书的设计，归纳总体上较演绎更有积极意义。这对教科书的研制者来说，压力更大，因为它不仅要倚重学科体系，还要倚重素养发展的逻辑，而后者远没有前者清晰。

为学习而设计，重视教科书支架体系。支架是教科书编写者为读者设计的、以便读者可以最快捷、最方便地使用教科书的手段与工具，也叫作助读系统。它包括技术性支架和教学性支架。[①] 技术性支架就是帮助目标人群自如有效地使用教科书的手段，是对使用教科书的帮助，包括前言、目录、索引、使用说明等。教学性支架就是帮助目标人群教、学教科书的手段，是对学习教科书的帮助，包括：前言、目录、小结、作者简介、教学步骤、教学提示等。有些支架既可以是技术性的，同时也是教学性的，只要它有助于师生对教科书的使用和学习，如附录、前言、词汇表、页末的注释和参考文献等。如一个普通的读者和研究者，研究中国主流观点对岳飞的定性，可能会查高中历史教科书，看到底如何评价岳飞，此时他会使用技术性支架，迅速找到这方面的内容。但如果读者要知道如何解读与教学鲁迅的《祥林嫂》，就可能更需要借助教学性支架。严格来说，支架系统不仅仅帮助阅读和学习，它本身就是引领者，就发声，就是研制者的喉舌，就是学生需要认真对待的内容主题，具有重要的不可替代的价值。

为学习而设计，提升教科书作业系统的质量。研制基于核心素养的教科书，要适当增加发散性、跨学科性的活动作业，这是没有预设明确结果或答案的、需要运用多学科知识的作业；要重视练习活动的质量，防止目前课堂实践中比较普遍的泛泛抛出问题的做法。对于发展学生核心素养的学习来说，在教科书设计策略上，恰当的要求比泛泛地抛出问题更重要。观察表明，当教师遇到教科书中泛泛提出的系列问题时，他更趋向于让学生集体回答，而受益者往往是那些成绩好的学生。如果是学习要求，则更能够保证活动参与的普遍性，引导每个学生都积极地去探究。比如，抗日战争的学习内容，如果设计系列问题：抗日战争时期卢沟桥事件发生在哪个地区？是什么时间？主要参战部队和主要指挥官

---

① ［比］弗朗索瓦-玛丽·热拉尔等：《为了学习的教科书》，汪凌等译，华东师范大学出版社 2009 年版，第 233 页。

是谁？胜负如何等。此类问题系列既倾向于标准答案，又容易倾向于学生集体回答。如果改为学习要求，比如，收集卢沟桥事件的资料，分析其发生的起因、事件的过程与结局及其对整个抗日战争的意义等。这类学习要求更倾向于由个体探究完成，且结论往往具有开放性。

（三）为开放而设计

教科书不应该封闭自我，做资源的提供者、结论的再现者，而应该开放自我，成为学生主动建构知识、自主获得结论的学习情境的提供者和引领者。基于核心素养的教科书内容设计，一定是开放的，能够为学生提供质疑与探究的机会，能够为学生拓展、开发内容资源提供尽可能大的可能性，帮助学生建构自己的知识体系和方法体系。

为开放而设计，打破教科书设计的封闭性。所谓教科书的封闭性，是相对于开放性而言的。封闭性就是把教科书设计成一个完整而自足的系统，教科书构成了教学上的自封闭循环，不需要求助于其他途径就能完成教学。这种教科书对学生完成学习任务提供了所有指示、全部说明或手段，包括教学所必需的所有因素和条件：内容、方法、练习、评价等，列出了一整套完整的程序、活动、步骤等。教科书的开放性是指，教科书是一种有待于根据具体情景由学生来加以补充、完善的教学材料，学生有比较多的学习自主空间。诸如没有答案的问题、需要通过其他途径获得资源或支持才能展开的学习活动、有待完成的小结等。教科书的开放性包括内容上的开放和方法上的开放。内容的开放，比如，给学生留下对某些知识概念、结论进行补充的空间。方法的开放则把重点放在引导学生追求解决问题的不同途径与方法，比如，实验、上网、访谈等。教科书不要指望能够包容所有需要的信息与资料，它需要刺激学生在需要的时候通过多种途径去探查和寻找补充信息。

一般而言，教育资源匮乏、师资条件差的地方与学校，可能更需要封闭性的教科书。进入网络时代后，我国基础教育资源明显改善，师资水平明显提高后，对开放性教科书的需求越来越大。为开放而设计，充分利用信息技术。在今天，为开放而设计的最大动力、压力和可能性就是信息技术的发展，没有信息技术的充分应用，今日之教科书就不可能真正开放。基于核心素养的教科书要高度重视与现代信息技术的整合，要在信息技术为教科书的教、学、评价提供支持方面下更大的功夫，为数字教科书或电子书包的发展提供必要的引领、拓展和规范空间。当文艺界惊呼“三年一代人”时，教科书如果还是老面孔，自我封闭，就注定以自己的面目可憎让读者痛苦。今天的教科书读者是在动画、漫画、游戏中成长的，他们的世界是“网络”，他们阅读的是“电子书”，他们的朋友是网友，他们生活的一部分是网络生活。面对这样的读者，教科书如果视而不见，它必将迅速成为少有的发行量很大但被读者痛恨的文本。过去，人们最关心的是谁能研制出最高水平的纸质教科书，从今以后，人们最关心的将是谁能研制出最有吸引力的以数字为基准的立体教科书。这是革命性的转变，也是教科书最大的开放性。

（原载于《课程·教材·教法》2016 年第 9 期）

对清末教科书审定制的历史考察

鸦片战争后，中国逐渐沦为了半殖民地半封建社会，国人对于中国命运的再思考使得“中国向何处去”成了时代主题。在“中体西用”的思想指导下，教会学堂和洋务学堂逐步兴起，西学大量引进，新式教育破冰而行，新式教科书显露头角，新知识、新思想、新观念如开闸之水，迅速涌入古老的中国，掀开了近代中国第一次大启蒙的帷幕。但新式教科书在当时的中国还是一个新生事物，质量参差不齐，如何既满足对新知识、新思想的引进需求，又能够基本保证教科书编写和出版进而保证新教育的质量，成为晚清政府的重要挑战。而应对这一挑战的主要举措是实行教科书审定制。

一、雨后春笋般涌现的新式教科书呼唤审定制的产生

教科书审定制是一种由国家教育行政部门根据中小学各科课程标准或教学大纲，对有关出版单位和团体甚至个人编辑的教科书进行审查鉴定，审定通过后准予出版、发行、使用的教材编审制度。这由民间出版机构和教育团体或个人依据国家公布的课程标准或教学大纲编写教科

书，经政府有关部门审查合格才准予出版发行，供各校选用的教科书编审制度。清末形成的教科书审定制在我国教科书发展史上具有重要的意义与价值。它的形成与当时的主客观因素密切关联：客观上，教科书越来越繁多，质量参差不齐，不审定不足以保证基本的教科书质量；主观上，由政府主管部门编撰的所谓国定本教科书一时难以产生，不得不使用民间教科书，这也呼唤对教科书进行审定。

（一）西式教材的引进基本适应了西式教育的需要

鸦片战争后，西学大量引进，中国传统的知识系统逐渐被西方以近代学科为分类标准建构起来的新知识系统所冲击；而西方科学知识体系的主要载体是翻译过来的西式科学书籍，即西式教材。西式教材本身最初是随着教会学校和洋务学堂而引入的。

自 19 世纪中叶开始，特别是 1862 年京师同文馆建立后，以模仿西方教育为特征的洋务学堂逐渐兴起。新学堂离不开新教材，新教材怎么新，自然又是以西学为参照。于是，我国教科书现代化的初级阶段，基本上是西学（西方教材）的翻译引进阶段。如果说明末清初所输入的西学，具有新旧杂糅的特点的话，那么，这一阶段伴随着教科书大举进入的西学，则几乎全部属于西学。这一时期，大量引入科学技术知识，中国传统的知识系统开始了学术转型及学科整合的过程。这一过程表现出如下特征：

第一，引进的西学书籍几乎都为科学技术类，且从零星到系统，门类逐渐完善。

第二，西学书籍的编译与出版机构集中在教会主持的机构，如墨海书馆、美华书局等，以及洋务运动的教育与出版机构，如同文馆、江南制造局等。

第三，西学书籍流传于社会和学堂，与教材没有明显界限，二者几乎同一。

第四，西式教材的编译者主要由欧美传教士和中国学者共同组成。

这一时期西式教材基本适应了当时的教会学堂和洋务学堂及少量西式学堂的教学需要。然而这些西式教材的基本要素不全，没有分级，不注重教，也不注重学，也没有教授法等配套书，所以还只能看作为现代教科书的雏形，不是严格意义的现代教科书。而且，这一时期与我国传统学塾区别明显的带有新式教育性质的洋务学堂和教会学堂，总体上还很少，对新式教科书没有形成大的需求市场，所以新式教科书的发展不是很快，是一个比较混沌的时期。

（二）现代教科书的出现促进了新学堂的发展

我们认为，现代意义的教科书应该符合三个标准：第一，它们是根据学制，依学年、学期而编写使用的，即有年级之分；第二，它们应该整体上有与之配套的教授书（教授法、教学法）或教学参考书，对教师的教学有具体的建议，也考虑学生的学习使用；第三，它们应该依据教学或课程计划按学科课程分门别类地编写使用，即分科成书。[①] 依此标准，当时引进的西式教材基本上都不是现代意义的教科书。我国传统的经典教材，不论是《三字经》《百家姓》，还是“四书五经”，也都不是现代意义上的教科书。因为，它们在程度上是模糊而不分年级的，《三字经》何时开始教，何时教完，《论语》教几年，都因人而异；在分量上是主观而不分课时的，方法上教和学是完全随意的，只能由教书先生自己把握；在内容上是笼统而不分科的，国文、史地、伦理政治、常识一把抓。正是在这个意义上，我们说它们不是严格的现代意义的教科书。它们仅仅是教材而已，教科书属于教材，但教材不等于教科书，而且当时它们都不叫“教科书”，人们还不知道用“教科书”给学校用书命名。

① 石鸥：《最不应该忽视的研究——关于教科书研究的几点思考》，《湖南师范大学教育科学学报》2007 年第 5 期。

现代意义的教科书据说产生于19世纪70年代末。1877年，在华基督教传教士成立“学校教科书委员会”（School and Textbook Series Committee，中文名称为益智书会），负责编教科书，供教会学校应用，也赠送各地传教区私塾应用。因为这个委员会的出现，学界推论“教科书之名自是始于我国”，“教科书”一词逐渐流传开来[①]。但是，从实物看，真正使用“教科书”一词的文本在我国，应该晚得多，19世纪七八十年代没有发现过使用“教科书”一词的课本。School and Textbook Series Committee当时的中文名翻译称为“益智书会”而不是“教科书委员会”就是明证。我们发现有“益智书会”出版印刷的书籍，没有发现以“教科书委员会”名义出版印刷的书籍。“Textbook”以“益智书”对译也说明当时还没有使用“教科书”一词。当时学校用书有的叫“课本”，有的叫“读本”，有的叫“须知”，有的叫“志”，就是没有一本叫“教科书”的书[②]。

甲午战争失败后，洋务运动被戊戌维新运动取代，洋务运动中以专科为特征的教育被新的普通大众教育取代，大量区别于教会学校与洋务学堂的新式学堂陆续建立。由于面向普通大众的新式学堂迅猛发展，此时，再以程度相对较高、性质比较专业、与我国文化不相融合的以翻译材料为主的西式教材作为教学用书就显然不合适了。对普通新式教科书的需求，也就迫切地提上了议事日程。结果是，一批新式学堂因不满足于从西方引进的教材，开始率先编写适合本学校需要的教科书，代表者有南洋公学的《蒙学课本》（1898）、无锡三等公学堂的《蒙学读本》（1901）、上海澄衷学堂的《字课图说》（1901）等，它们的教学需要成为自编教科书的最大的、最急迫的动力。我国第一套完全现代意义的教

① 中华民国教育部编：《教科书之发刊概况》，《第一次中国教育年鉴（戊编·教育杂录）》，上海开明书店1934年版，第115页。

② 目前我们发现最早一本使用“教科书”的用书，是出版于1896年的《最新动物教科书》，由乐群书社出版，马良编撰。

科书是1904年商务印书馆编撰出版的《最新教科书》系列，这是一套独一无二、成就卓越的教科书，是中国教科书现代化最有力的印记，无可置疑地成为教科书发展史上的经典巨作，更是整个教科书发展系谱上一座难以超越的里程碑。

最早一批中国人自己编撰的具有现代意义的教科书，开启了中国教科书现代化的进程，是中国人自编新式教科书的开端，为以后的教科书编写提供了重要参考。这些教科书很快取代了西式教材，满足并促进了新式学堂的发展。

（三）书坊教科书异彩纷呈

“19世纪末至20世纪初，卷入自编教科书潮流的不仅有各地各级学堂，还有商务印书馆、文澜书局、文明书局等民间出版机构，个人编辑者更是难以数计。”① 据1906年上海书业商会出版的《图书月报》统计，已入会的会员共22家，参与教科书编撰出版的主要有文明书局、商务印书馆、广智书局、昌明公司、会文学社、群学会、彪蒙书室、时中书局、乐群书局、普及书局等②。它们敏锐地察觉到，伴随着新式学堂的兴起，教科书的需求构成了一个巨大的市场。于是这些机构纷纷加入这个行列，编撰出版新式教科书，既满足新式学校的需要，也实现了自身发展的最初资本积累。而以商务印书馆、文明书局、中国图书公司、广智书局、昌明公司、会文学社、彪蒙书室、乐群书局、普及书局等为代表的先进的民间出版机构，更是借此将出版作为改造社会的一种自觉责任，引领着一个时代的思想文化导向与选择，将教科书的编撰推向一个又一个的高潮，创造了既无前者也无来者的教科书发展的黄金时期。

---

① 中华民国教育部编：《敦科书之发刊概况》，《第一次中国教育年鉴（戊编·教育杂录）》，上海开明书店1934年版，第116页。

② 《图书月报》1906年第2期。

成立于1897年的商务印书馆是出版学校教科书的最重要的机构与先驱。历史上它到底出版了多少教科书已经无法准确统计，仅仅在1906年4月清学部公布的《学部第一次审定初等小学暂用书目》中，在所有被审查通过的46种102册学校用书中，商务印书馆的书就有52册，位居第一。到1907年夏，以《最新教科书》系列为例，它就已出版初等小学堂用教科书16种54册，高等小学堂用教科书19种41册，中学堂用教科书40种54册。① 商务印书馆崭露头角的时期，正是日译教科书在国内流行之时。商务出版的教科书许多编译自、改编自或参照了日本教科书。大量参照甚至直接译自日本，这也是当时许多书局编撰出版教科书的一个重要特征。

据不完整统计，从1902年开始，文明书局开始出版《普通教科书》系列，1903年开始出版《蒙学科学全书》系列，到1905年5月，文明书局已经出版蒙学科学教科书25种37本②，1905年末，该局广告所列教科书目就有50种，83个单本。③ 文明书局的教科书整体上印刷精美，图文并茂，封面多以各种中国的优美书法题写红色书名，所以，其教科书非常醒目，曾兴盛一时。1906年4月，清学部公布了《学部第一次审定初等小学暂用书目》，共计46种102册，其中文明书局33册，位居第二。

文明书局和商务印书馆的教科书，影响了一大批青少年，在清末起到了文明启蒙的重要作用。郭沫若在《童年时代》回忆说，学习了上海文明书局出版的《格致》《地理》《地质》《东西洋史》等《蒙学科学全书》，使他的“观感焕然一新”。胡适在《四十自述》中写道：我初到上海梅溪学堂时，班上读的是文明书局的《蒙学读本》……④

---

① 《最新初等小学修身教科书》第二册（光绪三十三年孟夏十三版），广告页。

② 丁福保：《蒙学卫生教科书》，文明书局光绪二十九年九月初版，光绪三十一年五月八版封底内页。

③ 张静庐：《中国近代山版史料》（初编），中华书局1957年版，第126页。

④ 胡适：《四十自述》，安徽教育出版社2006年版，第47页。

其他很多出版机构也参与了教科书的编撰出版。比如上海科学书局从1895年就开始出版教科书，截至1909年，科学书局已出教科书60余种[①]；到1913年7月，新学会社共出版教科书18种45本；[②] 到1908年6月，中国图书公司出版教科书37种71册[③]；不完全统计，到1910年，上海科学会编译部出版教科书有20种24本，中学理科教科书是其特色[④]；截至1911年初，会文学社（亦称会文堂书局）出版教科书有42种118本，以女子教科书著称[⑤]；据统计，成立于1903年的彪蒙书室历年出版的各种小学教科书不少于75种，特别是其白话教科书的出版发行，在晚清教育界有较大的影响[⑥]；广智书局出版的教科书近50种[⑦]。

这一时期教科书发展的主要特征是：一是种类繁多。大量零散的、单科的教科书产生；二是教科书作者以留日学生群体为主，许多教科书原型也是日本教科书。

这一时期的教科书在数量上、种类上都创造了中国教科书之最，部分教科书的质量也达到了中国教科书发展的高地。学堂教科书、书坊教科书，单品教科书、系列教科书，民间教科书、国定教科书，乡土教科书、女子教科书、复式教科书、单级教科书，等等，满天繁星，异彩纷呈，满足了不同学校、不同师生的发展需求。这是中国历史上教科书最为丰富多样的一个时期。没有哪一个时期有这么多的社会资源参与中小学教科书建设，没有哪一个时期有这么多知识精英关注中小学生那小小的课本，多特色、多种类、多形式的教科书如潮水般涌来，占领了大大

---

① 何荣桂：《高等小学国文新读本》（卷四），上海科学书局1909年初版，广告页。

② 周铭训：《女子家政教科书》（民国初等小学用），新学会社印行，1906年初版，1913年二版，封2。

③ 黄端履：《家事课本》，上海中国图书公司1908年再版，广告页。

④ 马君武：《温特渥斯平面几何学》，上海科学会编译部1910年版，广告页。

⑤ 何琪：《最新女子初等小学修身教科书》（第2册），上海会文学社1911年版，广告页。

⑥ 石鸥：《百年中国教科书忆》，知识产权出版2015年版，第175页。

⑦ 张朋园：《广智书局——维新派文化事业机构之一》，台北《“中研院”近代史所集刊》1972年第2辑。

小小的课堂，被千百万学童捧在手中，由此掀起了思想启蒙的大潮。当时那种学术自由、思想开放、兼容并包的场景，令繁星般的单品教科书与闪烁着智慧之光的大型成套教科书双轨并存，令民间教科书与国定教科书并行不悖，单品教科书各显特色，大型系列教科书气势开阔，手笔恢宏，颇显今日学者期盼的中国教科书气派。以前述我国第一套完全现代意义的《最新教科书》（1904）系列为例，该套教科书适应1904年《奏定学堂章程》的需要，到1907年共出版初等小学堂教科书16种54册，“教授法”5种27册；高等小学堂教科书19种41册，“教授法及教员用书”3种10册；中学堂用教科书40种54册①。再以《共和国教科书》为例，它是民国元年根据中华民国新政体的要求由商务印书馆迅速推出的，该大型教科书系列据不完全统计，包括初小教科书及教授书20种140册，高小25种118册，中学36种53册。同时，为了既适应新学制秋季始业的规定，又照顾老学校一时难以放弃旧学制春季始业的做法，部分“共和国教科书”又分编为春季用和秋季用西种。仅仅中学教科书中，历史就有本国史、东亚各国史、西洋史等，地理则有本国地理、外国地理、自然地理、人文地理等，还有植物学、矿物学、动物学、生理学、物理、化学、经济大要、法制概要、普通体操、兵式教练等等。又如与民国同时成立的中华书局，到1913年初，就编撰出版包括小学教科书18种74册，小学教授书10种47册，中学教科书21种的中华系列教科书，满足了不同学校的需要。普通的民间出版机构（其中一家成立才几个月），短时间适应新要求而编撰出涵盖了中小学、文理各科的这么多的教科书，实在可敬可佩，几乎难以想象，即便百年后的今天，也令许多出版社汗颜。

这些教科书适应了当时社会动荡、发展参差、需求不一的教育格局，既反映了当时新兴资产阶级要求国家独立、民族富强的善良动机，

① 据《最新初等小学修身教科书》第二册（光绪三十三年孟夏十三版）的广告页统计。

也体现了改革的知识精英们力求用新思想、新科学启蒙民众的强烈愿望，它们在科学、伦理与政治民主启蒙中发挥了重要作用。这是教科书的引进与自编自创结合、引进逐渐被自编取代的阶段，是教科书涉及学科基本齐全、教科书要素日益完整阶段。

民间教科书编写的百家争鸣，满足了来源不同、形式各异的各级各类学堂教学的需求，但由于编写者的思想素质与知识结构参差不齐，对新学的取舍标准不一，加上学术水平、流派的歧异，造成教科书质量极不平衡的局面，从而引起了晚清政府的关注，客观上加速了教科书审定制的形成步伐。

二、国定教科书的局限催生教科书审定制

面对汹涌的教科书出版大潮，完全放任自流是不可能的，晚清政府只可能有两种选择：一是自己编撰国定教科书，彻底取代民间教科书；二是确立教科书审定制，政府对各种民间教科书进行严格审查。当然，对有些统治者来讲，“钦定”（国定）必须是优先考虑的，他们按常情理解，教科书“钦定”对于巩同统治地位更有效。只有国定无望时，才可能允许民间教科书的广泛使用。

19 世纪末 20 世纪初，教科书的发行从数量到质量，民营机构都占绝对优势，由此形成教科书编写的社会广泛参与和自由竞争局面，客观上增加了清政府对教科书的控制难度：一方面，一些具有维新、民主、共和思想的教科书的出现，有危及清王朝统治地位的风险；另一方面，统治阶级的意识形态急需灌输给广大民众。怎么办？1897 年，孙家鼐在奏请开办京师大学堂的奏折中明确提出，为解决教科书的问题，应开设编译局，自己编写教科书，但未果。1898 年 6 月，在京师大学堂筹办时，总理衙门奏拟的《京师大学堂章程》第五节中明确提出“开设

编译局……集中中西通才，专司纂译”。1901年，张百熙再次奏办京师大学堂，重申设立编译局，实施统编教科书：“现在各处学堂，皆急待国家编定，方有教法。上海南洋公学，江、鄂新设学堂，即自编课本以教生徒，亦不得已之举也。臣维国家所以变法求才，端在一道德而同风俗，诚恐人自为学，家自为教，不特无以收风气开通之效，且转以生学术凌杂之虞。”① 他建议慎选学问淹通、心术纯正之才，从事编辑，书成之后，再请颁发各省学堂应用。政务处采纳了他的意见后上奏请求：“教科各书，前经管学大臣张百熙奏明编译中西各书，用为学堂课本，请敕下该大臣迅速编译颁行各省，俾有遵依。”② 1902年10月，京师大学堂成立了编书处和译书处，负责编写中小学教科书。普通科目由编书处分科编辑，西学（科学）科目由译书处翻译外国教科书应用。同时还决定各门课本都出两个版本，一为最简之本，为蒙学及寻常小学堂之用；一为较详之本，为高等小学及中学之用。这是清政府编写国定本教科书的第一次尝试。

但是，由于多方面的原因，如主管部门的无力，特别是缺乏新式教科书的编撰人才，清政府编写人员根本不具备条件在短时间内迅速编撰出全国统一的教科书。所以，京师大学堂编书处在国定教科书编撰上几乎没有任何作为。1904年，京师大学堂编书处关闭。

1905年12月，清政府最高教育管理机构——学部正式设立。学部下辖编译图书局，主持全国教科书编辑工作，编写“统一国之用”的各种教材。编译图书局定有章程九条，以指导教科书编撰：

> （1）编译教科书，初等小学最先，高等小学次之，中学与初级师范又次之；（2）编纂教科书，宜恪遵忠君、尊孔、尚公、尚武、尚实之宗旨，以实行国民教育。所编之书务使程度相宜，教育

① 舒新城编：《中国近代教育史资料（上册）》，人民教育出版1961年版，第213—214页。

② 转引自王建军：《中国近代教科书发展研究》，广东教育出版社1996年版，第161页。

> 进步；（3）凡编一种教科书，兼编教授书；（4）凡编一本，预先须议定年限钟点……（7）成书之后，由学部审定科审定，再通行各省学堂，提倡学堂提意见；（8）各科说明书编成后，一面本局自行编纂，一面由本部悬赏募集编纂，以补本局之不逮。①

从第八条可见，即便清政府有强烈的国定教科书的意图和行动，但一开始就给民间编撰教科书留下了空间，而没有用国定本完全取缔其他教科书的计划。

编译图书局成立的当月——1906 年 6 月，学部重新启动了编写国定教科书的工作。几个月后，中国现代意义的第一本部编或国定教科书《初小国文教科书》（第 1 册）出版，随后又推出《修身教科书》第 1 册。其他几册也陆续面世。这是我国中央最高管理机构编撰统一的国定教科书的开端②。但国定教科书的编撰并不顺利，两年后，至 1909 年，初小各科教科书才全部颁行。1910 年，高等小学教科书才基本颁行。从启动到基本完成小学段的教科书，花了整整 5 年的时间（远比商务印书馆以及后成立的中华书局效率差）。中学教科书编撰更是困难重重，遥遥无期。

对那些旧学根基深厚（即便部分人有短暂游学背景）的编纂人员来说，新式教科书的编撰是一个新生事物，要他们短时间完全掌握新式教科书的编撰要领是不太现实的。更重要的是，编辑新式教科书受制太多。国定教科书既要确保意识形态的灌输，又要体现时代发展特征，挑战是显而易见的。“编纂之初已奉先朝立宪明谕，当经再三审度，既思保存我数千年立国之精神，又期吻合近世教育国民之主义”③，还要符合学童心理特征，这种调和又谈何容易。在《初等国文教科书》的序

① 《学部编译图书局备览》，《学部官报》第 68—70 期附录，1908 年 10 月 5—25 日。

② 石鸥等：《百年中国教科书图说（1897—1949）》，湖南教育出版社 2009 年版，第 5 页。

③ 《本部奏章》，《学部官报》第 113 期，转引自李桂林等编：《中国近代教育史资料汇编·普通教育》，上海教育出版社 1995 年版，第 53 页。

言中，作者感慨万千："教授儿童知识宜简不宜繁，宜实不宜虚，宜变换不宜故常，又必究其习见习闻推究事物之兴趣，且符于智育、德育、体育之宗旨，切于今日国民之应用。执此求中国古书，颇难其选。此国文教科一书，所为不得而作也"。为了完成这几乎不可能完成的重任，学部编译图书局不得不"聚 23 省之人才"，"几经讨论，几经弃取"。但是，编著者心中终归是不踏实，"执笔之余，动多牵掣，苦心绌力，勉勉皇皇。然则是书之成，安敢自信而共信"①。此话乃第一任编译图书局局长的由衷之言，也可见处于新旧交替时代的传统学人的彷徨与困惑。国定教科书困难重重的另一个原因是，审查教科书的老学究们比编撰教科书的思想还保守得多，编者被要求不断修改，到最后已了无新意。

这里，本质上是政治与学术间的矛盾，是新学与旧学间的矛盾，是统治者的意志与时代的进步间的矛盾，是维护统治集团传统地位和救国图存呼唤改革间的矛盾。这些矛盾的处理绝非易事。年轻的学部已经没有时间来适应和处理这些矛盾了。

正因为这样那祥的原因，学部国定教科书一出世，批评之声就不绝于教育界，遭到社会舆论包括统治集团内部的开明人士的广泛批评。

《现行教科书制度与前清之比较》一文记述了这一状况：学部自光绪了三十二年（1906）设立图书局编译教科用书，此春颁布初等小学《图文教科书》第一册，《修身教科书》第一册，《南方报》即著论攻之，为一时所传诵。是秋第二册出版时，报纸又起纠弹之②。

批评国定教科书极为犀利者首推陆费逵③。他当时连续发表三篇文

① 袁嘉毅：《卧雪堂文集》（卷八），转引自王建军：《中国近代教科书发展研究》，广东教育出版社 1996 年版，第 53 页。

② 江梦梅：《现行教科书制度与前清之比较》，《中华教育界》1914 年 1 月号。

③ 陆费逵在《论中国教科书史》一文中说：丁未、戊申之间，学部组织图书局，所出教科书，大半仿商务、文明体例，且加入许多不合儿童心理的古董材料；外间很有批评，《南方报》曾登一篇专论学部国文的，是我的大作。载张静庐辑注：《中国近代出版史料初编》，中华书局 1957 年版，第 213 页。

章：《论国定教科书》《论学部编纂之教科书》《论各国教科书制度》。三文犹如三颗炸弹，投向了欲使教科书国定的统治集团，严厉批评了教科书国定的做法。

在《论国定教科书》一文中，陆费逵旗帜鲜明地提出“我国今日之教科书，决不可国定”，并阐述了他反对教科书“国定制”的理由：

其一，仓促下手，预备不够。陆费逵以日本为例，指出日本明治初年就想统一教科书，但直至明治三十六年才得以实现。即使明治三十七年国定教科书颁行后，仍然未废由文部省检定一科有数种教科书，随地方择用之规定。可见，学部编纂国定教科书之举，实属仓促。陆费逵指出，即便教科书有部编的，也应该允许民间优良教科书的使用。

其二，教科书不可国定，也因国民对政府的信任以及太大的风险所致。陆费逵指出：“吾国人之心理，最信服政府，苟一国定，则无人敢言其非，而全国风行，虽有民间编辑之善本。亦必不用。国定而善也，吾人固受其福；设有不当，其遗害将何所底止哉！”如果教科书编撰有问题，负面影响将是全局性的，风险太大。

其三，教科书国定，必然“竞争不烈”，进步迟滞。陆费逵指出：“天演公理，有竞争而后有进步。教科书果为国定，绝人销售，又谁肯虚掷财力心力以经营之？以全国四万万人之教育，而委之学部数十人之手，一成不变，其必无良果可想而知。即令多聘通人，时时改良，更采私家著述，兼收并蓄，而百家俱废，只出一途，竞争不烈，进步必迟，可决然也。”他十分担忧地指出，即便聚集人才，也难尽兼众人之长，“宦海中人，从事著述，果能人人尽心竭力而毫无所慕乎？书即出版，良否自有公论，果能以一人之手尽掩天下日乎？”“吾恐教科书国定之后，难期再有进步矣。”

其四，教科书国定，难以适应不同地方的实际。陆费逵指出，我国人众，故所居既异，所需之智识亦异；我国地广，风俗物产不同，则选择教材不能不随地而异；道德教育，宜人人所同，然风俗既异，纠正之方不能不异；生理卫生，宜为人类所同，然地气、所居有殊，则防御之道亦有别。教科书国定，何以处之？

那么，如果不国定，能否保证质量呢？当然可以！在陆费逵看来，学部既有审定权，就可通过审定择优汰劣，控制教科书质量。他指出："或疑私家著述宗旨各异，程度不齐，难收一道同风之效。不知学部既有审定权，则教科书之行用与否，学部实司之，不必过虑也。"①

深谙教科书之道的陆费逵对学部编辑的初等小学《国文》《修身》教科书两书之质量颇为担忧，促使他写下了第二篇论文《论学部编纂之教科书》。该文署名伯鸿，分上、下两部分，发表在《南方报》的"论说"栏目②。在该文中，陆费逵以国文教科书为例，援引书中的课文实例有理有据地分析了部编教科书的八点不当之处：（1）教材多不合儿童心理；（2）词句多不合论理；（3）间有局于一隅之处，不合普及之意；（4）图画恶劣，图与文词，且间有不符之处；（5）数字与算术不相联络；（6）时令节气不相应；（7）抄袭近出各书，有碍私家编著；（8）教授书失之高深，教员生徒皆受困苦。除第八点之外，其余七点均做了具体而详细的解释，令人信服。如果说《论国定教科书》一文是从理论上论证了教科书不可国定，那么《论学部编纂之教科书》一文，则从事实上证明了即便是国定本教科书，问题仍不可免。结论是：教科书不可国定。

除了从理论与事实上论证了教科书不可国定外，陆费逵还从比较的角度说明了教科书不可国定。他于1910年写下了第三篇论文《论各国教科书制度》，发表在当年《教育杂志》第2卷第6期上。在该文中，陆费逵介绍了英国、法国、德国、奥地利、日本等当时"世界文化最

① 陆费逵（署名伯鸿）：《论国定教科书》，《图书月报》1906年第3期。

② 上篇发表在《南方报》的第610号，1917年5月14日；下篇发表在《南方报》的第618号，1907年5月22日，见周其厚：《陆费逵〈论学部编纂之教科书〉》，《出版史料》2010年第3期。

高之国”的教科书制度及其优缺点，指出教科书制度之良善者莫如实施教科书自由制的德法两国，不善者如实施教科书国定制的日本，希望谋国者放眼于五洲之外，不要拘泥于情势不明之日本一国。实际上再一次表达了他对教科书国定制的不满和对我国教育前途之担忧①。陆费逵反对教科书国定制的论文，其见解在当时已达到很高水平，对教科书制度产生了较大的影响。当时不少刊物都转载了陆费逵的文章，批评国定教科书②。

当时很有影响的《申报》也发表长文《论限用部编教科书有妨教育之进步》，对规定使用国定教科书提出不同意见。认为国定教科书质量不足为全国通行之善本；且划一教科书难以切合全国不同地区之不同情形；尤为重要的是，如果只能使用国定教科书，缺乏竞争，那么全国教育界将毫无生气，“我国教科书将从此暗然无生色矣”③。

《教育杂志》1910年刊登张世杓的文章。作者在文中深刻分析了国定教科书的弊端，认为教科书国定，不但不能促进教育进化，甚至导致教育退化。国定教科书有二大弊端：一则缺乏竞争，缺乏改进之机会，“竞争弥激，进步弥速。若国定则编者之利害关系既浅，而又凭借官力以流通各地。竞争既绝，改进之机亦寡”。二则专己独断，遮蔽真理，“凡天下之所谓真善美者，必经多数人之自由研究。此攻彼击，而真理乃出。集思所以广益，古人不我欺也。若以少数人之意见，欲施之于二二行省而悉当，其能免于专己独断之弊乎?”④

该刊同一期还刊登了潘树生的同一题目的文章，他认为，教科书应该适应不同地区的差别，即便是饱学之士，也编撰不出一本能够适应不同需求的教科书；教科书编撰，目标与宗旨统一，方法可以多样：“教

① 陆费逵：《论各国教科书制度》，《教育杂志》1910年第2卷第6期。

② 《大公报》在光绪三十三年（1907）二月二十一日发表了陆费逵的《论国定教科书》。

③ 《论限用部编教科书有妨教育之进步》，《申报》宣统元年二月初一、初二“论说”。

④ 张世杓：《论教科书与教育进化之关系》，《教育杂志》1910年第2卷第5期。

科书者，独教育之方法，欲以达其宗旨也。宗旨与他国异，则教科书安得而强同？且教科书非特应与他国异也，吾国版图廖阔，亦必视其山川风俗物产而编适当之教科书。即各省各府州县，安得而强同？宗旨不可不一也，至于方法，则宜各行其是。如百川分流，而朝宗于海。其方法无论异同，以能达宗旨为准。今若听学部编辑，颁行全国，虽有深明教育之士，亦但向壁虚造，于各地之真况，无从悬揣。”

当时反对教科书国定，主张教科书审定者还大有人在，也有位高权重者。事实上，国定本教科书质量也确实不如民间优秀教科书，不如商务印书馆的《最新教科书》。就这样，清政府第一次教科书国定的尝试，最终因强烈的反对，因事实上国定教科书不能覆盖所有学段和学科，不能满足新式学堂的需要，当然，也因清朝国势已成强弩之末，即使欲强势推广国定本，也心有余而力不足了，国定教科书就这样走向终结。编撰国定教科书之路既不可行，晚清政府对教科书进行管理，只得寻求第二种方法，即实行教科书审定制。

三、教科书审定制的形成与影响

晚清政府中的部分人本能地希望“钦定”一种教科书颁行全国，结束新式学堂多种教科书并行的局面，因而启动了国定教科书编撰，但这一决策自始至终没有完全被认同，即便统治阶级内部也有部分人反对国定教科书。而且，基本思想是既有国定教科书，也不主张禁绝民间优良教科书。所以，在启动国定教科书的同时，统治集团也启动了另一种重要的教科书制度——审定制。

当时任京师大学堂译书局总办的严复，就明确反对国定教科书。严复在晚清教科书制度建设中提出了很有理性的见解。他一方面认为教科书不能放任自流，必须有所监管；另一方面又认为，对教科书的最佳监管不是彻底取缔民间教科书，代之以国定本或部编教科书，而是实施教科书审查制度，既有利于统治阶级的长治久安，又不至于扼杀教科书生机勃勃的局面。严复在指出学部部编教科书的种种缺陷的基础上，认为“以学部自行定教科书，虽有益于一时，必得损于永久矣”，“学部于教科书，莫若除自行编辑颁行外，更取海内前后所出诸种而审定之”，未经审定的教科书不准其销售①。

陆费逵在全力反对国定教科书的同时，也提出了建设性建议，主张学部宜移编书之力，从事于教科书的审定工作，民间一有出版，随购随阅，评其优劣，以官报公布之。其合审定之程度，固应及早宣示，便人购求；而体例芜杂、宗旨悖谬者，亦不至于贻误学界②。罗振玉也是审定制的倡导者，他表示，教科书可以由官方鉴定，但应允许民间编书，“民间有编教科书善本，得由官鉴定，一律行用”。③

这些意见都力图推行教科书的审定模式，保障教科书的多样化竞争，以保证与提升教科书质量：“凡事以比较而有竞争，以竞争而有进步，固一定不易之理也。”如果一律遵用部编教科书，那将造成“民编教科书之比较竞争之机已绝，在民间固永无良好之教科书出现于世”④。

1904年，提倡新式教育的重要人物张之洞、张百熙在《学务纲要》中正式提出：“查京师现设编译局，专司编辑教科书，惟应编各书，浩博繁杂，断非数年所能蒇事，亦断非一局所能独任。”为此，在官方统编教科书的同时，应以审定民间教科书为主导。他们建议首先组织各科之教员编纂教科书目录。“查照各学堂年限钟点，此书供应若干日讲毕，卷叶应须若干，所讲之事孰说详孰略，孰先孰后，编成目录一册，

---

① 严复：《论小学教科书亟宜审定》，《中外日报》1905年4月7日。

② 陆费逵（署名伯鸿）：《论国定教科书》，《图书月报》1905年第3期。

③ 璩鑫圭、唐良炎编：《中国近代教育史资料汇编·学制演变》，上海教育出版社1991年版，第158页。

④ 《申报》1910年3月11—12日文。转引自李桂林等：《中国近代教育史资料汇编·普通教育》，上海教育出版社2007年版，第198—199页。

限三月内编成。由学务大臣审定，颁发各省。”其次，由京外各编译局分担任务，按照目录规定分别编纂。重出无妨，择其精善者用之。第三，经学务大臣审定之教科书用之于各中小学堂。“如有各省文士能遵照官发目录编成合用者，亦准呈送学务大臣鉴定，一体行用，予以版权，准著书人自行印售，以资鼓励。”① 各省中小学堂也可以先行自编讲义，然后汇订成册，送交学务大臣审定。“宜一面奖励著书之人，一面严定惩戒之令”。② 在《奏定中学堂章程》中，既推行国定官编教科书，也允许使用自编但经过审定的教科书，进一步清晰了教科书审定制度的内涵：“凡各科课程，须用官议编译局编纂，经学务大臣奏定之本。其有自编课本者，须呈经学务大臣审定，始准通用。”同年，晚清政府颁布上谕，改管学大臣为学务大臣，学务大臣的下属机构称为“总理学务处”，内设专门、普通、实业、审订、游学、会计六处。其中，审订处“审定各学堂教科书及各种图书仪器，检察私家撰述，刊布有关学务之书籍报章”③。学部成立后，也设审定科，“掌审查教科图书，凡编译局之已经编辑者，详加审核颁行”④。为了有效地进行教科书审定，学部还于1906年颁布了《教科书审定办法》。有了专门的教科书审查机构和审查办法，这标志着教科书审定制的正式确立——根据国家统一的教育宗旨，分别由国家、地方、民间、个人多渠道、多层次地编辑教科书，再由国家统一审定审查后颁行。

教科书审定制度一旦建立，便迅速落实实施。1906年7月，学部

① 《学务纲要》，舒新城编：《中国近代教育史资料》（上册），人民教育出版社1961年版，第213—214页。

② 《论设学部办法》，《南方报》1905年10月2日。转引自关晓红：《晚清学部研究》，中山大学1999年博士学位论文，第228页。

③ 璩鑫圭、唐良炎：《中国近代教育史资料汇编·学制演变》，上海教育出版社2007年版，第514页。

④ 沈云龙：《近代中国史料丛刊》（第三编第十辑），台北文海出版社1973年版，第39—48页。

颁布了《第一次审定初等小学暂用教科书凡例》20条和暂用书目表[①]。这是晚清政府第一次以法律条文的形式正式向全国公布教科书的送审要求与审定结果。1907年5月，学部刊行了《第一次审定高等小学暂用教科书凡例》8条并附书目表[②]。1908年，学部刊行了《本部审定中学暂用书目表》[③]。1910年，学部又公布了《第一次审定中学和初级师范学堂暂用书目凡例》并附书目表，凡例共11条[④]，对教科书的送审要求与程序再次作了补充和说明，提出了"宁缺毋滥"的原则，严格审定标准。

虽然从清政府来说，加强对教科书审查的最主要的目的，既是为了防止革命、民权、自由等种种在他们看来是悖谬的言论思想传入国内而危及其统治，也是为了满足迅速发展的新式学堂的大规模需要，但在当时国人不问编撰实力，追逐利润，一哄而上编译教科书的情况下，教科书审定审查对于整顿教科书出版发行的混乱状况起到正面引导作用，这既满足了新式教育的发展需要，也保证了新式教育的基本质量。教科书审定制度的实施，使得学校教学用书程度、内容上大体均衡。而且，教科书的审定使得新式教科书在体裁形式、教育教学纸质印刷、价格等方面都有了较强的制度保障。学部将审定意见公之于众，作为规范教科书编写的基本尺度，这种政策导向对教科书的发展无疑具有积极意义，为教科书的发展提供了生长的时间和规范的尺度，对全国的新式教科书起到示范与督促作用。这一制度一直巩固下来，并贯穿民国大部分时期，以至于民国时期的教科书审定制度主体上是以清末审定制为框架的。

重要的是，尽管清学部自己编撰了国定本教科书，但在整个清朝气

① 学部：《第一次审定初等小学暂用教科书凡例》，《学部官报》1906年第3期，审定书目第1—2页。

② 学部：《第一次审定初等小学暂用教科书凡例》，《学部官报》1907年第21期，审定书目第20页。

③ 学部：《本部审定中学暂用书目表》，《学部官报》1907年第57期，审定书目第2—4页。

④ 转引自王建军：《中国近代教科书发展研究》，广东教育出版社1996年版，第169页。

数已尽、岁月无几的局势下，在受到多方批评、听取多方意见后，学部没有一意孤行地以政治与权势强行让自已的课本占领课堂，更没有以行政命令的形式否定民间教科书的存在空间。中央学部没有（事实上也不可能了）太多地赋予自己费尽苦心编写的部编教科书以使用的特权，而是大体依教育规律，赋权给地方、学校、校长和老师，把教科书选择权交给他们，总体上是质量优先。这一做法开了限定国定教科书权力空间的先河，明确了国定本不是垄断本、其他优秀的教科书照样可以与国定本并行不悖的基本思路，从而保障了教科书能够形成一个生态系统，适应差异极大的不同地方、学校和不同学生的需要，为后来的教科书使用树立了榜样，具有重要而长远的意义。

教科书审定制客观上带来了教科书多样化。教科书多样化既为我国近代一批知识精英崭露头角营造了发展平台，也有利于适应和促进各种人才培养、有利于不同人才脱颖而出。20 世纪上半叶我国之所以各领域人才辈出，群星璀璨，思想活跃，流派纷呈，与 19—20 世纪之交的教科书千姿百态有密切关系。教科书审定制客观上也为我近代出版业提供了重要的生存和发展空间。民国时期实行的以清末审定制为框架的教科书审定制，使众多民间出版机构或多或少受益于教科书的出版发行，一批优秀的出版界精英与学界精英，得以在教科书出版的过程中锻炼成长。如果教科书国定，教科书的编撰出版和发行市场实行垄断，我们就很难想象诸如商务印书馆、中华书局、开明书店等出版机构的命运，也很难描绘出中国近代人才辈出、群星璀璨的知识版图。

（原载于《中国出版史研究》2017 年第 4 期）

根据地教科书的精神遗产及其现代价值

众所周知，中国共产党经过长征到达陕北时，中央红军只剩下两万多人，红区力量损失了百分之九十，白区损失近百分之百。以如此微弱的力量，如何能在短期内成功地动员千百万农民拥护共产党、献身共产主义事业？共产党通过什么方式和途径，将散漫的小农组织变成支持共产党的中坚力量？什么是中国共产党在乡村的组织和动员的工具？作为拥有最多读者的宣传载体，根据地教科书是共产党人的重要武器，是沟通知识精英和农民大众的天然桥梁，是动员和组织民众的最有效的工具，它在普及党的理念、宣传党的政策、确立党的领导过程中，为一个无产阶级政党的崛起写下了浓墨重彩的一笔，也为我们留下了丰富的精神遗产。遗憾的是，中国共产党根据地教科书蕴含的丰富精神遗产及其现代价值，远没有被挖掘出来。

一、根据地教科书之精神遗产

中国共产党成立以后，如何获得广大民众的认可和支持，这是关乎党的前途与命运的大事。此时，具有宣讲、传播、教诲、启蒙功能的教科书，被出身激进知识分子的早期共产党人赋予了战斗武器的使命，共产党人牢牢地掌控并利用教科书这一武器，把党的理想与民众的梦想结合起来，把党的领袖与人民对圣贤的需求结合起来，把党的政策与农民的切身利益结合起来，它传播共产主义思想，灌输无产阶级的话语，用崭新的政治意识和行为准则规训民众；它既充满强烈的阶级意识和民族精神，又具有广泛的亲民亲农倾向。这一奋斗历程，形成了共产党利用教科书的优良传统，积淀为宝贵的精神遗产。

（一）对教科书高度重视

教科书受众最大。尤其在信息单一、文化基础薄弱的革命根据地，教科书无疑是最广泛的宣传品，有着最大的受众群体。解放战争期间，共产党东北行政委员会的教材编审委员会，一年多的时间里就发行教科书达 532 万多册。任何其他政治读本都不会有这么大的发行量。

教科书最被读者信赖、影响最深远。受千百年的科举文化的影响，课本被认为是神圣的，在民众中比一般读物更有声望，更有号召力。尤其在偏远地区，教科书是广大民众最容易获得的信息源泉（除了教科书，人们很难找到其他开启民智、了解公共信息的途径），是他们最容易接近的教师，是最可靠的智者。在这一点上，教科书几乎成了边远农村的“元媒介”“元智慧”。而且教科书直接指向儿童青少年，是培养人、形塑人的最直接的手段。所以它的影响来得更持久、更深远、更广泛。

教科书作为国家意志、民族文化的集中体现，是传播和普及特定意识形态最重要的工具，具有动员大众的神奇功能。正因为教科书这种文本的独特功能，共产党一直没有放松过对教科书的监管与利用，表现出对教科书的高度关注与重视。不论是在抗战时期，还是解放战争时期，教科书都是共产党重要的宣传工具和斗争武器。

1. 一定要有自己的教科书

与共产党发现必须要有自己的军队一样，共产党必须要有自己的教科书。无论何种情况，手中要有军队，要有武器。无论何种情况，手中要有学校，要有教科书，有自己的教科书！这是另一种军队，另一种武器。

一手握枪，一手握笔，这是共产党的宝贵经验。事实上，根据地教科书和其他宣传品比如报纸一样，就是共产党的刀枪。当年毛泽东把教科书的问世看成战场的大胜利："现在文化课本出版了，这是一大胜利，这是凯丰、徐特立、范文澜诸同志的功劳"。[①] 晋绥边区的领导人贺龙直接以《强有力的武器》为题祝贺《抗战日报》创办一周年，认为，"一个强有力的报纸是与一支强有力的武装同等重要的"[②]。不是吗？在当年许多国共有识之士看来，中国军民对日作战中，最厉害的武器，不是机枪，也不是坦克，而是毛泽东的《论持久战》！

由于众所周知的原因，共产党根据地的经济条件极为艰苦，日军占领区、国统区、根据地地域交错，形势复杂，特别是出版印刷条件很差，纸张匮乏，运输不畅。在这种局势下，根据地教育工作者不畏艰险，克服困难，确保教科书能够印出来，能够进入师生之手，真正发挥党的声音的作用，把教科书由潜在的文本变为了现实的精神工具，创造了一个又一个教科书发展史上的奇迹。

他们克服了根据地奇缺纸张的困难，许多教科书直接用毛头纸（糊窗户纸）或土纸印刷的，有的教科书一本书甚至由几种不同的杂色纸、杂色油墨印成，成为教科书出版史上的奇观。

由于纸张质量和印刷条件均差，教科书往往用不了几天就破损，无法完整地使用一个学期。为了要有自己的教科书，就得尽可能延长那些印刷质量低劣的教科书的寿命，根据地教育者创造性地把使用一学期的一册教科书分两册印刷，每册只用半个学期，基本上能够保证教科书不至于完全破损。

---

① 范文澜等：《中级国文选》，新华书店 1942 年版。

② 贺龙：《强有力的武器》，《晋绥边区政府抗战日报》1941 年 9 月 8 日。

为了确保有自己的书，就得应对日伪军、国民党军队与八路军新四军你争我夺的复杂战斗局面。这些地方的学生一入学即被告知如何隐蔽根据地课本。阅读教科书实物发现，有些根据地教科书采取伪装书的装订形式：沦陷区教科书的封皮，根据地教科书的内芯。当敌人来时，师生书一合，桌上一放，这就是“皇军”的课本，敌人一走，师生打开书本，朗朗而读的则是根据地自己的教科书。

为了要有自己的教科书，在即便是印刷低劣的教科书也实在匮乏，无法保障学生人手一册的情况下，最大效率地发挥教科书作用的办法就是优先保证教师使用。教师必须珍惜教科书，不得损坏。如果教师因其他工作离开学校，必须妥善地把教科书转交给接替他的人。战争时期，教科书就是师生手中的枪。当士兵退出战场时，一个敬礼，郑重地把枪传给来接替他的战友。在学校，放假了，上前线了，都会来一个敬礼，庄重地把教科书——教师的武器传交给接替他的来者。

确实，无论条件多么艰难，犹如战场上战士不会放下武器一样，共产党没有放松过教科书建设。这已经成为传统，成为精神遗产。

2. 一定要让政治和专业素养都高的人来编撰教科书

教科书质量的高低，决定性的环节是编写。根据地对教科书的重视，首先抓住编写这一环节，组织党内优秀知识分子编写教科书。苏区时期，教科书建设的领军人物是徐特立等革命教育家，进入抗战时期，董纯才、辛安亭、温济泽、叶蠖生、刘御等人，都成为根据地教科书建设的主力军，他们是共产党优秀的知识分子，对党忠诚，有较好的学术素养，大多曾经任教于国统区的大学，有些甚至是留洋学生。

比如，根据地教科书的领军人物董纯才，1949 年后，曾任国家教育部党组书记、常务副部长；辛安亭是北大毕业生，曾任陕甘宁边区政府教材编审科科长，人民教育出版社成立时任副社长、副总编辑；温济泽，复旦大学毕业生，1949 年后，先后任中央人民广播电台副总编辑、中央广播事业局副局长、中国社会科学院研究生院院长等职。

共产党的一些高级知识分子如凯丰、胡乔木、范文澜、金灿然、齐燕铭、叶蠖生、薛暮桥、吕振羽等都参与了根据地教科书的建设。

这些根据地教科书的主创人员都是共产党优秀知识分子，以他们为主体，团结更多的知识人，根据地教科书事业蓬勃发展起来，为共产党的壮大提供了舆论氛围和民众基础。新中国成立后，这些教科书建设的功臣几乎都成为党的高级知识分子、著名专家或高级领导干部。

（二）教科书强烈的意识形态色彩

教科书这一独特文本的本质功能之一是教诲性，即政治的意识形态的价值。① 这一特征导致教科书具有重要的宣传效应。②

根据地教科书把意识形态价值发挥得淋漓尽致。在某种程度上，教科书就是党的宣传册，不同之处在于它比那些正规的宣传册更加深入人心。根据地教科书的教、学过程，实际上是对乡村文化和农民心理进行共产党式的改造和重塑的过程，在这个过程中，共产党的意识形态和阶级标准逐渐为民众所接受，变为民众的行为准则和规范。一旦成千上万的农村学童和他们的家人接受了共产党教科书的理念，中国的政治版图就会改变。

教科书介绍共产党的性质、任务，宣传党的政策。一个诞生于艰难困苦之中且处处被打压的政党，其领导人、政党目标、组织性质等往往不为底层民众正确认知，最有效的弥补方式是教科书。根据地教科书承担了大力普及党的知识的任务，不遗余力地从组织制度层面宣传党的性质和任务，以此强化民众对党的了解与认同：

中国共产党，是为无产阶级及全中华民族谋解放的政党，它是

① 刘皑风：《冀中抗日政权工作七项五年总结（1937. 7—1942. 5）》，中共党史出版社 1994 年版，第 213 页。

② 石鸥、吴驰：《中国革命根据地教科书的政治宣传效应》，《教育学报》2011 年第 3 期。

统一战线的发起者和坚持者，在它领导下有八路军和新四军，这两支坚强的铁军，在敌人后方——华北、华中、华南各地建立了坚强的抗日根据地，领导着广大的人民抗日。①

这一类课文几乎占所有课文的三到四分之一。如陕甘宁《初级新课本》第四册，共有课文 58 课，其中对党和政府的直接介绍达 16 课。②

配合时代巨变和党的发展需要，教科书及时传播党的主流声音，宣传党的政策。在根据地，学校是当地的文化中心，也是政府宣传和执行政策的助手。学校教科书具有宣传和协助执政的功能。把受众面最广、读者最多的教科书当作党和政府发布政策的载体与窗口，以求最大的宣传效果，这是根据地的创举。教科书有些课文直接发布当地的具体政策。如陕甘宁边区的开荒运动开始后，教科书立即跟进，出现大量“合作社里”“怎样开荒”类的课文。

晋冀鲁豫边区的《高小地理课本》第一册共 17 课，其中 8 课介绍边区。③ 晋绥边区的《高小地理》第一册共 8 课，其中 6 课分别是陕甘宁边区、晋绥边区、晋察冀边区、晋冀鲁豫边区、山东解放区和东北解放区。地理，那是比较成熟和规范的教科书，也能如此鲜明地服务于政治、服务于地方。对于根据地教科书编创人员，这需要足够的魄力和智慧。

歌颂并塑造共产党的领袖。教科书对共产党领袖的宣传与塑造有一个发展过程，从大力宣传党的领导群体，到逐渐定一尊于毛泽东个人。早期根据地教科书中大量出现《朱总司令》《想起刘志丹》《刘志丹和

---

① 晋察冀边区教育研究会:《抗战时期初级小学常识课本》第二册，边区行政委员会 1940 年版。

② 董纯才:《初级新课本》第四册，陕甘宁边区教育厅 1942 年版。

③ 王同民:《高小地理课本》第一册，裕民印刷厂 1947 年版。

小平》《左权的话》等课文。我们熟悉的“朱德的扁担”就出现在晋冀鲁豫根据地教科书中。1943年10月，中央宣传委员会第一次提出“毛泽东和共产党是中国的救星”。此后，教科书中毛泽东个人逐渐突出，其他领导人慢慢弱化。“红太阳”一类的表述也开始见诸课文：

> 毛主席，像太阳，他比太阳还光亮。（晋察冀边区初小《国语课本》第一册）
>
> 东方红，太阳升，中国出了个毛泽东，他为人民谋生存，他是人民的大救星。（陕甘宁边区《初小国语》第二册）

根据地教科书塑造和宣传党的领袖，适应当时民众期盼“大救星”的心理需求，具有积极意义。而“红太阳”和“大救星”式的领袖偶像崇拜话语系统也开始形成。

（三）教科书浓厚的亲民倾向

如果说共产党的宣传是根据地教科书的第一主题的话，农村农民农活当之无愧地成为教科书的第二主题。这构成了根据地教科书的亲民倾向，本质上是亲农倾向。若从篇幅上讲，这一主题的量比党的宣传更大，多达教科书的50%以上。如晋冀鲁豫《初级新课本》第三册共40课，其中政治类课文10课，生产类课文10课，卫生类6课，自然类6课，应用文4课，学校生活4课。① 即便卫生、自然和应用文类都与农业农村和农民相关。农村、农民、农活成为根据地教科书的核心内容，打开任何一本根据地教科书，扑面而来的就是这股“三农”风。根据地教科书作者深切体会到乡村生活的艰辛，懂得农民的疾苦，知道他们缺什么、想要什么，知道什么课文能吸引更多的读者。所以以生活为内

---

① 曾頫：《初级新课本》第三册，《太行新华日报》1945年。

容、以生产为学习对象的根据地教科书，不光学生喜欢，就连家庭其他人都愿意学、乐于学、学而有用。

亲民就要惠民。共产党在发展壮大过程中的宝贵经验是关心农民利益和疾苦，使其支持党的政策，认同共产党领导的合理性。所以，党的惠民政策成为根据地教科书的重点宣传内容。惠民的重要表现就是让农民当家作主，耕者有其田。这是党赢得民众的重要举措。土地是农民安身立命之本，是他们最主要的生产资料，是他们生活的唯一来源，所以土地一直成为党在根据地惠民作为的关键点。根据地教科书始终贯穿土地革命内容，宣扬“耕者有其田”“减租减息”，昭示共产党的惠民举措。同时，对比新旧生活，教科书绘出“翻身幸福”与“丰衣足食”的美好景象，呈现出共产党突出的执政绩效。恰如晋察冀课本中的《翻身谣》所唱响的：“高山流水哗哗响，以前的日子好凄凉；没有地，没有房，一年四季饿肚肠。乌云散，出太阳，出了救命的共产党，领导群众把身翻，打倒地主和魔王。有了地，有了房，一家大小喜洋洋。自己的地，自己的房，自己的庄稼自己榜，多流些汗儿多打粮！”①

亲民的重要表现是通过教科书传播农业知识，普及农业科学，提高生产水平。农民的基础文明和农业生产成就，既是共产党关心农民利益所不得不考虑的焦点，也是根据地党、政府和军队生存与发展的基础。解决不了农村的经济问题，就解决不了共产党在根据地的生存问题，党的一切追求都是浮云。正因为这样，根据地的教科书在重视党的宣传的同时，非常注重农村急需的生产知识的传授。可以说，教科书对边区的生产和经济发展起了重要的指导作用。教科书告诉人们如何科学养猪，如何科学沤粪，栽桑、种棉、打井都是教科书内容。有些教科书简直就是一本农业科普手册。

教科书的亲农倾向还突出地表现在注重宣传农村卫生，帮助农民养

① 刘松涛等：《高级小学国语课本》第三册，晋察冀新华书店 1948 年版。

成爱科学、反迷信的健康的生活习惯。诸如如何消灭虱子、防止痢疾、种牛痘、反对算命等课文占有相当篇幅。

教科书的亲民倾向还表现在关注家长。根据地教科书不仅指向儿童，也指向，而且非常明显地指向儿童们的农民家长。大量生产性内容、政治性内容，其实都有某种现学现用的意图，都以成人为潜在甚至显在的对象。这又是根据地教科书的一个创举，值得借鉴与学习的创举。教科书除了天然地要以学生为对象，还要考虑家长，引领家长，把家长预设为教科书的重要读者。

传播农业科学知识和生活卫生常识，这是教科书科学启蒙价值的本质体现。没错，尽管在某种意义上，根据地所有教科书都可以看成政治教科书，但本质上，它们仍然是教科书。

（四）教科书突出的乡土特色

与相对精英化、国际化的国统区教科书大相径庭的是，根据地教科书表达了人民对那片土地的热爱——教科书体现出浓厚的乡土色彩，关注本地文化，反映本地风俗，表达本地诉求。中国长时间里是个农业乡土社会。乡土，从古至今是中国传统文化和民族精神的主要载体。中国社会以乡村为基础，以乡村为主体，主流文化、核心精神，多是从乡村而来，又因乡村而发。根据地教科书清晰地试图表达、反映和借势这一乡土社会本质，把故乡、民族、国家和共产党糅合在教科书中。如此，这种薄薄的教科书就有了足够的力度穿透农村社会沉寂的外壳，激荡乡村民众炽热的爱国爱党情感。

根据地教科书的本土特色主要包含两个要素：一是与当地的生产生活结合，一是符合当地的表达风格，即内容本土化和表达本土化。

内容本土化是指教科书优先呈现与当地生活、民众利益相关的内容，突出民众关心的内容，反映地方文化，普及文明卫生，提高当地生产水平和生活质量。根据地所在地基本上都是农村，所以内容的本土化往往就是内容的农村化。这在前面的亲农倾向中已有分析。

表达本土化表现在教科书大量使用当地民众熟悉的表达方式。本来，相对于其他任何文本，教科书最通俗、最易懂，几乎人人可读、人人能读，它最贴近民众习惯和民众心理。而地处中国中西部农村的根据地，教科书就更注重这一要求：口语化表达，谚语、俗语、童谣、民歌等形式被广泛采纳。很多课文直接改编自或借用当地的民歌民谣。如《志丹陵歌》是陕甘宁《国语课本》中的一课，用五段当地极为熟悉的信天游式的歌谣来歌颂和怀念刘志丹。其中一段是：

送灵的队伍低下了头，
抬着灵柩想老刘：
想起当年闹革命，
老刘是咱的好朋友。
不是他当年领导好，
今天怎能抬起头。

又如《左权将军》用六段歌词，歌唱左权。歌词表达形式因借山西割莜麦小调改编而成，所以迅速在边区传播开来。①

根据地教科书就是这样，乡土味道浓厚。陕甘宁课本不时跳出黄土地的苍茫和信天游的豪放，晋察冀教科书的太行特色，山东解放区教科书的胶东风，东北教科书的苏联印记，等等，都历历在目。这种教科书，怎么可能不受欢迎？

（五）教科书通俗易懂

高度通俗是教科书在内容的呈现和表达上的特点，通俗易懂，可读

① 皇甫束玉：《初级新课本》第七册，太行群众书店1945年版。

性强，便于理解。前述根据地教科书的本土化，实际上也是通俗易懂的重要元素。教科书是供阅读的，而读者向往的阅读是悦读，悦读的教科书才是好教科书。

根据地教科书受读者文化水准低知识贫乏这一现实境况制约，编撰者在课文上采取了从众向俗的策略，语言浅易晓畅，力求通俗易懂。浅白化、生活化甚至口语化、歌谣化成为根据地教科书显而易见的语言特征与取向，有时还登载一些抗战小故事、民间小调等通俗作品，很受民众的欢迎。有些课文朗朗上口，读来印象深刻：

> 小娃小，也放哨。不怕冷风如刀割，不怕烈日如火烧。手拿红缨枪，路口查路条。
>
> 小娃小，也放哨，不怕冷风如刀割，不怕烈日如火烧，小人做大事，来把家乡保。[①]

口语化、韵语化只是通俗易懂的必要条件，仅仅朗朗上口还是不够的，如果内容深奥难懂，仍然达不到最佳效果。像旧时那些“三百千”类的教材，一般都朗朗上口，但因为内容艰深，很多学童根本无法理解，跟着先生糊里糊涂地读，糊里糊涂地喊，也糊里糊涂地告别学堂。“苟不教”变成了“狗不叫”，萧乾回忆儿时的教育：“每个学生面前都摊着一本四书，好像解闷似的，从早到晚我们就扯着喉咙唱着经文。……老师动不动就用烟袋锅子敲我的脑袋，板子也越打越重。说是‘大学’‘中庸’，打得屁股哼哼”。[②] 袁枚《随园诗话》有诗：“漆黑茅柴屋半间，猪窝牛圈浴锅连。牧童八九纵横坐，天地玄黄喊一年。”胡适也为此深感困惑：“《千字文》上的‘天地玄黄，宇宙洪荒’，我从五岁时读起，现在做了十年大学教授，还不懂得这八个字究竟说的

① 董纯才：《初级新课本》第四册，陕甘宁边区教育厅 1942 年版。

② 辅仁大学校友会编委会：《风云录》，北京师范大学出版社 1985 年版，第 129—130 页。

是什么”。[①] 可见，教科书仅仅讲究朗朗上口是不够的。

要让教科书通俗易懂，还应该在内容上着力，注重呈现与当地生活与社会实际结合的内容。对此，前述教科书的亲农倾向和本土化已经介绍了。

根据地教科书编著者们慢慢摸索并逐渐知道怎么将共产党的伟大目标“翻译”成农民能够理解的语言，他们几乎用底层民众的同一种语言和民众沟通，实现了小课本大宣传大启蒙的目的。

（六）教科书多样化

在共产党根据地，既有主流的、示范性色彩的教科书，更有以地方为服务对象的主要供本地使用的教科书。教科书呈显著的多样化态势。党中央所在地陕甘宁根据地编写了有示范意义的教科书，成为各地的参考对象。政策鼓励各根据地适应地方实际，可改编，也可编撰全新的教科书。所以，当时在共产党各主要根据地，几乎都有自己编撰的教科书。仅仅抗战阶段，陕甘宁、晋察冀、晋冀鲁豫等地，都产生了自己比较有影响的教科书。

1938 年初，陕甘宁根据地出版了第一套教科书。1941—1942 年，又对这套教科书进行了全面改编，使之成为根据地最有影响的教科书之一，曾短期内被晋察冀、晋冀鲁豫、晋西北根据地等局部地区翻印或模仿改编。晋察冀没有直接把陕甘宁教科书拿来使用，而是自主编撰了教科书。这套教科书也广为流传，被根据地辖区内不同地方略加改动模仿出版。如冀东、冀中都出版过改编本。[②] 我们熟悉的《狼牙山五壮士》的英雄事迹，就出现在这套教科书中。[③] 晋冀鲁豫也自主编撰了一套

---

① 胡适：《慈幼的观念》，见欧阳哲生编：《胡适文集》，北京大学出版社 1998 年版，第 644 页。

② 张腾霄、张岱：《初小国语课本》第五册，冀中行署教育科 1945 年版。

③ 刘松涛、黄雁星、项若愚：《高级小学》国语课本第三册，晋察冀新华书店 1948 年版。

《战时新课本》，教科书中有《朱德的扁担》一课。[①]

事实上，只有多样化的教科书文本，才能更好适应地方特点，反映地方文化，让教科书最大限度发挥效用。共产党和它的领导人清晰地认识到这一点的重要性。

抗战时期毛泽东在延安接见晋绥分局代理书记林枫时，对《抗战日报》作出重要指示，也对根据地教科书建设具有方向性的指导意义。毛泽东说，“本地消息，至少占两版多至三版，排新闻的时候，应以本地为主，国内次之，国际又次之。对于外地与国际消息，应加改造。对新华社的文章不能全登，有些应摘要，有些应印成小册子。不是给新华社办报，而是给晋绥边区人民办报，应根据当地人民的需要（联系群众，为群众服务），否则便是脱离群众，失掉地方性的指导意义”。[②] 教科书多样化，教科书本土化，教科书亲民亲农、对地方具有指导意义，都是毛泽东这一思想的落实与体现。

当然，由于教科书肩负着太厚重的民族性与政治性的担子，也必然存在一些缺陷，比如教科书对学生个性关注不足，系统的理论知识被弱化。[③] 教科书的本体启蒙功能被强烈的民族危亡感、国家忧患感、社会使命感逼到相对边缘的角度。在这一意义上，这一阶段的教科书几乎都可以看成政治教科书。确实，这些教科书缺点突出，但它们生气勃勃，个性鲜明，主题集中。在兵戎相见的岁月中，在党的艰难的发展过程中，根据地教科书不仅有力地配合了抗战救国，而且大力宣传了党的方针政策，传播了基本的农业科学知识，赢得了民众广泛的信任，为中国革命的胜利作出了卓越的贡献。

根据地教科书对中国广大西北部农村，是破天荒的一场浩大的

---

① 皇甫束玉：《初级新课本》第七册，太行群众书店1946年版。

② 阮迪民、杨效农：《晋绥日报简史》，重庆出版社1992年版，第13页。

③ 石鸥、曾艳华：《小课本大宣传——根据地教科书研究之一》，《湖南师范大学教育科学学报》2010年第5期。

“知识生产”与“文化启蒙”，价值无与伦比。

二、根据地教科书的精神遗产的当代价值

根据地教科书的熟读熟记过程，实际上是共产党的意识形态和道德标准逐渐为民众所接受的过程。当共产党、毛泽东、分田地、当主人……这些术语被民众日益接受并成为他们日常生活中十分熟悉的口头语言时，共产党已经成功地在农民心目中确立了牢不可破的形象，成功瓦解了当时国民党政府的权威。到了1945年抗战胜利时，在根据地农民心目中，蒋委员长的地位已经被毛主席完全取代。更重要的是，落后、分散而且自治力很强的根据地农村，就此被注入了类现代的民族国家意识，甚至建立了对中国共产党和国家政权的某种崇拜。① 可以说，国民党统治不仅在解放战争的炮火中崩溃，也是在根据地教科书的琅琅读书声中崩溃的。

根据地教科书的优良传统和精神遗产，对当今教科书建设具有重要价值。除了前述对教科书的高度重视外，特别有借鉴价值的是：

（一）坚持主流价值，坚持启蒙追求

政治性强、教诲性突出是教科书的基本特征。根据地教科书的意识形态主旋律声音是非常响亮的。但根据地教科书即便在那种艰难岁月，在那种急需民众了解、支持、信任的时期，仍然没有把教科书简单地等同于政治手册，仍然没有忽视教科书的启蒙价值，没有忽视通过教科书来满足民众需求、促进民众生产、拓宽民众视野、开启民众智慧。早在1933年5月，中华苏维埃共和国教育人民委员部编写的《共产儿童读本》完成初稿后，曾交徐特立审阅。徐审阅后提出“太偏重于政治，

① 张鸣：《乡村社会权力和文化结构的变迁（1903—1953）》，陕西人民出版社2008年版，第223—224页。

日常事项太少”。[①] 这里的“日常事项”实质就是教科书的启蒙性。徐特立的意见，一定程度上也是根据地教科书编撰者们的共识。根据地教科书没有忽视自己的启蒙担当。

在非常时期非常地域的根据地，教科书最大的启蒙价值，莫过于传播农业科学知识，普及文明生活常识，破除迷信，消除愚昧。而在今天，教科书的启蒙价值也许更应该表现在核心价值观的形成上，在追求真理，传播科学，关爱自然，珍爱生命，普及民主自由理念，提升普遍的人文素养上。

党的宣传—民众需求、政治性话语—民众生活生产性话语、意识形态—启蒙追求是根据地教科书的两大鲜明主题，两大基本特征，两套核心话语。根据地教科书这两个强烈的特征，最后发展为教科书极端的意识形态和一定程度过于实用、对科学的系统理论的忽视（“文化大革命”教科书即为典型）。这是根据地教科书研创者们没有预料到的。但反观现在的个别版本的教科书，确实很重视系统理论了，确实没有夸张的极端的甚至贴标签式的意识形态叙述了，但仔细读下去，会发现新的问题出现了，这些教科书核心价值不鲜明，主流精神不突出，混沌，发散，不客气地说是五花八门的花哨，一篇又一篇美文，一个点又一个点，一个主题又一个主题，跳跃，断裂，繁复，细碎，内在的紧张，甚至相互冲突，合上书本，很难留下强烈的印象，读者思想上根本没有得到集中的持续冲击。价值与精神的问题是新时代教科书必须面对与研究的新问题。当今网络化碎片化知识的社会，教科书必须树立起中流砥柱般的核心价值与主流精神，否则，就是灾难。

（二）坚持通俗易懂，坚持本土特色

教科书文本既应该是世界上最高贵的文本，同时也应该是世界上最

---

① 皇甫束玉等：《中国革命根据地教育纪事（1927. 8—1949. 9）》，教育科学出版社 1989 年版，第 75 页。

浅近的文本。教科书文本直接指向的是懵懂未开的孩子，为的也是孩子。据此，通俗易懂、立足本土、讲究语言表述就成了教科书感染力的重要指标。相反，如果是生硬、抽象的表述方式，无论什么样的核心价值与主流精神都无法在读者心中生根。

意义始于声音，声响也是力量。要达到通俗易懂的目标，教科书应该具备音韵美，便于朗读朗诵，“使童子有耳顺之乐”。耳顺之乐就是悦耳，就是朗朗上口。其他文本不一定要求读出声来（诗歌等除外），而教科书，它就一定是能够而且也要求不断朗读、读出声来的作品。优质教科书至少是有美妙的声响效果的文本。梳理一下最经久不衰的、最能够被学生记住的课文，其必要特质就是它的音韵美。不同年龄层的人，他们最记得的课文一定都是那些音韵感很强的课文。这些课文读起来朗朗上口，听起来耳顺之乐，像一串珠子清脆地撒落于盘。在教科书中，一个个词的声音外壳、声学特点、音韵效果都应该是有含义有价值的东西，是有表现力的重要手段。①

（原载于《课程·教材·教法》2017 年第 2 期）

① 石鸥、廖巍：《音韵、通俗、针对性：教科书特色三要素——由陈子褒课本看教科书特色》，《教育学术月刊》2015 年第 7 期。

新中国60年中小学教材建设之探析

中小学教材建设是我国教育发展战略中的重要一环，它对于人才培养具有极为重要的意义。新中国成立以来，我国中小学教科书建设与其他各项教育事业一道，不断克服困难，走过艰辛，昂然行进了60年光辉而不平凡的历程。

一、中小学教材建设的基本历程

教材建设是时代的产物，新中国中小学教材的发展变迁见证了社会的风云变幻。

1. 新中国成立17年的教材过渡与统一（1949—1966）

1949年新中国成立前夕，政府对学校教育提出“维持现状、立即开学”的要求。中小学教材的出版、供应量大而时间紧迫，工作十分繁重，于是基本策略是有选择沿用、有重点改编老解放区的课本和国民党统治区的旧课本，以及翻译苏联的中学理科课本，迅速出版和及时供应。新中国的教材建设在传承与借鉴中开始起步。

（1）确定了中小学教材全国统一供应机制

1949年10月，中共中央宣传部长陆定一在全国新华书店第一届出版工作会议上提到："教科书要由国家办，因为必须如此，教科书的内容才能符合国家政策"，"教科书对国计民生，影响特别巨大，所以非国营不可。"① 为了实现这一目标，教育部和出版总署根据当时实际情况，采取了分两步走的办法：首先，在统一编辑的教科书尚未编成之前，先拟订中小学教科用书目录，规定各地必须统一采用目录中所列各书。

其次，成立国家统一编辑出版教科书的专门机构人民教育出版社，由其组织力量，编写各科教科书，新教科书编成后，一律使用新编教科书。这一切为教科书的出版从过去各自为政逐步走向全国统一奠定了基础，教材全国统一的制度雏形逐渐形成。

（2）迅速编写出版了全国范围使用的中小学教材

1950年7月，教育部制订印发了《小学各科课程暂行标准（草案）》作为规范各科教学的依据和要求，8月，又颁发了《中学暂行教学计划（草案）》。根据这两个方案，1951年，人民教育出版社在当时已经出版的课本中选择部分课本修订或改编成为全国使用的教材，有人称之为第一套通用教材。

1954年，按照政务院的指示，人民教育出版社代教育部拟订十二年制中小学教学大纲，并开始编写新的教材，于1956年秋陆续出版并使用，有人称之为第二套通用教材。实际上，这是人民教育出版社完全自主编写的第一套完整的教科书。

1958年8月，中共中央和国务院发布《关于教育事业管理权下放问题的规定》："各地方根据因地制宜、因校制宜的原则，可以对教育部和中央主管部门颁发的各级各类学校指导性教学计划、教学大纲和通

① 中央教育科学研究所：《中华人民共和国教育大事记》，教育科学出版社1984年版。

用的教材、教科书，领导学校进行修订和补充，也可以自编教材和教科书。”① 1958年10月4日，《人民日报》发表社论《根据党的教育方针来改革教材》：编教材也要两条腿走路，中央编、地方编，专家编、教师和群众也可以编。在这种形势下，各地对原来通用教科书进行了大幅度的修订、改编甚至自编。

鉴于1958年各地自编教材中存在的质量问题，1959年6月，教育部部署重新编写中小学全国通用教材。1960年下半年开始，人民教育出版社按照当时中小学适当缩短学制年限、适当控制学时、适当提高程度、适当增加劳动的要求，赶编出十年制中小学教材，并于1961年秋季开始在十年制学校试用。

伴随着经济调整，1961年4月，中央文教小组开会讨论中小学教材问题。会议决定，将已编好的十年制教材，供各地试用；待一定时期后，将其学习时间拉长为十二年，作为十二年制教材。1962年8月，重编的全日制十二年制中小学教材陆续出版，并于1963年秋季开学在全国十二年制的学校使用。但这套教材只出版了一部分，便不得不根据毛泽东1964年2月在教育工作座谈会上的讲话进行调整。修订后的教材还没有来得及出版，“文化大革命”就开始了。

（3）编写了多种试验探索性教材

具体表现在：

第一，翻译试用苏联中学教材。1949年9月，东北人民政府副主席林枫在东北第四次教育会议上指出：“提高中等教育需要学习苏联经验。”东北教育部副部长董纯才在《论东北教育的改革》中讲到：“苏联的课本，是用新的观点和方法编写的，是值得我们学习的。”随后，东北教育部根据苏联教材，翻译改编了初高中理科系列课本，并在东北各中学试用。这对全国的教材建设产生了很大的影响。

---

① 中央教育科学研究所：《中华人民共和国教育大事记》，教育科学出版社1984年版。

第二，中学语文分科试验教材。1951 年 3 月，胡乔木在第一次全国中学教育工作会议上谈及中学语文应把“语文教育和文学教育分开”。1953 年 12 月，中央语文教学问题委员会向党中央提交了《关于改进中小学语文教学的报告》，提出：“应当把中小学语文一门课程，分为语言和文学两个独立学科进行教学。”1955—1956 学年度，文学、汉语教材在全国部分中学试用。1956 年下期分科教材在全国全面实施，但很快分科实验就停止了。

第三，缩短中小学学制改革的试验教材。1958 年 9 月，中共中央、国务院发布《关于教育工作的指示》。于是，各地纷纷开始了缩短中小学学制的改革试验。试验的新学制主要有：小学五年一贯制、中学五年一贯制；中小学七年、九年、十年一贯制、五三二制、九二制；中学四二制、三二制、二二制等。适应不同学制要求，各地编写出版不同教科书。如上海、江苏的十年制教材，北师大的“九年一贯制”数学教材，华北中小学教材编审委员会的“五三二制”教材等。

第四，乡土教材。1958 年 1 月，教育部通知指出：根据党中央和毛主席的指示，中小学和师范学校地理、历史、文学等科都要讲授乡土教材。同年教育部《关于编写中小学、师范乡土教材的通知》颁布。从 1958 年到 1965 年，乡土教材的编纂掀起了一个小高潮。

1949—1966 年，新中国中小学教材体系初步建立，并且不断规范，形成了全国“大一统”的教材格局。同时，也尝试下放了中小学教材编写与使用的权限，这既是完善教材体系的重要举措，也是教材完全国家统一到教材局部多样化的第一次尝试。

2.“文化大革命”时期教材发展的无序与停滞（1966—1976）

“文化大革命”时期的总特征是，突出政治、削弱甚至否定基础理论、基本知识，以“革命”的名义，全面否定以前的课程结构与教材体系。

（1）停课闹革命，毛泽东著作成为基本教材。1966 年 6 月 13 日，中共中央、国务院在批转教育部党组《关于 1966—1967 学年度中学政治、语文、历史教材处理意见的请示报告》时批示：中学所有教材，没有以毛泽东思想挂帅，没有突出无产阶级政治，违背了毛主席关于阶级斗争的学说，违背了教育方针，不能再用。这些教材未印的均应停止印刷，已印的要停止发行。教育部应组织力量，重新编写中小学各科教材。同时指示：小学生都要学习毛主席著作，初小各年级学习毛主席语录，高小可以学“老三篇”，以及其他适合小学生思想政治水平和语文程度的一些文章。从此揭开了停课闹革命、全面否定原教材的序幕。

（2）复课闹革命，各地自编红色教材。1967 年，《人民日报》连续发表社论号召复课闹革命。于是各地急需复课后的课本。从 1967 年开始，全国各地相继成立中小学教材编写组，展开了中国历史上史无前例的大规模自编教材的工作。

第一，暂用课本。主要集中在 1967 年 9 月左右出版，供复课闹革命暂用。除少数地方外，全国各地的课本大都冠以“暂用”名称。当时，天津延安中学的“革命师生们以毛主席著作为基本教材。政治课、语文课都讲毛主席著作。外语课学习毛主席语录，以及战时所需的对敌喊话等”①。这一做法对全国影响很大。

第二，试用课本。复课闹革命的后期，1969 年后至 1971 年间，各地的暂用课本完成使命，新的冠以“试用”的课本在全国各省市开始出现。此时，中小学的变化之一是，出现了崭新的《毛泽东思想教育课》，甚至连幼儿园都使用《毛泽东思想教育课》课本。该课本以毛主席著作和语录为基本内容，以工农兵活学活用毛泽东思想的文章为辅助内容。有的地区一度把政治、语文、历史三科合并为毛泽东思想课；多数地区取消了物理、化学、生物课，改设“工业基础知识”和“农业

① 《人民日报》编辑部：《人民日报》社论，《人民日报》1967 年 10 月 28 日。

基础知识”，物理部分讲三机一泵（拖拉机、柴油机、电动机、水泵），生物部分讲三大作物（稻、麦、棉）一头猪；体育改为军体课；音乐、美术合并为革命文艺课。

（3）教育整顿，恢复重基础的教材。“913 事件”后，教育领域率先开始了整顿，整顿的第一炮就是文化课教学、基础理论教育等质量方面的问题。1972 年 3 月 21 日，《光明日报》发表《加强领导，认真上好社会主义文化课》一文，批评“有些教师不敢抓智育，不敢对学生提出严格要求，学生的基础知识较差”。1972 年 4 月 29 日，《人民日报》刊登文章《正确处理编写教材中几个关系的问题》，从政治教育与基础知识关系，理论与实践关系探讨如何编写新教材。加强基础理论教育、提高质量成为 1971—1972 年整顿教育的突出方面，一个共同的倾向就是恢复“文化大革命”前教育领域里的一些有效措施，比如一些地方恢复编写传统教科书，如物理、化学、地理等教材；教材也增加了基础知识的分量。

（4）“反右倾回潮”的教材。1971 年底开始的教育领域整顿工作刚见成效，1972 年底，决策层突然转而以“反右倾回潮”取代教育整顿，全国形势骤然逆转。《文汇报》于 1972 年 11 月连续发表《这样提问题是否妥当》《马克思主义哲学是最基础的理论》等批判“基础风”“理论风”的文章，把提倡基础理论、重视基础知识认为是“资产阶级右倾回潮”。1973 年底 1974 年初，国务院科教组先后三次召开教育革命座谈会，认为教育战线出现了种种“复辟”和“回潮”现象，要“向着资产阶级和一切剥削阶级的意识形态开展新的进攻”，要“打退资产阶级右倾势力的猖狂进攻”，要遵照毛主席关于“教育要革命”“教材要彻底改革”的指示，对现行教材进行一次认真的检查、修订，有的要重写。于是，刚开始重视基础的做法被否定了，课本重新回到极端意识形态时期。

1967—1976 年，受政治运动的影响，中小学教材体系遭到极大的破坏，教材建设基本处于停滞状态，呈现出全方位无序的格局。

3. 改革开放以来教材建设的发展、改革与繁荣（1976—2009）

1977 年刚恢复工作的邓小平指出："关键是教材。教材要反映出现代科学文化的先进水平，同时要符合我国的实际情况。"并强调："教材非从中小学抓起不可，教书非教最先进的内容不可……"我国中小学教材从此进入发展、改革和繁荣时期。

（1）改革开放初期教材建设的恢复、规范与探索（1976—1986）

1977 年 12 月，教育部、国家出版局联合召开全国教材出版工作会议，制订了各省（区、市）1978 年度中小学教材出版计划，提出了今后一个时期教材建设的具体任务①。

当时，中小学有实行九年制的或十年制的。1977 年教育部确定以十年制为基本学制，1978 年颁发了《全日制十年制中小学教学计划（试行草案）》。随后，各科教学大纲陆续颁布，各科教材从 1978 年秋季开始在全国使用。有人称之为第五套通用教材。

1981 年 4 月，教育部颁发了《全日制六年制重点中学教学计划（修订草案）》，并修订颁发了五年制中学教学计划。1984 年，颁布了"全日制六年制城市（农村）小学教学计划"（草案）。基于此，人民教育出版社一是从 1981 年开始对第五套十年制教材进行修订，二是编写十二年制教材。也就是说，此时全国通用的是包括两个学制的教材：由 1981 年修订的五年制小学、五年制中学组成的十年制教材；由 1984 年开始编写的六年制小学教材、1981 年起修订而成的六年制中学教材组成的十二年制教材。

1986 年 11 月，教育部颁发了以 1978 年的《全日制十年制中小教

① 国务院：《国务院批转教育部、国家出版事业管理局关于全国教材出版发行工作会议的报告的通知》，http：//www. people. com. cn/item/flfgk/gwyfg/1978/112701197804. html，1978-04-03。

学大纲（试行草案）》为基础进行修订的正式教学大纲。人民教育出版社对教学内容和教学要求变动较大的教材进行了修订，于1988年秋季供全国各地使用，对变化不大的教材作小修改照原版供应。

20世纪80年代，教材探索多样化不断，各种实验教材异彩纷呈，达数十种之多。比较有影响的有：由北京、上海等地联合编写的全日制六年制小学课本；由中央教科所编制的六年制重点中学语文实验教材；由北京师范大学按照五四三学制编写的六年制重点中学数学实验教材等。

1976—1986年，中小学教材建设拨乱反正，注重基础知识的教学与基本能力的培养，而且不断进行着新的探索与实验。但教材出现了“难、深、重”的倾向。

（2）义务教育教材的兴起与实验（1986—2001）

1986年4月，《义务教育法》颁布。同年9月，全国中小学教材审定委员会在北京成立。会议指出：“改革现行的教材编审制度，把编、审分开，在统一基本要求，统一审定的前提下，逐步实现教材的多种风格。鼓励各个地方、高等学校、科研单位、专家、学者、教师个人按照党和国家的教育方针和统一的基本要求参加编写教材，允许在教材的内容选择和体系的安排上有不同的风格。”① 1988年，国家教委制订了《九年制义务教育教材编写规划方案》，提出“必须在统一基本要求，统一审定的前提下，逐步实现教材的多样化，以适应各类地区、各类学校的需要”。

这标志着我国中小学教材由“一纲一本”的统编通用制改革为“一纲多本”的竞编选用制。这是我国教材建设史上的重大变革。我国中小学教材建设由此迈出了关键的一步。

1988年，国家教委制订颁布了《义务教育全日制小学、初级中学

① 课程教材研究所：《教材制度沿革篇》（上册），人民教育出版社2004年版。

教学计划（试行草案）》和九年义务教育阶段各科教学大纲初审稿。适应需要，人民教育出版社新编的教材于1990年秋季开始使用。

1992年8月，国家教委颁发《九年义务教育全日制小学、初级中学课程计划（试行）》和九年义务教育各科教学大纲（试用）。1993年秋季，人民教育出版社按照新大纲重新编写的九年义务教育（“五四”“六三”两种学制）的各个学科的教科书，开始供应全国。有人称之为第八套通用教材。

1988年8月，《义务教育教材编写规划方案》正式颁发，根据这一规划，国家教委委托人民教育出版社等10多家单位和地区组织编写多种教材，并明确提出要按不同风格、不同层次，供全国不同地区、不同条件的学校使用。比较有影响的是当时所谓的“八套半教材”（表1）。这些教材于1989年开始实验，1993年9月在中小学的起始年级不同程度地使用。

1986—2001年，我国教材建设从编审合一到编审分离，从“一纲一本”到“一纲多本”“多纲多本”，教材建设取得实质性的进展。不但在教学实践中取得良好的效果，而且昭示着我国教材发展机制的改革迈出了坚实的一大步。

表1　八套半教材编写情况一览表

编写单位	教材类型	使用地区
人民教育出版社	六三制教材	全国
人民教育出版社	五四制教材	全国
北京师范大学	五四制教材	全国
广东省教育厅、华南师范大学	沿海版六三制教材	沿海地区
四川省教委、西南师范大学	内地版六三制教材	内地地区
八所高师院校出版社	六三制教材	
河北省教育科学研究所	农村小学部分复式教学教材（算半套）	全国复式学校

续表

编写单位	教材类型	使用地区
上海市教育局	发达城市六三制教材	上海市
浙江省教委	综合课教材——“发达农村的六三制教材”	浙江省

（3）新一轮课程改革教材的多样与繁荣（2001—2009）

2001年7月，国务院通过《基础教育课程改革纲要（试行）》，标志着我国新一轮基础教育课程改革全面启动。《纲要》要求“完善基础教育教材管理制度，实现教材的高质量与多样化”，“实行国家基本要求指导下的教材多样化政策，鼓励有关机构、出版部门等依据国家课程标准组织编写中小学教材”。过去在我国长期占主导地位的“一纲一本”的局面被彻底打破，人民教育出版社、北京师范大学出版社、广东省出版集团、湖南出版投资控股集团、教育科学出版社、外语教学与研究出版社等相继投标编撰有中小学教材，教材编写、出版、发行群雄逐鹿的时代真正来临。

2001年6月，教育部颁布了义务教育课程标准实验稿。各出版部门根据课程标准相继投标编撰教材，新课标教材的编写、审定实行国务院教育行政部门和省级教育行政部门两级管理。截至2008年，共有84家出版社开发的新课标教科书通过教育部审定，进入实验区。

2003年3月，教育部颁布了《普通高中课程方案（实验）》和高中课程标准（实验），并自2004年秋季开始启动高中新课程实验。为顺利推进新课程实验，教育部组织编写并审查通过了14个学科274册教材供实验区学校选用①。

2001年至今，教材编写注重学生学习方式的转变，加强与现实生

① 《中国教育年鉴》编辑部：《中华人民共和国教育年鉴》，http://www.moe.edu.cn/edoas/website18/65/info25165.htm，2008-09-01。

活联系，教材建设各项措施不断配套，改革力度加大，中小学教材建设进入空前繁荣时期。

二、中小学教材建设的成就与经验

新中国成立60年来，中小学教材建设成绩斐然，产生了有中国特色的重要经验，这些成绩与经验为发展我国基础教育，实现基础教育目标奠定了坚实的基础。

1. 教材建设的巨大成就

(1) 中国特色的教材管理体制已经形成

中小学教材管理是指有关部门（或机构）、人员对教材的各个运行环节（教材的研制、实验、审定、出版、发行、选用、供应等）所采取的规划、指导、决策、监督、协调等措施。很长时间以来，我国一直实行全国高度集中统一的教材管理制度，随着我国社会经济的发展，计划经济体制向市场经济体制转轨，中小学教材管理制度也发生了重大的变化。这主要表现在：

首先，确立了中小学教材编写立项核准制度。2001年6月，教育部颁发了《中小学教材编写审定管理暂行办法》，教材编写的管理由原来的审批制改为立项核准制。为建立健康的、有利于公平竞争的教材市场，杜绝利用行政权力垄断教材市场，明确国家公务员和教育行政部门不得以任何形式参与教材编写；教材审查人员在被聘期内不得参与教材编写。

其次，实行国家、省（区、市）两级教材审定制度。1949—1985年，新中国中小学教材基本实行国定制。1987年10月，国家教委正式发布了《全国中小学教材审定委员会工作章程》和《中小学教材审定标准》等附件，2001年国务院颁发的《关于基础教育改革与发展决定》和同年教育部颁布的《中小学教材编写审定管理暂行办法》，均确立和强调了“教材编写核准、教材审查实行国务院教育行政部门和省级教育行政部门两级管理”的制度。

再次，建立了教材出版发行的市场竞争制度。我国中小学教材市场引入竞争机制可以追溯到20世纪80年代中期，当时，除了由人民教育出版社编写的教材外，北京、上海以及其他一些“地方版”的教材也初露端倪。21世纪以来，这一工作进度加快。到2008年，共有84家出版社开发的新课标教科书通过教育部审定进入市场。2001年10月，《中小学教材发行招标投标试点实施办法》颁布，这标志着教材发行改革拉开序幕。招投标办法的试行，打破了教材发行渠道单一的传统体制，在弱化政府直接管理职能的同时，强化了市场的主导作用。从2002年开始，国家逐步实行了以教材出版发行招投标试点为主的一系列教材出版发行改革。2005年，国家发改委、新闻出版总署、教育部联合下发了发改经体〔2005〕1088号文件，公布了《中小学教材出版招投标实施办法（修订）》。开始了我国教材出版发行改革的破冰之旅。

最后，试行教材免费供应制度。长期以来，我国实行教材购买制，加重了部分学生家长的经济负担。改革开放后，国家加大了对农村义务教育的投入力度，中央财政从2001年秋开始对全国部分贫困地区的农村家庭经济困难的中小学生免费提供教科书，并逐步扩大实施范围。2005年11月，教育部发布的《中国全民教育国家报告》中提出了免费教材实施进度时间表，2007年在中西部农村贫困地区实施，2010年在全国农村全面实施，2015年在全国全面实施。

（2）教材构成日益立体化

新中国成立60年来，随着信息技术和教育技术的发展，传统纸介质课本一统天下的局面已经打破，基于现代教育技术理论和信息技术实践的新的立体化教材系统蓬勃发展。目前，教材已经包括学生用书、教师用书、远程教育光盘、挂图和图片、投影片、录音带、录像带、多媒体教学辅助软件、电子教科书、网络教材等系列教学资源，一个可供不同地区和学校根据自身条件选择的多样化、系列化、立体化教材体系正在形成。

（3）乡土教材及校本教材迅速发展

乡土教材是国家教材的补充，对学生发展和文化传承具有重要意义。1958 年《教育部关于编写中小学、师范乡土教材的通知》，强调中小学和师范学校地理、历史、文学等科教学都要讲授乡土教材，1987 年 6 月，国家教委召开了全国乡土教材工作会议，讨论了乡土教材建设的意义，研究确定了乡土教材编写的方针、内容范围，以及有关政策问题。新课程改革中，国家大力倡导国家课程、地方课程、校本课程的结合，这也给地方乃至学校、民间组织编写各具特色的乡土教材提供了很大的空间，乡土教材及校本教材的编撰出版如雨后春笋般出现。

2. 教材建设的基本经验

（1）统一与多样：国家基本要求指导下教材的多样化发展。新中国中小学教材建设最初采取全国集中统一的制度，这种“千校一面，万人一书”的状况与我国人口众多、幅员广大，经济、文化、社会发展不平衡的国情不很适应。经过几十年的努力，我国已经确立了在国家统一的基本要求指导下教材的多样化发展格局。统一的基本要求，是由国家根据社会主义现代化社会的公民所应有的素质提出的。这些基本要求，应是当前大多数地区和学校经过努力可以达到的。教材的多样化，则是鼓励按照党和国家的教育方针和统一的基本要求编写各种层次教材，允许在内容的选择和体系的安排上有不同风格，包括适宜不同特点的民族教材、乡土教材等。基本要求是为了保证必要质量，多样化则是为了适应不同需要。

（2）按时与足量：面向全体学生的快速有效的供应机制。如果说教材编写是教材建设的基础性工作，那么，教材能否保质保量和及时地出版、发行，则更是关系到学校的教学秩序和社会稳定的大事。我国学生众多，这一问题尤为严重。多年来，我国基本形成了出版、印刷、发行的系统运行模式，从教材的租型造货、就地供应、拨付专用贷款和印刷用纸、定点厂家印制、指定渠道发行、优先安排运输；到及时足量供应、免费供应和调剂供应以及补订等，这种全方位机制保障了中小学教材“课前到书，人手一册”。

（3）指导与规范：为质量不均衡的教学提供必要参考。我国各地教育发展很不均衡，为了保障基本的教育教学质量，使教材对大多数学校和大多数师生具有适用性就非常重要。教学实践证明，注意开发教参、教辅材料，并在教学中适当地运用这些材料，能够较好地为质量不均衡的教学提供参考，是完成教学任务、保证教学质量行之有效的办法。正因为这样，新中国成立以来，各类与课本配套的教学参考书一直深受教师的欢迎，已成为教师的良师益友和形影不离的工作伙伴。

三、我国教材建设的主要不足

首先，理论研究不够。教材建设必须要有理论的指导。但是，长期以来我国中小学教材的理论研究非常薄弱。有一定影响的教材理论，基本上是国外专家的观点。为了提高我国教材质量，必须大力加强教材理论的研究，逐步形成具有中国特色教材理论体系。

其次，教材的多样化水平不高。目前的教材多样化在一定意义上是多本化。教材的多样化通常指适应和满足不同层次学校需求的教材，教材的内容安排、呈现方式体现不同特色以及不同的地区教材政策的差异。

再次，缺乏强大的教材编写队伍。长期以来，由于教材的统一性，势必造成了编者队伍的相对窄化。一旦实行教材多样化，最大的问题就是缺乏足够水平和数量的编者。

这些问题都将在我国教材改革与发展中逐步得以解决。未来我国教材发展的主要趋势是：加大教材现代化建设的力度，创新具有中国气派的教材理论，构建全社会共建共享的教材系统，健全优胜劣汰的教材竞争机制。

（原载于《湖南师范大学教育科学学报》2009 年第 5 期）

1950 年代初期中国大陆教科书统一制度的历史意义与现实教训

一、前　言

1950 年代初期，中国大陆在教科书建设上，面临的重要任务是，在巩固新政权的斗争中，不仅要通过国家机器清除旧社会的遗留，而且需要向公民提供新的意识形态，并培养其政治认同感。教科书显然是实现这一目标的强有力工具，作为拥有全国最大受众的读本，教科书因其巨大的宣传作用而受到中国共产党和中央政府的高度关注。正因为教科书在规范与统整思想中始终负载着巨大的国家意志，所以中华人民共和国成立初期便对比较混乱和分散的教科书市场进行规整，严格控制和统一中小学教学用书。

1951 年中华人民共和国成立伊始，来不及也不可能统一各地教科书，当时的要求是“维持现状、立即开学”①。为了保证开学的需要，各地采取了继承、改革旧教科书的政策。当时使用的教科书基本上由三部分组成：沿用、改编中国共产党解放区根据地的教科书；沿袭、改造

① 苏渭昌、雷克啸、章炳良主编：《中国教育制度通史》（第 8 卷），山东教育出版社 2000 年版，第 460 页。

国民政府统治区域的教科书；引进、编译苏联的教科书。中共解放区根据地的教科书又分华北、华东、西南、东北等不同区域使用的教科书，甚至一些地区行政公署也编写教科书；原国民政府统治区的教科书则主要由商务、中华、世界、大东、正中书局等机构出版的教科书组成；编译自苏联的教科书主要在东北区使用，且基本上限于理科教科书。可见，中华人民共和国成立初期各地使用的教科书比较混乱，传达的意识形态也不一致，这极不利于新政权的巩固。于是，规范并统一教科书的工作迅即展开。

经过了短暂的国民经济恢复时期，到 1952 年底，中华人民共和国成立初期所进行的土地改革基本完成，为实现从新民主主义到社会主义的转变奠定了必要的基础。1953 年起，政府制订并开始实施发展国民经济的第一个五年计划，同时展开了大规模的三大改造，即中国共产党领导的对农业、手工业和资本主义工商业的社会主义改造，由此实现了把生产资料私有制转变为社会主义公有制。伴随着对社会经济生活的控制日益加强，计划经济体制初步确定。“计划”和“高度集中统一”的步伐加快，在政治意识形态、文化教育甚至其他所有领域，各类规整思想的批判运动接踵而至，“统一”“改造”“农业集体化”“肃反”“纯化”等构成 1950 年代初期中国社会的主要生活，也是那个时代的基本面相。面对这些变化，新的政府必然要求教科书迅速作出反应，以全力形塑人们的思想，实现新社会的整合。加之 1953 年以后，学习苏联趋向高潮，以苏联教育引领中国教育成为政治要求，东北对苏联教科书的大量引进也客观上为统一教科书创造了可能。这一切都为教科书的统一提供了思想基础和社会动力。

那么，政府是通过什么具体的方式和路径进行教科书的规范与统整，进而实现社会意识形态的强力控制的？这一操作具有什么样的价值和意义，又留下什么样的后遗症？这些问题长期以来在一些宏大的话语下被高度简略化，本文试对此做初步的探讨。

二、统一教科书的基本步骤

由国家来统一教科书，这是中华人民共和国成立初期甚至成立前夕就确定的方针。早在1949年3月，中共中央指示“出版工作需要统一集中”①；1949年10月，宣传部长陆定一在全国新华书店第一届出版工作会议的闭幕词中提出：教科书要由国家办，因为必须如此，教科书的内容才能符合国家政策，而且技术上可能印得好些，价格也便宜些，发行也免得费。……教科书对国计民生，影响特别巨大，所以非国营不可。②

为了实现这一目标，政府根据当时实际情况，采取了分步走的办法。

（一）颁布教科用书目录，规范用书范围

在统一编辑的教科书尚未编成之前，先由教育部和出版总署共同拟定中小学教科用书目录，规定各大行政区的中小学必须统一采用目录中所列各书。该工作1950年下半年启动，每年公布2次，分别为春季和秋季教科书用书目录，直至1958年底截止。尽管从1950年秋季发布的中小学教科用书表是分发给各大行政区军政委员会教育部参考采用的，但在《关于1950年秋季中小学教科用书的决定》中明确规定：

> 各大行政区军政委员会教育部如认为不合于本区具体情况者，

① 黄洛峰：《出版委员会工作报告》，载于宋原放主编：《中国出版史料》（第3卷）现代部分（上册），山东教育出版社2001年版，第7—38页。

② 陆定一：《在全国出版工作会议闭幕式上的讲话》，载于宋应离、张焕斌主编：《中国当代出版史料》（第2卷），大象出版社页1999年版，第34页。

可在表外斟酌另行选用课本，但此项用书决定后，应即呈报本部、署备案，并迅速通知本区内各地教育行政机关统一采用。①

这种采用其他教科书须上报备案的规定在 1951 年秋季以后更加规范为须上报核准才能使用：

1951 年秋季中小学教科用书，悉以表列各种为准，统一采用，各大行政区教育部（文教部）如有自编课本不用列表各书或于表列各书之外增选其他课本者，应先报告本部、署核准。②

教科用书目录的颁布，大范围缓解了教科书的混乱状况。应该说是教科书建设的一个良好开端。

（二）成立教科书统一编审出版机构

1949 年 4 月，“作为中央政府的教科书编审机构的基础”的华北人民政府教科书编审委员会成立③，由叶圣陶任主任委员，周建人、胡绳任副主任委员，着手研究在全国范围内使用的教科书。这是教科书走向统一的先声。1949 年 11 月，华北人民政府教育部教科书编审委员会与中共中央领导下的出版委员会和新华书店编辑部共同组成出版总署。1950 年 9 月，出版总署召开全国出版会议，确定教材全国统一供应的方针，由出版总署和中央教育部共同筹建负责编辑出版中小学教材的专

① 中央人民政府教育部、出版总署：《关于 1951 年秋季教科用书的决定》，载于中华人民共和国教育部办公厅主编：《教育文献法令汇编（1949—1952 年）》，1958 年，第 227—230 页。

② 中央人民政府教育部、出版总署：《关于 1951 年秋季教科用书的决定》，载于中华人民共和国教育部办公厅主编：《教育文献法令汇编（1949—1952 年）》，1958 年，第 227—230 页。

③ 中国出版科学研究所、中央档案馆主编：《中华人民共和国出版史料（一九四九年）》，中国书籍出版社 1995 年版，第 170 页。

业出版社——人民教育出版社。1950 年 12 月，人民教育出版社成立。社长叶圣陶（出版总署副署长兼），副社长柳湜（教育部社会教育司司长兼），毛泽东亲笔题了社名。可见中央对人民教育出版社的重视。① 从此，大陆中小学教材的编审、出版工作归于一统。

1951 年春，人民教育出版社与新华书店总店联合召开第一届全国教科书出版会议，为使教科书的出版从过去各自为政逐步走向全国统一奠定了基础。1951 年 4 月 16 日，中央人民政府教育部和出版总署联合发布《关于 1951 年秋季教科用书的决定》，这年秋季教科书目录中：中小学教科书共 40 种 91 册。其中 35 种共 83 册由人民教育出版社供应。标志着教科书的统一形式上基本实现（因为这些书主要是对原有旧书的修订，还不是人民教育出版社编写的实质意义的教科书）。应该承认，人民教育出版社的成立，是历史的必然，它在中华人民共和国教科书建设的历史上具有重要意义，表明中国大陆统一编撰出版供应中小学教科书的制度正式形成。②

（三）确立了教科书全国统一供应的方针和全国供型造货模式

中华人民共和国成立前后一段时间里，教科书出版发行比较混杂，我们可以看到在 1949 年秋季供应的中小学教科书上，同样是华北人民政府教育部教科书编审委员会修订的教科书，但版权页的落款大不一样。有些连出版时间都没有规范，多数教科书是公元纪年，如“1949”“1950”，有的则还出现有“民国”年号（如 1950 年由悳頫、刘松涛、黄雁星编，华北人民政府教育部审定，华北新华书店出版的高级小学

① 实际上，我们通过实物发现，在正式宣布成立之前，人民教育出版社已经开始出版教科书了，例如由覃必陶等编写的《高级中学外国历史课本》，就是人民教育出版社于 1950 年 11 月出版的。

② 需要注意的是，该制度亦多有例外与发展：在 1958—1959 年教育权力下放时期、1966—1976 年“文化大革命”时期，以及 2001 年课程改革实施教科书审定制以来，教科书编撰出版均呈现不同原因和性质的多样化态势。

《国语课本》（第三册），版权页标明的是“民国三十九年出版”），还有很多内容表述上的问题。因此，中共中央认为“出版工作需要统一集中”①。

1950 年 9 月，中央人民政府出版总署召开了第一届全国出版会议，提出中小学教材必须实行全国统一供应的方针。在随后由政务院批准施行的《1951 年出版工作计划大纲》中，明确要求：

> 改善中小学课本的发行工作，使全国学生普遍地及时地获得所需要的课本。……并于本年内建立全国中小学课本由国家统一供应的基础。②

为教科书全国供型造货模式较好地打下了统一供应的基础、解决了统一供应的困难。

1949 年 7 月 10 日，中共中央宣传部在一项指示中指出：

> 今后全国各地用教科书，除一部分小学教科书有地区差别之外，均应在可能条件下要求一致。……可由出版委员会以纸型（只送西北局、华中局、上海三地）或样书供给你们，以便翻印。③

这样，

> 教科书的版权还拿在我们手中，出版的时候，小学教科书，我

---

① 黄洛峰：《出版委员会工作报告》，载于宋原放主编：《中国出版史料》（第 3 卷）现代部分（上册），山东教育出版社 2001 年版，第 7—38 页。

② 中国出版科学研究所、中央档案馆主编：《中华人民共和国出版史料》（第三辑），中国书籍出版社 1996 年版，第 7 页。

③ 中国出版科学研究所、中央档案馆主编：《中华人民共和国出版史料（一九四九年）》，中国书籍出版社 1995 年版。

们要抽 2%的租型费，中学教科书抽 4%的租型费，这就说明我们还是很好地控制着的。①

同时，中央明确了人民教育出版社与地方出版社关于教科书供型工作的关系：

> 人民教育出版社方面根据部、署指示之方针，编辑中小学教科书并排制纸型，在部、署领导下负责通知每学期教科书版本和定价、排制情况，并与发行系统签定合同；提供纸型供给办法，按合理需要供给纸型、铜锌版及样书。地方人民出版社的任务是根据人民教育出版社提出的造货计划和负责范围如期完成任务；印造教科书应保证版本、定价与人民教育出版社一致，达到人民教育出版社的标准；地方提供所需制版数字，与人民教育出版社订立租型合同，按合同缴租型费。②

这以后，中国大陆统编教科书的全国供型造货供应模式基本建立，人民教育出版社的集编、审、出版甚至发行于一身的超级地位也在强政治背景下随同建立。

（四）制定统一的课程标准或教学大纲

“课程标准”或“教学大纲”是国家规定中小学课程设置、培养目标、教学内容的指导性文件，是编写与审定教材、实施教学与教学评价的依据。可以说，制订课程标准是教科书建设的第一步。1912 年初期

① 黄洛峰：《出版委员会工作报告》，载于宋原放主编：《中国出版史料》（第 3 卷）现代部分（上册），山东教育出版社 2001 年版，第 7—38 页。

② 中国出版科学研究所、中央档案馆主编：《中华人民共和国出版史料》（第四辑），中国书籍出版社 1998 年版，第 132 页。

南京临时政府公布的《普通教育暂行课程标准》一直沿用到 1950 年代初期。中华人民共和国成立之后，规整教科书的压力迫切要求迅速修订课程标准。于是，中央人民政府教育部成立伊始就紧锣密鼓地组织新课程标准的研制。

> 我们中央人民政府教育部，为了要改革全国小学教材跟教学方法，想起草一个全国适用的小学课程标准；曾在一九五〇年工作计划中，把“草拟小学课程标准”，列为重要任务之一。我们为了完成这一个任务，就从今年二月份起，加紧进行。到七月中旬，总算把这一个初稿起草完成了。……我们依照着一九四九年底教育部召开的第一次全国教育工作会议的总结，把“根据共同纲领，以原有的新教育的良好经验为基础，吸收旧教育的某些有用的经验，特别要借助苏联教育建设的先进经验……为原则。”我们首先着手研究老解放区已有的材料，如东北区、华北区、山东区的《小学教育暂行实施办法》，东北区的一部分小学课程标准草案，三个地区的小学课本教材等等；其次是研究苏联、捷克等先进国家小学教育的材料；再其次是批判地吸收了一九四八年间南方小学教育工作者们所拟定而未被国民党教育部全部采用的小学课程标准草案中某些可用的经验。①

1950 年 7 月，中央人民政府教育部颁发《小学课程暂行标准稿》，其中包含有小学生活指导、小学国语、小学算术、小学中年级常识、小学高年级政治常识、小学高年级历史、小学高年级地理、小学高年级自然、小学低年级唱游、小学中高年级音乐、小学中高年级体育、小学美术、小学劳作 13 种课程标准初稿。为了配合五年制学制改革，1950 年

① 中央人民政府教育部编：《小学课程暂行标准初稿》，1950 年，第 1 页。

8月，教育部制订了供五年制小学使用的《小学语文课程暂行标准（草案）》等。1951—1952年，教育部又颁发《中学数学科课程标准（草案）》《中学生物课程标准（草案）》《普通中学英语科课程标准（草案）》等。随后，由于全民学苏联，1952年7月，教育部成立中小学各科教学大纲起草委员会，以苏联教学大纲为蓝本编写并陆续颁行各科大纲。《小学算术教学大纲（草案）》和《中学数学教学大纲（草案）》甚至是根据苏联十年教学大纲编译的，与原来的数学课程标准比较有了较大变化。

自此，欧美范式的“课程标准”停止实行，一律改称苏联范式的“教学大纲”。这是中华人民共和国成立后的第一套中小学教学大纲，它们成为中国大陆统整中小学教科书和教学达半个世纪的准绳。这样，从机构的成立，到标准的确立，从编写出版到发行供应，政府大刀阔斧，步履坚实，用短短4—5年的时间，就结束了清末以来中小学教科书分散多样的格局，实现了教科书的高度统一。标志着教科书进入“一纲一本”的“国定制”时代。但在这一过程中，我们遗憾地没有发现关于教科书审查制度的任何长远举措。民国以来教科书在统一审查基础上的多样化举措与传统，在中华人民共和国成立之后就被当作污水泼掉了。

三、统一教科书的历史意义

教科书历来就是时代和社会政治变化的晴雨表，政治体制的变化必然带来其相应变化。教科书的统一在中国大陆教科书发展史上具有重要意义，它表明教科书的编制与发行的行政性质被高度强化，成为一种国家行为。高度统一的教科书有效配合了新政权与新制度的建设，对于统一思想，建立全社会的共同意识、共同价值观，以及维护国家新的政治体制，都具有不可磨灭的意义。

（一）高度统一的教科书有利于新国家意识形态的宣传

1. 全方位传播国家意识形态是统一教科书的主要动力

教科书作为影响学生行为、态度、观念形成的强有力的工具，既能保证新的国家政治话语在青少年一代乃至人民大众中的传播和复制，又能使新的国家意识形态被学生认同，进而热爱新的执政党和新的国家，并产生为之奋斗的追求。中华人民共和国成立初期的《中国人民政治协商会议共同纲领》（1949）规定：

人民政府的文化教育工作，应以提高人民文化水平，培养国家建设人才，肃清封建的、买办的、法西斯主义的思想，发展为人民服务的思想为主要任务，提倡爱祖国、爱人民、爱劳动、爱科学、爱护公共财物为中华人民共和国全体国民的公德。

而正因为教科书完成这个任务的作用远比其他教育改革来得更持久、更广泛。所以严格控制和统一教科书，用教科书“肃清封建的、买办的、法西斯主义的思想”，准确传播新的国家主流意识形态和满足新的社会政治经济形势需要，对年轻一代实现精神和行为的引导就成为执政党的当务之急。也正因为这样，在中华人民共和国成立之初、百废待举的特殊历史时期，教科书受到中国共产党和中央人民政府的高度关注。1950 年 1 月 6 日《教育部关于第一次全国教育工作会议的报告》中指出：

编辑与改编中、小学教科书是目前亟待解决的中心问题之一，决定集中一批干部并组织一部分有经验的教员，来进行这项工作。①

① 何东昌：《中华人民共和国重要教育文献》，海南出版社 1998 年版，第 11 页。

1953 年 5 月，毛泽东主持政治局讨论教育工作的会议，十分重视教材问题，指示教育部宁可把别的摊子缩小点，必须抽调大批干部编出社会主义教材。

2. 教科书的高度统一有利于“无产阶级”的符码灌输

在中华人民共和国成立初期，教科书在谋求人民民主专政国家意识形态的主体建构当中，把“无产阶级”作为强化国家意识形态的一个重要符码，试图通过阶级身份来谋求对新政权合法性的体认。教科书一开始就试图建立起社会成员的阶级身份识别体系，依据阶级出身划分“敌我阵营”，以此来聚集阶级和社会基础。毛泽东当时（1949）斩钉截铁地指出：

> 积四十年和二十八年的经验，中国人民不是倒向帝国主义一边，就是倒向社会主义一边，绝无例外。①

1950 年代初期教科书的高度统一就是要不断强化“社会主义阵营”。《人民日报》1950 年发文，对王成组编的《复兴高中本国地理》（商务印书馆 1949 年 12 月改编本），田世英编的《开明新编本国地理》（1950 年 2 月二、四册修订本），韦息予编的《开明新编初级外国（1949 年 8 月版）提出了尖锐批评：

> 这三种教本，虽然本来是在解放以前写的，但是作者和出版者没有据新中国的国策与立国精神，将自己的旧出版物加以必要的检查修改……全世界的国家已经划分成极其明显的，丝毫不容混淆的两个阵营，一方面是以苏联为首的和平民主阵营，另一方面是以美帝国主义为首的侵略阵营。在世界地理的教学中，必须把这两个阵

① 毛泽东：《论人民民主专政》，《人民日报》1949 年 7 月 1 日。

营分开，决不能不分青红皂白，把世界各个国家并列起来……无立场的加以说明与比较。[①]

1951 年 6 月刘松涛等编的《高级小学地理课本》第四册在世界地理各个国家的介绍顺序上已经变为：苏联（一），苏联（二），苏联（三），朝鲜民主主义人民共和国和蒙古人民共和国，日本……欧洲人民民主国家（一），欧洲人民民主国家（二），英国……（1951 年第三次修订后天津初版）。这一符码灌输手法对整个新中国成立后“十七年”教科书的编撰都产生了深刻影响，后来“文革”期间更是旗帜鲜明地显示出对阶级身份的直接诠释。

3. 教科书的高度统一能够确保“思想改造”话语的重塑

为了建成了一个由国家掌控一切的超强新政权，国家希望经过教科书的启蒙，进一步肃清资产阶级、小资产阶级和封建主义思想的影响，树立起无产阶级的人生观和世界观。如 1957 年的反右运动后，中共中央决定在高等学校和中学开设“社会主义教育”课程，其主要内容是以毛泽东《关于正确处理人民内部矛盾的问题》为中心，辅以其他马列经典、党的文件等。1964 年，为了反修防修、改造思想、培养无产阶级革命事业的接班人，教育部、文化部在 6 月 23 日联合发出通知：采用《毛主席著作选读》乙种本为高中政治课代用教材。上述种种做法，为后来“文革”时期“红色课本”的出现埋下了伏笔。

朱自清的《背影》，作为中国现代文学史上的一篇经典纪实抒情散文，1933 年被商务印书馆选入教科书《国文》，1951 年人民教育出版社的《初级中学语文课本》第四册再次选用了《背影》。但是在那个特殊的年代，这篇课文父子间的眷恋与愁绪，被认为没有崇高思想质量，具有小资产阶级情调，渲染颓废，受到严厉批评。《人民教育》1951 年

① 金灿然：《中学地理教本中的几个政治思想问题》，《人民日报》1950 年 5 月 3 日。

连续发表了 7 位读者对《背影》的批判。为此，人民教育出版社不得不公开检讨①。

教科书在统一过程中，不断进行着话语重建，在思想内容上，力争把一个新世界的理想、意识灌输给年轻人，着眼于教育学生憎恨帝国主义、封建主义，培养高尚的革命品德。话语重建的一个明显例子是教科书编撰者的集体隐退：在民国时期和中华人民共和国成立初期，甚至在人民教育出版社最初修订出版的教科书的版权页上，我们还可以看到编著者的名字。但很快，教科书版权页上的署名就逐渐消失，从我们所掌握的教科书实物看，这一变化发生在 1952 年开始，人民教育出版社改编出版的教科书中，“改编者”统一为人民教育出版社。到 1955 年，教科书版权页上校订、编、出版等项的落款基本为“人民教育出版社”，教科书署名已经很少见了。这种教科书编写从个人到集体的转变，正是话语转变和思想改造的集中体现，也最能反映国家意志的无所不在。可以说，1950 年代初期教科书在构建全新的话语与意义体系的努力中，意识形态之眼一直严厉地监控着教科书的规整过程。

（二）高度统一的教科书有利于确保教科书的基本质量

1949 年之前由于政治上不统一，致使教科书的区域性和随意性较大，版本混杂。即使是中国共产党领导下的解放区教科书，虽然有了政治上和思想上的统一，但由于各根据地之间联系不便，教科书各自为政的状态同样很严重，各解放区的教科书都是自编自印，极不统一。中华人民共和国成立伊始，由于教科书需求量大而时间紧迫，为了有效完成“迅速出版和实时供应”的任务，根据教育部和出版总署决定，各地只能选取一些已有的观点比较正确的教材作为暂用课本。在东北区，一些教材在前言中明确说明：“本书是临时教本，各校可根据具体情况，灵

① 人民教育出版社：《人民教育出版社关于〈背影〉的检讨》，《人民教育》1952 年第 4 期。

活运用。”在没有具体的教学计划和明确的课程标准等统一标准的指导下，在本来就较为混乱的教科书中选用，不可避免地会出现鱼龙混杂、质量参差不齐的局面。所以，教科书的统一至少可以保证基本的教科书质量，不至于出现悬殊过大的局面。

教科书编写、出版、选用等问题的存在，使中华人民共和国成立之后的头几年就必须马上着手教科书的新建设。可以说，1950 年代初期统一教科书的要求是国家需要和教科书自身内部运动相互碰撞、冲击中产生和发展的。如果没有迅速巩固国家政权这种燃眉之急的强烈推动，教科书的统一绝不可能如此彻底地展开，如果没有新中国成立伊始教科书局面的混乱无序，以致无法保证教育的有序前进，教科书的统一也绝对不可能实现得如此迅速。于是，在当年的时代背景下，一场教科书统一运动轰轰烈烈地展开了。

四、统一教科书政策的现实教训

教科书的多样虽然有可能（但不必然）不利于国家意识形态的传播，也容易导致质量参差不齐，但这一状况却客观上反映出适应社会发展差别、满足不同学生需要的现实，造成一种各得其所的市场调节的局面，在这一侧面上，这是一种教科书良性发展的局面。它正视现实而不是忽视现实。如果政府当时采取的是别的举措，比如强化审定、严格标准、及时评价等思路，也许中国大陆的教育是另一番情景，并造成今天另一种格局，遗憾的是，当时采取了一种高度控制和统一的策略，于是，虽然确保了教科书在传播国家意识形态的质量，但是，这些问题的解决不一定非要通过高度控制甚至教科书垄断的办法，诸如强化审定的措施同样可以较好地解决这些问题；其次，这样一种高度控制和垄断教科书的解决办法势必带来一系列新的问题，其中某些问题纠缠了我们半个世纪，而且还会纠缠下去。最突出的是两个问题：一、弱化了课程标准或教学大纲的威权性，过度强化了教科书的作用；二、无法适应千差万别的地方和学生差异，导致教科书难度问题一直解决不了。教育部在这个问题上的举措犹如钟摆，一刻也没有停过，一刻也没有均衡过，教育部始终无法摆脱这个阴影的缠绕。

先看第一个问题。1912 年南京临时政府教育部公布的《普通教育暂行课程标准》是最早的教学指导，该法令不仅是民国时期教育部审定教科书的主要依据，它的名称也一直沿用到中华人民共和国成立后的头几年。1951 年 3 月，中央人民政府教育部召开的第一次全国中等教育会议，还是沿用课程标准文本，当时讨论了中学 7 个学科的课程标准草案。但是，在全民“以俄为师”的背景中，由于苏联的教育理论没有专门的课程概念，与课程标准相关的术语就是教学计划和教学大纲。于是，中央人民政府教育部取消了“课程”的提法，统一使用苏联教学理论的概念体系，原来的课程方案改称为教学计划，学科课程标准改称为“教学大纲”。操作上，从 1952 年底开始，教育部以“教学大纲”取代了“课程标准”，并且一取代就是半个世纪。当然，如果教学大纲真的成为教科书编写和教学的依据，问题还不会产生。但是，对于新政权来讲，教学大纲更是新生事物，它们的编写虽然有苏联专家的指导，但是受限于时间紧迫与人力有限，学校开学和学生需要教科书的事实容不得认真研究教学大纲并据此来编写教科书，这一现实使得教学大纲的研制者和教科书编写者往往是合而为一、集于一身的。于是问题就产生了，教科书相对教学大纲而言，似乎更急迫，更有政治和社会意义，所以出现了中华人民共和国教育史上的特色——教学大纲没有产生之前，就先编写教科书，而且是编写唯一的教科书。这样，教科书的权威一开始就迅速树立起来了。

其次，因为教科书先产生，而编写者又要编写教学大纲，于是后出的教学大纲难免或多或少受先定教科书的影响。这样，研读教科书者就会发现，教科书和教学大纲没有实质性差别，与其再花时间去研读不那么具体的教学大纲，不如就身边的教科书进行研读更具操作意义。教学大纲的权威就先天性地被削减了。比如 1952 年人民教育出版社所出版的初中物理教科书的内容与课程标准规定的教材内容，两者吻合度极高，只是教材的部分章节的组织没有严格按照《中学物理科课程标准草案》对上、下学期教材内容的规定严格对应起来而已。原因就是教科书的主要编写者当时也是课程标准的研制者，比如主要编写者陈同新当时就是课程标准的主要研制专家，教科书第一版（1951）甚至在“标准”（1952）之前就出版了，1952 年教科书修订版也在“大纲”颁布之前出版。

现实就这样形塑了教科书的权威。此特点延续到今天，教师们仍然习惯以教科书为标准，而不是以“课程标准”或“教学大纲”为标准，考试命题也习惯以教科书为依据而不是“大纲”或“标准”。更有甚者，稍不留神，就会重蹈教科书编写者和课程标准研制者同一的旧辙。

再看第二个问题，即教科书难度问题。这更导致没完没了的反复和折腾。多样化的教科书除了商业动力外，真正的动力是现实需求，不同发达程度的地方、不同条件的学校、不同水平和发展倾向的学生，对教科书的需求是不一样的，于是多样化就有了存在的土壤。一旦高度统一，一个版本无法满足不同需求的问题就必然产生，反映到教育主管部门，也就必然出现频繁的调整举措。即便如此，还是不能真正解决问题，于是屡遭教科书难度不适的责难、不断调整教科书难度就成为中华人民共和国教育主管部门一甲子岁月挥之不去的阴影。以所谓科学性很强的物理为例，中华人民共和国成立前后的物理教科书，严济慈编写的难度比较大，适合升学者，戴运轨编写的则难度要小一些，适合一般学生；还有周寿昌编写的复兴物理教科书、江云清编的《实用物理》，以及其他一些影响较小的物理教科书，这几种教科书从 1930—1940 年代开始，一直到 1950 年代初期还在使用，比较适合不同学生的发展需要。

但它们很快被以苏联版为蓝本的编译本物理教科书全部取代，于是，问题与不满就产生了。编译的物理教科书学术性强，难度大，适应性弱。

无奈，中央人民政府教育部在1950年2月起草了《物理教材精简纲要》，首次调整教材教学。尔后，中华人民共和国最早的教学大纲于1952年颁布，新教科书出版使用，问题同样产生了，1954年7月，教育部不得不再次颁布《关于颁发“精简中学物理、化学、生物等三科教学大纲（草案）和课本的指示”的通知》，要求删减1952年版物理教学大纲和课本中艰深和次要的内容，以减轻学生负担。据此，教科书进行修改，但问题并没有解决，1955年，中共教育部再发《关于精简中学物理教学大纲（草案）和高中二、三年级物理课本的指示》，对物理课本再度精简。1956年6月，教育部正式颁布了新中国成立后第二个《物理教学大纲（修订草案)》，1954年的《精简课本的指示》和1955年的《关于精简课本的指示》停止生效。很快，物理教育和其他教育一样，步入“大跃进”时代。1958年“总路线”和中央《关于教育工作的指示》对物理教科书的编写具有“左”的影响，在内容的难度和量上有拔高的倾向。1958—1960年间，群众运动编写的物理教科书由于过于联系生产实际等问题又降低了质量。因此，教育部决定重新由中央统一编写教科书。教科书刚投入使用，“文革”开始了。“文革”结束后1978年第一套过渡性物理教科书又存在深、难、重的问题，教育部采取的措施，是把中学学制延长至6年，教材分五年制、六年制二个版本，但问题仍很突出。

1982年出版新的物理教科书，深、难、重问题依旧。教育部于1983年颁发了《关于颁发高中数学、物理、化学三科两种要求的教学纲要的通知》，针对相当多的学生学习负担过重等问题，实行两种教学要求：一是基本要求，内容减少、要求降低，使多数学生经过努力能够学得了；二是较高要求，仍基本保持以前水平。《通知》规定普通高中可按基本要求进行教学，首批颁发的重点高中则可按较高要求的教学纲要进行教学。依上述法规出版的高中物理教科书分甲、乙二种版本，甲种本供重点高中使用，乙种本供普通高中使用。本来这是一个良好的尝试和一种制度创新的开端，但很快又取消了两种版本的课本，新创举开始不久就遗憾地终结了。只要问题没有解决之日，中华人民共和国教育部也永无安宁之时。

1985 年教育部的《调整初中物理教学要求的意见》要求进一步降低难度，减轻负担。到 1990 年代，问题加剧，学生负担重的责难一波高过一波。可见，这期间物理课教学内容的难与易、增与删一直交替进行。实事求是地说，这些寻求物理教学内容难易的均衡的努力一直没有停歇过，但也一直没有解决，因为除了内容自身的特点外，内容的难或易与学生的物理学基础、个人兴趣爱好和教师的物理教学水平密切相关，来自不同的教师和学生的反映自然不同；站在科学家的立场和站在教师学生的立场也不同，甚至与政治气候也有关。而这些因素是没有办法克服的，除非使用不同针对性的教科书。各主要学科基本上都存在与物理学科极为类似的这一挥之不去的阴影。

五、结　语

假如当时不是用强制手段统一使用一套教科书，假如不是用独尊一书的措施来克服过于分散的缺陷，假如采用更科学的手段来解决那些问题（如强化审定、严格准入、及时评价、滚动淘汰等制度建设），也许就既能保证质量，又能够多样化，适应不同水平。那种质量或高或低、难度或大或小的问题就不至于那么纠缠我们。历史虽不能假设，但留给后继者的思考是久远而深刻的。

参考文献

1. 宋云彬、朱文叔、蒋仲仁等主编：《初级中学语文课本》（第四册），人民教育出版社1951年版。

2. 周颐甫主编：《初级中学用基本教科书国文教本》（第一册），商务印书馆1932年版。

3. 陆定一：《在全国出版工作会议闭幕式上的讲话》，载于宋应离、张焕斌主编《中国当代出版史料》（第2卷），大象出版社1991年版。

4. 覃必陶、胡嘉：《高级中学外国历史课本》，人民教育出版社1950年版。

5. 刘松涛：《高级小学地理课本》（第四册），人民教育出版社1951年版。

6. 悳頫、刘松涛、黄雁星：《高级小学国语课本》（第三册），新华书店1950年版。

（原载于台湾地区《教科书研究》第5卷第1期）

跌宕的百年：现代教科书发展回顾与展望

我们不把传统的教材称之为教科书。不论是《三字经》《百家姓》《千家诗》和《千字文》，还是“四书五经”，都不是现代意义的教科书，它们仅仅是教材而已，教科书属于教材，但教材不等于教科书。我们认为，现代意义的教科书应该是根据学制，依学年、学期、学科而分级分册分科的，应该整体上有与之配套的教授书（教授法、教学法）等教学参考书，对教师的教学有具体的建议①。依此标准，以前不论是“三百千千”，还是“四书五经”，它们在程度上是模糊而不分级的，在分量上是主观而不分课时的，在教和学上是完全由教师随意决定的，在内容上是笼统而不分科的。所以，我们说它们不是现代意义的教科书。1877年，在华基督教传教士成立“学校教科书委员会”（School and Textbook Series Committee，中文名称为益智书会），负责编辑教科书，供教会学校应用，也赠送各地传教区私塾应用。因为这个委员会的出现，学界推论“教科书之名自是始于我国”，“教科书”一词逐渐流传

① 我们认为，School and Textbook Series Committee 当时的中文名翻译称为“益智书会”而不是“教科书委员会”就是明证。“Textbook”以“益智书”对译也说明还没有使用“教科书”一词。事实上，19世纪70—90年代中期，我们没有发现任何一本以“教科书”命名的实物，也足以证明这一点，当时一般称之为“课本”“读本”“启蒙”“须知”等等，就是没有一本叫“教科书”的书。

开来[①]。但是，从实物看，真正使用“教科书”一词的文本在我国的产生，应该在1897—1900年这四年时间内[②]，1897年前几乎没有出现过使用“教科书”一词的课本。基于这一认识，现代意义的教科书肇始时间应该在19—20世纪之交。100多年我国教科书的发展，可以1949年为界，分成两大阶段。

一、前半个世纪的起步：踏出一个黄金30年

1949年前教科书的发展，可以大致划分为4个阶段，教科书发展史上最辉煌的岁月就发生在这一时期。

1. 1949年前教科书发展的主要阶段与基本特征

（1）西式教科书的引进时期（19世纪70年代—19世纪末）

这基本上是西方教科书的翻译引进阶段，大体可以定位为“近代教科书阶段”。表现出如下特征：

一是引进的西学书籍几乎都为科学技术类；二是西学书籍的编译与出版集中在教会主持的机构及几个洋务运动的教育与出版机构，如同文馆、江南制造局等；三是西学书籍流传于社会到学堂，与教科书没有明显界限，二者几乎同一；四是西式教科书的编译者主要由欧美传教士组成，中国学者协助。

然而这些教科书的基本要素不全，没有分级，不注重教，也不注重学，没有教授法等，所以还只能看作为现代教科书的雏形，是现代意义教科书的萌芽或雏形时期，属近代教科书阶段。对这一时期产生的教科

① 石鸥：《最不应该忽视的研究——关于教科书研究的几点思考》，《湖南师范大学教育科学学报》2007年第5期。

② 《中华民国教育部·教科书之发刊概况》，《中华民国教育部·第一次中国教育年鉴》（戊编·教育杂录），开明书店1934年版。

书，我们一般称之为“西式教科书”。

（2）我国自编教科书的兴起与繁荣时期（19 世纪末—20 世纪初）

这是教科书的引进与自编自创结合、引进逐渐被自编取代的阶段，是教科书涉及学科基本齐全、教科书要素日益完整阶段。可以定位为从近代迈入现代的教科书阶段。起于南洋公学自编的教科书（1897），止于清朝终结。

戊戌维新和废科举后，新式学堂迅猛发展，对教科书的需求也就急切地提上了议事日程。此时，再以翻译材料为主的教学用书就显然不合适了。南洋公学、无锡三等公学堂等学校的课本率先出现并成为近代国人自编的最早的现代教科书雏形。接着一批民间书坊进入教科书开发领域，以《最新教科书》为标志的真正现代意义的教科书出现了。这一时期教科书发展的主要特征是：

第一，学堂自编教科书产生并扩大了使用范围；第二，中国第一套现代意义的教科书《最新教科书》（1904）出版，这些教科书要素齐全，分册分级分学科编写，有教授书配套，所以已经属于现代教科书①；第三，大量零散的、单科教科书产生；第四，教科书作者以留日学生群体为主；第五，民间教科书和官方国定教科书同时使用。

对这一时期的教科书，我们一般称之为“新式教科书”，以区别于前一阶段的“西式教科书”。这些教科书适应了社会动荡、发展参差、需求不一的教育格局，满足了大规模新学堂发展需求，它们在科学、伦理与政治民主启蒙中发挥了重要作用②。

---

① 石鸥：《开现代教科书之先河的〈最新教科书〉》，《湖南师范大学教育科学学报》2008 年第 3 期。

② 石鸥、吴小鸥：《从有限渗入到广泛传播——清末民初中小学教科书的民主政治启蒙意义》，《教育学报》2010 年第 1 期；石鸥、吴小鸥：《清末民初教科书的现代伦理启蒙研究》，《伦理学研究》2010 年第 10 期；石鸥、吴小鸥：《清末民初教科书的科学启蒙》，《高等教育研究》2012 年第 11 期。

（3）教科书的兴盛与规范化时期（20 世纪初—1926 年）

这是教科书兴盛、定型与规范化的阶段。时间定位在民国成立到 1922 年新学制颁布后几年。清朝至民国的转型，把教科书推向了重要的发展台阶。新的政体要求下的新教科书雨后春笋般涌现，为民国共和思想的传播作出了重要贡献。这一阶段的主要特点有：

第一，清朝旧教科书全部退出，民国新政体要求下的新教科书迅速涌现，它们规模大、种类全，教授法配套，满足了新课程的需要；第二，零散的、单本单科的教科书逐渐被挤出学校，被大型的成套而完整的教科书取而代之；第三，适应壬戌新学制需要的大量教科书产生，以欧美留学生为主体的教科书编撰队伍取代了这以前的留日学生主体；第四，白话编写的教科书取代文言文教科书，横排教科书取代竖排教科书，教科书形式基本定型。

（4）多种政治制度并存下的教科书发展时期（1927—1949 年）

这是教科书稳定、制度化并略显沉闷时期，也是教科书全面服务抗战、服务尖锐的阶级对抗的时期，是一个统整和分化并行的时期。抗战的爆发致使中国政治格局发生新的变化，由共产党根据地和国民党统治区域的二元对峙，逐渐分割成解放区、国统区、沦陷区“三足鼎立”的不同政治气候。这期间的基本特征是国民党的党化教育的强化，导致一方面教科书日益强烈的意识形态摒弃了多样化探索，消融了各种分散的教科书市场，勾销了以前教科书发展的自由、包容的局面，教科书逐渐统一，也逐渐走向僵化。另一方面地缘政治导致教科书分化发展，教科书的社会动员与政治宣传功能发挥到极致。

2. 教科书发展的黄金时期：成就与表现

我们把 19 世纪末—20 世纪 20 年代中期（大约属于第二、第三两个发展阶段）看成是教科书发展史上的黄金时期，尽管有些夸张，但并不无理。

（1）教科书发展黄金时期广狭之分

所谓教科书发展史上的黄金时期有宽泛和精确之分。宽泛之言，伴随着新式学堂课本的出现，一直往下走，到20世纪20年代后期，大约在1897—1926年之间，可称之为黄金30年。精确一点说，这个黄金时期大约在1904—1923年之间，从第一套现代教科书的产生，到奠定了现代学制基础的1922年新学制教科书的出现，约20年黄金发展时间。

我们持宽泛说，因为我们很看重在1904年现代教科书出现之前几年的学堂自编课本（以1897年南洋公学课本为标志），这可视为现代教科书的萌芽与启动时间，也看重1922年新学制后多种相应教科书的全面完成时间（1926年前），所以粗略的认为是30年，提出“黄金30年”的概念①。事实上，当今教育研究界特别是教育史学界，普遍公认南洋公学在我国教育史上的多项开端意义，也比较看重到1927年的教育发展时期。比如，熊明安、周洪宇主编的《中国近现代教育实验史》（2001），就将“壬戌学制”的推行实验期定为1921—1927年。李华兴主编的《民国教育史》（1997）把1915—1927年定位为“新文化运动与教育改革”时期。台湾学者陈启天著的《近代中国教育史》（1979），将1919—1927年划分为“新教育运动时期”。均说明这一时期在中国教育发展历程中的重要意义与独特价值。

（2）教科书黄金时期的成就、影响与表现

在教科书的黄金年月里，三大成就一大影响一大表现尤显辉煌。

成就一，传统旧经典教材被逐出了新学堂，教科书对教材取得全面胜利，新式教科书经典地位得以确立。在19—20世纪之交的几年时间里，新式教科书体现出了对旧教材的极大优势。“四书五经”等在传统教育里不可撼动的经典教材，是可以“修之于己”，但很难“传之于人”的文本②。所以，在1903年新学制颁布、新学校普及、新课程实

① 石鸥、吴小鸥：《中国近现代教科书史》（上），湖南教育出版社2012年版。

② 罗志田：《裂变中的传承——20世纪前期的中国文化与学术》，中华书局2003年版。

施以后，这种不分科、不分年级，不顾教与学、只重灌输的旧教材已经暴露出它的不适应性，理论上它们已经失去了作为新学堂教材继续存在的基础。即便旧学人也不得不承认，新教科书注重方法，“使人一见而能”，此为过去所无，所以即便需要学习传统经典，也应该按新教科书编之。这相当于明确承认新教科书要优于旧教材①。基础不存，开读经课等各种抵抗均无济于事了。一味灌输的传统旧教材敌不过按照西方教育学理论构建的关注教、也关注学的新教科书。旧教材被取代已经水到渠成、大势所趋了。到《最新教科书》出现时，在文本意义上真正统一了教与学的、以“教科书”全面命名的狭义教科书全面登场，完成了由纯粹的教本、读本向教学结合的教科书文本的转型，传统广义的教材不得不迅速退出。

成就二，白话文与文言文决裂，教科书全面使用白话文。白话文的使用，使得现代教科书以摧枯拉朽之势得以普及。没有海量教科书，任胡适等知识分子如何呼号呐喊，白话文的普及都可能是非常缓慢的。同理，没有白话文，现代教科书就不可能那么通俗易懂迅速大规模被大众接受。尽管今天普遍认为白话文的倡导是新文化运动中的重要内容，但事实上最早推动白话文实践的是教科书。最突出的是上海彪蒙书室。早在19世纪末，这家规模不大的书室就编印了大量小学白话教科书，在晚清教育界有相当的影响，研究者认为是清末民初白话教科书贡献最大的两个人物与机构之一②。1903年开始，彪蒙书室编写出版白话读本蒙学丛书，包括《绘图中国白话史》《绘图外国白话史》系列等，据统计，彪蒙书室历年出版的各种以白话编写的小学教科书不少于75种③。事实上，由于西学中的科学教科书的传入，一些学科门类、一些科学公式、一些科学名词、一些科学符号在中国传统教材文本中很难呈现

---

① 许之衡：《读国粹学报感言》，《国粹学报》1905年第6期。

② 谭彼岸：《晚清的白话文运动》，湖北人民出版社1956年版。

③ 彪蒙编译所：《绘图蒙学论说实在易》，彪蒙书室1909年版。

(试想一下，英文教科书或化学分子式要被中国传统文本的竖排方式理想地呈现出来有多么艰难)，所以，白话文及其排版很早就在以量取胜的部分教科书中出现了。到1922年学制，所有教科书使用白话文。反过来，白话文也正是借助于教科书的流传而被广泛接受并发挥了重要作用。

成就三，建立了教科书最重要的制度——教科书审定制，理性地对待国定教科书，从而使之成为示范性或判例性的典范，为后来的教科书使用创设了榜样。当教科书大量涌现后，清学部首开教科书审定之风，民初教育部并没有让这一教科书事业中最重要的制度断裂，而是不断完善之。清末民国的教科书审定蔚然成型，可圈可点之处颇多。最重要的是，尽管晚清学部自己编撰了国定本教科书，但在听取多方意见后，并没有（或有所顾忌）一意孤行地以政治与权势强行让自己的课本进入课堂，更没有以行政命令的形式否定民间教科书的存在空间。中央学部没有赋予自己费尽苦心编写的国定教科书以使用的特权，而是依市场法则，高度赋权给地方、学校、校长和老师，把教科书选择权交给他们，质量优先——这一做法开了限定国定本教科书的权力空间的先河，明确了国定本不是垄断本的思路，保障了教科书的多样化局面，具有重要而长远的意义。这一优良传统对后来民国教科书制度都有重大影响与约束，有限的几次国定本也是在这一权力限定中展开的。进入全面抗战后，尽管这一非常时期需要统一教材，但中央政府在编撰好教科书后，也并没有指定某一家出版机构（包括中央自己的官方出版机构）来专营教科书，而是由多家出版机构共同完成。

在三大直接成就之外，黄金时期教科书的间接影响更加深刻和广泛。最突出的影响表现在人才的培养和社会变革的思想舆论准备上。19—20世纪之交，救国图存的全民精神，求新维新、变革变法的国家追求，使得中国历史的进程到了一个极具转折意义的时刻。一批最不能遗忘的教科书诞生了，在一个特定的时间、场景，演绎了一幕思想大启蒙知识大传播科技大普及的历史教育剧。一本本教科书促进了兼容并包的学术环境，传播了各种新思想、新学术，启民智、新民德，在思想启蒙的地平线上，撒播现代文明，滋养了一代又一代中华孩儿。

我们有理由认为，20 世纪前期之所以是中国人才辈出、群星璀璨、思想活跃、流派纷呈的时期，之所以是社会变革大起大落的时期，这是与输入思想准备舆论的新式教科书的大规模传播密切关联的。仅以社会变革的思想舆论准备为例就可窥见一斑。

章开源先生曾经为戊戌变法的失败找原因，提出："百日维新是幸逢其时而不得其人。"① 其实，我们认为，更准确的说法应该"是幸逢其人而不得其时"。有皇帝、有康梁，难道还不能说"幸逢其人"？但为什么说"不得其时"呢？这因为新教育未开，新教科书未大规模传播，人们没有被新知识新思想新观念所触动，没有发现还有另外的制度、政治与社会。甚至在士大夫精英中，有新思想新知识者也寥寥无几。此时，任变法者的维新诏令雪花般飞舞，也只能看作主观的一厢情愿。社会还没有准备好，民众还没有准备好，心态、文化、思想、观念都还没有准备好迎接这场变法。所以，不管是谁，都无法完成这场不能完成的变法，它失败得如此迅速也就在情理之中了。

几年后情况就变了，1898—1911 年，几乎是新思想新观念如火如荼的涌现时期，教科书则把它们传播到千家万户，由此推动了近代中国群众性的启蒙高潮的形成。严格说，辛亥革命更没有"幸逢其人"的运气（武昌枪响时，孙中山还在大洋彼岸，黄兴也是半个多月后赶去武昌的），但它有幸"得其时"——民主、自由的思想，宪政、共和的观念随着海量的新式教科书铺天盖地而来②，民智为之而开，民心为之

① 章开源：《两个世纪的对话》，《开放时代》1998 年第 5—6 期。

② 比如，1904 年的《最新初小国文教科书》一经出版便势不可当，发行后几日内便被抢购一空，"未及数月，行销 10 余万册"（王建军：《中国近代教科书发展研究》，1996 年，第 111 页）。有传教士惊叹：商务印书馆"所编印的优良教科书，散布全国"，而对比维新运动时康有为那慷慨激昂的"公车上书"，也只能影响极为有限的部分学子。

而新，武昌的枪炮声尚未完全平息，全国各地已经插满了革命的旗帜，读书声成就了枪炮声。

五四运动之所以一呼百应，也有这一道理蕴藏其中。1912 年出版的新式教科书中仅《共和国教科书》10 年间共销售 7000 万—8000 万册之多。还不包括大量形形色色的手抄本、翻刻本、盗版书。较之于教科书，《新青年》与陈独秀、胡适、鲁迅等思想家的作品的发行量简直就算不了什么。据统计，《新青年》1915 年 9 月创刊，从创刊时的 1000 册增加到 1917 年时的 15000 册左右。没有资料显示更大的发行量了。陈独秀、胡适、李大钊和鲁迅的许多被认为影响深远的重要作品就发表在该刊物上。如鲁迅的《狂人日记》《孔乙己》《药》等，李大钊的《庶民的胜利》《布尔什维主义的胜利》，胡适的《文学改良刍议》，陈独秀的《敬告青年》《文学革命论》等。从发行量上看，至少当时这些作品的影响面还是有局限的。

没有教科书的普及，就不会有大量学子对新文化运动的一呼百应，也就不会有新文化运动的普及。使民主政治由少数知识精英关注而成为浸润到社会各阶层民众的普遍思想，冲击和改变着广大人民的既有观念，塑造着国民新的世界观与价值取向，正是浅显易懂、深入千家万户、绝大多数人能够读到读懂的小小课本，而不是大学者大思想家们犀利的著作与学说。

除此之外，教科书黄金时期的一个重要外在表现是教科书数量和品种的丰富多样。在这教科书发展的黄金时期，社会思潮与教科书的发展激荡辉映，雨后春笋般出现的教科书铺就了 30 年发展之路。数量上、种类上都创造了中国教科书之最，质量上也达到了中国教科书发展的高地。这是中国历史上教科书最为丰富多样的一个时代。没有哪一个时期有这么多知识精英关注中小学生那小小的课本，多种类、多形式的教科书如潮水般涌进大大小小的课堂，被千百万学童捧在手中，由此达成了思想启蒙上的高峰。当时那种学术自由、思想开放、兼容并包的氛围，令繁星般的单品教科书与闪烁着智慧之光的大型成套教科书双轨并存，单品教科书特色各异，大型系列教科书气势开阔，手笔恢宏，颇显今日学者期盼的中国教科书气派①。

尽管我们发现，在教科书发展的这段岁月里，教科书编撰的专业门槛比较低。产生的一些教科书非常粗糙，没有系统，没有规范，甚至错误多多。但是我们认为，对教科书这一新起的学术领域来说，这不完全是坏事。相关教科书大量涌现，尽管鱼龙混杂，却竞争性强，你进我退，危机意识强，更新换代快，使得这一领域保有必要的动力与活力。正是这种众声喧哗的局面，这种混杂但生机盎然的时代，才能得以冲破僵化的旧教育的束缚，才得以突破传统旧经典的羁绊，才能适应社会文明的大变革，才能够吸引大量关注教育关注学童的组织与个人加入到教科书建设领域。

这是中国教科书史上罕见的时期，新式教科书风起云涌，为重建教育和启蒙思想作出了不可磨灭的贡献，在百年中国教科书史和教育史上留下了浓墨重彩的一笔。这以后，特别是国民党党化教育的推进和党义教科书的出现，教科书就一直处于相对平稳甚至沉闷的时期，意识形态控制日益强化，教科书黄金时代结束了。

二、后半个世纪的脚步：迈向一个多样化时代

1949年后的时期，可以划分为新中国17年、“文化大革命”10年和改革开放后3个大的发展阶段。

---

① 但到1913年初，中华书局就编撰出版中华系列教科书满足了民国学校的需要，其中小学教科书18种74册，小学教授书10种47册，中学教科书21种。普通的民间出版机构（其中一家成立才几个月），短时间适应新要求而编撰出涵盖了中小学、文理各科的这么多的教科书，实在可敬可佩，几乎难以想象，即便在百年后的今天，以国家之力一家独大的出版社，也会汗颜的。

1. 教科书全面统一与规整阶段（1949—1966）

这是迅速结束新政权产生以前的一切教科书的时期，是用全新的教科书占领课堂的时期。1949 年前教科书的遗产和传统对革命者而言应尽可能束之高阁。他们必须尽快地以统一的新政权思想与话语的教科书取代过渡过来的包括国统区、根据地解放区等各种背景的教科书。旧的遗存荡涤一空，新教科书横空出世。这一时期，新中国教科书出色地化解了社会急剧转变后带给人们的震动、不安与茫然，引导人们对正在兴起的共产党政权的发自内心的拥护。对于 20 世纪 50—60 年代的教科书而言，那个时代不主张柔情不主张多元，是反对个体的，它呼唤群众运动，呼唤统一、跃进、高昂、激情、美好、乐观。

在整个 1949—1966 年这 17 年里，教科书编著者们经常面临各种困惑、困难与压力，来自不同力量（比如苏联与本土、解放区与国统区）的博弈没有消停过，这些博弈又微妙地影响甚至主导了 17 年教科书发展的不同阶段。一个时间段里，来自苏联教科书的影响是至关重要的，在它的冲击下，曾经让本土的教科书（甚至教科书的最高管理者）尽失颜面。1950 年代初期，地理教科书在检讨、物理教科书在检讨、为《背影》入课文在检讨，文学与汉语教科书被否掉了、五年制小学教科书被否掉了。一个时间段里，集权与教科书的规整是至关重要的，它所向披靡，除了中央官方出版机构的教科书外，一切其他教科书被逐出课堂。一个时间段里，放权与教科书的实验如出闸的水奔腾向前，地方教科书、乡土教科书、各种学制实验教科书，全面开花，在 17 年统一、通用、国定教科书高歌猛进的路途，闪现了不长时间的一段难以忽略的、余味无穷的风景。这些探索给教科书建设带来了全新的主题、叙事方式、文本语言与编撰模式。但从长时段来看，留给教科书发展史上最重要的印记之一是自有现代教科书以来第一次全面清除了中央官方教科书以外的所有教科书，民间教科书彻底退出，地方的官方教科书也遇到了极大的阻力，往往处于可以忽略不计的地位。

这样一种高度控制和垄断教科书的策略势必带来一系列新的问题，其中某些问题纠缠了我们半个世纪，而且还会纠缠下去。最突出的是两个问题：一是弱化了课程标准的威权性，过度强化了教科书的作用；二是无法适应千差万别的地方和学生差异，导致一则精英不能脱颖而出，二则教科书难度问题一直解决不了，教育部在这个问题上的举措犹如钟摆，一刻也没有停过，一刻也没有均衡过，历届教育部没有摆脱这个阴影的缠绕，被这个问题纠缠了半个世纪。①

2. 10 年“文革”教科书阶段（1966—1976）

这是对正统意义的教科书进行彻底革命的时期，是全面构建红色革命课本的时期。对于受教育在 20 世纪 60—70 年代的中国人来说，10 年“文革”教育是历史记忆中难以忽视的部分，那红彤彤的课本是那个时代革命思想和意识形态的教育具象。它把意识形态的演绎推向了前所未有的极端，把革命课本的渲染推到了前所未有的极致。“文革”课本比课程更加激进而无所畏惧地尝试着学科综合、知识与生产的结合、理论对实际的迎合；“文革”通过工农兵对课本的生产，使得“教科书”有史以来第一次如此平民化，有史以来第一次如此去权威性；“文革”课本封面和插图人物男的高大勇猛，女的丰满威武，适应特定的政治美学需要，也构筑了特定的教科书政治美学。红彤彤的课本成了非常年代的特殊文化现象，它构建了崭新的一种教科书样式——一种革命版教科书。这是一个时代的政治、文化、教育理念的标本，这一标本是对传统经典教科书的彻底革命或否定，尽管这一标本随着一个时代的结束戛然而止，但它的方方面面：它的样式是那样的鲜明独特，它的话语是那样标准化且充满着火药味，它结构的雷同和奇特，它的生产者那形形色色的身份，以及它关注生产关注现实的精神（即便是那样的极端和功

① 石鸥、吴小鸥：《50 年代初期大陆教科书统一制度的历史意义与现实教训》，《教科书研究》（台）2012 年第 1 期。

利)，都具有教育史的经典意义。

3. 改革开放后的教科书发展时期（1977—今天）

这是教科书统一与多样微妙博弈的阶段，是中央与地方均衡教科书权力的阶段，是最终初步形成了在统一要求下的教科书多样化格局的时期。以 20—21 世纪之交为界，又大致可以细分为两个亚阶段。

20 世纪 80—90 年代，教科书发展经历了复杂曲折的历程。既有生机勃勃的局面，如八套半教科书的改革、实验教科书、地方教科书和乡土教科书的迅猛发展等（遗憾的是，这个局面没有延续下来，更没有被发展完善）；也有相对单调的时期，因为每当社会发生变革或动荡，总会迅速影响到教育，而教育上的变化，从根本上来说是教育内容的变化，这就必然集中体现在教科书的变化上（1990—1991 年前后出现的大规模补充教科书——似乎原来的教科书不足以确保意识形态的稳定——就是教科书发展史上罕见的现象）。“教科书代表国家意志”的思想落实在主流的、垄断的教科书上的政策，以为高层出面一家垄断就一定能够编撰出“最好的教科书”，以为通过这“最好的教科书”就一定可以最佳地规训一代年轻人的主观意志，最终导致较长时间徘徊在没有为教科书制度史留下多少可圈可点的贡献的局面。整体上，20 世纪特别是 20 世纪下半叶的教科书仍然具有鲜明的两大特性：一是泛政治性。背记，无休止地背记，而背记是与灌输密切联系的——这时期的教科书从来不掩饰自己的意识形态倾向，尽管它最标榜的是传播科学文化知识。二是突出的垄断性和单一性，多样化进展缺乏制度设计与制度保障。即便是偶尔的、点缀意义的教科书多样化尝试，也在所谓通用的、统一的、国家的教科书等权威性说法面前显得那么弱小那么卑微，发行量和普及面上的绝对优势不证自明地成了教科书质量的绝对荣誉，而反过来又进一步加剧了民众对这些教科书的信赖。确实，教科书发行量一般可以被看成是与其质量成正比的，但如果这个数量是外力干预的，是因为绝无选择的可能与空间，那么这个数量不再附有质量价值。教科书的贡献并不能简单地以强制的发行量大小为准则。

进入21世纪后，基础教育课程改革席卷全国，课程改革最重要的贡献之一是从制度上把教科书建设推上了新的平台。过去长期占主导地位的“一纲一本”的局面被打破，以多样化为标志在教科书发展史上有声有色的一幕掀开了，同时展开了对中国教科书现代化历程的强有力的制度性升华——走上了一条回归多样化的否定之否定的发展之路。在课程改革中看到的一幕，只有在清末民初教科书发展黄金期间才似曾相识：才有这么多的社会资源参与到教科书发展行列，才调动起社会如此庞大的能量加入到教科书的建设之中，才让这么多学者专家如此微观如此细致地关注到课堂关注到学生。百年前教科书发展的一幕于不经意之间再次在百年后掀开。只是，这是一出在统一要求基础上的多样化的大戏，也和百年前一样，是缺乏强力制度保障，因而可能说变即变的大戏。我们已经注意到，经过“文革”后30年的发展，即便是21世纪10个年头过去后的今天，教科书多样化的建设还任重道远，以“传递国家意志”为标榜的“主流的”“示范的”“国定的”教科书声音不断回响，前行中的曲折与反复说来就来。

在内容上我们认为，如果说，20世纪50年代的教科书曾经热衷于培育信仰、形塑思想、期盼理想，歌颂新的领袖与国家，建设新的社会与生活，对历史的继承与人性的尊重不太关心（这到60—70年代达到极致）。那么21世纪的教科书则对培育信仰、形塑思想、期盼理想之类的心灵培养已经没有强大的兴趣或能力了。这是一个要求最低限度的精神淬炼和鼓励最大限度的自我张扬的教科书时代，缺乏人心的敬畏和震撼，但充盈着对现实的人现实的生活的观照——在教科书史上似乎还是头一回。对它的进一步发展，我们只能拭目以待。

在制度上我们主张，在规范性与开放性之间，在统一性与多样化之间，在国家与地方之间，应该保持必要的张力，给开放性与多样化预留足够的空间，对地方进行必要的赋权，而不是追求垄断性的国定教材的“一统天下”，这有利于本领域永远保持一种“在路上”的精神状态。

三、简要展望

我们认为，100 多年教科书的发展历史，特别是前半个多世纪的教科书发展史，是由开放、发散、学术自由慢慢走向意识形态强化的阶段，而后半个多世纪的教科书历史，是一个由强意识形态话语体系逐渐向强知识、科学话语体系转变的历史。进入 21 世纪后，现代教科书正进入后现代教科书发展阶段。它将有 3 个重要标志：

其一是教科书形式的革新。这与科技的革新密切相关，特别表现为互联网的出现。在传统的纸质教科书的基础上，开始出现电子教科书，并正在进入学生书包——电子书包。

其二是教科书性质的变化。未来社会，教科书的政治色彩将会淡化，教科书发展将会越来越由强意识形态话语体系向强科学话语体系转变，纯知识的传播价值也弱化了，非知识的比如创造力、情感态度、价值观等素养的培育将在教科书中日益突显。

其三是教科书意义的变化。互联网时代，教科书传播甚至垄断知识的作用下降。教科书被互联网极大地拓宽了知识传播的渠道，学生非常方便地获得教科书的内容，获得教科书的解答，获得教科书内容的链接与扩展。此时，教科书和非教科书的边界模糊，教科书和非教科书之间的关系走向了微妙的交往空间。教科书无处不在；教科书信手可得。以往学生主要依赖教科书获得知识的传统被打破了，以往教科书生产者不太看重使用者的传统被打破了。使用者会让生产者高度紧张，如履薄冰。

互联网时代，教科书的标准性和权威性被大幅度瓦解。教科书将越来越频繁地接受挑战和质疑甚至批判，这些挑战质疑和批判将会变得越来越容易，教科书不再只是作者、不再只是专家、不再只是教师的“言语”，而是可以在公共语境中被任意阐释的“语言”。谁也无法让教科书神圣化了。谁也垄断不了教科书了。教科书的权威将不断被大量制度上的非教科书所消解。教科书教者和学者、教科书的生产者和使用者的界限都被打破了，使用者可以成为生产者，学者可以成为教者。

互联网时代，是一个由现代性向后现代性转变的历史——所谓平等、对话、生成、用教科书教、教师是资源的开发者等等都是后现代思想对现代传统及教科书权威主义、教师中心、课本中心的反叛；是一个由中心走向边缘的历史——教科书的神圣地位逐渐被打破，人们对教科书的反思、批判加强。教科书是“圣经”，只有被记忆的可能，没有被反思批判的空间，它的唯一功能就是教诲，而今天这一点已经瓦解，教科书中的许多内容成了参考性的、生成的，是为师生对话提供的道具。传统的极具权威性的教科书之死的阶段到来了，我们对之研究很少的新教科书时代正蹒跚而坚定地向我们走来。这是一个充满机遇也充满危机的时代，一个行动与灾难赛跑的时代。如果我们不行动，互联网将替代我们行动，那将是一个充满未知数的结局。

（原载于《湖南师范大学教育科学学报》2013 年第 3 期）

改革开放40年教科书：成就、问题与应对

教科书是一种极其特殊的文本。教科书是国家意志、文化传统和学科发展水平的体现，是实现培养目标的基本手段，是教学、考试的重要依据。尤为重要的是，在我国，教科书是几亿师生的精读文本，是读者最多又最被读者看重、对读者影响最深远的文本。没有任何一种文本如此旗帜鲜明地要以改造他人的内心世界（特别是世界观、价值观、人生观）为己任，如此当仁不让地要以影响他人的未来发展为标准，没有任何文本如此宣示要有目的、有计划、系统地形塑青少年一代。一定程度上可以说，有什么样的教科书，就会有什么样的年轻一代，就会有什么样的国家和未来。

一、改革开放以来中小学教材建设的主要成就

改革开放40年来，我国党和政府对教科书建设一直给予了高度重视。早在1977年，邓小平刚恢复工作就敏锐地指出："关键是教材。教材要反映出现代科学文化的先进水平，同时要符合我国的实际要求。"①

① 邓小平：《关于科学和教育工作的几点意见》，《邓小平文选》第二卷，人民出版社1994年版，第52页。

并强调："教材非从中小学抓起不可，教书非教最先进的内容不可……"① 结束了"文革"的混乱，我国中小学教科书建设迅速进入发展、改革和繁荣时期，40年来成绩斐然，为普及与发展我国基础教育、培养千百万改革开放建设者奠定了坚实的基础。

1. 中国特色的教材管理体制基本形成

教材管理体制是指主管部门对教材的各个运行环节（教材的研制、实验、审定、出版、发行、选用、供应等）所采取的总体规划、指导、决策、监督、协调等措施系统。经过改革开放40年努力，我国逐步建立起适应国家发展和人才培养的具有中国特色的教科书管理体制。

建立最高层级的教材领导机构。教科书管理体制建设中最有中国特色的是在国务院层面成立国家教材委员会，教育部成立了直接管理全国大中小学教材的最高行政机构教材局，体现了国家对大中小学教材的前所未有的重视，为教材建设与发展提供了最重要的制度和组织保障。

实行国家、省（区、市）两级教材审定制度。1987年10月，国家教委发布《全国中小学教材审定委员会工作章程》和《中小学教材审定标准》，推进了教材审定工作。2001年国务院在《关于基础教育改革与发展决定》中明确指出："教材编写核准、教材审查实行国务院教育行政部门和省级教育行政部门两级管理，实行国家基本要求指导下的教材多样化。国务院教育行政部门负责核准国家课程的教材编写，审定国家课程的教材及跨省（自治区、直辖市）使用的地方课程的教材；省级教育行政部门负责地方课程教材编写的核准和教材的审定。经国务院教育行政部门授权，省级教育行政部门可审定部分国家课程的教材"。

① 邓小平：《教育战线的拨乱反正问题》，《邓小平文选》第二卷，人民出版社1994年版，第68页。

同年教育部颁布的《中小学教材编写审定管理暂行办法》，对“教材的审定”的机构设置、教材审定原则、送交审定的教材须具备的条件、审查结论、对通过审定的教材的选用与评价等作了详细的规定。

建立了统一与灵活结合的教材选用制度。通过国家审定的教材出版发行后，理论上都可以进入任何学校的相应年级，但现实中为了避免不必要的混乱，国家逐步建立了统一与灵活结合的教材选用机制。国家颁布审定通过的各种教材目录，省一级教育主管部门结合地方实际，在国家颁布的教材目录中指定若干种教材为本地拟使用教材，然后把教材最终的选择权进一步下放，由基层教育部门决定选用何种教材。教材选用以及必然引发的教材出版发行的垄断和单一局面被打破。2001 年 10 月，新闻出版总署、教育部、国家计委联合颁发《中小学教材出版招标投标试点实施办法》和《中小学教材发行招标投标试点实施办法》，标志着教材发行改革拉开序幕。招投标办法的试行，打破了教材发行渠道单一的传统体制，强化了基层教育部门的主导作用。

实行教材免费供应制度。长期以来，我国实行教材家长购买制，加重了部分学生家庭的经济负担。改革开放以后，尤其是进入 21 世纪以来，国家加大了对义务教育的投入力度。中央财政从 2001 年秋开始对全国部分贫困地区的农村家庭经济困难的中小学生免费提供教科书，并逐步扩大实施范围。免费供应的中小学教材由政府以招投标形式采购。2005 年 11 月，教育部发布的《中国全民教育国家报告》中提出了免费教材实施进度时间表，2007 年在中西部农村贫困地区实施，2010 年在全国农村全面实施，2015 在全国全面实施。2008 年 1 月 7 日，教育部在京召开“落实农村中小学免费教科书工作会议”，宣布从 2008 年春季开始，全国 1.5 亿名农村义务教育阶段的学生用教科书全部免费，2017 年春季开始，城乡义务教育阶段的学生用教科书全部免费。教科书免费体现了党和国家对教育对学生的关心，体现了改革开放的巨大优势。

2. 教材多样化的格局初见成效

新中国教材建设，很长一段时间基本实行“编审合一、一纲一本、统编通用”的全国集中统一制度，这种“千校一面，万人一书”的状况与我国人口众多、幅员广大，经济、文化、社会发展大不平衡的国情不很适应。经过改革开放40年的不断努力，目前我国已经基本确立了在国家统一的基本要求指导下教材的多样化发展格局。1993年，中共中央、国务院印发《中国教育改革和发展纲要》，明确提出：“中小学教材要在统一基本要求的前提下实行多样化”，我国中小学教材编写和使用开始呈现“一纲多本”“多纲多本”的局面。《基础教育课程改革纲要（试行）》又进一步具体化了党中央、国务院的要求：“实行国家基本要求指导下的教材多样化政策，鼓励有关机构、出版部门等依据国家课程标准组织编写中小学教材。”统一的基本要求下的教材多样化，是鼓励按照党和国家的教育方针和课程标准的基本要求，编写适应、满足不同地区、不同层次学校的各种教材，允许教材在内容的选择和体系的安排上有不同风格。多样化教科书的进程以上世纪80—90年代的八套半教材的启动为重要标志，到目前逐渐建设起包括具有不同特点的国家教材、地方教材、校本教材、民族教材、乡土教材、实验教材，以及不同水平（甲乙本）、不同地域（沿海、内地教材）、不同学制（五四制、六三制）的多样化教材体系。教材的多样化，能够有效地调动各方面的积极性，促进教材编写、出版质量的提高，是适应不同地区不同学生发展需要的根本举措。多样化是催生优质教材和优质服务的最重要的催化剂。当然，教材的多样化并不排除特殊时期个别特殊科目的教材一定程度的统一，不能因此而否定教材多样化的整体格局和成就。

3. 初步构建了立体化的教材体系

改革开放40年来，传统纸介质教科书一统天下的局面已经打破，基于现代信息技术的立体化教材系统蓬勃发展。目前，教材已经包括学生用书、教师用书、电子教科书、网络教材、挂图和图片、地图或图册、多媒体教学辅助软件等系列教学资源，一个可供不同地区和学校根据自身条件选择的系列化、立体化教材体系正在形成。立体化教材还包括国家教材、地方教材和校本教材的有机结合；包括主流的汉语言文字教材和少数民族文字教材的有机结合。立体化教材体系的建立和日益完善，为培养适应信息化社会学习、生活和工作需要的高素质人才奠定了坚实的基础。

4. 教材质量逐步提高

改革开放以来，教科书总体上由一味关注知识传授逐步转向面向学生发展，关心学生的学习方式的转变，注重联系儿童经验、现实生活。以人为本的理念、素质教育的精神、终身学习的挑战等等，在大多数教科书中越来越多地得到了体现。基于核心素养的教科书的设计也逐渐成为研发者的重要追求。① 学生、学材、学习已经构成教科书的中心话语。教科书研制者开始有意识地关注性别、城乡、阶层、民族等刻板印象在教科书中的有意无意的体现。教科书编写和设计力求生动活泼、美观大方。可以说，中小学教科书已经进入到一个质量稳定提升的良好时期。

5. 社会资源广泛参与教科书建设

由于教科书多样化的制度设计，社会资源、各相关学科专家参与国家基础教育课程教材建设的积极性空前高涨。许多出版机构和知名学者投身于教材资源建设和教师培训，开创了新中国成立以来出版部门最大规模参与课程改革与教材建设的新局面，为社会资源进入基础教育探寻到了一条重要的可行的途径；多元主体参与教科书研制的局面逐渐形成；许多教材出版机构组织了多种教研活动，开发了教材教学的研讨网

---

① 石鸥：《学生核心素养培养呼唤基于核心素养的教科书》，《课程·教材·教法》2016 年第 9 期。

站，一个由出版机构引发的、并行于传统教研机构的新型教研活动正在全国兴起。[①]

6. 教科书研究日益被重视

改革开放 40 年来，特别是新世纪以来，我国教科书研究终于走出低谷，全面升温，教科书研究的人才逐步增加，教科书研究的专著、文章和硕博论文大幅度提升，五年一次的全国教育科学研究成果奖一等奖中、吴玉章人文社科奖里均出现了教科书成果，首都师范大学连续五年举办了海峡两岸暨港澳地区教科书研究高峰论坛，大陆地区出现了专门的教科书研究集刊《教科书评论》，重量级杂志《课程教材教法》明显增加了教科书研究的成果刊发……整体上可以说，我国教育学术界迎来了教科书研究的一次小高潮。

二、当前教科书发展面临的问题和潜在的风险

教科书是最不该忽视的文本。古往今来，教科书的每一次“出格”都会引来高度的焦虑与躁动。近年来国内中小学教科书引发的焦虑乃至风波此起彼伏，社会反响强烈。教科书问题无小事，教科书牵一发而动全身，哪怕一个小的错误，经网络的聚焦，也能酝酿成“现象级”的风波。教科书建设尽管成绩斐然，但当前存在的潜而未发的问题也不少，有些问题如不及时解决，极有可能酿成风险。

（一）数字教科书研发如井喷，管理与研究滞后

信息技术的发展，学校的海量市场，显而易见的优势，使得数字教

① 石鸥：《课程标准实验教材的成就、问题与发展对策》，《中国教育学刊》2014 年第 2 期。

科书的研发井喷般增长。但问题也显而易见。

首先，数字教科书缺乏必要的监管、评价与指导。数字教科书诞生至今，相关的管理体制和标准研制工作都严重滞后，尤其缺乏能够支持中小学数字教科书的内容审定、质量检测的评价标准以及出版发行和进入学校的法律依据。这意味着，目前中小学使用的数字教科书大多是在缺乏严格监管和教育标准的情况下进入学校课堂和学生书包的。未经审查的、原生状态的数字教科书进入课堂，其风险可想而知。这样的教材科学性如何？教育性如何？是否充分反映主流意识形态、体现核心价值观？会对学生身心健康带来什么影响？它们的未知状态随时有可能带来教育问题和引起社会风波。

其次，数字教科书的理论研究亟须深入。数字教科书首先是教科书，其教科书的特质要先于其电子产品的特质。但目前数字教科书的理论研究远远跟不上实践的步伐，甚至数字教科书至今还没有形成统一的概念界定，数字教科书、数字教材、数字课本、电子教科书、电子教材、电子课本、电子书包等概念均有出现。究竟是教科书还是教材，是冠以“电子”还是“数字”，甚至教育主管部门都变来变去，缺乏统一性和规范性。至于数字教科书的本质、内涵、基本特征、对教学的意义等等，更缺乏清晰认识。现在关于数字教科书的研究，基本上围绕产品研发展开。虽然相关研究是将数字教材定位于“教科书”，具有教科书的“光环”,[①] 但人们更多的是将数字教科书视作一种电子商品而研究与推介的。研发的重要动力是海量的需求市场。失去理论的引领，没有全面检测的质量门槛，市场占有是唯一的标准，进入课堂的数字教科书，以炫目的技术淹没了本真的追求。这类数字教科书某种意义就是定时炸弹，随时有可能引爆。

---

① 钟岑岑:《国内数字教材研究现状文献综述》,《数字教育》2016 年第 10 期。

（二）国际学校教科书的监管严重缺位

传统意义上的国际学校，是专门为在中国境内持有居留证件的外籍人员子女进行教学的机构。改革开放以来，特别是2000年后，冠以国际学校之名的民办学校以及公办学校的国际班如雨后春笋般出现，中外合作办学项目也不断增加。根据近期发布的《2016中国国际学校发展报告》显示，截至2016年10月，国内共有661所国际学校。其中，外籍子女学校122所，公立学校国际部218个，民办国际学校321所。也就是说，80%以上的国际学校招收的是中国籍的学生，按照中位数进行人数的估算，大约有37万在校生。① 而且我国的国际学校的发展势头越来越猛。境外学校将持续进入中国市场，更多的中国知名企业也把触角伸向国际学校市场，如碧桂园于2014年成立教育集团，并准备在未来几年建立30所纯IB学校。②

所有的国际学校都提供国际课程，所有的国际课程使用原版教材。目前教育部门对国际学校的审核主要停留在招生规模上，对课程和教材的审核与监管严重缺位，国际课程成为国际学校主要甚至是唯一的课程形态，国外原版教材成为学生手中重要甚至唯一的教科书。难道我们可以用纯粹来自美国英国的教材完成立德树人的教育目标，培养中国社会主义建设者与接班人？遗憾的是，这一领域的教科书，目前没有实质性的监管举措和研究，潜藏着很大的风险。

（三）对港台地区的教科书不够敏感，缺乏跟踪研究机制

时不时我们会听到、看到大陆媒体、学者甚至政府有关部门对港台教科书进行批评。但谁也没有在意更没有持续关注，这些教科书到底在主讲什么，宣扬什么，灌输什么？我们不敏感不清楚，尤其是没有从组

---

① 新学说：《2016中国国际学校发展报告》，http：//www. sohu. com/a/120759254_ 380485.

② 《国际学校发展报告发布 中国国际学校数量全球第一》，http：//school. ieduchina. com/midschool/201706/24799. html。

织、制度以及学理的层面对港台地区教科书全面而持续的跟踪监测与研究，导致我们对港台地区的一些教育举措了解不够，缺乏有效的应对策略。香港地区的“占中事件”，台湾地区的“太阳花事件”均为我们提供了警示。可比较的是，澳门地区更多的是使用大陆编撰的教科书，香港和台湾地区的教材由港台自己的编写团队编辑，三地的青少年人心的向背差异显著。尽管原因复杂，但教育、课程特别是教科书在其中起的作用是不能否定的。教科书在教师教学和学生学习中扮演重要的角色，是学生最主要的学习资源，也是教育学术界和实务工作者的价值共识。试想一下，假如在台湾以“赤裸裸台独史观”的历史教科书作为最重要的学习资源，让学生认为这是社会各界的共识，这将会形成什么样的历史观？将会造成什么样的人心向背？恰如香港学者清晰的认识：教科书对学生的认知起关键性的作用。①

（四）少数民族教科书建设重视不够

少数民族教科书是民族地区的学生民族认同、国家认同的重要手段与工具。少数民族学生不仅要学习现代知识体系，还要达成精神世界的一系列认同，认同伟大祖国、中华民族、中华文化、中国共产党、中国特色社会主义。少数民族学生通过不同教科书的学习，一边建构本民族身份认同，一边突破本民族文化的局限，与主流价值观念取得一致。少数民族教科书对于民族教育工作乃至整个国家的民族团结事业的重要性由此可见一斑。可是，少数民族教科书的建设却与其重要性相去甚远。

首先，教科书政策针对性差。目前的少数民族教科书政策面对的是所有少数民族群体，而我国少数民族群体情况复杂，人口数量、分布、语言使用差异大，针对性差的政策导致的必然是实践指导性的削弱。一些重要的少数民族教科书政策基本上是汉文教科书的重复，如教育部

① 霍秉坤、黄显华等：《香港教科书的编辑：提升质量的建议》，《西北大学学报》（社会科学版）2010 年第 7 期。

《中小学少数民族文字教材编写审定管理暂行办法》（2004），除了在个别地方加入“民族”外，与《关于中小学教材编写审定管理暂行办法》进行对比，基本相同，其中具有重要意义的“审查原则”，更是完全复制，一字不差，少数民族教科书的特殊性毫无体现。

其二，教科书建设方向不明确。除了民族语文、汉语文教科书外，大部分少数民族地区使用的教科书都译自汉文教科书，进行简单的文字交换。少数民族教科书究竟应该往哪个方向发展？它和汉语教科书应该各处于什么样的位置？不同学段对民族语言教科书有没有不同要求？少数民族教科书是一以贯之，从幼儿园到高中？还是逐渐过渡，往汉语言文字教科书发展？怎样在保证通过教科书传承少数民族的优秀文化的大前提下，实现国家认同和中华民族认同？这一系列的问题都没有得到妥善的回答，发展方向不清晰，重点不明确。

除此之外，少数民族教科书研究者极度缺乏。这也是现阶段的少数民族教科书在政策制定和理论研究上都存在着严重不足的重要原因。很少有学者专门对少数民族教科书进行持续的、系统而深入的研究。[①] 这让建设和研究少数民族教科书遭遇瓶颈。

（五）其他不可忽视的问题

除了上述几个问题极易带来风险以外，当前教科书领域还存在若干比较突出的问题值得高度重视。比如：

大中小学教科书整合不够。教材之间存在的重复现象、倒置现象，缺乏必要衔接。所谓重复，是指某些内容在大中小学不同教科书中，重复出现、交叉与重叠；所谓倒置，是指教科书内容与学生身心发展特征相违背。如在小学阶段，过于强调学生爱党爱国教育，而到中学阶段，则变为重视学生日常行为规范，到大学阶段，则强调考试不作弊。教材

① 崔珂琰：《少数民族教科书研究现状及价值考量》，《西藏大学学报》（社会科学版）2016年第3期。

一体化建设和管理在国内尚处于起步阶段，如何实现大中小学教材的横向融合、纵向衔接，如何创新大中小学教材一体化建设的管理机制等问题，都亟待积极探索和正面解答。

教科书质量评价标准缺乏科学性权威性操作性，审定者偏于学科专家。目前教科书审定没有具体和明确的标准，教科书审定专家只能依据教育部《中小学教材编写审定管理暂行办法》第24条“审定原则”予以审定。很显然，审定原则过于笼统，不能代替审定的具体标准。且审定者基本上只是学科专家，心理学、教育学特别是教材研究等方面的专家很少进入，导致一方面审定者完全凭自己的主观认识进行审定，另一方面审查过于偏重学科，而忽视心理、教育和意识形态层面的因素。所以，近年来出现问题、引起风波的教科书一则都是经过审定的（严格讲，此时的主要责任者是审定者和组织审定者），二则多是非学科层面的问题。

教科书质量缺乏审定后的有效监控。教科书一旦审定结束，就万事大吉，完成了所有质量监控，没有从制度上为教科书搭建一张持续的、跟踪的监控之网，缺乏教科书审定结束后以及进入学校使用后的教科书监控。结果是教科书有准入门槛，没有过程监控，没有淘汰和退出机制，潜在的风险无法消灭在未发之时。

校本教材偏离预期目标。课程改革强调的是校本课程，但实施中校本课程几乎都把重心转向校本教材，校本教材发展很不平衡，质量悬殊，是教材管理的空白处。一些学校纯粹以数量为荣，导向不清晰。

三、对规避教科书风险，促进教科书发展的若干建议

教科书建设中的问题需要我们尽早介入，可能隐藏的风险要力求规避。当前，我们认为有这些方面的工作特别需要提到议事日程：

第一，成立教科书第三方评价机构。该机构主要负责评价、评析和监控通过了主管部门审查，并进入学校的教科书，确保教科书通过审查后也在监管范围。对于审定通过的教科书长期跟踪，并予以评价评析，及时发现问题，迫使问题严重者退出教科书使用领域。

第二，加强少数民族教科书的开发与研究。要培养少数民族地区民众对国家和中华民族的认同，离不开高水平的民族教科书。学校教学是对公民进行政治、经济、文化和认同整合的主要手段，国家正是通过编写教材和组织教学来开展本国的“民族构建”，推行以国家为单元的新型“民族认同”的。[①] 因此，从多民族国家文化与政治整合的角度看，教科书是公民意识形态的提供者，它具有启蒙、教化的功能，也是引领与规训的强有力手段。从国家安全的角度来审视，少数民族教科书作为最廉价的投入却起到最为稳固的长期效应。尤其在当今建构中华共同文化、发展社会主义核心价值观的过程中，它更应受特别关注。民族事业无小事，教科书建设无小事，少数民族教科书建设更无小事，需要从政策制定、理论研究上展开艰巨而细致的工作，特别是要加强少数民族教科书的研发队伍建设，注重培养这一领域的高层次人才，让少数民族教科书真正成为国家认同、民族认同的利器，而不是潜在的造成文化疏离、心理隔膜的风险。

第三，尽快建立和完善数字教科书的管理规范，加强对数字教科书研制与使用的管理和引导。数字教科书极大地拓宽了知识传播的渠道，使得学习可以无处不在，无时不在。但数字教科书无限的扩展性，使得学生发展的预期性可控性大幅度下降。传统的极具权威性但较大的可预期性可控性的“纸质教科书之死”正在到来，我们已经听到了我们知之很少的新教科书的铿锵脚步声。这是一个充满机遇也充满危机的时代，一个行动与灾难赛跑的时代。如果我们不行动，数字技术和巨大的

---

① 马戎：《如何思考我国少数民族地区乡土教材建设》，《北京大学教育评论》2010年第1期。

市场诱惑将替代我们行动，那将是一个充满未知数的结局。教育主管部门和理论界都需要有所作为，尽早解决数字教科书的出版标准和出版审查问题，指导数字教科书的开发与使用，建立数字教科书的准入机制。

第四，迅速完善和落实对中外合作办学机构的课程与教材的监管机制。切实做到中小学教科书无监管死角。国际学校教科书涉及众多相关利益者，对它的监管是个相对复杂的问题，既要保证教科书的国际化特色，又要规避国际学校教科书潜在风险。均衡各方面利益，促进国际学校教科书管理的规范化、制度化，关乎国际学校的健康发展和我国教育目的的实现，也是社会安定团结的需要。

第五，建立与实施对港台地区教科书的跟踪监测与研究报告机制。明者防祸于未萌，智者图患于将来。对于港台教科书，有必要建立专门机构，及时跟踪监测，掌握情况，思考对策，建立长期有效的研究与预警机制。

第六，筹建教科书资源中心和研究基地，扶持和加强教科书研究。中国是教育历史最为悠久的国家，自古以来中国教育的教材，从《三字经》《百家姓》，到“四书五经”，到科学教材的引入，到今天的新课程教科书，影响了一代又一代的中国人，涌现了大量珍贵的、文物级的教科书，急需填补国家空白，建立国家级教科书资源中心，资助师范大学成立教科书研究机构或基地，推进教科书的抢救、收藏、保护、整理与研究等各项工作。

（原载于《课程·教材·教法》2018 年第 2 期）